애·착·문·제·해·결·을·위·한

# 창의적 예술치료와 놀이치료

Cathy A. Malchiodi · David A. Crenshaw 편저
김유진 · 류진아 · 신현정 · 윤미원 · 장미경 · 최명선 · 홍은주 공역

Creative Arts and Play Therapy for Attachment Problems

학지사

**Creative Arts and Play Therapy for Attachment Problems**
by Cathy A. Malchiodi, David A. Crenshaw

# 역자 서문

애착문제가 해결되지 않은 채 세상을 살아간다는 것은 절대적 존재가 각 인간에게 허락한 삶과 관계의 본질을 누리지 못하고 살아감을 의미한다. 그것은 강조할 필요조차 없는 고통의 삶이기도 하다. 그러나 절대적 존재의 형상을 닮아 있는 인간의 본성 속에는 고통을 극복하고, 치유하고 또는 최소한 누그러뜨리며 살 수 있는 힘도 들어 있다. 그것을 무엇이라 부르든 우리 치료자들은 우리의 도움을 필요로 하는 사람들에게 그 힘과 연결되어서 그리고 그것에 의지하여 살아갈 수 있도록 도울 인간애적 의무가 있다. 다행스럽게도 모든 인간에게는 이 힘과 연결시켜 주는 놀이와 예술이 있다. 놀이와 예술은 인간의 본성이기도 하다. 지성과 이성, 논리, 지식의 증대를 강조하는 현대 기술문명 사회는 우리 각자의 본성 안에 들어 있는 놀이성과 예술성을 경시하고 억압해 왔다. 이 세계에는 정형화되고 고착된 엘리트적 예술 그리고 학습을 위한 놀이만이 존재할 뿐이다.

생애 초기부터 상처 입고 고통받아 온 아동들을 치유할 수 있는 유일한 길은 본성적인 놀이와 예술성을 일깨우는 것이다. 그러나 이것은 어느 날 하루아침에 갑자기 일어나지 않는다. 변화와 치유를 가져오기 위한 창조적 반복(mimesis)이라는 무수한 수고와 노력은 아동과 치료자 모두에게 필요하다. 그러나 반복은 의미 없는 되풀이나 재현이 아니다. 반복될 때마다 상처로 단절된 곳들을 서서히 연결하는 새로운 창조가 조금씩 일어난다. 예술과 놀이는 본질에 대한 생생한 재인식과 재현의 힘을 갖고 있으며 언어가 갖지 못한 인격 변화의 힘을 갖고 있다. 그러나 무수한 반복이 필요한 만큼의 수고가 필요하다.

이 책은 그 반복과 수고에 관한 책이다. 치료자로서 우리가 어떻게 그들의 놀이와 예술의 세계에 들어갈 것인가를 고민하며 모든 가능한 노력을 다하는 그 반복에 관한 책이다. 특히 이 책은 생애 초기 애착 외상이 어떻게 외상경험을 가져오는지 그리고 외상경험이 얼마나 비극적인 결과를 가져오는지를 세밀하게 알려 주고 있으며, 관계 외상이 신경발달 과정을 어떻게 손상시키는지 그리고 손상된 신경망이 어떠한 수고로움과 반복으로 회복되는지를 잘 보여 주고 있다.

이 책의 공동 번역자들은 임상현장의 경험을 바탕으로 학교현장에서 치료자로서의 길을 가고자 하는 이들을 창조적 반복으로 가르치는 사람들로서, 이 책이 우리의 그러한 입장과 태도를 대변해 준다는 사실에 감사하며 미흡하나마 번역서를 출간한다. 이 책의 출간을 허락해 준 학지사 김진환 사장님, 꼼꼼한 교정을 맡아 주신 박지영 선생님께 감사의 말을 전한다.

2019년 5월

역자 일동

# 편저자 서문

정신의학, 심리학 그리고 기타 정신보건 분야에서는 생애 초기의 부모-자녀 상호작용의 질에 일관되게 초점을 맞추고 있다. 최근에 애착이론 분야의 지도자들은 인간발달에 있어서 안정적이고 긍정적인 초기 대인관계의 결정적인 역할을 강조하고 있다. 신경발달, 외상에 대한 두뇌의 반응, 부정적인 사건들이 어떻게 혼란되고 불안정하거나 비조직화된 애착을 유발하는지를 더 많이 이해하게 되면서 애착에 대한 지식이 많이 늘어나게 되었다. 결과적으로 이러한 발견을 통해 유아기와 아동기의 애착의 질이 전 생애를 통해 정서적 · 인지적 · 신체적 · 사회적 발달에 유의미한 영향을 미친다는 데 폭넓게 동의하고 있다. 우리는 또한 영아와 주 양육자 간의 양육적 · 보호적 · 보살핌적 상호작용이 애착 안정성에 필수적일 뿐만 아니라 발달과정에 있는 아동의 두뇌의 구조와 기능을 형성한다는 것을 알고 있다. 특히 연구와 임상의 결과들은 건강한 애착에 있어서 대뇌 우반구의 주요한 역할에 대해 지적하고 있다.

애착문제를 다루는 데 많은 효과적인 방법이 있기는 하지만 우리는 우뇌 활동을 자극하고 안정적이며 긍정적인 애착경험을 회복하는 데 중요한, 경험에 기반을 둔 특수한 접근법이 있다고 믿는다. 특히 어린 아동들이 비언어적인 의사소통을 통해서 그들의 내면세계를 표현하도록 하는 것이 중요하다. 게다가 가장 효과적인 접근법은 아동들에게 '친숙하고' 자연스러운 것이다.

우리는 창의적인 예술치료와 놀이치료가 아동들의 애착문제와 밀접한 관련이 있다고 믿는다. 창의적 예술치료(미술, 음악 그리고 무용동작)와 놀이치료는 아동 내담자와 치료자 간의 '우뇌 대 우뇌'의 관계를 이용하는 접근법이다. 초기 애착경험이 외상, 방임, 신체학대, 성학대, 상실, 양육자와의 분리나 기타 요인에 의해 붕괴될 때, 두뇌 중심의 치료과정을 시작하고 자극하기 위해 표현 및 처리 형식을 사용해서 개입하는 것이 필수적이다. 이러한 경험적이고 감각적인 접근법은 초기 발달에 있어서 결정적 시기가 손상되었을 때조차도 아동에게 교정의 경험이 된다. 집중적이고 순차적이며 반복적인 놀이와 창의적 예술치료를 통해서 아동 내담자는 초기 발달단계에서 놓친 초기의 감각운동적 · 신체적 · 인지적 · 심리사회적 경험들을 성공적으로 재현하고 회복할 수 있다.

『애착문제 해결을 위한 창의적 예술치료와 놀이치료(Creative Arts and Play Therapy for Attachment Problems)』는 다양한 놀이치료와 창의적 예술치료 접근법을 강조하는 치료 및 회복 과정에 관한 책이다. 그것은 또한 길퍼드 출판사의 새로운 시리즈인 '창의적 예술치료와 놀이치료(Creative Arts and Play Therapy)'의 첫 번째 책이다. 시리즈 편집자로서 심리학자, 사회복지사, 정신보건 상담사, 부부 및 가족치료사, 놀이치료사, 미술치료사, 음악치료사, 드라마치료사, 무용동작치료사, 정신의학간호사, 아동생활 전문가 그리고 건강관리 전문가를 포함한 다양한 실무자에게 놀이치료와 창의적 예술치료의 이론, 실제, 실용적 적용을 제공하는 것이 우리의 목표다.

마지막으로 우리는 애착문제가 있는 아동들과 함께하는 정신건강 전문가로서, 특히 이 책에 제시되어 있는 작업과 지식, 경험에 의해 고무되어 있다. 이 책의 각 장은 아동들과 함께하는 모든 실무자가 그들의 분야에서 이용할 수 있는 임상지식, 특수한 개입과 접근법, 임상적용을 제공한다. 우리는 이러한 기여가 아동 내담자와의 놀이치료와 창의적 예술치료를 더 잘 이해하게 할 뿐만 아니라 독자들로 하여금 아동에게 이러한 방법을 적용해 보도록 독려할 수 있기를 희망한다.

Cathy A. Malchiodi
David A. Crenshaw

# 차례

## 제3부 임상적 적용: 위험에 처한 사람들을 다루기 위한 접근법

## 제1부

# 개관

# 제1장 애착이슈에 대한 창의적 예술치료 접근

Cathy A. Malchiodi

지난 수십 년간, 애착이론은 심리치료 현장에 큰 영향을 끼쳤다. 이는 생애 초기의 애착경험(bonding experience)이 이후 생애의 안녕과 행복에 필수적이라는 점이 받아들여진 결과다. 애착이론은 그 자체로 접근방식이 아니다. 애착이론은 안전한 관계를 형성하고, 감정과 행동을 조절하고, 불안정 애착을 가지거나 정신적 외상을 입은 개인이 타인과 정서적 · 신체적으로 친숙해지는 능력을 증가시키는 것에 초점을 두고, 폭넓은 치료적 실천과 모델을 만들어 낸다. 애착 연구는 양육자와 아동 상호 간의 말투, 발성/소리, 보디랭귀지나 몸짓, 눈 맞춤 등 정신생물학적인 측면을 강조하고 있다. 애착이론의 전반적인 목표는 한 개인이 생애 초기 관계에서 혹시 놓쳤을 수도 있는 것들을 되찾을 수 있도록 경험을 재창조하는 것들이 포함되어 있다.

창의적 예술치료(creative arts therapies)는 심리치료의 틀 안에서 목적에 따라 시각미술, 무용동작, 음악, 극화(dramatic enactment)의 적용 범위를 나눈 것이다. 놀이치료와 마찬가지로 창의적 예술치료는 자기탐색, 개인적 커뮤니케이션, 발달적 목표(developmental objectives), 사회화, 심리적인 보상 등의 다감각적인 접근하에서 전 연령대의 사람들이 참여할 수 있도록 하는 경험적이고 행동적인 접근방식을 가지고 있다. 이 장에서는 애착 연구에 있어서 이러한 감각에 기초한 접근방식의 정신생물학적이고 신경발달학적인 측면에 중점을 두고 창의적 예술치료의 기초적인 토대에 대해 정의하고 설명할 것이다. 또한 이런 치료들이 특히 여러 외상적 사건이나 상실을 겪은 아동의 애착 붕괴나 불안정 애착을 어떻게 치료하고 안정 애착의 발달을 어떻게 강화하고 증진시키는지를 탐색하고자 한다.

## 창의적 예술치료란 무엇인가

많은 놀이치료사, 상담사, 심리학자가 내담자를 상대할 때 1가지 또는 그 이상의 예술기법을 이용해 오고 있으며, 20세기 들어 창의적 예술치료는 치료적이고 방법론적인 체계를 가진 별개의 접근방식으로 등장하게 되었다. 이러한 접근방식은 전 연령대에서 발생하는 다양한 정서적 · 행동적 · 사회적 · 신체적 장애를 다루는 데 사용되어 왔으며(Malchiodi, 2005; Warren, 2004), 심리학에서는 이를 '행위치료(action therapies)'로 정의하고 있다(Weiner, 1999). 본질적으로 미술과 음악, 무용 그리고 연극, 글쓰기, 놀이는 완전히 경험적인 것이다. 예를 들어, 미술작품 활동은 설령 단순해 보이는 것일지라도 그 안에는 사물의 배치, 만지기, 붙이기, 구성하기, 칠하기, 구체화하기 등과 여타 많은 적극적인 경험이 포함되어 있다. 창의적 예술치료는 내담자가 치료과정에서 적극적인 참여자가 되도록 격려하고, 그들의 관심과 집중력을 전환하여 감정에 영향을 줄 수 있도록 북돋워 준다.

창의적 예술치료는 보통 다음과 같이 정의된다.

- 미술치료(art therapy)는 시각적인 미술 재료들과 매체를 치료개입, 상담, 심리치료, 재활의 의도를 가지고 사용하는 것이다. 전 연령대와 가족, 집단에 사용된다 (Edwards, 2004; Malchiodi, 2012a).
- 음악치료(music therapy)는 건강과 행동적 · 사회적 · 정서적 혹은 교육적인 측면

에서 도전받고 있는 개인의 심리적 · 신체적 · 인지적 · 사회적 기능에 긍정적인 변화를 주는 데 음악을 이용하는 것이다(American Music Therapy Association, 2013; Wheeler, Shultis, & Polen, 2005).

- 연극치료(drama therapy)는 스토리텔링, 투사적 놀이(projective play), 목적을 가진 즉흥극 및 퍼포먼스 등을 통해 변화를 촉진하는 능동적이고 경험적인 접근방식으로 정의된다(Johnson, 2009; National Drama Therapy Association, 2013).
- 무용동작치료(dance therapy/movement therapy)는 신체와 정신이 상호 연관되어 있다는 가정에 기반을 두고 있으며, 개인의 정서적 · 인지적 · 신체적 통합을 증진시키고 감정, 인지, 신체적 기능의 변화에 영향을 미치는 과정으로 움직임을 심리치료적으로 사용하는 것으로 정의된다(Goodill, 2005; National Dance Therapy Association, 2013; Payne, 2013).
- 시치료(poetry therapy)와 문학치료(bibliotherapy)는 치유와 개인의 성장을 위해 시와 여타 형식의 문학을 의도적으로 사용하는 것으로 정의된다(Micozzi, 2011; National Assocation for Poetry Therapy, 2013).

표현치료(expressive therapies) 혹은 표현예술치료(expressive arts therapies)는 때로 창의적 예술치료라는 용어와 서로 혼용되기도 한다. 그러나 보통 표현치료는 다양한 창조적 기법과 경험적인 측면에서의 접근방식으로 사용되며, 미술치료와 다양한 형태의 놀이치료(소품, 게임, 모래놀이)에 한정되지는 않는다. 통합예술치료(intergrated arts approach, intermodal therapy 혹은 multimodal therapy로 알려진)는 개별 회기나 집단 회기에 2가지 이상의 표현치료를 사용하는 것이다. 통합예술치료는 예술 상호 간의 연관성에 중점을 두고 미술치료, 음악치료, 무용동작치료 그리고 연극치료의 규칙을 잘 지킨다는 점에서 구별된다. 통합예술치료는 치료로서의 미술, 미술심리치료, 전통적인 형태의 치료에서의 미술 등이 포함된 다양한 방향성에 기반을 두고 있다(Knil, Barba, & Fuchs, 2004).

이 장의 뒷부분에서는 애착이론의 맥락에서(Bowlby, 1988/2005; Schore, 2003), 정신생물학과 신경발달의 측면에서(Perry, 2009; siegel, 2012), 외상에 입각한 표현치료의 측면에서(Malchiodi, 2012a, 2012c) 애착 과업과 미술치료, 음악치료, 무용동작치료, 연극치료와의 관계를 설명할 것이다. 외상에 입각한 표현치료가 애착을 다루는 법을 설명하기 위해서 간략한 사례가 제시되며, 애착 과업에 있어서 창의적 예술치료가 어떻게 적용되는지 핵심만 설명할 것이다. 애착을 지지하고 증진시키기 위해 창의적 예술치료를 구체적으로 적용하는 방법은 이 책의 다른 장에서 사례를 통해서 상세하게 다룰 것이다.

## 창의적 예술치료와 뇌

뇌에 대한 이해의 증가로 애착이론이 알려졌듯이, 창의적 예술치료의 적용도 신경과학과 정신생물학적인 맥락에서 명확해지고 있다. 이 장에서는 창의적 예술치료와 애착 과업의 핵심 영역 5가지를 다룰 것이다.

① 감각기반 개입(sensory-based interventions)
② 비언어적 상호작용(nonverbal communication)
③ 우반구 편향(right hemisphere dominance)
④ 정서조절(affect regulation)
⑤ 관계개입(relational interventions)

### 감각기반 개입

창의적 예술치료는 다른 무엇보다도 더 감각적인 경험을 제공한다. 즉, 시각, 운동감각, 촉각, 후각, 청각적 활동이 주다. 실제로 각각의 창의적 예술치료는 다감각적이다. 예를 들어, 음악치료는 소리뿐만 아니라 바이브레이션, 리듬, 움직임을 포함하고 있다. 연극치료는 발성, 시각적인 영향, 여타 감각적인 측면을 포함하고 있다. 무용동작치료는 신체에 기초한 다양한 감각을 아우르고 있으며, 미술치료는 이미지에만 국한되지 않고 다양한 촉각과 운동감각적인 경험을 제공한다.

애착장애에 대한 연구는 치료에 있어서 적극적인 참여를 독려하고 다감각적인 특징을 포함한 감각기반 개입의 중요성을 강조하고 있다. Perry(2008)는 신경발달학적인 견해를 피력했다. 그는 초기 아동기에 있어 감각기반 경험의 중요한 역할에 대해서 설명하고, 그것이 어떻게 안정적인 애착, 타인과의 협력, 공감, 자기조절을 증진시키는가를 논의했다. 그는 인류의 역사에는 항상 무용, 노래, 이미지 창작, 스토리텔링에 참여하고 기념의식과 가족의례를 공유하면서 안녕을 실천하는 것이 있었다고 하였다. 이러한 행위는 초기치료에 사용되었으며, Perry에 따르면 지금은 이것이 스트레스 반응과 관련된 신경계를 변화시키는 데 효과적이고 안정적인 애착을 발달시킨다고 알려져 있다. 이와 비슷하게, 예술치료는 모든 문화권의 아동이 인식하는 경험을 포함, 아동의 경험을 정상화하고 외상에 입각한 실천방식이다(Malchiodi, 2008).

Siegel(2012)은 감각 측면에서 애착장애를 다루는 창의적 예술치료의 역할을 명료화하는 견해를 내놓았다. 그는 내담자와의 상호작용에 있어서 '결정적인 찰나의 순간(critical micromoments)'의 중요성을 주장했다. 여기에는 Siegel이 개인의 정신생물학적인 단서를 준다고 믿었던 내담자의 목소리 톤, 자세, 표정의 변화, 눈 맞춤, 움직임 등이 포함된다. 이런 감각기반의 단서들은 혼란스럽고, 불안정하고, 체계적이지 못한 애착을 다루는 전략을 인식하고 세우는 데 특히 중요하다. 또한 Siegel은 개인이 감각, 감정, 이미지 및 관계를 인식하도록 도와주는 그림(drawing)과 같은, 경험에 기반을 둔 방법의 사용을 제안하고 있다.

## 비언어적 상호작용

비언어적 상호작용은 상호작용의 가장 기본적인 형태이자 양육자와 아동이 아동의 첫 생애 1년 동안 주로 접촉하는 방식이기도 하다(Schore, 2003). 물론 대부분의 창의적 예술치료에는 대화가 포함되지만, 행동을 통한 자기표현이 의사소통의 주요 원천이 되기 때문에 비언어적 접근방식으로 정의된다. 특히 아동에 있어서 의사소통의 비언어적 수단은 그 어떤 치료에서도 중요한 부분을 차지한다. 아동은 항상 감정과 경험을 정확하게 담아서 말을 하는 것이 아니기 때문이다.

사고와 감정은 엄밀히 말하면 말이 아니며, 뇌에 언어로 저장하는 것에 제약을 받지 않기 때문에 표현양식(expressive modality)은 개인이 대화를 통해 쉽게 사용할 수 없는 기억과 이야기의 측면을 의사소통하도록 돕는 데 유용하다. 특히 기억은 접촉, 심상 혹은 신중하게 유도하는 신체 움직임 등을 통해서 드러난다고 보고되고 있다(Rothschild, 2000). 어떤 사람의 경우에 하나 혹은 그 이상의 표현양식을 통해 기억이나 이야기를 전달하는 것이 말보다 더 쉬울 수 있다. 예를 들어, 심각한 외상을 입은 아동은 그 외상적 기억이 특별히 복잡하거나 압도적이라면 놀이나 미술활동을 통해 그 경험을 반복할 것이다(Gil, 2006; Malchiodi, 1997, 2008). 더욱이 그림 그리기, 놀이활동, 역할놀이, 운동 등을 통한 비언어적 표현은 어떤 개인에게는 그것 자체로도 교정적(치료적) 경험일 수 있다

## 우반구 편향

애착 연구 분야에서 생애 초기에 관계의 측면에서 일어난 일이 두뇌발달에 영향을 주고 안정적인 애착을 발전시키는 데 중요하다는 것은 널리 인정되고 있다(Perry, 2009). 신경가소성(neuroplasticity) 또는 뇌가소성(brain plasticity, 뇌 유연성이라고 불리는)은 두뇌의 회복력이며, 심지어 어떤 경우는 결핍과 손상을 보상하는 두뇌를 재설계한다(Doidge, 2007). 뇌가소성은 생애 초기에 더 높다. 실제로 애착을 증진하는 것뿐만 아니라 적절한 정서조절, 대인기술, 인지발달을 돕기 위해 아동에 대한 적절한 개입의 중요성도 강조한다.

우반구 편향은 특히 영아와 양육자 간의 초기 상호작용 동안 활성화되며 애착관계와 정서조절을 위한 내적 작동 모델(internal working model)로 저장된다(Klorer, 2008;

Schore, 2003). Siegel(2012)과 Schore(2003)는 영아기에 우뇌피질이 좌뇌에 비해서 빨리 발달하기 때문에 아기와 양육자 간의 상호작용은 우뇌에 의해서 조정된다고(right-brain-mediated) 하였다. 또한 Siegel(2012)은 좌뇌가 발달하기 위해서는 언어에 노출되어야 하고, 우뇌가 적절한 발달을 하기 위해서는 정서적인 자극이 필요하다고 하였다. 그는 우뇌의 산출물(output)은 감정과 사건을 묘사하기 위해서 그림을 그리거나 혹은 시각적인 이미지를 사용하는 것과 같은 '비언어적인 방식'으로 표현된다고 하였다.

외상이 미치는 영향에 대한 연구에서 매우 힘든 정서적 경험은 감각자극으로서 대뇌변연계와 우뇌에 암호화되어 저장된다고 하였다(van der Kolk, 2006). 그 결과, 감각 수준에서 이러한 기억의 표현과 처리과정은 성공적인 치료적 개입에 중요한 부분을 차지한다(Rothschild, 2000; Steele & Malchiodi, 2012). 현재 외상에 대한 견해들도 좌뇌와 우뇌의 통합에 아동기의 외상이 영향을 미친다는 점을 뒷받침하고 있으며(Teicher, 2000), 사람은 좌뇌의 언어적인 처리과정에 의존하지 않고(Klorer, 2008), 거의 대부분이 우뇌에 영향을 받기 때문에 감각기반 개입이 더 효과적일 수 있다.

## 정서조절

과각성(hyperarousal, 자극에 대해 정상보다 과민하게 반응하는 상태)은 애착이 불안정하거나 혼란스럽거나 방해받고 있는 사람에게서 흔한 반응이다. 특히 외상의 사건을 경험한 어린 내담자는 정서조절에 어려움을 겪는 것이 보통이다. 대인관계에 관련된 폭력의 피해자였던 아동은 특히 과각성과 분열 등 정서조절에 문제가 있을 위험이 있다. 암묵적으로 이런 아동은 버림받았다는 생각이나 안전감의 부족이라는 관점으로 세상을 바라본다. 즉, 안전감을 유지하기 위해 다른 사람을 위협적인 존재로 보고 분노하거나, 양육자가 자신을 버리거나 혹은 위해를 가한다고 느끼기 때문에 성인과의 관계를 벗어나려 한다.

애착문제에 대한 치료는 정서조절, 스트레스 감소, 안전감의 회복에서 비롯된다. 다행히 특정한 창의적 예술치료를 적용해서 신체의 이완 반응을 활성화하는 데 이용할 수 있다. 개인차가 있지만 미술활동, 음악, 운동 등은 분노와 두려움을 감소시키고 진정작용을 할 수 있다. 예를 들어, 즐거웠던 시간을 떠올리며 그림을 그리거나, 잔잔하고 친숙한 음악, 이야기, 시를 듣는 것과 같이 단순한 활동이라도 긍정적인 순간의 감각기억과 세부사항을 떠올리게 하는 심상능력이 있다(Malchiodi, 1997, 2008). 창의적 예술활동은 아동기의 자기위안적인 경험을 모방하고 이완을 유도하여 플라세보 효과(placebo effect)를 촉진할 수 있다(Malchiodi, 2012a). 모방을 통한 정서조절의 좋은 예는 양육자가 위로해 주었던 것을 따라 하는 식으로 아이가 담요나 장난감을 만지작거리는 것이다. 특히 애착장애에 있어서 창의적 예술치료는 개인이 긍정적인 감각경험에 효과적으로 접근할 수 있는 활동을 찾아서 반복해서 실천하면서 압도되었던 정서를 조절하는 수단이 되도록 돕는다. 즐거운 경험을 되풀이하는 활동은 자기위안의 원천이 된다. 그리고 Galdding(2005)이 지적한 것처럼, 예술은 때로 사람들로 하여금 기존의 자신과는 다른 모습으로 그리고 긍정적인 방식으로 경험할 수 있게 한다. 주의 깊게 선택된 자기표현의 기회를 통해서 개인은 차분하고 자기위안적인 태도를 촉진하는 능력을 포함하여 새롭고 적응력 있는 행동을 보이고 실천할 수 있게 된다.

## 관계개입

대인관계 신경생물학(interpersonal neurobiology; Badenoch, 2008; Siegel, 2012)은 애착이론, 신경생물학, 발달심리학, 사회심리학 등 여러 분야의 지식이 융합된 중요한 이론으로 언급된다. 이 이론은 사회적 관계가 어떻게 뇌에서 발달하며, 정신이 세계를 어떻게 인지하는지 그리고 생애에 걸쳐 어떻게 스트레스에 적응하는지를 결정한다는 개념에 기초하고 있다. 상담 분야에서 창의적 예술은 치료에 있어서 '관계적인' 접근방식이 내재화되어 있다고 정의된다(Gladding, 2005). 관계치료(relational therapy)는 역사적으로 사람들로 하여금 생산적이고 건강한 관계를 만드는 데 필요한 기술을 습득하도록 도와주는 접근방식으로 정의되고 있다. 넓은 의미에서 개입의 결과는 치료자와 내담자 간의 핵심적인 관계에 의존하기 때문에 모든 심리치료와 상담은 관계적 접근방식이다. 또한 대부분의 치료는 심각하고 만성적인 외상, 상실, 애착의 혼란 등과 같이 관계의 분열을 다루고 있다.

창의적 예술치료는 상담사와 개인 간의 능동적이고 감각기반의 역동(dynamic)을 수반하기 때문에 관계치료를 내포하고 있다. 모든 창의적 예술치료는 치료에 모방, 역할놀이, 연기, 참여, 전시 그리고 관람이 수반되는 관계적 접근방식이다(Malchiodi, 2005, 2012a). 창의적 예술치료는 경험적이고 감각적인 수단을 통한 애착의 회복과 재형성에 유용하며 두뇌가 새롭고 더 생산적인 패턴을 형성할 수 있도록 언어가 지배하기 이전에 존재했던 초기의 관계 상태를 일깨워 준다(Malchiodi, 2012b; Riley, 2002). 더욱이 아동이 수작업 과제(hands-on task)를 완성하려는 노력에 집중하고 이런 노력에 치료자가 적절하게 도움을 주는 것은 양육자와 아동 간의 신경생물학적 관계를 모방하는 것이다. 어떤 아동의 경우, 긍정적이고 협조적인 치료자와 함께 되풀이되는 체험과 자기반복적인 경험은 붕괴된 애착을 회복하고 안정감과 신뢰감을 발달시키는 데 중요한 역할을 한다(Perry, 2009). 간단히 말해서, 치료자와 내담자 상호 간의 협조에 의해서 이뤄지는 안정 애착의 경험이라는 보상적 실행이 긍정적인 변화를 이끌어 내는 데 필수적이다.

모든 창의적 예술치료는 관계의 증진이라는 목표를 가지고 사용하지만, 무용동작치료는 신체에 초점을 둔다는 점에서 애착과 관련된 이슈에서 가장 잘 이용된다. 예를 들어, 거울 반영(mirroring, 따라 하기)은 보통 한 개인과 치료자의 관계를 확립하고 증진하는 데 사용된다. 거울 반영의 목표는 단순히 내담자가 움직임, 자세, 얼굴 표정, 몸짓 등을 따라 하는 것뿐만 아니라 내담자와 치료자 간의 유대와 이해를 얻기 위한 것이다. 또한 양육자와 아동 간에 몸짓, 자세, 얼굴 표정 등을 공유하면서 자연스럽게 안정적인 애착관계를 수립하는 비언어적이고 우반구적인 활동을 띤다(무용동작치료에 관한 더 자세한 정보는 제6장 참조).

물론 미술치료, 음악치료, 연극치료에도 관계적인 측면이 분명히 있다. 미술치료에서 치료자는 재료 제공자이며 창작 과정에 있어서 협조자이고, 시각적인 자기표현을 촉진하는 능동적인 참여자다(제4장 참조). 이는 단순한 언어적 상호작용이 아닌 내담자와 치료자 간의 경험적 · 촉각적 · 시각적인 교환을 통한 상호작용을 강조하는 경험이다. 음악치료(제5장 참조)는 음악을 만드는 상호작용을 통해 이와 유사한 경험을 제공하며 협주나 동시연주를 통해서 사회적 참여와 의사소통을 활용할 수 있는 잠재력을 가지고 있다. Porges(2010)는 발성(vocalization)이 소속감과 관계성을 촉진하는 데 특히 효과적이며, 특정한 음악과 관련된 경험은 본질적으로 안정적이고 스스로 조절할 수 있게 해 준다고 하였다. 마지막으로, 연극치료(제7장 참조)는 때로 창작미술이나 놀이가 애착을 지지하고 증진하는 것처럼 역할놀이, 거울 반영, 연기 등을 통해 관계를 수립하는 다감각적인 방법을 제공한다.

## 외상 중심 표현예술치료

외상적 사건에 노출되는 것은 애착장애가 발달하는 중요한 요인으로 여겨진다(Oppenheim & Goldsmith, 2007). Freud(1920/1955)는 외상적 경험이 '방어막(protective shield)'을 파괴하고 애착관계의 핵심을 위협한다고 보았다. 위기와 상실은 부모-자녀 관계의 역동을 방해하고, 아동과 성인 양쪽에 스트레스적인 반응을 불러일으킨다. 즉, 이런 혼란은 양육자로부터 안정감을 찾는 아동의 능력을 방해하고, 아이에게 확신과 안정을 제공하는 부모의 능력도 위태롭게 할 수 있다. 불안정하고 혼란스럽고 분열된 애착은 때로 생애 초기의 상습적인 외상경험과 관련이 있다. 일반적으로 이런 외상적 경험은 신체, 청각, 후각, 시각 등 감각기억 그리고/혹은 정서에 내재화된다. 외상적 경험은 뇌의 피질이 아닌 뇌하부와 대뇌변연계에서 반응하기 때문에 양육자나 타인과의 관계에 영향을 준다.

외상 중심 표현예술치료(trauma-informed expressive arts therapy)는 애착문제를 포함해 외상에 대한 개입에 있어서 신경발달학적 지식과 예술 분야의 감각 특성을 통합하여 개입하는 하나의 모델이다(Malchiodi, 2012a, 2012c). 간단히 말하면, 이 접근방식은 정신과 신체가 외상적 사건에 대해 반응하는 방식을 고찰한다. 즉, 증상을 병리가 아닌 적응하기 위한 대처기술로 간주하고, 개인을 생존자(survivors)가 아닌 건강한 사람(thrivers)이 되도록 돕는다(Malchiodi, 2012c). 이 외상 중심 표현예술치료는 창의적 예술치료가 외상의 내재적(감각적) 기억과 명시적(표현적) 기억을 다시 연결하고, 외상 후 스트레스장애(PTSD)의 치료에 유용하다는 생각에 근거하고 있다(Malchiodi, 2012a). 특히 외상의 통합과 회복의 단계에서 외상적 경험에 대한 신체의 반응을 조절하는 자기조절 능력을 증진시키는 데 이용되는 접근방식이다.

또한 외상 중심 표현예술치료는 특히 다중 외상과 상실을 경험한 아동의 애착을 돕고 이를 증진하는 수단이 되기도 한다. 창의적 예술치료의 개입을 적절히 적용하는 틀(〈표 1-1〉 참조)은 일련의 표현예술치료를 이용하는 신경배열적(neurosequential) 접근방식을 포함하고 있다(Lusebrink, 2010). 애착 연구에서는 긍정적인 애착과 자기위로의 재접속을 통해 안정감을 강화하는 예술기반의 경험을 강조하고 있다. 창의적 예술치료는 또한 회복력(resilience)을 정상화하고 향상하는 숙달된 경험을 통해 힘을 길러 주는 하나의 방법으로도 이용된다. 요약하면, 이는 안정 애착관계를 가진 가족에서 발견할 수 있는 무조건적인 존중, 안내 및 지지의 경험을 통합하는 창조적인 실험에 개인이 참여할 수 있는 다양한 기회를 제공한다는 것을 의미한다. 아동이나 성인에 상관없이 '창조적인 삶(creative life)'을 회복하고(Cattanach, 2008), 자기 자신 그리고 타인과의 관계에서의 행복을 얻거나 되찾도록 하는 것이 목표다.

애착에 초점을 맞춘 외상 중심 표현예술치료 접근방식의 핵심적인 측면을 설명하기 위해서 다음에 간략한 사례를 그림과 함께 제시한다.

〈표 1-1〉 신경발달학과 미술치료

| 뇌 영역 | 기능 | ETC 단계 | 미술치료 개입 |
|---|---|---|---|
| 뇌간<br>(뇌줄기) | • 집중<br>• 타인과의 동조<br>• 타인과의 애착<br>• 스트레스에 대한 반응 | 운동감각/<br>감각중추 | • 미술재료의 감각적 사용<br>• 질감과 촉각적 요소<br>• 자기위로적 예술경험(시각, 음악, 무용)<br>• 접촉과 승인의 경험<br>• 의식적/구조적인 표현 |

| | | | |
|---|---|---|---|
| 중뇌, 간뇌 | • 운동기능<br>• 협응<br>• 스트레스에 대한 반응<br>• 타인과의 동조<br>• 타인과의 애착 | 운동감각/감각중추 | • 신체중심 활동(중앙선 넘기, 신체 활동)<br>• 미술과 놀이를 통한 학습기술<br>• 자기위로적 예술 경험(시각, 음악, 무용)<br>• 관계와 승인의 경험<br>• 의식적/구조적인 표현 |
| 대뇌 변연계 | • 정서조절<br>• 기쁨<br>• 관계<br>• 동조<br>• 애착 | 지각/정서적 | • 투사와 관계놀이를 위한 가면과 손인형<br>• 창의적인 표현과 기술 증진을 위한 미술과 공예<br>• 집단미술치료/가족미술치료<br>• 자기위로적인 예술 경험(시각, 음악, 무용)<br>• 의식적/구조적인 표현 |
| 피질 | • 인지<br>• 수행기능<br>• 자아상<br>• 사회적 유능성<br>• 의사소통 | 인지적/상징적 | • 인지기반 방식이 가능하지만 감각과 정서기반 방식 또한 여전히 필요<br>• 미술과 놀이와 함께 독서치료<br>• 기술증진과 자존감을 위한 미술<br>• 집단미술치료에서의 팀워크<br>• 문제해결 기술 |

출처: Lusebrink (2010), Malchiodi (2012c), Perry(2006)의 표현예술치료 연속체(expressive therapies continuum: ETC; Malchiodi, 2012b). Copyright 2012 by The Guilford Press. Reprinted by permission.

## 사례: Joanne, 다중 외상의 생존자

### 배경 및 초기 회기

10세인 여자아이 Joanne은 아빠가 세 차례 엄마를 때리는 것을 목격한 후에 치료에 의뢰되었다. 엄마 Marie는 자신의 아빠로부터 반복된 신체학대를 당한 희생자이기도 했다. Marie는 약물남용으로 인사불성이 되어 아동복지국이 Joanne와 5세인 남동생 Mark를 데려가기 전까지 아동학대나 가정폭력을 신고하지 않았다. Joanne는 엄마가 아파트 마룻바닥에 쓰러져 있는 것을 보고 경찰을 불렀으며, 그동안 Mark는 축 늘어진

엄마 옆에서 무릎을 꿇고 울부짖고 있었다. 엄마는 회복했지만, 사회복지국은 단기간 치료시설에 입소하는 것이 아이들에게 가장 좋다는 결론을 내렸다.

내가 처음 시설에서 Joanne를 만났을 때 아이는 불안하고 예민했으며, 오래 집중하지 못하는 상태였다. 그러나 Joanne는 그림 그리기와 색칠하기를 좋아했으며, 엄마를 몹시 그리워해서 가족 그림을 그리고 싶어 했다. Joanne에게 그림에 대해서 좀 더 물어보자 자기와 Mark 그리고 '우리 엄마' 그림이라고 대답했다. 그림에 세 사람의 모습이 보였고, Joanne의 연령발달에 맞는 그림이었다([그림 1-1] 참조). 나는 "그림에 또 누가 있니?"라고 물었는데, "음, 전 아빠를 많이 잊어버리고 있었어요. 아빠는 엄마한테 나쁘게 대하고 항상 아프게 했어요. 나랑 Mark도 때렸어요."라고 대답했다.

Joanne의 진술은 놀랍지 않았다. 아동학대와 가정폭력은 애착관계에 영향을 준다. 아이는 자신을 다치게 하거나 위험에 몰아넣기 때문에 학대하는 부모나 양육자를 무서워한다. Joanne은 학대하는 아빠와의 어려운 관계를 해결하기 위해서 단순하게 그냥 그림 밖으로 몰아냈던 것이었다. Joanne과 함께 한 이후의 미술치료 회기에서 아이와 엄마 간의 관계의 복잡성에 대해서도 알게 되었다. Marie가 약물중독으로 의식을

**| 그림 1-1 |** Joanne이 그린 가족 그림. 엄마와 남동생은 있지만 아빠는 보이지 않는다.

잃고 있는 동안 Joanne는 수많은 사건을 겪고 버림받은 기분을 느끼면서 점점 엄마를 무서워하게 되고 때로는 분노하기도 했다. Joanne의 사례는 엄마인 Marie의 방임, 무관심 혹은 무책임함으로 애착에 혼란을 가져온 경우다. 엄마가 자신을 위험으로부터 지켜 줄 것이라는 믿음이 무너지기도 하였다. Marie와 Joanne 모두 Joanne이 자주 불안해하고(과각성) 수면장애(밤을 무서워하거나 악몽을 꾸는 것 등)를 경험한다고 하였다. 더욱이 Joanne이 다니는 학교의 상담교사는 Joanne이 이해, 집중, 주의력에 어려움을 겪고 있으며 충동적 행동(다른 아이를 때리거나 선생님에게 큰 소리를 치는 것 등)을 한다고 보고하였다.

초기 회기에서 Joanne이 내게 보인 반응은 자신의 주 양육자에 대한 두려움과 분노를 거울 반영한 것이었다. 예를 들어, Joanne는 보통 미술활동을 하거나 놀이를 할 때, 특히 다른 아동 참가자와 함께 창의적 예술치료 집단 회기에 참가해서 서로 관심을 다툴 때 자신에게 완전히 관심을 쏟아 줄 것을 요구했다. 한번은 프로젝트를 완성할 만큼 충분한 찰흙을 가지고 있지 않다고 화를 냈다. 또 어떤 때에는 내가 회기에 몇 분 늦었다고 꾸짖었다. Joanne이 버림받을까 봐 두려워하고 자신이 완전히 통제할 수 없거나 안전하지 못한 환경에 마주하면 자기 감정을 조절하는 데 어려움을 겪는다는 것이 잘 보였다.

Joanne의 사례에서 보면, 아빠의 학대와 엄마의 방임 모두 애착의 문제를 만들어 내고 있었다. 엄마 Marie의 약물중독 때문에 아이로서 받아야 할 적절한 양육을 받지 못하고 자신이 양육자의 역할을 떠맡았기 때문에, 애착관계에서 역할에 혼란이 초래되었다. 미술과 놀이치료실에서 Joanne는 때때로 다른 아이들을 돌봐 주거나 치료 회기에서 '도우미(헬퍼)' 역할을 하는 등 어른의 페르소나로 행동했다.

## 창조적 개입을 위한 '현명한 뇌(Brain-Wise)' 기법의 개요

Joanne에 대한 창의적 예술치료 개입은 앞서 설명한 창의적 예술치료와 뇌에 대한 5가지 원칙과 외상 중심 표현예술치료의 틀 안에서 이루어졌다.

요약하면, Joanne의 정서 반응, 스트레스 반응을 다루고, 안정감을 만들고 어느 정도 타인과 사회적 인식에 대한 조율을 가르치는 예술기반 활동에서 아주 많은 이익을 얻을 수 있다. 또한 비언어적이고 우반구적인 개입에 의해 초기 애착경험을 재현하는 감각활동을 통해 나와의 긍정적인 관계를 경험하는 것에도 얻는 것이 있다.

처음에 Joanne은 그림을 통해 학대하는 아빠를 말 그대로 그림 밖으로 내보내 버리는 것으로 아빠로부터 분리되었음을 쉽게 보여 주었다. Joanne과 같은 아이를 치료할 때 보통 나는 뇌하부(뇌간, 중뇌, 대뇌변연계)와 신경발달적으로 연관된 예술경험으로 시작하여 자기위안과 자기조절을 할 수 있도록 계획을 세운다. Joanne이 10세이긴 하지만, 나는 여러 가지 부드러운 리듬을 듣고, 드럼을 치고 타악기를 함께 연주하고, 유치원 때부터 좋아했던 노래를 부르는 것과 같은 훨씬 어린 아동들에게 사용하는 몇 가지 활동을 소개해 주었다. 그림 그리기 활동에서는 갖가지 익숙한 식품 냄새가 나는 펠트 마커들과 미술활동에 쓰이는 다양한 감촉의 미술 재료들을 소개해 주었다. 그러면서 나는 창조적인 자기표현을 위한 재료들을 공급해 주고 이런 자기표현을 무조건적으로 받아들이는 역할을 맡았다.

또 어떤 때에는 나는 Joanne에게 서로 우스꽝스럽게 보여서 폭소를 짓게 하는 친숙한 요가 자세를 가르쳐 주기도 했다. 심호흡하는 방법을 연습했고, 손가락 끝에 긴 공작새 깃털을 올려 두거나 코끝에 스스로 만든 색색의 나비([그림 1-2] 참조)를 올려 두고 중심을 잡는 등의 아이에게 맞는 마음챙김(mindfulness, 집중력 훈련) 활동들도 알려 주었다. 이런 모든 개입방법은 자기위로적인 경험을 지원하기 위해 선택되었다. 또한 나는 Joanne과 말보다(좌뇌) 체험활동을 통해 의사소통하고 관계를 형성하기 위해 창조적인 개입방법을 사용함으로써 '우뇌에서 우뇌로' 연결하였다.

비록 Joanne이 분노나 불안한 감정 없이 이런 초기 회기에 참여하기까지는 여러 주가 걸렸지만, 아이는 결국 우리의 관계에서 안정감을 찾았다. Joanne은 화내는 대신 재밌어하는 활동이 무엇인지 알려 주기 시작했으며, 나와 함께 하는 것을 편안하게 여기기 시작했다(즉, "같이 쿠키를 만들어요."라고 요구하거나 '엄마 새와 아기 새의 집을 지으려고' 재료를 사용하기 시작하였다). 관계가 이 시점에 도달했을 때, 나는 Joanne에게 미

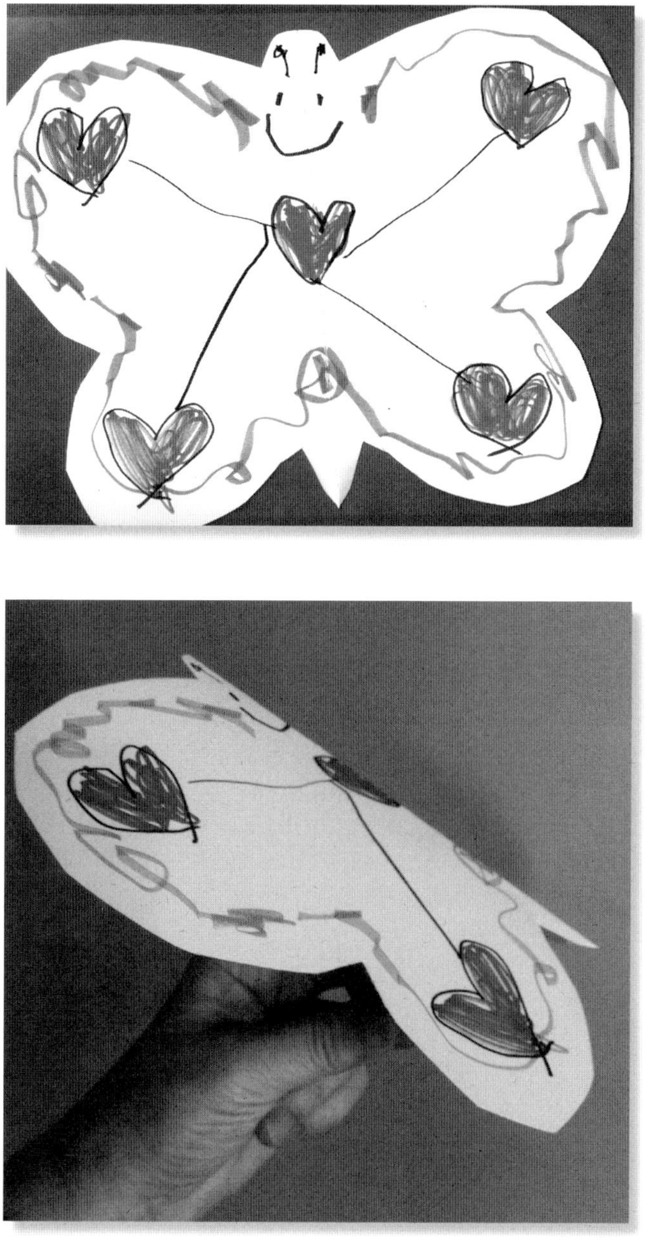

| 그림 1-2 | 마음챙김 활동에 사용하기 위해 Joanne이 만든 나비를 2가지 각도에서 본 모습

술표현을 통해 나와 감정을 나눌 것을 요청하였다. 내가 "네가 걱정이 있을 때 몸은 어떻게 느끼니?"와 "네가 걱정되고, 두렵고, 화가 났을 때 네 몸은 어디에 있니?"라고 질문했을 때 아이는 색, 선, 모양으로 반응을 보일 정도로 충분히 안정감을 느끼고 있었다. 나는 또한 Joanne에게 단순한 악기들을 소개해 주었고[드럼, 딸랑이, 커주(장난감 피리) 그리고 다양한 타악기], 말을 하지 않고 나와 소리로 의사소통해 보도록 격려했다. Joanne는 이런 활동들을 각 회기의 초기에 나에게 자신의 감정을 전달하는 수단으로 사용하기 시작했다. 내 도움으로 Joanne는 자신이 언제 이런 감정을 느끼고 자신에게 고통을 야기하는 상황이 어떤 것인지를 인식하기 시작했다.

결과에 대한 무조건적인 긍정적 존중과 함께 자기표현의 감각적인 수단을 제공하는 계속된 나의 역할은 Joanne이 성인과의 안정 애착을 경험할 수 있도록 하는 다리가 되었다. 우리는 Joanne이 남동생 Mark와 함께 다른 도시에 있는 위탁가정으로 옮겨 가기 전까지 좋은 관계를 형성하였다. 나와의 치료가 끝난 후에도 다른 치료자와의 치료가 다음 해에도 이어졌다. 그러나 우리가 회기를 종료하기 이전에 Marie는 다시 부모 역할을 할 수 있게 허락되었고, 함께 부모-자녀 미술치료 회기에 수차례 참여할 수 있었다.

외상 중심 표현예술치료의 접근방식은 모든 연령대의 사람들, 특히 외상이나 애착 개입이 필요한 사람들에게 적용되기 때문에, 나는 Joanne와 초기에 했던 여러 활동에 Marie를 참여시켜 반복했다. 예를 들어서, Marie 자신은 약물 대신 다른 수단을 통해서 자기조절을 할 필요가 있었는데, 그녀는 결혼생활의 대부분을 남편의 폭력에 시달렸기 때문에 어떤 자기위로적인 경험이 필요했다는 것을 이해할 수 있다. 특별히 나는 Marie가 집에서 Joanne과 함께 할 수 있는 간단한 자기위로적인 창조적 활동, 즉 조용히 그림을 그리고, 스크랩북을 만들고, 콜라주를 하는 것 등에 중점을 두었다. 더 중요한 것은 나는 신발상자로 인형집을 같이 만들거나 양말로 손가락 인형 가족을 만드는 것과 같은 협동적이고 애착을 증진시키는 경험을 가르쳐 줄 수 있었다. 비록 우리가 같이했던 시간의 최종적인 결과를 알지는 못하지만, Joanne, Mark, Marie는 결국 재결합했으며, Marie는 중독상담을 통해서 약물을 끊은 상태를 유지하고 있다고 한다.

## 결론

Joanne과 같은 어린 내담자나 Marie 같은 부모들과 함께하는 데 있어서 우리는 시간이 지남에 따라 유지될 수도 있고 그렇지 않을 수도 있는 애착 목표를 달성하기 위한 회기의 횟수가 제한적이다. 이런 도전적인 상황에도 불구하고, 나는 치료의 한 부분으로 창조적인 예술기법을 사용함으로써 우리가 돕고자 하는 사람에게 영향을 미칠 수 있다고 믿는다. 하나의 핵심적인 이유로 말이다. 즉, 창의적 예술치료는 '현명한 뇌' 개입이다. 목적을 가지고 사용할 때 이런 접근방식은 뇌와 애착에 관한 현대의 이론적 견해에 부합한다. 즉, 비언어적이고 우반구 중심의 상호작용, 적극적인 참여 그리고 이미지, 소리, 움직임, 공연 등을 통한 창조적인 표현방식의 자기위로적인 특징을 활용한다. 가장 중요한 것은 창조적 예술은 정신과 신체 모두의 감각 수준에 맞추어진 그리고 애착이 가장 확실하게 인식되고 통합되고 인정되는, 우리 각자의 적소에서 전문가들과 안전한 관계를 경험할 수 있는 하나의 방법이라는 것이다.

## 참고문헌

American Music Therapy Association. (2013). *About music therapy*. Retrieved February 25, 2013, from www.musictherapy.org/about/musictherapy

Badenoch, B. (2008). *Being a brain-wise therapist: A practical guide to interpersonal neurobiology*. New York: Norton.

Bowlby, J. (2005). *A secure base*. New York: Routledge. (Original work published 1988)

Cattanach, A. (2008). *Play therapy with abused children*. London: Kingsley.

Doidge, N. (2007). *The brain that changes itself*. New York: Penguin.

Edwards, D. (2004). *Art therapy*. Thousand Oaks, CA: Sage.

Freud, S. (1955). Beyond the pleasure principle. In J. Strachey (Ed. & Trans.), *The standard edition of the complete psychological works of Sigmund Freud* (Vol. 18, pp. 7-64).

London: Hogarth Press. (Original work published 1920)

Gil, E. (2006). *Helping abused and traumatized children*. New York: Guilford Press.

Gladding, S. (2005). *Counseling as an art: Creative arts in counseling* (3rd ed.). Alexandria, VA: American Counseling Association.

Goodill, S. (2005). *Introduction to medical dance/movement therapy*. London: Kingsley.

Johnson, D. R. (2009). *Current approaches in drama therapy*. Springfield, IL: Thomas.

Klorer, P. G. (2008). Expressive therapy for severe maltreatment and attachment disorders: A neuroscience framework. In C. A. Malchiodi (Ed.), *Creative interventions with traumatized children* (pp. 43-61). New York: Guilford Press.

Knill, P., Barba, H. N., & Fuchs, M. (2004). *Minstrels of the soul: Intermodal expressive therapy*. Toronto: EGS Press.

Lusebrink, V. (2010). Assessment and therapeutic application of the expressive therapies continuum: Implications for brain structures and functions. *Art Therapy, 27*(4), 168-177.

Malchiodi, C. A. (1997). *Breaking the silence: Art therapy with children from violent homes* (2nd ed.). New York: Brunner-Routledge.

Malchiodi, C. A. (Ed.). (2005). *Expressive therapies*. New York: Guilford Press.

Malchiodi, C. A. (Ed.). (2008). *Creative interventions with traumatized children*. New York: Guilford Press.

Malchiodi, C. A. (2012a). Art therapy and the brain. In C. A. Malchiodi (Ed.), *Handbook of art therapy* (2nd ed., pp. 17-26). New York: Guilford Press.

Malchiodi, C. A. (2012b). Developmental art therapy. In C. A. Malchiodi (Ed.), *Handbook of art therapy* (2nd ed., pp. 114-129). New York: Guilford Press.

Malchiodi, C. A. (2012c). Trauma-informed art therapy with sexually abused children. In P. Goodyear-Brown (Ed.), *Handbook of child sexual abuse: Prevention, assessment, and treatment* (pp. 341-354). Hoboken, NJ: Wiley.

Micozzi, M. (Ed.). (2011). *Fundamentals of complementary and alternative medicine* (4th ed.). St. Louis, MO: Saunders/Elsevier.

National Association for Poetry Therapy. (2013). *National Association for Poetry Therapy*. Retrieved February 25, 2013, from www.poetrytherapy.org/index.html

National Dance Therapy Association. (2013). *About dance/movement therapy*. Retrieved February 25, 2013, from www.adta.org/About_DMT

National Drama Therapy Association. (2013). *What is drama therapy?* Retrieved February

20, 2013, from www.nadt.org/what-is-drama-therapy.html

Oppenheim, D., & Goldsmith, D. (Eds.). (2007). *Attachment theory in clinical work with children*. New York: Guilford Press.

Payne, H. (Ed.). (2013). *Dance movement therapy: Theory, research and practice*. New York: Routledge.

Perry, B. (2006). The neurosequential model of therapeutics: Applying principles of neuroscience to clinical work with traumatized and maltreated children. In N. B. Webb (Ed.), *Working with traumatized youth in child welfare* (pp. 27-52). New York: Guilford Press.

Perry, B. (2008). Foreword. In C. A. Malchiodi (Ed.), *Creative interventions with traumatized children* (pp. ix-xi). New York: Guilford Press.

Perry, B. (2009). Examining child maltreatment through a neurodevelopmental lens. *Journal of Trauma and Loss*, *14*, 240-255.

Porges, S. W. (2010). Music therapy and trauma: Insights from the polyvagal theory. In K. Stewart (Ed.), *Symposium on music therapy and trauma: Bridging theory and clinical practice*. New York: Satchnote Press.

Riley, S. (2002). *Group process made visible*. New York: Taylor & Francis.

Rothschild, B. (2000). *The body remembers*. New York: Norton.

Schore, A. (2003). *Affect regulation and the repair of the self*. New York: Norton.

Siegel, D. (2012). *The developing mind* (2nd ed.). New York: Guilford Press.

Steele, W., & Malchiodi, C. A. (2012). *Trauma-informed practices with children and adolescents*. New York: Routledge.

Teicher, M. H. (2000). Wounds that won't heal: The neurobiology of child abuse. *Cerebrum*, *2*(4), 50-62.

van der Kolk, B. (2006). Clinical applications of neuroscience research in PTSD. *Annals of the New York Academy of Sciences*, *1071*(4), 277-293.

Warren, B. (2004). *Using the creative arts in therapy: A practical introduction* (2nd ed.). New York: Routledge.

Weiner, D. (1999). *Beyond talk therapy: Using movement and expressive techniques in clinical practice*. Washington, DC: American Psychological Association.

Wheeler, B. L., Shultis, C. L., & Polen, D. W. (2005). *Clinical training guide for the student music therapist*. Gilsum, NH: Barcelona.

# 제2장 애착이슈에 대한 놀이치료적 접근

David A. Crenshaw

자주 논의되고 호평받고 있는 애착이론서인 『애착 핸드북 제2판(Handbook of Attachment, 2nd ed.)』(Cassidy & Shaver, 2008)의 색인을 찾아보고, 나는 애착문제와 관련된 놀이치료와 창의적 예술치료의 역할을 설명해야 할 필요성이 있다고 생각했다. 이 광범위한 1,020쪽 분량의 책 색인에서 놀이와 관련 색인은 단지 4쪽에서만 발견되었고, 놀이치료, 미술치료, 창의적 예술치료에 대해서는 하나도 없었다. 나는 놀이 관련 색인에서 해당 쪽들의 4가지 단락이 중요하다고 생각한다. 간단히 설명하면, 첫째, 사회적 행동에서의 애착 안정성의 역할, 둘째, 놀이의 질에 아주 중요한 애착, 셋째, 모성 역할 경험에 대한 '엄마 역할수행(play-mothering)'과 이후 양육능력의 의존성, 넷째, 탐색행동은 놀이이며, 놀이는 안전한 상황에서만 전개된다는 사실이다. 최근까지지도 애착이론가와 놀이치료 연구자들 사이에서 별로 주목받지 못했지만, 놀이치료 접근방식이 애착문제를 다루는 데 전념한 지는 오래된 역사가 있다.

## 놀이치료에서 애착을 강조하는 초기 근원

적절한 초기 애착의 결정적인 역할에 대해서는 전통적인 정신분석학자들 사이에서 광범위하게 인식하고 기록해 왔다. 초기의 정신분석 연구에서 유아가 건강하게 자라기 위해서는 어떤 정신분석학자가 소위 '강요되지 않은 걱정(non-obligating solicitude)'라고 말한 무조건적인 사랑이 필요하다고 하는 공감대가 있었다(Bonime, 1989). 정신분석학자인 Erich Fromm(1947)은 다음과 같이 강조하였다.

> 모성애는 아이가 사랑받을 조건을 충족하였는가를 따지지 않는다. 단지 아이의 요구와 엄마의 응답만이 있을 뿐 무조건적이다. 모성애가 예술과 종교 분야에서 가장 높은 단계의 사랑의 상징이 된 것은 놀랍지 않다(pp. 99-100).

Freud(1909/1959)도 초기 애착 대상의 중요한 역할에 무게를 두었다.

> 어린아이에게 부모는 최초의, 유일한 전능자이며, 모든 믿음의 원천이다. 생애 초기 아이의 가장 열렬하고 중요한 소망은 부모를 닮는 것이며(즉, 자신과 동일한 성의 부모) 아빠나 엄마처럼 크고 싶은 것이다(p. 237).

Lili Peller(1946)는 이런 사랑은 유아와 생물학적으로 유대관계가 있는 사람에게서 비롯된다고 하였다. 실제로는 위탁양육 시스템에 있는 아동과 부모들에게는 엄청난 비통함을 불러일으켰다. Peller는 다음과 같이 기록했다.

> 아동의 가장 큰 욕구는 자신이 애착을 느끼는 상대로부터 사랑받는 것이다. 이는 단순히 자기 가까이에 있을 기회를 얻은 사람이 아니다. '자신의 주변 환경에 있는 사람', 교사나 간호사 혹은 마음씨 고운 고모 등은 아이에게 도움이 되지만 충분치 않은 사랑만 줄 수 있다. 많은 위탁 아동은 가치 없는 사람들에게서 애정을 받고 있으리라 짐작

할 수 있다(p. 415).

정신분석학자인 Edward Edinger(1972)는 유아기 때 무조건적인 사랑을 받는 즐거움이라는 선물에 대해서 아름답게 묘사했다. "행위나 성취에 관계없이 그 이전에 타고난 가치라는 관념은 진정한 부모의 사랑을 경험함으로써 영혼에 새겨지는 귀중한 저금이다."(p. 167)

애착과 애착 외상에 대해 놀이치료가 주목했다는 초기 근원에 대해서 제13장의 Tuber, Boesch, Gorkin과 Terry가 자세히 설명한 Donald Winnicott(1971)의 저서에서 발견할 수 있다. Tuber(2008)는 Winnicott(1971)의 이전 저서에서 엄마(주 양육자)의 부재로 아동은 고통을 겪는다는 것이 관찰된다고 설명했다. 이런 부재가 과도하게 지속되거나 아이가 정서적인 압박을 받을 때 아동이 경험하는 것은 혼란과 분열 중 하나다. 흥미로운 점은, 20여 년 후에 Main과 Solomin(1990)이 심각한 애착 외상의 영향을 기술하는 데 있어서 '혼란된 애착(disorganized attachment)'이라는 용어를 소개하였다는 점이다.

Winnicott은 제2차 세계대전 중 애착문제와 이에 따른 분리와 상실 경험에 관심을 가지게 되었다. John Bowlby, Anna Freud 그리고 여타 저명한 영국과 유럽의 분석학자들과 함께 Winnicott은 런던의 끊임없는 폭탄 테러로부터 탈출할 수 있도록 아이들을 지방으로 피난시키기 위해 노력했다. 1939년 『영국의학저널(British Medical Journal)』에 「어린아이들의 피난(Evacuation of Small Children)」이라는 제목으로 기고한 원고에서 Bowlby와 Winnicott 그리고 분석가인 Emanuel Miller는 다음과 같이 서두를 시작했다.

> 어떤 연령대의 아동이라도 집을 떠나게 되면 슬픔을 느끼거나 혼란스러워할 것이다. 그러나 어린아이의 경우 이러한 경험은 실제 슬픔을 경험하는 것보다 훨씬 더 크게 다가올 수 있다. 실제로 정서적인 '암전(black-out)' 상태에 이르게 하며 일생 동안 지속될 수도 있는 성격의 발달에 심각한 장애를 일으킬 수도 있다(Bowlby, Miller, & Winnicott, 1939, pp. 1202-1203).

제2차 세계대전의 공포 속에서도 초기의 분석학자들은 지금 우리가 현재 애착 외상(attachment trauma) 또는 아동기의 발달 외상(developmental trauma)이라고 불리는 것에 대해서 설명하였다.

## 애착 외상이란 무엇인가

애착 외상은 PTSD가 대인관계에서 외상을 경험하는 사람들에게 일어나는 현상을 설명하기에 적절치 않다는 의견이 점차 공감을 얻게 되면서 생긴 용어 중의 하나다. 이는 특히 주요 애착 대상과의 관계에서 생긴 손상을 설명하는 데 적절한 용어다. 미국정신의학회(American Psychiatric Association, 1980, 1994, 2013)의 『정신질환의 진단 및 통계 편람(Diagnostic and Statistical Manual of Mental Disorders)』 제3판, 제4판 그리고 현재의 제5판(DSM-III, DSM-IV, DSM-5)에서 외상 후 스트레스장애(PTSD)는 증거기반 치료, 특히 인지행동치료에 반응하고 종종 3개월 이내로 좋아지는 경향이 있는 증상들의 집합체로 설명되고 있다.

PTSD 진단은 외상이 한 개인, 특히 아동의 대인관계에 침입해서 지속적인 관계에 영향을 미친다는 점을 적절하게 설명하지 못한다. 예를 들어, 아동이 자신의 안녕, 안전, 양육에 책임이 있는 사람에게 학대당할 경우, 신뢰할 수 있는 능력이나 타인과 가까워지기 위해 위험을 감수하는 것 그리고 긍정적인 미래를 계획하는 데 있어서 자신도 모르게 영향을 받게 되는데, 이는 PTSD의 증상 분류에는 나오지 않거나 단순한 치료 모델에서는 다루어지지 않는 것들이다.

PTSD 진단기준의 부적절함은 오랫동안 주요 외상 연구자와 임상가들 사이에서 논쟁을 불러일으켰다. Judith Herman(1992)은 PTSD를 야기하는 단일 외상 사건 대신에 반복적이고 만성적인 학대를 포함한 외상을 설명하는 복합적 외상(complex trauma)이라는 용어를 제안했다. 이전에 Lenore Terr(1990)는 유형 1과 유형 2의 외상을 구분하였다. 유형 1은 단일 사건 외상을 나타내는 반면, 유형 2는 반복되고 만성적인 외상을 말하며 흔히 다중적 외상 요소(빈곤 환경에서 자라고, 학대에 노출되며, 가정 내나 지역사회의 폭력에 노출되는 것 등)에 대해서 나타내고 있다. Herman 또한 경계성 성격장애처럼 반복적으로 외상에 노출된 결과로 생긴 다양한 증상을 특징짓는 데 사용하는 모욕적인 진단적 낙인(diagnostic labels)을 비난하였다. 더 최근에 Bessel van der Kolk(2005)는 발달 외상(developmental trauma)이라는 용어로, 발달과정에 치명적인 영향을 줄 수도 있는 아동기의 복합적 외상을 설명하였다.

Allan Schore(2012)는 관계 외상(relational trauma)에 대해서 설득력 있게 설명하고 있다. Schore는 부적절한 초기의(생후 첫 18개월 동안) 애착이 우뇌발달에 미치는 영향에 대해서 강조했다. Schore는 영아와 주 양육자 간에 서로 조화를 이루지 못하거나 서로 조율하는 과정이 부족함으로써 우뇌발달이 손상됨을 보여 주었다. 가장 큰 영향 중 하나는 감정을 조절하지 못하는 능력이고, 관계를 맺는 능력에도 손상을 준다는 것이다.

20여 년 전에는 애착 연구자들의 연구 결과와 임상가들의 치료실에서의 치료가 두 집단 간 협조가 거의 없이 별개의 노선으로 진행되었다. UCLA의 Daniel Siegel과 Allan Schore, 이 두 거장의 공동논문이 널리 읽히게 되면서 모든 것이 바뀌었다. Siegel(1999, 2012)의 『마음발달(The Developing Mind)』는 애착이론과 연구 결과물을 치료에 사용할 수 있는 많은 가능성에 눈뜨게 해 주었다. 그는 대인관계 발달에 신경생물학적 접근방식을 발전시켜 애착과 심리치료 이론 그리고 연구방법을 연결시켰을 뿐만 아니라 애착과 심리치료가 어떻게 뇌의 구조를 변화시키는지에 대해 신경과학이 공헌하게 하였다. 앞서 언급한 것처럼, 또 다른 UCLA의 연구자이자 임상가인 Schore(1994, 2003a, 2003b, 2012)는 신경과학 연구와 함께 정신분석 및 애착이론을 연구하여 우뇌가 적절하게 발달하려면 적절한 초기 애착이 중추적인 역할을 하고, 우뇌는 정서조절 발달에 중요한 영향을 미친다는 것을 밝혀냈다. Schore는 또한 정서조절장애(emotional dysregulation)가 대부분의 아동과 성인 정신질환의 주요 특징이 된다는 점에서 자신의 심리치료 연구의 중요성에 대해서도 강조하였다. 이 흥미진진한 연구는 영아기 결정론(infantile determinism)이라는 개념을 검증하는 것이 아니다. 왜냐하면 신경과학 연구에서 생애 동안 새로운 뇌 연결이 만들어질 수 있다는 결과를 보여 주고 있기 때문이다. 그러나

Freud 학파가 생애 첫 2년 동안 두뇌가 엄청난 속도로 발달하는 것과 동시에 초기 부모-자녀 관계와 안정 애착의 결정적 시기에 대해 강조한 것을 확인시켜 주고 있다.

정서와 관계발달에 관한 신경생물학적 토대의 이해를 돕는 또 하나의 중요한 공헌자인 Bruce Perry(Perry & Szalavitz, 2006)는 초기 애착과정에서 결정적인 시기를 놓친 경우에도 그것으로 아동의 운명이 결정되는 것은 아니라고 하였다. 그러나 이후의 발달과정 중에 이를 복원하려고 할 때, 훨씬 시간이 오래 걸리며 애착 대상과의 반복적이고 긍정적인 경험이 훨씬 더 많이 요구될 것이라고 하였다. 좋은 소식은 아동은 양육자와의 안전한 관계와 결합해서 자기회복과 치유과정이라는 인상적인 타고난 능력을 가지고 있다는 것이다. 나쁜 소식은 좋은 애착경험과 결합된 건강한 내재된 힘이 발달순서상 발달 후반에 온다면 긍정적인 변화를 가져오는 데 시간이 더 걸릴 것이라는 점이다.

Jon Allen(2013)은 또 다른 중요한 이론가이자 임상가다. 그의 연구는 Peter Fonagy (Fonagy & Target, 1997)와 같은 영국 이론가들의 애착 연구를 기반으로 한다. Fonagy와 동료들은 애착 외상이라는 용어를 애착관계의 맥락에서 생겨난 외상뿐만 아니라 안정애착을 발달시키는 능력에 해로운 영향을 끼치는 경우에도 사용하였다. Allen은 방임(심리적 조화의 부족으로 정의되는)이 애착 외상의 핵심이라고 보았다. Allen은 후에 이를 "참을 수 없는 정서적 고통 속에서 정신적으로 홀로 남겨지는 데서 오는 외상"(p. xxii 참조)으로 상세하게 설명하였다.

애착 외상의 정의를 둘러싼 의견의 불일치, 복합 PTSD에 포함되거나 배제되는 것, DSM-5의 발달적 외상장애(결국 배제됨)를 둘러싼 논쟁에 더하여 애착장애의 다양성에 대한 합의도 부족하다. DSM-III과 이후 DSM-IV, DSM-IV-TR에 이르기까지 반응성애착장애(Reactive Attachment Disorder: RAD)는 APA의 공식적인 진단 및 통계 편람에 포함된 유일한 애착장애로 인지되고 있다. RAD는 생애 초기에 시설에 있었거나 심각한 학대를 경험한 아동이 주로 경험하게 되는 애착 외상의 드문 형태다. RAD는 2가지 유형으로 분류된다. 첫째는 정서적인 거부/억압 유형(emotionally withdrawn/inhibited form)으로, 일차적인 애착 대상으로부터 고통을 받아 안락함을 추구하지 못하거나 편안하게 반응하는 데 실패하는 것이다. 둘째는 탈억제/무분별한 사회적 유형(disinhibited/indiscriminately social type)으로, 아동이 무차별적으로 낯선 성인과의 상호작용 및 때로는 애정을 추구하는 것에 지나치게 관심을 두는 것이다. 이러한 심각한 유형의 애착장애는 때로는(전부는 아니지만) 시설에 있다가 다문화가정에 입양된 경우 또는 거주치료센터에 있는 몇몇 아동에게서 볼 수 있다.

DSM-5는 이전의 RAD 범주를 2개의 별개 진단명으로 분리했다. 하나는 반응성애착장애로, 내면화 장애(분노 등)와 유사하게 긍정적인 영향이 차단되는 것과 함께 친숙한 사람과 일차적인 애착 형성이 불완전하거나 부족한 것으로 정의된다. 다른 하나는 탈억제 사회관여장애(disinhibited social engagement disorder)가 있다.

놀이치료사들은 개인 사무실이나 클리닉 혹은 거주치료센터의 놀이실에서 RAD가 있는 아동을 상대할 수도 있지만, 대부분은 불안정 애착과 같은 덜 심각한 문제를 가진 아동을 만나게 되는 경우가 많으며, 애착 안정성을 증진시키는 것을 목표로 한다. 초기에 개입함으로써 이러한 관계의 문제를 사전에 차단하는 예방 프로그램이 더 유용할 수 있다.

## 놀이치료는 애착 외상을 어떻게 다루는가

모든 심리치료의 가치는 치료적 관계의 토대 위에 있기 때문에 상호작용을 중시하는 놀이치료는 대인관계에서 외상을 경험하고 있는 아동의 애착 안정성을 증진시킬 수 있는 가능성을 제공한다. 또한 놀이치료는 놀이가 가지는 치료적 가치 중 하나가 애착 형성이라는 점에서 다른 관계치료에 비해 뚜렷한 장점이 있다(Schaefer, 1993; Schaefer & Drewes, 2014). Schaefer는 감각운동놀이를 통해 긍정적인 부모-자녀 관계를 재현함으로써 아동의 안정 애착이 증진될 수 있다고 설명한다. Schaefer(1993)는 "접촉과 미소를 동반한 놀이적 상호작용은 놀이실에서 아동과 애착을 형성하는 가장 자연스럽고 즐거운 방법이다."(p. 11)라고 하였다.

## 치료놀이

상실과 애착에 관한 Bowlby의 중요한 저서가 나오기 이전에 초기의 놀이치료 형태는 치료놀이(theraplay)라 불리는 애착과정에 중점을 둔 것이었다(Jernberg, 1979). 1967년에 Ann Jernberg는 시카고의 헤드스타트(Head Start) 프로그램의 책임자로 임명되었다. 그녀는 Phyllis Booth를 보좌로 두었다(제9장 참조). Jernberg는 개입이 필요한 수많은 아이를 많은 사람으로 북적이는 정신건강 클리닉에 의뢰하는 것이 적절한 조치라고 여기지 않았다. 그 대신에 그녀는 프로그램을 개발하였다. 많은 요구를 충족시키기 위해 그녀는 정신건강 전문가들의 감독하에 전문직 보조원들을 두는 프로그램을 고안했다. 치료놀이는 건강한 부모-자녀 상호작용을 기반으로 하고 Austin Des Lauriers(1962)와 Viola Brody(1997)의 연구에 부분적으로 의존하고 있는 놀이치료 모델이다. 이런 헤드스타트의 선구자적인 연구 결과로 1971년에 치료놀이연구소(Theraplay Institute)가 설립되었고, 지역사회 아이들의 치료를 위해 이관되었다. 1960년대 후반 시카고에서 조심스럽게 시작된 치료놀이는 현재 전 세계 36개국에서 시행되고 있다.

## 부모-자녀 놀이치료

1950년대에 Bernard와 Louise Guerney가 개발한 부모-자녀 놀이치료(Filial Therapy: FT)는 상당한 연구 지원을 받고 있으며 가족치료와 놀이치료의 강력한 개입 방법으로 실시되고 있다(B. G. Guerney, 1664; L. F. Guerney, 2003; L. F. Guerney & Ryan, 2013; Vanfleet, 2013). FT는 특히 애착에 주목하면서 애착 외상의 심각한 사례들과 함께 불안정 애착에 대한 치료에 중점을 둔다(제8장 참조). 애착 외상 치료에 있어서 FT의 주요 장점 중 하나는 주요 애착 대상이 치료에 함께하는 것이다. 아동과 하나 혹은 그 이상의 주 양육자들 간의 외상이 다루어지면서 애착 안정성이 형성된다.

## 안전성의 순환

놀이는 애착을 형성하는 힘과 더불어, 놀이치료사와의 관계뿐만 아니라 FT, 발달놀이치료(Brody, 1997), 안전성의 순환(Circle of Security)과 같은 예방 프로그램(제3장 참조)에서 주 양육자와 함께하는 것과 같이, 놀이치료에 참여하는 다른 사람들과의 관계도 증진시킨다. 특히 안전성의 순환 프로그램은 자녀로 하여금 환경을 탐색하고 부모로부터 독립하게 하기 위해서 격려가 필요하다는 것을 인식하고 자녀가 안전감을 필요로 할 때 복귀할 수 있도록 지원하고 안전기지를 마련해 줄 수 있도록 부모를 가르치는 프로그램이다. 놀이적 상호작용은 아동의 요구에 세심하게 조율된 부모의 공감 반응과 결합하여 애착의 유대관계를 크게 증진시킨다. Schaefer(1993)는 "긍정적인 관계를 촉진하는 데 있어서 놀이의 역할은 성취보다는 즐거움으로 가득 차고 기쁨을 주는 놀이적 상호작용의 본질과 연관되어 있다."(p. 12)라고 하였다. 아동과 애착을 형성하고 관계를 증진하는 가장 효과적인 방법은 성인과 함께 안전하고, 신뢰감을 주고, 만족스러운 경험을 하는 것이며, 놀이는 그 과정을 촉진하는 효과적이고 자연스러운 매개체다.

## 신경배열적 치료방법 모델

앞서 언급한 것처럼, 애착에 있어서 신경생물학의 선구자들 중 한 사람은 신경배열적 치료방법 모델(Neurosequential Model of Therapeutics: NMT)을 발표한 Bruce Perry(Perry, 2009; Perry & Szalavitz, 2006)다. 이 모델은 뇌줄기(뇌간)를 진정시키는 데 도움이 되는 감각운동놀이(제11장 참조) 등 많은 놀이 요소를 포함한다. 이 모델은 초기 애착이 방해받는 상황을 다루는 놀이치료사들의 치료에 새로운 이해를 가져왔다. Perry는 치료에서 우리가 무엇을 하느냐는 때로는 언제 하느냐보다 중요하지 않다고 하였다. Gaskill과 Perry는 애착 외상을 다루는 데는 시기와 순서가 필수적이라고 안내하고 있다.

# 사례: 애착 외상에 대한 놀이치료

## 개별 놀이치료 회기

학교에서 계속 문제를 일으켰던 6세 남자아이 Jason은 놀이치료실에 들어서자마자 손인형이 들어 있는 플라스틱 통으로 향했다. 그러고는 자신이 마음에 드는 것을 발견할 때까지 인형들을 사방팔방으로 마구 흩어 놓았다. 그는 마침내 아주 날카롭고 긴 이빨을 가진 악어 인형에서 멈추었다. Jason은 그런 다음 무방비 상태로 놓여 있던 비버 인형을 치료자가 있는 방향으로 던졌다. 치료자가 비버 인형을 손으로 잡기도 전에 Jason은 소리를 지르며 비버 인형에게 달려들어서 그 나이 또래로 보기 힘든 힘으로 움켜쥐었다. 악어의 공격은 강렬해서 뒤에 있던 치료자에게까지 영향을 미쳤다. 그 시점에서 치료자는 악의적인 공격에 신체적인 고통을 느끼고 한계를 설정했다. 아동과 치료자 자신의 부상의 위험을 방지하기 위해서, 치료자는 Jason에게 이렇게 말했다. "악어가 화를 내고 비버를 공격하는 건 괜찮아. 하지만 우리 중 누구도 다쳐서는 안 되기 때문에 그렇게 거칠게 해서는 안 돼." 한계를 설정할 필요가 있던 유일한 시간이었다. 그 회기의 나머지와 이후 회기에서 Jason은 악어로 비버를 공격하면서 여전히 적지 않은 분노를 표출하였으며, 치료자에게 아픔을 주거나 자신이 다칠 것 같으면 즉시 멈췄다. 이후 개별 놀이 회기에서는 적극적이고, 주로 분노와 화풀이라는 주제에 집중했지만, 놀이행동을 통해서 상징화되거나 표현의 강도는 점차적으로 완만하게 줄어들었다. 또한 Jason이 삶의 고통을 언어로 정확하게 표현하게 되면서 악어는 홀로 행동하게 되었다. 동료나 친구는 없었다.

이 1학년 남아가 분노에 불타는 공격적인 악어 인형의 형태로 표현한 분노는 다양한 요인, 즉 대부분은 6개월 전 마라톤을 뛰다가 심장마비로 갑작스럽게 사망한 아빠의 죽음에 의해서 내적인 고통이 형상화된 것이다. 네 자녀 중 둘째인 Jason은 아빠와 가장 심한 갈등을 겪었고 갑작스러운 죽음 뒤에 무거운 짐을 지게 되었다. 아빠와 Jason

의 애착은 불안정하고 애증이 혼합된 것이었으며, 애착을 더 안정적으로 만들 기회가 더 이상 없게 된 것이다. Jason의 아빠는 두 누이와 남동생보다 Jason에게 엄격하게 대했다. Jason의 친할머니는 Jason의 아빠가 Jason 또래일 때 비슷한 충동과 외현화된 문제를 경험했다고 하였다. Jason의 엄마는 Jason을 보호하고자 애썼고, 남편이 Jason에게 너무 심하게 대한다고 생각했지만 대부분은 좋은 의도에서였고 남편이 자신이 어렸을 때 경험한 것과 같은 힘든 싸움을 하지 않기를 바랐을 것으로 짐작했다.

비록 Jason 아빠의 의도가 좋은 것이었을 수는 있으나, Jason에게 미친 영향은 Jason으로 하여금 아빠의 인정을 받길 원했지만 결코 아빠를 기쁘게 하지 못했다는 느낌만 가지게 한 것이다. Jason은 아빠의 관심을 격렬하게 거부한 경험이 있었다. 또한 Jason은 신경발달적인 부분에서 어려움을 겪었다. Jason의 충동적인 행동은 주의력결핍 과잉행동장애(ADHD)의 한 특징이며, 학교에서나 운동을 할 때 형제자매나 친구들과 잘 어울릴 수 없었다. 형제자매든 동급생이든 Jason은 항상 첫 번째 순서로 자신이 무언가를 해야 했으며 자기보다 앞에 있는 사람은 밀쳐 냈다. Jason은 운동장에서는 '난폭하고 소란스러운 소년(rough-and tumble boy)'이었으며, 때로는 친구를 마구 때리기도 하고, 때로는 부상을 입혔다(학교 행정관리자에게 경고를 받고 다른 1학년 동급생들 부모들의 염려를 샀다). 놀이치료사는 Jason의 괴롭힘과 위협적이고 공격적인 행동 때문에 자주 학부모와 교사 그리고 학교 행정관리자들과 회의를 가졌다. 행동계획을 세워서 실행하였고, 일시적인 개선이 있었으나 오래 지속되지는 못했다. 기저에 깔린 문제들이 복잡했고 적절히 해결하는 데 시간이 걸렸기 때문이었다.

Jason이 경험한 애착 외상의 핵심적인 부분은 애착에 외상적 갈등을 경험한 많은 아이들에게서 공통적으로 나타나는 깊은 상처였다. 그것은 '어울릴 수 없는 아이'라고 표현할 만한 형태를 가진다. Jason은 ADHD로 인해 조절이 안 되는 행동과 아빠의 거부로 인한 적개심 때문에 가족들에게 '어울릴 수 없는 아이'였다. Jason은 같은 이유로 학교에서도 '어울릴 수 없는 아이'였고, 심하게 경쟁적으로 됨으로써 받아들여지기 어려운 점을 보완하려는 시도를 했다. 또래에 대한 극단적인 경쟁심은 학교에서뿐만 아니라 축구나 야구를 할 때에도 나타났다. Jason은 항상 주장이어야 했고, 항상 이겨야 했으며, 항상 첫 번째가 되어야 했다. 그렇지 않으면 화가 폭발했다. 어떤 작은 '상실(loss)' 경험이라도 큰 정서적인 반응을 일으키며 거의 항상 맹목적인 분노(blind rage)의 형태가 나왔다. James Garbarino(1999)는 심리적으로 가장 취약한 경험이 아동기의 사회적 거부라고 하였다. 이런 거부가 사회뿐만 아니라 아동의 가족에게도 인지되면 이러한 취약성이 특히 강해지고 가장 심한 형태의 분노를 동반하게 될 가능성이 있다.

Jason은 애착 외상을 겪고 있는 다른 아이들과 똑같은 정신역동을 가지고 있었다. 임상경험에 의하면 화/분노는 감정을 통제하는 힘같이 느껴지는 반면, 슬픔은 아이들에게 무력감과 자신이 외부에 노출된 것 같은 감정을 느끼게 한다. Jason의 격렬한 분노의 기저에는 훨씬 더 민감하고 유약한 깊은 슬픔의 감정이 있었다. 아빠의 상실이 갑작스럽게 찾아왔고, 결국 Jason은 아빠와의 투쟁과 갈등을 해결할 기회를 더 이상 가지지 못했다. 아빠의 영원한 부재라는 그 상처는 어떻게든 흔적이 지워지더라도 회복은 더 복잡한 문제일 수 있다.

개별 놀이치료 회기는 치료자에 대한 신뢰감을 형성하고 치료적 관계를 증진하는 데 도움을 준다. Jason은 해결되지 않는 상실감과 슬픔 그리고 사회적 거부에서 생긴 맹목적인 분노를 공격적인 놀이(악어 인형이 비버 인형과 다른 무방비의 동물 인형을 공격하는 것)라는 상징으로 안전하게 치환하였다. 놀이 회기의 안전하게 통제된 환경에서 Jason은 강렬한 분노를 전부 표출할 수 있게 되어 자신의 분노를 조절할 수 있게 되었다. 이후 10번의 회기를 거치면서 감정적인 표현의 강도를 각기 다른 수준으로 의식적이고 안전하게 통제하는 연습을 했다. 그러나 개별 놀이치료는 Jason의 애착의 심각한 균열을 치료하는 데 필요한 모든 요소를 제공해 주지는 못했다. 놀이치료사는 가족체계 자원을 확보할 수 있는 다른 접근방식을 모색해야만 했다.

## 가족치료 회기

비록 놀이치료사는 Jason 아빠의 가혹함에 다른 의미가 있을 수 있다는 확신을 갖지 못했지만, 엄마와 친할머니 그리고 고모들은 그렇게 할 수 있는 좀 더 유리한 입장에 있었다. 기본적으로 Jason에게 필요한 것은 아빠가 자신을 결코 받아들이거나 사랑하지 않았을 거라는 믿음을 변화시키는 데 초점을 맞춘 인지과업 단계였다. 놀이치료사는 Jason이 반복해서 말했듯이 아빠가 '나를 미워했다.'는 강한 믿음에 영향을 주려면 1명 이상의 가족과 함께 1회 이상의 더 많은 회기가 필요하다는 것을 알았다. 놀이치료사는 한 번에 1명의 가족 구성원을 부르기로 결정하였다. 첫 번째 회기에서 엄마가 치료자와 합류하여 Jason과 함께 아빠가 엄격하고 터프한 사람이었지만 아들을 사랑하고, 자기처럼 아들이 몇 번이고 문제를 일으키는 것을 원치 않았을 거라고 이야기해 주었다. 놀이치료사는 주로 '침묵의 목격자(silent witness)' 역할을 했지만(Gil, 2010), 아빠의 의도를 이해시키기 위해 대안적인 방식으로 설명하기도 했다. 엄마가 아빠가 하려고 했던 것을 엄마 관점에서 설명하면, 놀이치료사는 "그건 아빠가 Jason에 대해서 어떻게 생각하고 있었는지를 새롭게 바라보게 해 주네. 아빠는 너를 사랑했기 때문에 너에게 엄격하게 대했던 거야. 아빠는 자신이 죽은 뒤에 네가 힘들어하기를 바라지 않으셨던 거야."라고 하였다. Jason은 경청하기는 했지만 믿지 않는 것 같은 눈치였다.

그다음 회기에 치료자는 외동아들의 죽음으로 깊은 슬픔에 빠져 있는 친할머니를 불러서 Jason의 아빠가 Jason을 사랑했고, 자신이 배웠던 엄격한 방식으로 아들을 가르치기를 원했다는 믿음을 공유하는 놀라운 회기를 진행하였다. Jason을 가장 당혹하게 한 것은 할머니가 Jason의 아빠가 Jason 또래일 때 어떤 문제를 일으켰는지에 대해서 많은 예를 들어 주었다는 것이다. 1학년 때 선생님 의자에 접착제를 부었다는 것 등 많은 예의 일부분은 Jason을 웃게 만들었다. Jason은 자신이 집안의 유일한 '골칫덩어리(black sheep)'가 아니라는 사실에 안심하였고, 아빠와의 유대감도 생겼다. 할머니가 아빠의 어린 시절 나쁜 행동에 대해서 이야기해 줌에 따라, 아빠가 단지 자신을 똑바로 키우고 문제가 생기지 않게 하려고 했다는 엄마의 말도 점차 신뢰감을 얻기 시작했다.

## 가족놀이치료

Jason 치료의 마지막 단계는 엄마와 형제자매 간의 관계를 회복시키는 것을 목표로 가족놀이치료(family play therapy)의 형식(Gil, 1994)을 취했다. 엄마와 네 자녀가 함께 한 상당히 힘든 치료 회기에서 아이들은 독수리 인형이 날개가 부러졌다고 결정했다. 이는 상당히 강력한 은유였다. 아빠의 갑작스러운 죽음 전까지 '대단히 미국적인(all-American)' 형태의 가족이었다. 가족 구성원들은 모두 스포츠나 야외활동에 적극적이었지만, 모두 지상활동이었고, 다시 하늘을 나는 것에는 문제가 있었다. 처음에 Jason은 형제자매와 같이하는 시간을 거부했다. Jason은 엄마 옆에 앉았지만, 다른 형제자매를 외면했다. Jason은 치료 회기에서 문자 그대로 '어울릴 수 없는 아이, 즉 가족에 속해 있지 않는 아이'라고 여겨지는 파괴적인 정체성을 가지고 행동했다. Jason의 주된 애착은 아빠의 갑작스러운 죽음에 의해서뿐만 아니라 형제자매와 또래로부터의 소외에 의해서도 붕괴되었다. Jason은 치료시간도 일상생활에서처럼 거칠게 행동했으며, 자신이 '가족에 속해 있지 않은 아이'였음을 확실하게 했다. Jason이 입 밖에 내지 않는 신조는 "네가 나를 거부하기 전에 내가 먼저 거부할 거야."라는 것이었다. 그러나 이런 부적응적인 방어 패턴에서도 모든 사람은 수용받고 귀속되기를 애타게 갈구한다.

치료자는 이를 가족놀이치료의 결정적인 순간으로 인지했다. 엄마, 형제자매, 치료자 모두가 함께 Jason이 가족 내에서 중요한 자리를 차지하고 있다는 것을 확신시킬 수 있을까? 아니면 Jason은 외롭고 고통스럽게 스스로를 밖으로 내몰면서 가족 바깥에 머무르는 것을 선택할까? 엄마는 Jason이 가족과 함께하고 '부러진 날개를 가진 독수리'라는 가족 역할에 참여하기를 진심 어린 소망으로 표현했다. 형제자매들도 모두 Jason이 함께하기를 바란다고 간절하게 설득했으나 Jason은 요지부동이었다. 그다음 치료자는 Jason에게 이렇게 말하였다. "Jason, 우리는 네가 필요해. 네가 없으면 독수리의 날개를 치료할 수 없어." 그리고 치료자는 Jason의 손에 구급상자를 건네주었다. Jason이 다리를 움직여서 누이 중 1명이 붙들고 있는 독수리에게로 다가가는 것을 방안의 모든 사람들이 숨죽이고 지켜보았다. 이것이 터닝포인트였다. Jason은 마침내 더 이상 '가족에 속해 있지 않은 아이'가 될 필요가 없다는 것을 받아들이기 시작했다. 가족들은 확신을 가지고 있었으며, 그때부터 Jason은 독수리의 부러진 날개를 치료하는 가족놀이 드라마에 참여하게 되었다.

Jason이 다양한 치료도구를 가진 의사 역할을 하면서 독수리에 공감하여 행동하는 것 중 특히 흥미로운 특징은 독수리에게 노래를 불러 주었다는 것이다. 불과 몇 주 후에 엄마와의 미팅에서 나는 그 노래가 가진 중요성에 대해서 알게 되었다. 엄마는 그 중요한 회기가 있기 전 주에 집에서 중요한 돌파구를 찾았다고 말하였다. 아이들을 사랑하고 감정이 풍부한 엄마는 항상 아이들이 잠잘 시간에 불러 모아서 모두가 좋아했던 노래를 불러 준다는 것이었다. 아빠의 죽음 후에 Jason은 엄마의 노래에 분노하며 참을 수 없어 했다. 그런데 '독수리의 날개' 회기를 하기 전 주에 Jason이 엄마에게로 와서 잠자기 전에 아이들에게 불러 주었던 그 노래를 불러 달라고 하였다는 것이다. Jason은 노래를 따라 불렀고, 가사를 모두 기억했다고 한다. 이는 가족과 화해하고, 아빠의 죽음을 수용하며, 가족의 사랑을 포용하고, 아마도 처음으로 진심 어린 소속감을 갖게 된 회복의 움직임이었다.

## 결론

놀이치료는 풍부하고 영속적인 애착이론을 기반으로 하고 있으며, 몇몇 애착에 초점을 맞춘 놀이치료에 대한 초기 연구에서 애착이론의 발생을 내다보기도 하였다. 초기 아동정신분석가들은 부모와 유아 간 애착에 주로 초점을 두었을 뿐만 아니라, 애착이론의 선구자로 가장 많이 인정받는 John Bowlby가 주요 저서를 출간하기 이전에 1960년대 후반에 시카고에서 시작된 치료놀이도 주 양육자와 아이들 간의 상호작용놀이를 통해 애착과 유대관계를 증진시키는 데 큰 비중을 두었다. 초기 분석학자이자 소아과 의사인 Donald Winnicott은 놀이치료를 애착을 강화하는 수단으로 사용했으며, 이후 Bowlby와의 협력을 통해서 제2차 세계대전 동안 런던의 공습을 피해 피난 간 아이들의 애착 붕괴를 다루는 프로젝트를 수행했다. 최근에 신경생물학의 과학에 기반을 둔 Allan Schore, Daniel Siegel 그리고 Bruce Perry의 연구는 초기 애착에 있어서 신경생물학적인 이해를 넓혀 주었다. 이 연구자들은 영아가 정서조절 능력을 점차적으로 발달시키는 데 안정된 상호작용이 얼마나 중요한지 그리고 치료개입 시기가 뇌 발달에 대한 새로운 이해의 견지에서 다루어야 한다는 것을 보여 주었다. 놀이치료사가 되는 것이 즐거운 시간이다.

## 참고문헌


Allen, J. G. (2013). *Restoring mentalizing in attachment relationships: Treating trauma with plain old therapy*. Arlington, VA: American Psychiatric Publishing.

American Psychiatric Association. (1980). *Diagnostic and statistical manual of mental disorders* (3rd ed.). Washington, DC: Author.

American Psychiatric Association. (1994). *Diagnostic and statistical manual of mental disorders* (4th ed.). Washington, DC: Author.

American Psychiatric Association. (2000). *Diagnostic and statistical manual of mental disorders* (4th ed., text rev.). Washington, DC: Author.

American Psychiatric Association. (2013). *Diagnostic and statistical manual of mental disorders* (5th ed.). Arlington, VA: Author.

Bonime, W. (1989). *Collaborative psychoanalysis: Anxiety, depression, dreams, and personality change*. Cranbury, NJ: Associated University Presses.

Bowlby, J., Miller, E., & Winnicott, D. W. (1939, December 16). Evacuation of small children [Letter]. *British Medical Journal, ii*(4119), 1202-1233.

Brody, V. (1997). *The dialogue of touch: Developmental play therapy*. Northvale, NJ: Aronson.

Cassidy, J., & Shaver, P. R. (Eds.). (2008). *Handbook of attachment* (2nd ed.). New York: Guilford Press.

Des Lauriers, A. (1962). *The experience of reality in childhood schizophrenia*. New York: International Universities Press.

Edinger, E. F. (1972). *Ego and archetype*. New York: Putnam.

Fonagy, P., & Target, M. (1997). Attachment and reflective function: Their role in self-organization. *Developmental Psychopathology, 9*, 679-700.

Freud, S. (1959). Family romances. In J. Strachey (Ed. & Tran.), *The standard edition of the complete psychological works of Sigmund Freud* (Vol. 9, pp. 235-242). London: Hogarth Press. (Original work published 1909)

Fromm, E. (1947). *Man for himself: An inquiry into the psychology of ethics.* New York: Rinehart.

Garbarino, J. (1999). *Lost boys: Why our sons turn violent and how we can save them.* New York: Anchor Books.

Gil, E. (1994). *Play in family therapy.* New York: Guilford Press.

Gil, E. (2010). Children's self-initiated gradual exposure: The wonders of posttraumatic play and behavioral reenactments. In E. Gil (Ed.), *Working with children to heal interpersonal trauma: The power of play* (pp. 44-63). New York: Guilford Press.

Guerney, B. G., Jr. (1964). Filial therapy: Description and rationale. *Journal of Consulting Psychology, 28*, 303-310.

Guerney, L. F. (2003). The history, principles, and empirical basis of Filial Therapy. In R. VanFleet & L. F. Guerney (Eds.), *Casebook of Filial Therapy* (pp. 1-19). Boiling Springs, PA: Play Therapy Press.

Guerney, L. F., & Ryan, V. M. (2013). *Group Filial Therapy: A complete guide to teaching parents to play therapeutically with their children.* Philadelphia, PA: Kingsley.

Herman, J. (1992). *Trauma and recovery: The aftermath of violence-from domestic abuse to political terror.* New York: Basic Books.

Jernberg, A. (1979). *Theraplay: A new treatment using structured play for problem children and their families.* San Francisco: Jossey-Bass.

Main, M., & Solomon, J. (1990). Procedures for identifying infants as disorganized/disoriented during the Ainsworth Strange Situation. In M. T. Greenberg, D. Cicchetti, & E. M. Cummings (Eds.), *Attachment in the preschool years: Theory, research, and intervention* (pp. 121-160). Chicago: University of Chicago Press.

Peller, L. E. (1946). Incentives to development and means of early education. *Psychoanalytic Study of the Child, 2*, 397-415.

Perry, B. D. (2009). Examining child maltreatment through a neurosequential lens: Clinical application of the Neurosequential Model of Therapeutics. *Journal of Loss and Trauma, 14*, 240-255.

Perry, B. D., & Szalavitz, M. (2006). *The boy who was raised as a dog: And other stories from a child psychiatrist's notebook.* New York: Basic Books.

Schaefer, C. E. (Ed.). (1993). *The therapeutic powers of play.* Northvale, NJ: Aronson.

Schaefer, C. E., & Drewes, A. A. (Eds.). (2014). *The therapeutic powers of play: 20 core agents of change* (2nd ed.). Hoboken, NJ: Wiley.

Schore, A. N. (1994). *Affect regulation and the origin of the self: The neurobiology of emotional development*. Hillsdale, NJ: Erlbaum.

Schore, A. N. (2003a). *Affect dysregulation and disorders of the self*. New York: Norton.

Schore, A. N. (2003b). *Affect regulation and the repair of the self*. New York: Norton.

Schore, A. N. (2012). *The science of the art of psychotherapy*. New York: Norton.

Siegel, D. J. (1999). *The developing mind: How relationships and the brain interact to shape who we are*. New York: Guilford Press.

Siegel, D. J. (2012). *The developing mind: How relationships and the brain interact to shape who we are* (2nd ed.). New York: Guilford Press.

Terr, L. (1990). *Too scared to cry: Psychic trauma in childhood*. New York: Harper & Row.

Tuber, S. (2008). *Attachment, play and authenticity: A Winnicott primer*. Lanham, MD: Aronson.

van der Kolk, B. A. (2005). Developmental trauma disorder. *Psychiatric Annals, 35*, 401-408.

VanFleet, R. (2013). *Filial Therapy: Strengthening parent-child relationships through play* (3rd ed.). Sarasota, FL: Professional Resource Press.

Winnicott, D. (1971). *Playing and reality*. London: Tavistock.

제2부

# 임상적 적용:
# 애착이슈를 다루기 위한 접근법

# 놀이치료사를 위한 로드맵으로서의 애착이론

Anne Stewart
William F. Whelan
Christen Pendleton

> 여기 우리는 다름 아닌 엄마에 대한 아기의 애착 기원과 자연스러운 사랑에 관심이 있다. …… 애착이란 몇 가지 특별한 행동 패턴으로 시작되는데 이 중 어떤 행동은 출생 시에 나타나며 어떤 행동은 이어서 발전된다. 그러나 이러한 행동의 패턴으로 나타난 애착은 그 패턴들 자체가 애착을 구성하는 것은 아니다. 애착은 내적이다.
>
> \- Ainsworth(1967, p. 429)

애착이론은 모든 인류에게 중요한 행동체계가 아동과 양육자 간 근접성을 유지한다고 제안한다(Ainsworth, Blehar, Waters, & Wall, 1978; Bowlby, 1969, 1973, 1980). 안전성의 순환(Circle of Security: COS)은 애착이론의 치료적 차원을 표현하는 가장 최근 모델 중 하나다. 이 COS 모델은 민감한 매일의 상호작용을 통해 안전한 관계를 형성하는 애착이론의 효과를 설명하는 데 도움이 된다. 이 장에서 우리는 애착이론을 기반으로 한 COS 모델을 묘사할 것이다. COS의 주요 형태를 설명하고, 놀이치료사들의 작업을 안내하는 '로드맵'으로서 COS를 사용한 방식을 사례를 들어 보여 줄 것이다. 먼저 우리는 애착이론의 근본을 짧게 소개하고 현장연구로부터 알게 된 주요 발견점들을 알려 줄 것이다. 그리고 애착이론과 COS 간의 관계를 보여 줄 것이다. 놀이치료사로서 우리가 대하는 아동의 삶에서 안정 애착의 중요성을 지지하는 연구들도 함께 살펴볼 것이다.

## 애착이론의 개관과 현장연구로부터 발견한 점

이론에 따르면, 아동의 애착행동체계(attachment behavior system)는 아동이 힘든 시기—아동의 힘든 정도가 약하든 심하든, 일시적이든 오랜 기간 지속되든—에 양육자와의 근접성을 추구하도록 이끈다. 바꾸어 말하면, 양육자는 아동을 보호하기 위한 안식처로서 그리고 아동이 자신의 세계를 탐색할 때 사용할 수 있는 안전기지로서 양육행동체계(caregiving behavior system)를 활용하도록 자극받는다. 따라서 애착과 양육 체계는 인류(다른 종에게도)에게 생물학적 기능을 부여하고 탐색과 학습을 촉진하고 위험한 환경으로부터의 보호를 확신하게 한다(Bowlby, 1969, 1982, 1988). Mary Ainsworth의 혁명적 현장 및 실험실 연구는 John Bowlby의 연구와 같은 맥락에서 발달에 대한 공부의 과학적 접근을 가능하도록 했다(Ainsworth & Bowlby, 1991).

유대의 발달적 경로와 애착의 발달에 특별한 관심(Ainsworth, 1967 참조)을 가지고 영아발달에 관한 현장연구를 하기 위해 Ainsworth는 1954년에 우간다의 캄팔라로 향했다. 우간다 아기와 엄마들 간 가장 빈번히 발견된 것 그리고 후에 유명한 볼티모어 연구(Ainsworth et al., 1978)에서 다시 발견된 것은 바로 안전행동의 가장 우세한 패턴이었다. 시간이 지날수록 엄마를 향한(다른 사람과 비교해서) 영아의 구별되는 반응이 증가하는 패턴이 보였다. 영아는 엄마의 지지 속에서 환경을 탐색하고, 만족하며, 쉬거나 재충전을 위해 엄마에게 돌아왔고, 다른 아동들과 비교해서 불안이 더 낮은 모습을 보였다.

## 애착이론과 COS 모델

Ainsworth(1967)는 현상과 관련된 2가지 특징을 기술함으로써 자신의 발견점을 요약했다. 첫째, (사회적 · 물리적 환경) 탐색을 위한 안전기지로서, 둘째, 피곤하거나 지칠 때 안전한 안식처로서 엄마를 효과적으로 사용하는 안전한 아동의 성장능력을 기술했다. 30년 후에 이에 대한 그래픽적 묘사가 가능하게 되면서 그것이 COS라고 불리게 되었다(Marvin, Cooper, Hoffman, & Powell, 2002). 그리고 안정 애착-양육 패턴의 발달을 지지하는 개입도 가능하게 되었다(Marvin et al., 2002). 이 장은 놀이치료의 맥락에서 아동-치료자 관계에 대해 이러한 생각과 개입을 확장한 것이다. 우리는 COS의 활용이 아동의 욕구를 개념화하는 놀이치료사의 능력을 어떻게 풍부하게 할 수 있는지, 어떻게 부모-자녀 놀이치료(filial therapy) 및 부모상담을 효과적으로 촉진할 수 있는지, 놀이치료사와 아동의 관계적 경험에서의 치료적 이점을 어떻게 하면 강화할 수 있을지를 기술할 것이다. 아동의 감정적 안녕을 위한 안정 애착의 중요성을 고려하여 어떻게 애착관계가 성장할 수 있는지를 살펴볼 것이다.

## 안정 애착의 이점

왜 우리 놀이치료사들은 아동의 애착의 질에 관해 관심을 가져야만 하는가? 안정 애착을 더 증진시키는 것이 우리가 함께하는 아동들에게 어떻게 이득을 가져다줄 수 있을까? COS처럼 애착에 기반을 둔 관점을 활용하는 주요한 이유는 행동적 · 감정적 문제로 우리에게 오는 아이들은 부모, 교사, 친구들과의 관계에서 어려움을 경험하고 있기 때문이다. 이에 더하여 그 아동들이 치료에 의뢰되는 많은 문제도 행동, 생각, 감정의 기본적 조절을 반영하고 있다. 관계에서의 방해와 조절에서의 붕괴는 애착에 기반을 둔 COS 접근과 개입에서 주요하게 다뤄지고 있다.

## 아동 성과를 위한 안정 애착의 중요성 지지 근거

관계발달의 안정적 패턴은 아동기와 성인기의 적응유연성과 긍정적 결과와 가장 밀접히 연결되어 있는 애착 패턴이다(Grossmann, Grossmann, & Kindler, 2005; Sroufe, 2005). 안정 애착 패턴이 일생을 사는 동안 좋은 결과를 담보하지 못하거나 혹은 모든 형태나 수준의 스트레스로부터 개인을 보호하지 못한다 할지라도 안정 애착 패턴을 형성한 아동은 안정 애착 패턴을 형성하지 못한 아동보다 부모, 친구, 교사와 더 효과적이고 만족할 만한 관계를 형성하는 경향이 있다. 그들은 사회적 문제를 푸는 데 있어 혼돈된 관계를 회복하는 데 더 능숙할 뿐만 아니라 공부도 더 잘하고 행동문제는 적으며 정신적 문제에 처할 위험도 낮고 불안정 애착 또래들보다 법률문제에 휘말릴 일도 적고 더 훌륭한 부모가 된다(Sroufe, 2005; Sroufe, Egeland, Carlson, & Collins, 2005).

안정 애착 패턴의 아이들은 온화하여 적절한 각성과 강세로 부모(그리고 놀이치료사)에게 명확한 정서적 신호, 건강한 신호를 보낸다. 아이들의 행동은 대개 환경에 적합하며 정서적 욕구를 명확히 소통하고 상대적으로 어른이 그들의 신호를 정확하게 인지하도록 해서 그들의 욕구에 대해 정확하게 추론하고 적절하게 반응하게 만든다. 신호가 잘못 소통되는 순간, 즉 욕구가 없는 것처럼 하거나 아이에게 부모가 중요하지 않은 것처럼 행동할 때도 아이는 부모를 필요로 하기 때문에 안정적인 아이들의 부모는 잘못 소통된 신호를 차츰 읽을 수 있게 되고 저변에 깔린 아이의 욕구에 효과적으로 접근할 수 있게 된다.

진화론적 관점뿐만 아니라 실용적 관점에서 이러한 패턴의 성과는 아이의 욕구가 확실히 확인되는 데 있으며 매 순간 하루에 일어나는 정서적 · 행동적 에피소드가 충족되는 데 있다. 장기적인 성과는 아동의 두뇌가 훨씬 세련된 뉴런의 연결 구조와 하부연결—안정에 효과적인 리듬을 유발하는 구조, 생각 · 정서 · 행동을 공동 조절하는 것, 자기조절 능력, 행동적 · 사회적 유능감—을 할 수 있다는 것이다(Schore, 2001, 2005).

## 안정 애착의 블록 형성하기

독자는 이미 굉장한 발견을 했을지도 모른다. 애착 패턴은 시간을 두고 하는 하나의 상호작용으로부터 형성된다. 이것은 부모와 놀이치료사에게 좋은 뉴스다. 실제로 연구를 통해서 그리고 안정 애착 패턴의 양육자가 아이들의 욕구를 항상 충족시키지는 못할지라도 임상적 연습을 통해서 나타나게 되는데, 그들 자신이 정확히 인식함으로써 아이들의 정서적 신호에 대한 민감성을 가지고 매일매일의 상호작용을 통해 아이들이 건강한 애착관계를 형성할 수 있도록 돕는 일이 가능하게 된다. 이러한 것은 증명할 수 있는 사랑스럽고 훌륭한 과정이다. 친부모, 양부모, 교사, 놀이치료사를 포함한 양육자들은 민감하고, 융통적이며, 적응적인 정서적 환경을 제공하고 점차적으로 특별한 아이의 욕구를 충족시킬 적절한 조율을 할 수 있게 한다.

정신장애, 대인관계적 폭력, 정서적 및 신체적 학대가 있는 가족사를 가진 아이들은 불안정이며 고위험군(비조직화된, 왜곡된, 통제하는 등) 상호작용 패턴을 갖게 된다. 안정 애착 패턴의 또래와 비교해서 불안정 애착 패턴의 아이들은 종종 진정의 리듬과 자기조절, 효과적인 파트너십 행동에 대해 자기조절에 관한 발달되지 않은 능력(정서와 행동 조절을 위해 양육자를 활용할 능력이 거의 없는 등)을 나타낸다. 이런 면에서 불안정 애착 패턴의 아이들은 실수가 아니라면 자신의 정서적 · 관계적 욕구를 순간적으로 명확하게 신호화하는 일이 극히 드물다. 양육자가 아이들과의 관계를 발달시키는 데 어려움을 종종 호소하고 아이들의 행동과 정서를 수수께끼로, 예측 불가능한 것으로 경험하는 일은 당연하기도 하다.

## COS 모델

애착기반 놀이치료는 놀이치료사의 조율되고 반응적인 상호작용을 통해서 아이의 정서적 경험을 재정비하고 조직화하도록 돕는다. 그래서 아이들의 관계와 행동이 더 만족스러워지며 응집적이고 보상받을 수 있게 될 것이다. COS는 놀이치료사가 놀이기반 상호작용을 통해 아이의 기본적 관계 욕구를 충족시키도록 돕는다(Stewart, Whelan, Gilbert, & Marvin, 2011).

## COS의 차원

COS 모델에서 2가지 기본적 차원은 순환의 위와 순환의 아래 욕구로 나눌 수 있다([그림 3-1] 참조).

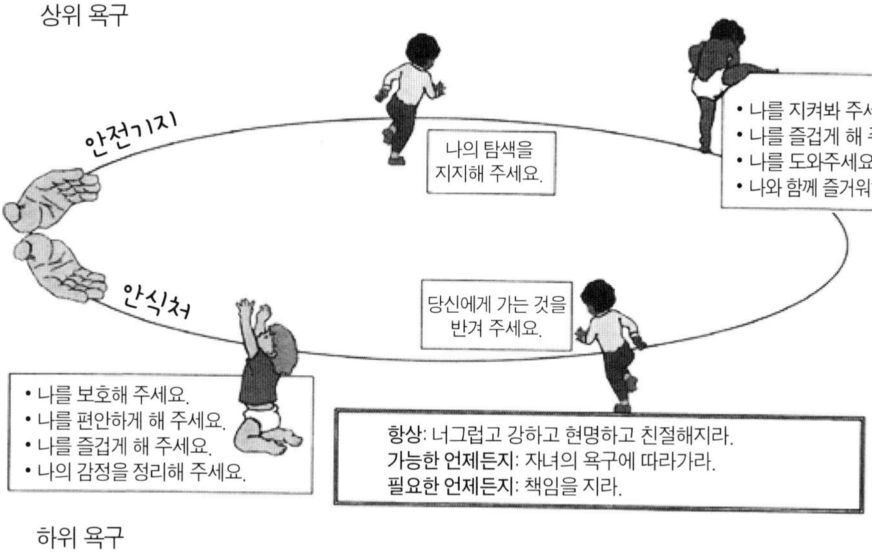


**| 그림 3-1 |** COS: 양육자가 아이의 욕구에 참여하기

출처: Copyright 1998 by G. Cooper, K. Hoffman, R. Marvin, and B. Powell. circleofsecurity.org. Reprinted by permission.

치료적 놀이관계에서 발달하는 관계의 맥락에서 욕구는 그 순간에 치료자와 다른 아이의 욕구다. 이러한 관점을 이용하면, 치료자는 '왜 아이가 이렇게 행동하는가?'보다는 '나와 다른 아이의 욕구는 무엇인가?'라는 질문을 하도록 배워야 한다. 순환의 위에서 아이의 욕구는 '나의 탐색을 지지해 주세요, 나를 지켜봐 주세요, 나를 즐겁게 해 주세요, 나를 도와주세요, 나와 함께 즐거워해 주세요.'라는 욕구를 포함한다. 순환의 아래에 있는 아이의 욕구는 내가 '당신에게 가는 것을 반겨 주세요, 나를 보호해 주세요, 나를 편안하게 해 주세요, 나를 즐겁게 해 주세요, 나의 감정을 정리해 주세요.'를 포함한다.

## 관찰의 중요성

COS의 관점에서 경험적으로 지지되는 이론 내의 상호작용을 정확하게 관찰하는 것은 이해와 도움을 위한 기초가 된다. 이런 측면에서 상호작용에서 아이의 몸이 무엇을 하고 있는가를 확인하는 것은 왜 그런 일이 일어나는가를 묻기보다 초기에 훨씬 더 중요한 치료적 작업이 될 수 있다. 치료자는 아이 몸의 방향, 근접성, 움직임, 신체적 접촉, 목소리 톤, 말의 양, 보디랭귀지 그리고 드러난 느낌을 알아차리게 된다. 치료자는 아이의 욕구에 따라 놀이실에서 순간순간 행동을 바꾸고 아이를 보호하거나 이끌기 위해서 언제 아이의 정서적 경험과 행동에 책임져야 하는지, 언제 아이의 욕구에 능동적으로 따라야 하는지를 결정한다. 결과적으로 치료자는 아동의 치료와 진단을 구별하기 위해서도 COS를 활용할 수 있다(Cooper, Hoffman, Powell, & Marvin, 2006). 아이의 욕구가 반응적이고 응집적인 매너로 충족될 때, 아이의 신경학적인 하부연결과 능력이 잘 형성될 것이고 진정을 위한 패턴이 창출될 것이다. 정서 · 생각 · 행동의 공동조절, 파트너십 행동, 자기조절 능력과 유능감이 그것이다(Hoffman, Marvin, Cooper, & Powell, 2006; Whelan & Marvin, 2011).

앞의 [그림 3-1]에서 본 것처럼, 순환의 위에서 주요한 5가지 욕구는 다음과 같다.

① 나의 탐색을 지지해 주세요

아이가 치료자로부터 놀이실 도구와 활동—가장 중요한 것은 치료자와의 관계—을 탐험하려고 하는 자신의 욕구를 지지받는 경험을 말한다. 탐험을 격려하는 것은 놀이

치료사의 감정, 목소리 톤, 보디랭귀지를 통해 드러나야 하는데 조율된 상호작용과 코멘트를 통해 전달된다. 기억, 걱정, 공포뿐만 아니라 지난 외상, 상실, 학대 역시 발달적으로 적절한 창의적 예술과 표현활동을 통해 접근될 수 있고 상상놀이의 맥락에서도 이루어질 수 있다.

② 나를 지켜봐 주세요

치료자에 대한 아이의 욕구가 자신의 행동에 대한 정확한 관찰을 통해 자신의 욕구에 대한 정확한 추론과 결론을 내리게 할 수 있게 하는 것을 뜻한다. 놀이실에서 신체적 · 심리적 안전을 책임진다는 것은 아이의 행위가 주는 정확한 정서적 신호 또는 잘못 보낸 신호를 반영하고 있는지를 치료자가 판단해야만 함을 말한다.

③ 나를 즐겁게 해 주세요

치료자가 아이와 의사소통할 때의 긍정적 감정과 수용을 지칭한다. 즐거움이란 강점, 안전, 사랑, 희망, 용서를 전할 수 있는데 적절한 타이밍의 반영, 응시, 목소리 톤이 중요하다. 즐거움은 스트레스 상황에서 빨리 사라지는데 치유에 있어서 그 생생한 역할은 중요하기 때문에 순환의 위와 아래 모두 나타나야 한다. 놀이치료사들은 놀이실에서 짧지만 충만한 즐거움을 통해 치유를 촉진할 수 있고 부모-자녀 놀이치료에서는 양육자가 자녀를 기뻐하는 경험을 하게 도움으로써 치유를 촉진하게 된다.

④ 나를 도와주세요

놀이실에서의 아이 장난감, 놀이 주제, 정서, 관계를 탐험하게 하는 발판을 의미한다.

⑤ 나와 함께 즐거워해 주세요

치료자가 얼마나 많이 아이의 동반을 즐거워하는지, 아이와 활동을 함께 하는 것을 얼마나 좋아하는지에 대한 아이의 욕구를 지칭한다. 아이는 조건 없이 매 순간의 파트너십 행동과 호혜적인 경험, 관계에서의 따스함과 지속적인 지지를 통해 이익을 얻을 수 있다.

순환의 아래에서 주요한 5가지 욕구는 다음과 같다.

① 당신에게 가는 것을 반겨 주세요

아이의 불확실성, 고통, 혼란, 무례함, 슬픔, 거부, 공격성, 불만, 잘못된 판단 등을 수용하는 것을 말한다. 중요하게도, 이것은 잘못된 행동을 강화하거나 인정해 주라는 것이 아니라 오히려 아이가 무엇을 가져오든 간에 치료자가 더 크고 더 강하며 현명하고 친절하다는 것을 경험하게 해 주라는 것이다.

② 나를 보호해 주세요

신체적 · 정서적 보호에 대한 아이의 욕구를 말하는데, 놀이실에서 일어날 사건은 물론 놀이치료를 통해 야기될 압도당하거나 부정적인 기억과 정서를 포함하는 것을 뜻한다.

③ 나를 편안하게 해 주세요

아이의 혼란스러움을 회피하지 않고 불안과 고통을 진정시키고 과각성이나 은폐의 아이 패턴을 조절하고 흡수해 주려는 치료자의 시도를 포함한다.

④ 나를 즐겁게 해 주세요

아이와 짧은 즐거움의 순간을 나누는 것을 말하는데, 특히 아이와 치료자에게 재미있고 의미 있는 상호작용과 활동을 통해서 이루어지는 것을 말한다. 다른 사람 앞에서 진정한 즐거움을 표하는 것은 그들이 가치가 있다고 확신시키는 가장 좋은 방법 중 하나다.

⑤ 나의 감정을 정리해 주세요

치료자가 아동의 정서적 경험을 책임지고 불편한 아이의 상태를 더 건강한 상호작용으로 이끄는 정서적 톤을 만드는 것을 말한다. 이것은 치료자의 현존과 민감성, 목소리 톤과 행동, 보디랭귀지, 언어적 표현과 신체적 움직임을 통해 이루어질 수 있다. 치료자는 아이에게 정서적 각성과 불편을 통해 다른 사람이 자신을 이끄는 것을 경험할 연습을 하게 하며 아이가 더 크고 강하고 현명하고 친절한 강점을 가진 안전한 사람에게 의지할 때 만끽할 수 있는 안전과 쉼을 경험할 수 있게 돕는다.

COS 모델을 이행하는 데 가장 성공한 치료자들은 아이와의 치료적 관계에 대해서 자신의 생각과 느낌을 반영할 능력이 있는 사람들이었고, 그들의 생각, 느낌 및 행동이 어떻게 아이들에게 영향을 주는지 궁금해하는 사람들이었다. 그들은 또한 아이의 관점에서, 또 발달적 기준에서 친절하고 공감적으로 일들을 간파할 수 있는 능력을 보여주었으며 아이의 변화하는 욕구에 맞추어 순간적으로 치료적 양육행동을 변화시킬 수 있는 사람들이었다. 그들은 필요하다면 더 크고 더 강하며 더 현명하고 친절하게 책임을 질 수 있었다. 중요하게도, 이러한 종류의 치료적 양육은 아이의 신호뿐만 아니라 아이가 잘못 보낸 신호까지도 예리하게 간파할 수 있는 날카로운 민감성을 포함했다 (Marvin et al., 2002).

## COS 신호와 잘못 보낸 신호

COS 모델에서 신호(cue)를 주는 것은 아이의 행동적 · 정서적 신호를 말하는데, 이는 직접적이건 간접적이건 '순환 주변에 있는' 아이의 욕구를 가리킨다. 잘못 보내는 신호(miscue)는 아이가 그 당시에 실제로 필요로 하는 것을 정확히 짚지 못하고 보내는 행동적 · 정서적 신호다. 치료자와 관련된 아이의 잘못 보내는 신호의 일반적 예로는 보지 않고 떨어져 걸어가며 얼굴을 숨기고, 반응이 늦고, 방을 떠나며, 협동하거나 함께하기를 거부하고, 공동 조절하려는 치료자의 시도를 거부하는 것과 같은 불안/회피 행동이 있다. 잘못 보내는 신호는 무례함, 공격성, 거짓말, 도벽, 방화와 같은 행동을 포함하기도 한다. 다른 아동의 경우에는 일반적으로 잘못 보내는 신호는 아기 같은 행동과 과도히 밝은 감정을 과장되게 표현하는 것도 포함되는데, 여전히 타인에게는 치료자나 양육자와 함께 상호작용할 때 책임을 지거나 조직화하려는 시도를 하거나 성인을 책임지려는 시도를 하거나 징벌적이거나 보스 같은 행동(역할이 뒤바뀐 행동들)을 하려 하기도 한다. 그런 모든 종류의 행동은 일반적으로 치료자를 멀리 보내 버리거나 치료자로부터 떨어지려는 경향이 있는 것으로, 아이가 순환의 위 어딘가에 위치하도록, 역으로 성인의 욕구에 입각해서 돕게 된다. 그런 잘못 보내는 신호는 아이의 잠재된 관계적 욕구를 순환 주변에 있는 치료자의 것으로 애매하게 덮어 버려, 치료자가 그것들을 정확히 확인하기 더 어렵게 만들어 버린다. 만약 이러한 행동이 잘못 보내는 신호로 확인되지 않는다면 치료자는 그 신호(혹은 증상)를 치료하려고 노력할 것이고 치료자에 대한 아이의 관계적 욕구는 길을 헤매게 될 것이다. 이런 관점에서 잘못 보내는 중요한 신호를 알아내는 단서는 목표화된 문제가 개입을 통해서도 개선되지 않거나 새로운 문제가 끊임없이 형태를 바꾸어 출현하면서 발생하는 것이다. 치료자가 잘못 보내는 신호를 알아차리고 있는지를 판단하는 방법은 아이의 욕구를 충족시키려는 것보다는 (건강을 향한 아이의 정서와 행동을 형성할 기회를 잃어버릴 수 있기에) 정서적 · 행동적 문제가 개선이나 해결은커녕 시간이 지나면서 돌연변이를 일으킨다는 것이다. (물론 일이 개선되지 않는 데도 이유는 있다. 아프다거나 스트레스가 있거나 치료자가 알지 못하는 아동 삶에서의 외상이 있을 때가 그러하다.) 기대하는 것처럼, 치료자는 지속적으로 순환 주변을 움직이는 아동의 움직임을 반영해야 하며 아이와 상호작용하는 동안 자신의 행동과 느낌 역시 반영해야 한다.

# 사례: COS의 개입

## 놀이치료 로드맵으로서의 COS

COS는 놀이치료사가 놀이실에서 어떻게 개입하는지를 알려 줌으로써 아이의 정서적 욕구를 충족시키고 개념화할 수 있도록 돕는다. 순환의 위에서 아동이 어디에 있는지를 추론하면서, 아이의 욕구를 추측하면서 개별 놀이치료의 포맷에 맞게 아이의 행동을 관찰하며 COS 모델에 적용하는 예를 살펴보자.

Malik은 다양한 스트레스에 노출된 배경을 가진 7세 소년이다. 그는 약물남용 문제로 힘들었던 친부, 친모에게서 생후 4년간 양육되었다. Malik의 어린 시절은 유기, 혼돈, 가정폭력으로 점철되었다. 부모는 아이 앞에서 자주 싸웠고 아이의 신체적 욕구에는 접근하려고 노력했지만 정서적 욕구는 자주 방치했다. 4세에 Malik은 부모에게서 격리되어 이후 3년간 친척 손에서 키워졌다. 부모의 보호로부터 격리되었을 때, Malik은 엄마, 아빠가 가족 행사나 휴가에 함께할 약속을 따르지 못하게 된 때에 산발적으로 실망하는 것을 보았다. Malik이 7세가 되자, 아빠와 헤어진 친모는 약물재활 프로그램을 완수해 아이와 다시 결합하기 위해 일을 시작했다. 엄마는 아이와 함께 지도감독을 받기 시작했고 재결합 계획의 일부로서 법원이 명령한 치료를 받고 있었다. Malik의 친척은 여전히 아이의 신변을 보호하였고 재결합의 노력을 지원하면서 지도감독 방문을 도와주려 협조했다. 치료는 공격성, 일탈, 분리의 어려움, 엄마에게 징징거림과 같은 예측할 수 없는 정서적 반응을 보이는 Malik을 보호하는 서비스로 정해졌다. Malik의 치료자인 Laura는 놀이치료를 위해 Malik과 개별적으로 만나기 시작했다. 치료가 진행되면서 치료자는 부모-자녀 놀이치료를 시작했고 아이의 신변을 보호해 온 확대가족인 친척과 친엄마와 상담을 했다. Laura는 Malik의 정서적 욕구를 개념화하기 위한 로드맵으로서 COS를 활용하였고 놀이실에서의 아이의 상호작용을 안내하기 위해서 그리고 양육자와의 상호작용과 협의를 안내하기 위해서도 COS를 활용하였다.

초기 회기 동안 Laura는 놀이실에서 Malik의 욕구를 따르면서 아이를 돕는 법과 아이의 행동을 조절하는 방법에 관해 생각할 가이드로서 COS를 활용하였다. Laura가 주의 깊게 Malik을 관찰했고, 아이가 인형집에서 놀 때 부모 피규어들을 때리며 더 공격적으로 관여됨을 알게 되었다. 아이가 그 피규어들을 향해 말할 때 목소리가 더 커지고 낮아졌다. 아이의 몸은 아빠와 엄마 피규어가 서로 치고받으며 소리를 지를 때 더 경직되었다. Malik은 인형집 구석에 어린 남자아이 피규어를 놓고 Laura로부터 몸을 살짝 틀었다.

Laura: 나는 쟤가 계속 혼자 저기에 있는 것을 봤어. 아마도 그는 둘이 소리 지르는 것을 지켜보고 있나 봐.

Malik: 예, 그들은 항상 소리 지르고 때려요. 그는 더 듣고 싶어 하지 않아요.

Laura: 그래서 그는 너무 많은 소리침을 듣고 너무 많이 때리는 것을 보는구나. 나는 그 애의 생각과 느낌이 어떤지 궁금하네.

Malik: 어-우-우-우. (어깨가 긴장될 때 낮은 울리는 소리를 낸다. 아이가 갑자기 인형집의 의자를 소년 피규어에게 던진다.) 걔는 나빠요. 엄마가 걔를 떠나서 거기에 혼자 두는 것이 그것 때문이에요.

Laura가 Malik의 행동의 극적인 변화에 놀라게 되었을지라도, 그녀는 아이에게 가까이 있으면서 침착함을 유지했다. 그녀는 아이가 숨을 가볍게 빨리 쉬고 있음을 알아차렸고 인형집의 가구들을 넘어뜨렸을 때 눈에 눈물이 맺혀 있는 것을 알게 되었다. COS를 활용하여 Laura는 가족과 관련된 장면을 접하게 될 때 조절할 수 없는 경향이 생김으로써 Malik이 어떻게 가구들을 넘어뜨리게 되었는지 그리고 으르렁거리는 소리로 협박하는 것이 잘못 보낸 신호라는 것을 이해하게 되었다. 실제로 아이의 반응은 Laura가 생후 첫 4년간의 혼돈스럽고 예측 불가능한 본성을 알게 되었을 때 이해가 되었는데, 부모로부터 격리되어 친척네 집에 사는 유기의 반복된 경험을 통해 아이는 지속적으로 실망에 처하게 되었음을 알게 되었다. Laura는 Malik의 교감신경계가 활성화되었고 과부하되었음—아이가 언어적 · 신체적 공격성을 너무 자주 목격했을 때 발생

—을 알게 되었다. 그녀의 관찰을 통해 Laura는 Malik이 순환의 아래에 위치해 있어 아이의 욕구는 보호, 편안함 그리고 느낌을 조직화하는 도움이 필요하다는 것을 알게 되었다.

Laura는 Malik이 스스로 느낄 수도 없는 강력한 느낌을 경험하고 있다고 추측했다. 더 나아가 그녀는 이런 유형의 행동이 양육자와 또래를 멀리 내쫓아 버렸고 부모나 교사의 처벌적이고 훈육적인 반응을 이끌어 냈음을 알게 되었다. 그녀는 Malik이 슬프고 무기력하며 무섭고 불안하며 화가 나는 느낌을 갖고 있으며, 아이의 행동이 "나는 너무 압도되어서 내가 경험하는 아주 강한 느낌으로 무엇을 할 수 있을지 모르겠어요." 라고 말하고 있다고 알려 주었다. Laura는 아이의 강한 느낌으로부터 환영과 보호를 원하는 아이의 욕구를 인식했고, 가치감을 갖도록 편안하게 해 주며 복잡한 정서를 조직화하도록 도왔다. 그녀는 또한 아이가 화가 났을 때를 인식했고 Malik이 수용하기 힘든 것을 도와주었다. 그녀는 아이가 도움을 필요로 할 때조차 어른의 도움을 받지 못했다는 것을 이해하면서, 이것이 함께 치료적으로 이루어야 할 큰 부분임을 생각하게 되었다. Laura는 침착하게 있으면서, 그러나 강하게(판단적이지는 않은) 말로 이야기하면서 Malik이 자신의 강점이 받아들여지는 것과 그녀가 잘못 보내진 신호를 잘못 소통하지 않도록 했다. 그녀는 "아이가 무엇을 하고 있는지를 아는 것이 굉장히 힘들죠! 아이는 항상 크게 느끼는데 그 느낌은 의자를 던지거나 탁자를 집어던질 때 생기는 그런 느낌이거든요."라고 말했다.

이런 종류의 상호작용이 처음 발생한 것은 아니기 때문에, Laura의 상호작용은 패턴화된 방식으로 아이의 욕구에 지속적으로 반응했다는 것이 증명되었다. Malik의 어깨는 Laura를 향할 때 약간 느슨해졌다. 그녀는 Malik을 향해 기대면서 아이에게 살짝 다가갔다. 아이는 인형집의 가구를 조정하기 시작하면서 천천히 고개를 끄덕였고 살짝 편안한 자세로 Laura를 잠깐 올려다보았다. 이후 회기에서 Laura는 Malik과 그림 그리기 활동을 완성했다. 진저브레드(gingerbread) 인형 그리기 활동[1)]에서 Malik은 그 집 안

1) 진저브레드 인형 그리기 활동은 Athena A. Drewes가 개발한 활동에 기초한다(제12장 참조).

의 소년이 느끼는 4가지 느낌에 이름을 붙이고 그 느낌에 맞는 색깔을 칠해서 아이의 몸 어디에서 그런 느낌이 나는지를 그리는 것이었다. Laura와 Malik은 Malik이 인형집의 소년과 같이 느낀 때가 언제인지를 말했고 그 느낌을 더 좋게 느끼게 누가, 무엇을 도울 수 있을지에 관해 이야기했다. 이야기를 하고 조금 지나 Malik은 놀이실을 천천히 기어 다니기 시작했다. 아이가 자신의 손을 핥는 척을 하면서 Laura에게 다가왔다.

Malik: (고양이 소리를 내며) 나는 고양이예요.

Laura: 너는 고양이야. 소리를 내면서 크게 움직이는 고양이야!

Malik: 선생님이 원하면 내 머리를 쓰다듬을 수도 있어요. 나는 친근한 고양이예요.

Laura: 너는 기분이 좋고 안전하며 친근한 고양이구나. (Malik을 부드럽게 만져 주면서) 머리가 만져질 준비가 되었구나.

Malik: 네, 선생님이 나에게 우유를 줄 수 있어요. 나는 낮잠도 잘 거예요.

Laura는 천천히 쉬고 있는 Malik의 숨소리를 관찰했고 아이가 Laura를 향해 기어 와 Laura 다리 옆에 앉을 때 아이의 얼굴이 편안한 것을 볼 수 있었다. Laura는 치료자를 향한 Malik의 움직임과 신호로서의 아이의 말의 내용이 아이가 오는 것을 반겨 주는 것과 아이에게 놀이 안에서의 양육을 제공하는 것이 필요하다는 것을 나타냄을 알아차리고 아이의 욕구를 따랐고, 순환의 아래에서 아이를 돕기 위해 할 수 있는 것을 인식하였다. 이러한 상호작용의 순간에서 아이의 몸은 아이의 어떤 욕구가 치료자를 향해 느끼는 것이 무엇인지 경험하고 연습할 기회를 갖게 했다.

Malik은 Laura의 발에 조용히 누워 치료자가 아이에게 줄 수 있는 안식처에서 정서적 재충전을 하고 있음을 알게 되었다. 깊은 심호흡 후에 아이가 눈을 떴고 기지개를 켜며 방 근처의 장난감을 둘러보았다. Laura는 Malik의 순환의 아래에 있는 아이에게 관여하는 그녀의 일이 아이의 정서를 공동 조절하는 것을 돕는 것임을 보게 되었고, 재충전되어 순환의 위를 향해 움직이는 것을 알게 되었다.

Laura: 너는 낮잠에서 깨서 기분이 좋아졌구나. (웃음) 다리와 발톱을 펴고 장난감을 바라보네. 선생님은 내 옆 여기에서 네가 낮잠을 자서 참 기뻐. 이제 놀이실에서 볼 것이 참 많네.

Malik은 놀이실의 트럭을 눈여겨보았고 거기로 기어가면서 중간쯤 가자 마치 그녀가 여전히 자신을 바라보고 있는지를 확인하려는 듯 Laura를 돌아보았다. Laura는 Malik이 치료자를 떠나서 기꺼이 탐험을 할 의지가 있다는 것과 그의 진정된 행위를 보고 이제 그가 순환의 위에 있음을 깨달았다. Laura는 아이의 탐색을 지지하기를 원하는 아이의 욕구를 이해했다.

Laura: 나는 여전히 너를 보면서 여기 있어. 네가 놀고 싶은 것이 있는 것처럼 보이네.

Malik: (웃으면서 트럭으로 이번에는 더 빨리 기어간다.) 나는 우리를 태울 거예요! (Laura를 바라보면서 손에 트럭을 가지고 그녀에게 다가온다.)

Laura는 웃었고 Malik이 오는 것을 기뻐하며 아이의 지시대로 움직이면서 아이와 함께 즐거워했다. Laura는 카펫 위에서 Malik과 함께 옆에 앉아서 아이가 욕구를 조율하면서 놀이를 감독하도록 허락했다. 그녀는 아이의 자세가 편안하며 근접성을 유지하고 감정과 이야기의 내용 모두 일관적임을 통해 Malik이 순환의 위에 있음을 알게 되었다. Laura는 Malik 옆에 앉았고 아이의 안전벨트를 매 주는 척하면서 "이제 우리 자동차 타자. 너는 이 트럭을 모는 방법을 알고 있어!"라고 말했다. 그녀는 Malik을 편히 앉히고 아이의 즐거움을 반영했다. Malik은 킥킥 웃으며 같은 방향에 앉은 Laura의 어깨에 기댔다. 그들은 아이가 운전할 때 같은 방향으로 왔다 갔다 움직였다. Laura는 아이가 운전을 할 때 몸의 움직임과 정서를 공동 조절하면서 Malik의 순환의 위 욕구를 충족시킬 수 있었다.

## 부모-자녀 작업과 부모상담을 위한 로드맵으로서의 COS

COS 그림([그림 3-1] 참조)과 접근은 부모-자녀 작업과 부모상담을 또한 이끌 수 있다. Malik의 사례는 어떻게 COS가 이러한 개입적 형식에 적용될 수 있는지를 보여준다.

치료가 진행되면서 Malik의 엄마와 확대가족인 친척이 모두 치료에 참여하도록 초대되었고, COS의 차원과 아이의 욕구에 관해 생각하게 할 COS의 활용에 관해 배우도록 상담을 받았다. 양육자가 제기한 문제행동에 대해, Laura는 그들이 Malik이 자신의 욕구에 대해 어떻게 소통하고(그리고 소통하지 못하고) 있는지를 발견하고 COS를 활용하도록 도왔다. Laura는 Malik의 엄마와 친척들이 인식하고 이해하고 놀이기반의 개입을 동반한 순환 주변의 욕구에 반응하도록 그들과 일했다.

Malik의 엄마가 부모-자녀 회기에 참석한 그날, Laura는 방으로 엄마를 오게 해 COS가 엄마를 환영하고 새로운 상황에서 아이의 욕구를 이해하는 데 사용될 수 있는 방법임을 명심하도록 했다. Malik과 엄마가 방으로 들어갈 때 엄마는 초조하고 불확실해 보였다. Laura는 Malik의 엄마 얼굴에서 불확실한 표정을 봤고, Laura가 자신이 자리에 어울리지 못하고 연약해 하는 것을 어떻게 생각할지 걱정했다.

Laura: 우리는 오늘 놀이실에 엄마가 오셔서 정말 기뻐요. 우리는 몇 주 동안 특별한 방문을 했던 것을 이야기했어요. Malik과 나는 오늘 다른 느낌을 가지고 있음에 대해서도 이야기했고 사람들은 동시에 초조함도 느끼지만 홍미진진함도 느낄 수 있다고 말했어요.

Malik의 엄마: (부끄러운 듯 웃으면서 고개를 끄덕인다.)

Malik: 맞아, 내가 뱃속에서 초조할 때 거기에 나비가 있었던 것처럼 진정하고 싶을 때 풍선 숨쉬기를 하기도 해요.

Laura: Malik, 네가 우리가 놀이실에서 배웠던 풍선 숨쉬기를 기억하고 있구나. (Malik의 엄마에게) Malik이 진정을 위한 풍선 숨쉬기—깊게 숨을 쉬는—에는 진짜 전문가예요.

Malik은 Laura와 엄마를 바라보면서 편안하게 앉았다. Laura는 엄마의 모델이 되었고 순환의 위의 욕구에 엄마가 반응하고 아이의 기술을 즐거워하고 숨쉬기 기술을 아이가 보여 줄 때 즐거워하도록 하는 일에 모델링을 했다. 치료자는 엄마와 Malik이 깊은 숨쉬기를 할 때 서로 향해 가깝게 앉아서 배를 만져 주는 것이 참 편안해 보인다는 것을 깨달았다. Laura는 또한 Malik이 엄마에게 그 기술을 알려 줄 때 그들의 얼굴이 행복해 보이고, 엄마와 Malik이 함께 숨을 쉬고 그들의 배에 풍선을 상상하며 웃으면서 전달할 수 있는 기쁨을 알아챘다. 그 작업이 끝나고 Laura는 Malik과 엄마 모두가 "다음에 무엇을 하죠?"라는 반응을 보였음을 깨닫게 되었다. Laura는 그들이 '책을 읽고 느낌 확인하기'라는 것에 함께하도록 제안하면서 회기를 이끌었다. 치료자는 Malik의 엄마에게 이야기를 크게 읽고 Laura와 Malik이 이야기 캐릭터들이 경험하고 있는 느낌을 확인하는 일을 했음을 설명하였다.

Laura는 Malik의 엄마가 읽어야 하는 페이지를 정해 주었고 그 이야기 속 곰이 어떤 느낌을 갖고 있었고 그것을 어떻게 알 수 있었는지 Malik과 함께 궁금해했다. 치료자는 곰이 무엇을 하고 말했는지를 Malik이 알아차리도록 도왔다.

Malik: (주저하는 목소리로) 곰이 미쳤기 때문에 소리 지르고 있어요.

Laura: 음…… 누군가 소리를 지를 때 너는 그렇게 느끼는구나. 그들이 미쳤을지도 몰라. 너도 그것을 느꼈구나. 엄마는 어떠세요?

Malik의 엄마: 맞아요. 그 이야기에서는 곰이 다른 동물한테 장난감을 빼앗겼기 때문이라고 되어 있는데 나는 곰이 화가 났다고 상상할 수 있어요.

Laura: 글쎄, Malik, 너는 아는 것처럼 보이네. 너는 이 곰이 무척 화가 많이 났다는 것을 알고 있어. 나는 이 곰이 화가 났을 때 어떻게 으르렁거릴지 궁금해.

Malik: 모르겠어요. (킥킥거리며 엄마를 바라본다.)

Malik의 엄마: 뭐 생각하고 있어?

Malik: 이렇게, 으르렁!

Laura: 와! 진짜 크게 으르렁거리는구나. (아이를 향해 웃으면서 아이의 열정에 기뻐해 준다.) 내가 한번 할 수 있을지 궁금한데…….

Malik: 그럼, 해 봐요!

Malik은 Laura가 으르렁거렸을 때 킥킥 웃고는 활짝 웃었다. Laura는 Malik의 엄마가 노력할 수 있는지를 물어보면서 더 행복해졌다. 어른들은 Malik과의 활동을 즐기고 아이가 마지막으로 더 큰 으르렁 소리를 냈을 때 즐거워했다. 그들은 웃으면서 이야기를 계속할 수 있고, 곰의 감정을 결정하는 데 서로 도울 수 있다는 것에 동의했다. 곰의 느낌을 말로 하는 것에 대한 단서들을 알아 나갈 때, Malik은 엄마에게 더 가까이 다가갔고 책이 아래에 있기 때문에 책을 가리키면서 아이의 손을 엄마의 다리에 놓을 수 있었다. Laura는 엄마가 아이와의 이야기를 즐기고, 가까이 있음을 반기는 아이의 욕구를 알아차리고, 아이의 단서를 정확히 읽고, 아이에게 엄마 팔을 놓는 것과 같은 반응을 하는 것을 보고 기뻤다.

놀이 회기 후의 엄마와의 만남에서 Laura는 엄마가 아이의 신호를 읽은 훌륭한 예를 말해 주었다. 치료자는 엄마에게 이것이 Malik에게 미치는 영향과 얼마나 아이가 좋아했는지, 이것이 어떻게 아이의 탐색과 엄마와 함께한 즐거움과 그 이야기로 인한 경험을 도울 수 있는지를 말해 주었다. 그것은 Malik과 엄마가 그 활동에서 함께 그들 스스로 계속해서 즐거워할 수 있도록 만든 것이었고, 곰처럼 으르렁거리는 그의 능력을 즐거워하고 함께 동물 소리를 냄으로써 놀이에서 함께 편안함을 느낄 수 있음을 알게 한 것이었다.

이후 이어진 상담 회기에서 Laura는 Malik의 엄마가 조율을 발달시키고 즐거움에 함께할 수 있도록 작업했다. Laura는 Malik의 엄마를 활동에 참여하도록 소개하고 연습시켰는데, 엄마는 Malik을 직접 보면서 아이의 얼굴 표정과 몸의 움직임을 인식하고 반영을 해 주었다. 치료자는 엄마가 아이의 얼굴 표정, 몸의 자세, 움직임, 근접성과 목소리 톤 등을 알아차리도록 도왔다. Laura와 Malik의 엄마는 Malik을 회기에 참여시키기 전에 이 활동을 여러 번 연습했다. Malik의 엄마는 자신이 거울이 되어서 아이와 게임을 할 수 있을지를 아이에게 물어봄으로써 순환의 위에 있는 즐겁게 해 주는 아이의 욕구에 반응했다. Malik은 킥킥 웃으며 그러겠다고 말했다. Laura는 Malik의 엄마가 아이 반대편에 서서 몇 분 동안 표정과 몸짓을 거울처럼 따라 하라고 설명했다. 이 활동을 하면서 Malik의 엄마는 아이와 정서적으로 조율했다. 활동이 끝났을 때, Malik의 엄마는 아이와 놀이를 하면서 시간을 보내는 것이 즐거웠음을 알게 되었고 다시 놀이하기를 기대하게 되었다. Malik은 "나도!" 하면서 소리쳤다. Laura는 회기 후에도 엄마와 사전에 만나 아이와 놀았던 경험을 들었고 엄마와 아들 사이의 공동 조절과 조율의 순간에 대해 강조했다. 이런 식으로, 치료자는 엄마가 경이로우며 짧고도 강력한 연결됨의 순간과 엄마가 아들에게 얼마나 중요한 사람인지를 현실적으로 느낄 수 있도록 도왔다.

Malik과 엄마의 사례는 실제 이루어진 관계적 치유의 한 예다. 친밀감이 거의 없는 아이와 부모의 경험을 서로를 향한 사랑과 열망의 현실로 (일깨우도록) 돕는 방식이다. 이러한 일이 일어나면, 기억과 경험은 앞선 어려웠던 경험을 통해 두 사람에게 회복될 기회를 준다. 짧은 순간 그들이 경험한 재충전, 안전, 편안함은 그들이 어려울 때도 보호할 수 있도록 돕고 진정, 공동 조절, 용서의 리듬을 연습하고 서로서로 머물 수 있도록 할 수 있다.

이상의 사례에서처럼 놀이치료에서 COS의 활용은 처방적인 것을 의미하는 것이 아니라 아이의 욕구를 인식하고 이해하는 데 있어 놀이치료사들을 안내하기 위한 관계적 지도로 활용될 수 있다. 놀이치료사들은 안전과 적응을 향하는 아이의 자율적 패턴들, 즉 사고하고 느끼고 행동하는 아이들의 자율적 패턴을 형성하도록 돕는 좋은 위치에 있다. 비록 안전이 적응유연성, 긍정성, 정서적 응집성, 유능감으로 특징지어질지라도 그것은 또한 견고하며, 의존성과 독립성의 상반된(그리고 굉장한) 균형을 가지고 있다. 이것이 우리 아이들(그리고 내담자들)을 위해 희망하는 것이 아닌가? 그렇다면 우리는 한 손에는 아이들이 강하고 현실적으로 독립적이기를, 다른 한 손에는 건강하게 연결되면서 관계를 더 생생하게 만들기를 희망한다.

# 결론

COS 그림([그림 3-1] 참조)은 안정된 양육자와 함께 부드럽게 탐험하러 나가고 보호와 재충전을 위해 돌아오면서 아이가 순환의 주변을 움직이는 방식을 묘사한다. 치료적 관계 안에서 치료자는 더 크고, 더 강하며, 더 현명하고, 친절하게 아이의 욕구를 따르고 필요할 때 책임진다(돕고, 보호하고, 아이를 이끌면서). 애착의 관점에서 COS는 조율된 상호작용의 힘이 어떻게 아이를 관찰하는 치료자의 능력을 통해 나타나는지 보여 주는 지도로서 활용될 수 있다. 발달적으로 민감한 추론에 도달하고 아이의 욕구에 대한 결론을 내리며 아이의 정서, 생각, 행동을 공동 조절하고 안전과 민감한 관계적 상호작용 안에서 아이의 욕구를 충족시키는 것이다. 이러한 치료적 관계의 치유하는 힘은 순환의 아래에서는 치료자에 의해 아이가 안전하게 열리고 조직화되며 정서적으로 가치 있고 보호된다는 경험으로서 그리고 순환의 위에서는 효과적이고 기쁘게 지지받는 것에 의해서 펼쳐진다.

우리는 COS의 개념적 틀이 복잡한 임상상황에 간단함과 방향성을 가져온다고 믿는다. 치료자들은 COS를 사용자 친화적인 지도로 활용할 때 그들의 작업에서 더 유능하고 더 편안하며 더 효과적이라고 느낌을 보고하고 있다. 그들은 아이들이 다양한 놀이치료 상황에서 필요로 하는 것을 알고, 순간에 아이들에게 무엇을 하며 도울 수 있는지(순환의 아래에서는 아이들의 욕구를 환영해 줌으로써 그리고 위에서는 아이의 탐색을 지지함으로써)를 느낌을 통해서 더 잘 경험할 수 있게 되었다. 놀이치료사들에게 COS는 아동 내담자와 가능한 한 관계를 치유하고 가장 안정적으로 발달시킬 수 있는 경험적이고 결과적으로 직관적인 틀이 되고 있다.

## 참고문헌

Ainsworth, M. D. S. (1967). *Infancy in Uganda: Infant care and the growth of love*. Baltimore, MD: Johns Hopkins University Press.

Ainsworth, M. D. S., Blehar, M. C., Waters, E., & Wall, S. (1978). *Patterns of attachment: A psychological study of the Strange Situation*. Hillsdale, NJ: Erlbaum.

Ainsworth, M. D. S., & Bowlby, J. (1991). An ethological approach to personality development. *American Psychologist*, *46*, 331-341.

Bowlby, J. (1969). *Attachment and loss: Vol. 1. Attachment*. New York: Basic Books.

Bowlby, J. (1973). *Attachment and loss: Vol. 2. Separation*. New York: Basic Books.

Bowlby, J. (1980). *Attachment and loss: Vol. 3. Loss: Sadness and depression*. New York: Basic Books.

Bowlby, J. (1982). Attachment and loss: Retrospect and prospect. *American Journal of Orthopsychiatry*, *52*(4), 664-678.

Bowlby, J. (1988). *A secure base: Parent-child attachment and healthy human development*. New York: Basic Books.

Cooper, G., Hoffman, K., Powell, B., & Marvin, R. (2006). The Circle of Security intervention: Differential diagnosis and differential treatment. In L. J. Berlin, Y. Ziv, L. M. Amaya-Jackson, & M. T. Greenberg (Eds.), *Enhancing early attachments: Theory, research, intervention, and policy* (pp. 127-151). New York: Guilford Press.

Dozier, M. (2005). Challenges of foster care. *Attachment and Human Development*, *7*(1), 27-30.

Grossmann, K., Grossmann, K. E., & Kindler, H. (2005). Early care and the roots of attachment and partnership representations. In K. E. Grossmann, K. Grossmann, & E. Waters (Eds.), *Attachment from infancy to adulthood: The major longitudinal studies* (pp. 98-136). New York: Guilford Press.

Hoffman, K. T., Marvin, R. S., Cooper, G., & Powell, B. (2006). Changing toddlers' and preschoolers' attachment classifications: The Circle of Security intervention. *Journal of Consulting and Clinical Psychology*, *74*(6), 1017-1026.

Marvin, R., Cooper, G., Hoffman, K., & Powell, B. (2002). The Circle of Security project: Attachment based intervention with caregiver-pre-school child dyads. *Attachment and Human Development, 4*(1), 107–124.

Schore, A. N. (2001). Effects of a secure attachment relationship on right brain development, affect regulation, and infant mental health. *Infant Mental Health Journal, 22*(1–2), 7–66.

Schore, A. N. (2005). Attachment, affect regulation and the developing right brain: Linking developmental neuroscience to pediatrics. *Pediatrics in Review, 26*, 206–211.

Sroufe, L. A. (2005). Attachment and development: A prospective, longitudinal study from birth to adulthood. *Attachment and Human Development, 7*(4), 349–367.

Sroufe, L. A., Egeland, B., Carlson, E., & Collins, W. A. (2005). Placing early attachment experiences in developmental context. In K. E. Grossmann, K. Grossmann, & E. Waters (Eds.), *Attachment from infancy to adulthood: The major longitudinal studies* (pp. 48–70). New York: Guilford Press.

Stewart, A. L., Whelan, W. F., Gilbert, J., & Marvin, R. S. (2011, October). *Applying attachment theory and the Circle of Security model in play therapy.* Paper presented at the Association for Play Therapy International Conference, Sacramento, CA.

Whelan, W. F., & Marvin, R. S. (2011, April). *Caregiver patterns that moderate the effects of abuse and neglect.* Paper presenting results from the Virginia Foster Care study (NIH Award No. GC11456) at the biennial meeting of the Society for Research in Child Development, Montréal.

# 미술치료, 애착 그리고 부모-아동 짝치료

Cathy A. Malchiodi

이 장에서는 부모와 아동 간의 긍정적인 관계 형성을 위해서 부모와 아동 두 사람이 함께 하는 짝치료 접근법에 대해 설명하고자 한다. 제1장에서 설명한 바와 같이, 미술치료는 모든 연령대의 사람이 미술 매체(드로잉, 그림 그리기, 만들기)를 사용하여 사회적 · 인지적 · 신체적 도전이 가능하도록 돕는 창조적 방법의 하나이다(Malchiodi, 2005, 2012a). 미술치료는 자기인식, 감정, 상상을 표현하기 위해 실제적 작품을 창조한다는 면에서 놀이치료와는 다르다.

애착문제의 해결을 위해 미술치료를 적용하는 것은 대상관계 이론과 신경발달 및 신경가소성 관련 최신 이론을 기반으로 한다. 이 이론에서는 안정 애착 발달을 위해서는 감각에 기초한 접근과 긍정적인 관계 강화를 통해 안정 애착의 기회를 다시 회복할 수 있다는 것을 강조한다. 미술치료는 경험을 통해 몸과 마음을 연결하는 방법이다. 짝미술치료는 아동과 부모 두 사람의 상호관계와 애착 형성을 위한 성공적인 조율의 기회를 제공한다(Badenoch, 2008; Siegel, 2007). 이 장에서는 안정 애착 형성을 위한 방법으로 미술치료 개입이 왜 효과적인지에 대한 안내와 함께 부모와 아동 두 사람의 애착 형성을 위한 미술치료의 중요한 관점을 제시한다.

# 미술치료와 애착

역사적으로 애착문제의 임상적 적용에 있어서 미술치료에서 중요한 3가지는, 첫째, Donald Winnicott의 '충분히 좋은 부모', 둘째, 전이대상과 중간 공간, 셋째, 미술치료사의 '제3의 손'에 대한 개념이다. 첫 번째와 두 번째 개념은 정신분석과 대상관계 이론으로부터 나온 것이고, 세 번째는 미술치료에서 온 것이다(Henley, 1992; Kramer, 1993). 21세기에 발달하는 정신(Siegel, 2012)과 순차적 신경발달(Perry, 2006; Perry & Szalavitz, 2006)에 대한 이해가 깊어지면서 이러한 개념은 재구성되고 있다.

## 충분히 좋은 부모

Winnicott(1965, 1971)은 아동의 심리적 독립을 위한 조건으로 다른 사람과 잘 지낼 수 있는 능력에 대해 특별한 관심을 보였다. Winnicott은 아동을 과잉보호하지 않으면서 안정 애착 관계를 맺을 수 있고 긍정적인 양육환경과 관계경험을 제공하는 사람으로 '충분히 좋은 엄마'(이 장에서는 '충분히 좋은 부모'라고 언급)라는 개념을 만들었다. '충분히 좋은 부모'는 치료적 관계에서 자기효능감을 확장하고 스트레스 반응을 줄이기 위해 아동의 기본적 안정감을 강화하고 긍정적 모델이 되어 주는 부모의 심리사회적인 기능을 말한다. 신경생물학에 대한 이해가 깊어지면서 성인과의 안정적이고 긍정적인 관계가 열심히 삶을 살아가는 필수적인 원동력이라는 것이 확인되었다(Perry & Szalavitz, 2006; Steele & Malchiodi, 2012).

불안정 혹은 회피 애착을 가진 아동과 만나는 미술치료사는 창조적인 미술 매체(Marchiodi, 2012b) 제공과 전략적인 미술활동을 통해 '충분히 좋은 부모'의 역할을 한다. 간단히 말하면, 미술치료사는 의도적으로 안정 애착을 강화하는 감각적 기회와 창조적 경험을 제공함으로써 긍정적 관계가 발달되도록 한다. 언어상담(verbal counseling)과 달리 미술치료는 부모-아동의 초기 관계에서 반복적으로 보이는 유동적 · 촉각적 · 청각적 · 후각적 및 기타 감각적인 부분을 통해 몸과 마음을 연결시킨다.

## 중간대상과 중간 공간

Sigel(2012)는 아동이 마음속 애착 이미지를 떠올릴 때 사용하는 '기억 자극'에 대해 언급하였다. Winnicott(1953, 1971)은 '중간대상', 즉 의미 있는 대상(사람, 사물 또는 심적 표상) 또는 자기위로를 위한 의식(ritual)이라는 고전적인 용어로 유명하다. 달리 말해, 중간대상은 아동이 독립적인 활동을 할 수 있을 때까지 부모나 보호자의 표상에 기대도록 도와주는 것이다. 예를 들면, 부모와 아동이 치료 회기 때 만든 작품을 집에 가져갔을 때 그 작품은 미술치료에서 치료자와 함께 작업한 추억을 간직하고 있는 중간대상이 된다. 또한 중간대상은 미술치료 시간에 나눈 가족과의 활동이나 소중한 사람을 상실한 경험에 대한 그림 등 다양한 사건을 간직한 표상일 수 있다. Klorer(2008)는 미술표현이 그 자체로서 중간대상으로 기능한다고 강조한다. 왜냐하면 미술표현은 자아와의 관계, 역량강화, 치료자와의 관계 맺기에 도움을 주고 자기위로와 내적인 갈등을 감소시킬 수 있는 다양한 은유를 창조할 수 있기 때문이다.

'중간 공간'은 안과 밖의 현실 구분이 명확하지 않은 경험의 중간지대로 정의된다(Winnicott, 1971). 미술치료와 놀이치료는 개인의 주관적 · 객관적인 현실을 연결시키고 애착과 대인관계를 연습할 수 있는 중간 공간을 활용한다. 중간 공간은 안아 주기 환경의 하나로, 미술치료 과정에서 미술치료사는 모든 창조적인 표현이 존중받고, 무조건적으로 가치가 인정받는 안전한 공간, 즉 안아 주기 환경을 창조하고 촉진한다.

## 제3의 손

미술치료사 Edith Kramer(1993)는 '제3의 손' 개념과 임상적용으로 알려져 있다. 간단히 말하면, 제3의 손은 치료에서 개인의 성장을 위해서 미술치료사가 사용하는 은유나 제안 또는 기술을 말한다. Kramer는 유능한 미술치료사라면 치료자 자신의 스타일이나 미술적 가치를 강요하지 않고 내담자의 창조성을 향상시켜 주기 위해서 제3의 손을 사용해야 한다고 강조한다. Kramer가 미술치료에서 제3의 손이라 부르는 것은 Siegel(2010)이 말한 '의식의 눈(mindsight)', 통찰, 공감능력(타인의 감정을 알아차리는)과 유사하다. 따라서 제3의 손은 치료자가 내담자에게 영향을 끼치거나 내담자의 예술표현의 내용을 바꾸지 않은 수준에서 (통찰과 공감을 가지고) 제공된다. 이러한 입장은 아동이 탐색하고 도전하고 배우는 과정 동안 안전감이나 자기효능감을 지지해 주는 '충분히 좋은 부모'의 개념과 유사하다.

미술치료에서 치료자가 '충분히 좋은 부모'로서 애착관계를 돈독하게 하고 감각적으로 제3의 손을 사용하는 방법은 다양하다. 예를 들면, 어린 내담자와 그림을 완성해 나가는 과정에서 나는 아동과 관계를 형성하고 대화를 유도하기 위해서 먼저 그림을 그린다. 다른 경우, 나는 아동이 만든 찰흙 형상이 무너지지 않도록 하기 위해 아동에게 다리를 보강하는 방법을 보여 준다. 때때로 치료자는 내담자의 손이 되어 주기도 한다. 예를 들어, 의학적 질병을 가진 아동이 콜라주를 위해 사진을 자르고 배치하는 데 있어 도움이 필요한 경우에는 손이 되어 주거나 치료과정 동안 내담자 옆에서 말이 아닌 미술표현으로 비언어적인 대화를 나눈다.

Kramer의 제3의 손은 조율(attunement)의 의미로 정의될 수 있다. 일반적으로 조율은 모든 양육관계와 안정 애착에서 보이는 아동의 건강한 자기감과 안정 애착 형성을 돕는 역동적 관계로 정의된다(Perry & Szalavitz, 2006; Siegel, 2012). 또한 조율은 부모님이나 돌보는 사람이 아동의 감정에 공감할 수 있는 능력으로 정의된다. 잘 조율하는 부모는 그들의 아동이 무엇을 느끼는지 얼굴의 표정이나 발성, 몸짓 외의 다양한 행동을 통해 감지할 수 있는데, 그것은 아동이 감정을 알아차리고 자기조절 능력을 발달시키는 데 도움이 된다. Perry는 조율이 비언어적인 대화와 다른 변화를 읽을 수 있는 능력이라고 말한다. 달리 말하면, 이것은 단순히 개인의 말을 인식하는 것뿐만 아니라 상대의 눈빛, 얼굴 표정, 목소리 톤이나 호흡까지 집중해서 이해하는 것이다. 미술치료에서 조율이란 치료자가 내담자의 창조적 작업에 제3의 손을 얼마나 잘 사용하고 반응했는가와 이미지의 내용이나 비언어적 신호에 주목했는가를 의미한다.

# 짝미술치료

짝치료는 두 사람(예: 부모와 아동, 부부)이 치료 회기에서 개인 혹은 공동으로 미술 작품을 만드는 것을 말한다. 짝미술치료의 목표는 애착의 문제를 포함하는 두 사람 사이의 다양한 문제를 미술 매체와 창조적 표현을 통해 다루는 것이다. 앞 절에서 언급한 개념은 건강하고 안정적인 애착 형성을 위해 미술치료를 양자 간, 특히 부모-자녀 관계 작업에 적용하는 데 있어서 중요하다. 짝 작업은 공감, 조율, 안정 애착을 아우르는 대인관계와 신경생물학 원리를 반영한다(Badenoch, 2008; Siegel, 2007).

Riley(2001)는 짝미술치료가 초기 애착경험을 어떻게 평가하고 재구성하는지 설명하면서, "신경계의 발달과 부모-자녀 활동 사이의 상호작용에 대해 배우는 동안 미술치료가 부모와 아동 사이의 흥미를 일깨우는 방식으로 유대감을 재경험하도록 도와줄 수 있지 않을까 하는 생각이 들었다."(p. 35)라고 하였다. 유사하게 Klorer(2008)는 만성적인 외상과 학대를 받은 아동에 관한 연구에서 신경발달, 미술과 놀이치료, 애착 사이에는 상관관계가 있다고 밝히고 있다. 그녀는 긍정적인 애착관계와 만성적인 외상을 회복하는 것은 특정 문제에 대한 의도된 목표보다는 미술치료사의 지지와 창조적인 환경이 필요하다고 강조한다.

애착과 관련된 임상에서 나는 폭행이나 외상, 상실 경험을 가진 부모-아동이나 성공적인 부모 역할이나 긍정적인 유대감 형성에 관한 교육을 받지 못한 부모-아동을 치료한다(Malchiodi, 1997, 2008, 2012c). 대부분 발달상 어려움, 외상으로 인한 스트레스, 해리성 반응, 주의 산만 등의 문제로 인해 정상적인 애착 형성의 어려움이 있는 사례다. 특히 폭력적인 상황의 부모와 아동은 개인적인 안전과 생존 욕구에 초점이 맞춰지기 때문에 인지적 · 사회적인 성장은 멈추게 된다. 이러한 아동은 심리적 불안으로 인해 불안정 애착관계를 형성하게 되고 정서조절과 행동 장애, 과잉행동이나 반항 혹은 품행 장애가 나타날 수 있다. 게다가 어떤 아동은 가족 내에서 부모의 역할을 대신하면서 아동이 아닌 보호자가 된다. 따라서 이후의 삶에서도 적절한 애착 형성의 기회는 사라지게 된다.

불안정, 단절, 회피 애착을 가진 내담자와의 미술치료 작업에서, 나는 아동과 부모가 신경발달적 · 심리사회적인 측면에서 애착관계를 재경험할 수 있도록 표현적 미술치료로 접근한다. 그리고 이것은 변화를 촉진하기 위해 감각을 활용하는 하나의 방법이다. 미술치료에서의 활동은 단순히 경험을 나누는 것만이 아닌 시각, 촉각, 청각, 후각 등 감각적 차원에서 창조적 경험을 공유하는 것으로 애착 형성에 효과적이다. 미술치료는 언어적 심리치료나 상담과는 다른 독특한 역동을 만든다. 미술치료에서 관계 맺기는 부모-아동이나 치료자만이 아닌 미술치료 과정 자체와 부모와 아동 두 사람에 의해 창조된 작품도 포함된다. 짝치료는 치료자의 개입뿐 아니라 부모가 아동의 창의적인 예술표현에 어떻게 반응하는지가 역동의 중요한 요소가 된다. 이러한 과정에서 미술치료사는 부모에게 '충분히 좋은 부모'로서 모델이 되어 주거나 제3의 손을 사용하여 적절히 반응한다. 부모는 아동과의 안정적인 대화와 공감능력을 향상시키며 애착 형성을 위해 필요한 아동의 언어적 · 비언어적 반응을 배울 수 있는 기회를 갖게 된다 (치료과정과 미술작품에 반응하는 것을 통해 더 많은 것을 배우게 된다).

이 장 후반에 나는 20세 Lisa와 그녀의 아들인 6세 John과의 치료과정에서 미술에 기반을 둔 접근방식들과 특별히 고려할 점에 대해 소개하고자 한다. 14세에 부모가 된 Lisa는 가정에서 아빠와 오빠로부터 신체적 · 성적 학대를 받고 자랐다. John의 아빠는 Lisa에게 폭력을 휘둘렀고 그녀는 힘든 임신 기간으로 인해 조산을 하게 되었다. John의 양육은 할머니가 전적으로 맡았고 John은 아기 때부터 학령전기까지 엄마와는 유대관계가 단절되었다. 그녀와 John은 애착과 만성적인 외상문제를 해결하기 위해 개별 미술치료와 짝미술치료에 의뢰되었다.

# 안전 우선

심리적인 안전감 없이 애착이나 관계 형성은 불가능하다. 안전감은 성공적인 미술치료 과정을 위한 첫걸음이라고 할 수 있다. 그러므로 미술치료를 하는 사람은 누구나 어떻게 하면 내담자에게 예측 가능하고 안전한 방법으로 창조적인 표현의 기회를 제공할지 고민해야 한다. 이것은 부모와 아동에게 미술치료실과 치료실에 있는 드로잉, 그림 그리기, 만들기 그리고 창의적 놀이를 위한 매체가 배치된 상태를 설명하는 것을 포함한다. 나는 폭력적인 가정이나 공동체에서 생활하는 아동과 부모를 치료할 때, 안정된 애착 형성을 위해서 안전하고 정돈된 공간을 확보하는 것이 스트레스를 줄이고 성공적인 치료를 가능하게 하는 핵심적 치료개입이라는 것을 알았다.

안전은 다른 사람의 예술작품을 망가뜨리지 않거나 언어적 · 신체적 폭력을 치료실에서 사용하지 않는 등 미술치료 과정에서 심리적 · 신체적 안전을 위해 세우는 규칙을 포함한다. 또한 안전에는 미술적 재능이 필요하기보다 창조적 표현을 위한 모든 노력이 가치 있고 중요하며 수용되는 것이 중요하다. 애착아동과의 치료에서 모든 미술적 표현의 수용은 '나는 현재 너의 모습을 그대로 인정한다.'라는 신념을 반영하기 때문에 매우 중요하다. 이것은 믿음과 소속감이 상호관계에 있어서 긍정적 애착관계를 맺을 수 있는 중요한 기준이기 때문이다.

Lisa와 John의 초기 회기에서 나는 미술 수업에서와 달리 '근사한 작품'을 만드는 것이 중요한 것이 아님을 강조했다. 나는 또한 John이 Lisa로부터 그의 창작품에 대해 주관적인 판단이나 해석이 아닌 무조건적으로 가치를 인정받는 것 자체가 좋은 영향이 있을 것이라고 말했다. Lisa가 불안감을 느끼고 내적 안정감이 부족했기 때문에 미술치료에 참여하도록 지지해 주는 것이 중요하다는 것을 알았다. Lisa는 어린 시절 무조건적 존중이나 인정의 경험이 없었기 때문에 나는 그녀가 미술치료 회기에서 John에게 어떻게 반응해야 하는지에 대한 모델이 되어 주고 그녀가 미술 작업에 참여하도록 용기를 북돋워 주는 것에 초점을 두었다.

## 감각적 매체: 뇌 하부를 진정시키기

미술 매체를 의도적으로 선택하는 것은 발달적으로 적절하고, 다양한 방식으로 어린 시절의 경험을 탐색하는 것을 돕고 창조적 표현을 자극한다(Proulx, 2002). 부모와 아동 간의 짝치료를 위해서는 최소한의 그리는 도구(크레용, 펠트 마커, 흰 도화지, 색지), 색칠하는 도구(핑거페인트, 템페라, 솔, 다양한 종류의 붓), 콜라주 매체(색종이, 천, 털실), 만들기 매체(플레이도, 모델, 매직점토, 스푼, 포크, 점토에 그림을 그릴 수 있는 도구) 등을 준비하는 것이 중요하다. 특히 반복적이고 긍정적인 감각과 연결되는 미술활동은 뇌 하부(lower parts of the brain)와 교감신경을 비언어적으로 자극하여 삶이 안정적이고 일관된다는 메시지를 전달한다(미술재료의 특성에 익숙하지 않은 치료자들은 Malchiodi, 2012a 참조). 예를 들어, 손가락으로 물감을 바르고 짚으로 만든 종이 위에 페인트를 뿌리고 점토로 형상을 만드는 활동은 반복되는 행동을 통해 기분을 달래고 좋은 감각과 연결되도록 한다.

치료자는 부모-아동에게 어떤 미술경험이 자기위로와 평안을 찾는 데 도움이 되는지 그 유형을 파악해야 한다. 애착에 초점을 두고 치료과정에서 외상을 다루는 경우, 내담자에게 문화적으로 선호하는 매체나 창조적 활동에서의 긍정적인 기억에 대해 물어보는 것이 적합한 매체와 개입방법을 결정하는 데에 도움이 될 수 있다(Marchiodi, 2012d). 예를 들면, 내가 Lisa에게 창조적인 활동 중에서 그녀에게 긍정적으로 기억되는 것에 대해 물어보자 그녀는 자신이 새로운 색연필 상자를 얼마나 가지고 싶었는지(특히 64색 색연필)와 엄마와 '색칠하기'를 했던 것에 대한 기억을 말했다. 이러한 기억을 알게 된 것은 이후 회기에 내가 Lisa와 John에게 각각 64색 색연필 상자를 제공하는 계기가 되었다. 미술치료 회기에서 우리는 상자를 살펴보고 색연필 냄새를 맡으며 여러 재질의 종이에 다양한 색을 칠해 보았다. 이 시간에 Lisa와 John은 같은 경험을 공유했을 뿐만 아니라 Lisa는 자신의 엄마와는 함께 나누지 못했지만 John과 오감을 통해 느낄 수 있는 긍정적인 감정을 공유했다. 이런 간단한 활동을 통해서 나는 Lisa가 자신의 삶에서 애착과 관련된 문제를 떠올리고 재구조화하는 것을 도울 수 있었다.

## 난화 따라 그리기: 반영적 집중하기

Siegel은 부모가 아동이나 배우자의 내면세계에 조율하는 것이 중요하다는 것을 강조한다. 부모와 아동 혹은 다른 배우자 사이에서의 조율은 행복감과 상호 간의 이해와 신뢰를 증진시킨다. 두 사람이 서로 '이해받는다'고 느끼는 것을 뇌가 조율하면서 신경회로가 강화된다. Siegel에 의하면, 자기 자신과 타인에 대하여 알아차리고 자각하는 것은 반영적 집중(reflective convergence) 경험을 촉진하고 대인관계 조율이나 유연성에도 도움을 준다.

조율능력을 높이기 위한 미술치료 기법은 다양하다. 부모와 아동 간의 애착문제를 다룰 때 내가 제일 먼저 하는 작업은 '난화 따라 그리기(scribble chase)' 또는 '2가지 방법의 난화 그리기(two-way scribble drawing)'다. 간단히 말하자면, 아동과 부모가 자신의 마음에 드는 색연필이나 펜을 선택한 후(과일이나 꽃 냄새가 나는 펜을 선택하는 것이 좋다), 큰 종이 위에 각자 난화 그리기의 리더가 되는 기회를 갖는다([그림 4-1] 참조). 예를 들어, 처음 그림에서 아동이 주도해서 종이 위에 펜으로 난화를 그리면 아동의 부모가 자신의 펜으로 아동이 그린 선을 따라서 그린다. 때론 역할을 바꾸어 부모가 먼저 난화를 그리고 아동이 따라 그리게 한다.

아동과 부모 간에 불안정하고 회피적인 애착관계가 형성된 경우, 아동은 부모가 그리는 그림을 무시함으로써 부모가 함께 그리기를 제대로 하지 못할 수도 있다. 또는 한 사람 또는 두 사람 모두 어떤 그림도 그리기를 원하지 않거나 하지 못할 수도 있다. 애착문제를 가진 아동과 난화 따라 그리기를 하기 위해서는 부모가 아동과 활동할 수 있는 준비가 되도록 도움을 주는 것이 중요하다. 예를 들면, 나는 엄마가 아동과 눈을 맞추고 아동에게 종이 위에 색연필을 가지고 게임을 할 것이라고 말해 주도록 한다. 또한 엄마가 아동의 등이나 팔을 가볍게 접촉하는 것처럼 간단한 신체 접촉을 하거나

| 그림 4-1 | 난화 따라 그리기 활동의 예시

불편하지 않을 만큼 서로 가까이 앉도록 제안한다. 이어서 부모나 아동 중 1명과 함께 낙서를 하면서 한 사람이 먼저 그리면 다른 사람이 따라 그리거나 반대로도 해 보는 활동을 해 보자고 제안한다. 요컨대, 나는 다른 사람의 행동, 특히 감각적 · 비언어적 단서에 조율하는 방법을 보여 준다.

이런 간단한 활동 중에도 다양한 역동이 일어날 수 있기 때문에 이 방법은 '종이 위의 두 방향 대화'라고 불린다. 예를 들어, Lisa는 6세 아들 John이 자신의 낙서를 따라 그리기를 원했지만 John이 자신의 낙서를 따라 그리지 않고 선을 맞추지 못하자 갑작스럽게 화를 냈다. 그녀는 John이 일부러 반항적으로 자신이 제시한 낙서 규칙과 반대로 행동하고 있다고 생각했다. 이 사례에서 나는 John의 행동이 Lisa에 대한 공격이 아니라는 것을 Lisa가 이해하도록 도와주었다. 선들은 외상과 상실로 인해 손상되고 제한된 어린 아동의 운동발달 기술이 반영된 것이었다. 치료자는 제3의 손을 통해 John이 그린 선들이 긍정적인 행동의 일부일 수 있음을 알리고 미술경험을 재구조화하도록 제안했다. 나는 그녀가 John에게 "나는 내가 그린 선들이 네가 그린 선들과 맞닿을 때 행복하단다."라고 말하도록 했다. 나는 이 간단한 미술활동을 통해서 촉각적 · 시각적 ·

심리적으로 긍정적 관계를 강화하고 감각적인 경험을 창조하도록 하는 데 치료 목적을 두었다. Lisa의 사례에서 나는 Lisa가 긍정적인 애착관계를 강화하고 유대감을 발달시킬 수 있도록 John에게 조율하고 그의 창조적 작업에 반응하도록 도왔다.

'낙서 따라 그리기'의 또 다른 중요한 특성은 다른 미술활동인 '거울 반영(mirroring)'에서 발견된다. 미술치료는 개인에게 다른 사람이 하는 창조적 표현의 목격자로서의 기회를 제공한다. 그것은 거울 반영이라는 미술활동을 통해 배우고 모방할 수 있는 가능성을 제공한다. 제7장 Gil과 Dias의 놀이치료에서 연극치료의 통합적인 활용에 대해 설명한 것처럼 '거울 반영'은 아동과 치료자를 연결 짓는 중요한 연습이다. 짝미술치료에서 아동과 부모는 비슷한 방식에서 관찰하기와 상호작용을 통해 이것을 배운다. 짝미술치료를 포함한 모든 미술치료 상황에서 대인관계 신경생물학의 측면은 공유된 감각적 표현적 활동에 나타난다.

## 새둥지화와 3차원 구조

미술표현을 통해 적절한 은유를 활용하는 것은 불안정, 단절, 회피 애착이 있는 경우에 효과적이다. 미술치료에 흔히 쓰이는 은유 중 하나는 '새둥지'다. 미술을 기반으로 한 새둥지화(Bird's Nest Drawing: BND)는 새둥지를 그리도록 함으로써 개인의 애착 안정성에 관한 정보를 제공하기 위해 개발되었다(Kaiser, 1996). 개인은 '새의 둥지를 그려 보라'는 요청을 받게 된다([그림 4-2] 참조). BND는 진단도구가 아닌 애착, 안전, 보호에 대해서 느끼는 정도를 간접적으로 드러내는 하나의 방법이다. BND의 개발자이자 미술치료사인 Donna Kaiser는 BND가 개개인의 가족화와 유사하게 표현되지만 내담자에게 위협감을 덜 줄 것이라는 가설을 세웠다. Kaiser는 또한 BND에서 안정 애착이나 불안정 애착의 분명한 특성을 알기 위한 평가척도를 개발하고, 애착관계와 관련 있다고 생각되는 그림에서 일관되게 나타나는 확실한 특성이나 요소를 분석했다(Sheller, 2007).

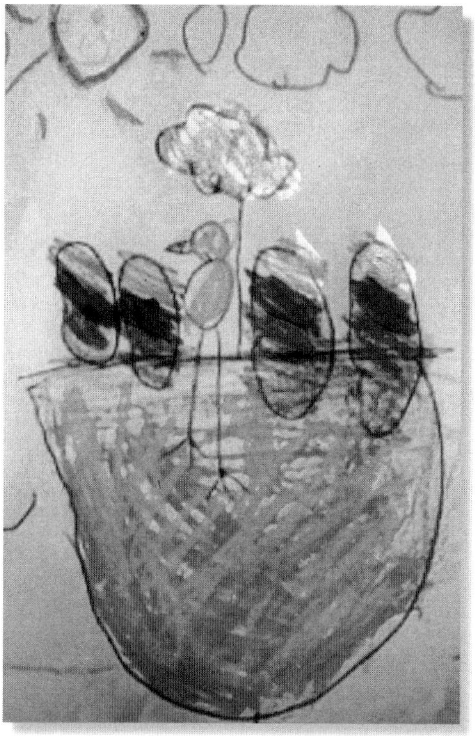

| 그림 4-2 | 아동이 그린 새둥지화

새둥지화가 애착을 평가하는 데 유용하지만 특별히 아동은 새둥지화를 그리기 위한 여러 미술도구의 사용에 적극적으로 반응한다. 나의 경험에 의하면 점토, 나뭇가지, 이끼, 나뭇잎, 휴지, 실 등의 다양한 재료를 이용하는 것이 하나의 매체를 사용하는 것보다 시각적이고 촉각적인 부분에서 더 큰 영향을 끼칠 뿐만 아니라 더욱 섬세한 표현을 가능하게 한다. 3차원 매체의 감각적인 측면은 아기 새, 부모 새, 알이 포함된 새둥지를 표현하기에 적절하며, 짝 작업은 은유를 통해서 돌봄, 안정감의 경험을 표현하기 위해 더욱 적극적으로 사용한다. 짝 작업에서 나는 아동과 부모에게 다양한 재료를 이용하여 새둥지를 같이 만들어 보라고 한다. 나는 또한 부모에게 아동이 주도해서 둥지를 디자인하도록 하고 부모는 따라가도록 제안할 때도 있다. 나는 종종 부모가 방해를 하지 않고 제3자가 되어 아동을 돕는 방법과 아동의 창조적 경험을 위한 노력을 어떻게 지지해 줘야 하는지 가르쳐 주기 위한 개별적 회기를 마련한다. 또한 소품으로서 고무오리 인형을 사용하고 '오리를 위한 안전한 공간을 만들라'고 요구함으로써 활동에 다양한 변화를 준다.

Lisa와의 개별 치료 회기에서 나는 그녀에게 John과 함께 하는 미술치료 회기에서 안전함에 관한 창조적인 작업을 할 것이라고 설명했고, 그녀가 John을 도울 수 있도록 미리 그 작업을 체험해 보도록 했다. Lisa는 종이 접시 위에 고무오리를 위한 '안전한 공간'을 만들고, 깃털로 경계를 세우고 '안전한 요새'로 묘사된 작품을 완성했다([그림 4-3] 참조). 얼마 지나지 않아 Lisa는 두려움의 기억, 어릴 때 신체폭력과 성폭행을 당했던 집에 안전한 공간이 없었던 것을 표현할 수 있었다. 회기를 통해 Lisa는 이러한 공포와 위험이 자신을 보호해 주지 못한 그녀의 엄마와의 애착을 위태롭게 했다는 것을 깨닫게 되었다. 궁극적으로 오리를 위한 안전한 공간을 만드는 경험은 Lisa가 말과 행동을 통해 John에게 더욱 확실한 안전감을 주는 것의 중요성을 감각적으로 깨닫게 했다. 그들은 종이접시 하나에 '엄마 오리'와 '아기 오리'의 2마리 고무오리를 위한 안전한 공간을 만들기로 했다([그림 4-4] 참조).

**| 그림 4-3 |** Lisa의 고무오리를 위한 안전한 공간

**| 그림 4-4 |** Lisa와 John이 함께 만든 엄마 오리와 아기 오리를 위한 안전한 공간

## 미술표현에 반응하기

Lisa와 John 그리고 다른 부모-아동 짝치료 과정에서 나는 부모에게 아동의 창작품을 어떻게 해석하는지보다는 그것에 어떻게 반응해야 하는지에 대한 조언을 한다. 미술치료에 익숙하지 않은 치료자와 상담사는 미술작품의 의미를 해석하는 것이 중요하다고 믿는다. 비록 아동의 작품에서 외상, 상실 이외에 애착관계에 영향을 끼친 것에 대한 확실한 정보를 제공해 주는 시각적 은유가 있을 수도 있지만, 작품과 창작 과정에 발달적으로 적절하게 반응하고 '현명한 뇌(brain-wise)'에 호기심을 가지고 지지적으로 바라보는 것이 훨씬 더 중요하다. 비언어적 반응 또한 중요한데, 예를 들면 작품을 주의 깊고 존중하는 태도로 다루는 것을 포함한다. 또한 첫 회기에서 작품을 완성하지 못한다면 다음 회기까지 작품을 어떻게 보관할지 아동과 부모에게 알리는 것도 중요하다. 이것은 아동이 미술작품을 집에 가지고 갔을 때 어떻게 다뤄야 할지, 어떻게 전시해야 할지에 대한 대화로도 이어질 수 있기 때문이다. 이러한 시도는 안전감, 내적 신뢰를 강화해 주고 시간이 지남에 따라 아동과 부모, 치료자 간의 관계를 형성하는 데 도움을 준다.

미술치료는 미술작품에 대한 언어적 반응을 포함하기 때문에 전문가들은 어린 내담자가 만든 창작품에 반응함으로써 긍정적인 애착이나 조율을 도울 수 있다. 더 나아가 미술작품을 만드는 것은 작품의 의미나 내용을 판단하거나 해석하기보다는 말과 행동을 통해 존중하는 방법을 연습할 수 있고 아동의 신경발달학적인 성취를 돕는다는 데 그 중요성이 있다. 여기에 부모가 아동의 작품에 반응하는 간단한 목록이 있는데, 미술치료사는 부모가 아동의 작품에 대해 말할 때 이를 사용하도록 가르칠 수 있다.

"네가 미술활동(그리거나 만드는)을 하면서 느낀 감정에 대해 말해 줘서 기쁘구나."

"네가 이제까지 얼마나 무서웠을지(화났을지, 슬펐을지) 이해하는 데 그림이 도움이 되는구나. 나도 두려웠단다(화났단다, 슬펐단다). 무서워해도 괜찮아. 나는 미술활동을 통해 너와 이러한 감정을 나눌 수 있어서 기쁘구나."

"네가 무엇을 그리든(만들든) 괜찮단다. 나는 네가 그림 그리기(만들기, 놀이하기)를 하거나 네가 그린 작품에 관한 이야기를 듣는 것을 좋아한단다."

어떤 경우라도 눈을 마주치고, 적절한 신체적 접촉을 하며, 진심 어린 몸짓과 같은 비언어적 표현을 사용해서 가능한 한 안전한 차원에서 내담자와 조율하는 것이 중요하다. 미술치료에서도 놀이치료처럼 표현활동과 적극적 관찰을 통해 애착 형성을 위한 자연스러운 구조를 제공하는 것이 중요하다.

## 결론

이 짧은 장에서는 부모와 아동이 함께하는 짝치료에서 미술치료를 적용하는 몇 가지 중요한 측면에 대해 요약했다. 미술을 기반으로 한 접근이 애착을 형성하거나 확장하는 데 사용될 때, 감각적인 경험은 상호작용을 자극하고 부모와 아동 사이의 긍정적인 관계를 강화하는 핵심적인 전략이 되었다. 이러한 감각적인 경험은 부모와 자녀 두 사람에게 있어서 초기 애착과 조율의 경험을 변화시킬 가능성을 지니고 있다. Perry(2008)는 심각하고 반복적인 외상이 애착에 미치는 영향에 대해 언급하면서 "경험이 생물학이 된다."라고 말한다. 유사하게, 애착이 손상되거나 파괴된 사람에 대한 미술치료는 일생의 성공에 가장 중요한 것, 즉 긍정적인 애착경험과 다른 사람과의 안정적 관계 속에서의 신뢰 회복에 중요한 역할을 할 수 있다.

## 참고문헌


Badenoch, B. (2008). *Becoming a brain-wise therapist: A practical guide to interpersonal neurobiology*. New York: Norton.

Francis, D., Kaiser, D., & Deaver, S. (2003). Representations of attachment security in the Bird's Nest Drawings of clients with substance abuse disorders. *Art Therapy: Journal of the American Art Therapy Association*, *20*(3), 125-137.

Henley, D. (1992). *Exceptional children, exceptional art*. Worcester, MA: Davis.

Kaiser, D. (1996). Indications of attachment security in a drawing task. *The Arts in Psychotherapy*, *23*, 333-340.

Kaiser, D., & Deaver, S. (2009). Assessing attachment with the Bird's Nest Drawing: A review of the research. *Art Therapy: Journal of the American Art Therapy Association*, *26*(1), 26-33.

Klorer, P. G. (2008). Expressive therapy for severe maltreatment and attachment disorders: A neuroscience framework. In C. Malchiodi (Ed.), *Creative interventions and traumatized children* (pp. 43-61). New York: Guilford Press.

Kramer, E. (1993). *Art as therapy with children*. Chicago: Magnolia Street.

Malchiodi, C. A. (1997). *Breaking the silence: Art therapy with children from violent homes* (2nd ed.). New York: Brunner-Routledge.

Malchiodi, C. A. (Ed.). (2005). *Expressive therapies*. New York: Guilford Press.

Malchiodi, C. A. (2008). *Creative interventions with traumatized children*. New York: Guilford Press.

Malchiodi, C. A. (2012a). Art therapy materials, media, and methods. In C. A. Malchiodi (Ed.), *Handbook of art therapy* (2nd ed., pp. 27-40). New York: Guilford Press.

Malchiodi, C. A. (2012b). Psychoanalytic, analytic and object relations approaches. In C. A. Malchiodi (Ed.), *Handbook of art therapy* (2nd ed., pp. 57-74). New York: Guilford Press.

Malchiodi, C. A. (2012c). Art therapy and the brain. In C. A. Malchiodi (Ed.), *Handbook of art therapy* (2nd ed., pp. 17-26). New York: Guilford Press.

Malchiodi, C. A. (2012d). Trauma-informed art therapy and sexual abuse. In P. Goodyear-Brown (Ed.), *Handbook of child sexual abuse* (pp. 341-354). Hoboken, NJ: Wiley.

Perry, B. D. (2006). Applying principles of neurodevelopment to clinical work with maltreated and traumatized children: The neurosequential model of therapeutics. In N. B. Webb (Ed.), *Working with traumatized youth in child welfare* (pp. 27-52). New York: Guilford Press.

Perry, B. D. (2008). Foreword. In C. A. Malchiodi (Ed.), *Creative interventions and traumatized children* (pp. ix-xi). New York: Guilford Press.

Perry, B. D., & Szalavitz, M. (2006). *The boy who was raised as a dog*. New York: Basic Books.

Proulx, L. (2002). *Strengthening ties through parent-child dyad art therapy*. London: Kingsley.

Riley, S. (2001). *Group process made visible: Group art therapy*. New York: Brunner-Routledge.

Sheller, S. (2007). Understanding insecure attachment: A study using children's bird nest imagery. *Art Therapy: Journal of the American Art Therapy Association*, *24*(3), 119-127.

Siegel, D. (2007). *The mindful brain*. New York: Norton.

Siegel, D. (2010). *Mindsight: The new science of personal transformation*. New York: Bantam.

Siegel, D. (2012). *The developing mind: How relationships and the brain interact to shape who we are* (2nd ed.). New York: Guilford Press.

Steele, W., & Malchiodi, C. A. (2012). *Trauma-informed practices with children and adolescents*. New York: Routledge.

Winnicott, D. W. (1953). Transitional objects and transitional phenomena. *International Journal of Psychiatry*, *34*, 89-97.

Winnicott, D. W. (1965). *The maturation processes and the facilitating environment*. New York: International Universities Press.

Winnicott, D. W. (1971). *Therapeutic considerations in child psychiatry*. New York: Basic Books.

# 발달적 외상장애를 가지고 있는 아동과의 음악치료

Jacqueline Z. Robarts

이 장은 가정에서 높은 수준의 스트레스를 경험할 뿐만 아니라 해결되지 않은 애착 외상을 가지고 있거나 유아기 때 방임이나 대인관계에서의 폭력을 경험한 아동들과 청소년들을 대상으로 한 음악치료에 초점을 두고 있다. 이러한 아동들의 생리적·정서적 반응은 중요한 부분에서 영향을 받아, 심리적 발달을 억제하고 발달적 외상장애로 이어지게끔 한다. 발달적 외상장애는 외상 후 스트레스장애(PTSD)의 확장으로 복합적 외상을 경험한 아동들에게서 나타난다(van der Kolk, 2005). 이 장은 개인이나 대인관계적인 반응에서 음악이 어떠한 영향을 미치는지 살펴보고 음악치료가 어떻게 초기의 관계 외상을 가지고 있는 아동들에게 도움을 줄 수 있는지 묘사한다. 치료적인 관계 안에서 이루어지는 놀이와 즉흥연주는 임상적으로 적용될 때 아동들이 정서와 생리적 반응을 조절하도록 도움을 주고, 광범위한 감각경험을 제공하며, 창의적인 자기표현을 하도록 격려한다. 따라서 더욱 응집성 있는 자기감을 갖고 지금-여기에서 존재의 연속성을 갖도록 한다.

이 장에서는 또한 음악과 소통의 음악성(Malloch & Trevarthen, 2009; Trevarthen & Malloch, 2000), 더 나아가 음악치료에서 사용되는 음악 고유의 조직적이고 조절적인 기능에 대해 살펴본다(Robarts, 1998, 2009). 음악적 · 발달적 그리고 정신역동적인 통합적 관점에서 볼 때 음악적인 형식을 사용하는 것은 초기의 관계 외상으로 인해 자기가 손상된 아동이나 청소년들을 대상으로 하는 음악치료의 통합과정에 있어서 중요한 부분이라고 할 수 있다(Robarts, 2003, 2006, 2009).

## 모집단에 대한 개관

나는 애착 외상이나 초기 관계 외상을 겪고 있는 3~18세의 아동들과 일해 왔다. 초반에는 아동 · 청소년 정신건강 및 아동발달 서비스를 제공하는 아동병원의 음악치료 부서에서 음악치료사로 활동했고, 이후에는 개인 음악치료센터에서 아동이나 성인을 대상으로 이 분야의 전문가로 일해 오고 있다. 이 분야를 전문으로 하는 아동심리치료사들의 임상적 슈퍼비전과 꾸준한 연구 그리고 개인분석은 나의 작업을 지지하고 한층 더 깊어지게 했다.

나에게 음악치료를 받은 아동이나 청소년들은 다양한 외상경험으로 인해 고통받고 있었다. 바로 출생 전이나 직후에 겪었던 외상 사건, 첫 3년 동안 비공감적인 엄마의 반복적이고 지속적인 분리, 유아기 때의 성학대와 방임, 부모의 약물남용이나 알코올남용, 집에서 목격한 부모 간의 폭력, 성공적이거나 외상적인 가정위탁과 입양 과정과 같은 경험들이다. 유아기 때 기본적인 안전과 생존을 위협하는 지속적인 외상경험은 발달적 외상장애까지 이르게 한다(van der Kolk, 2005). 이러한 아동들은 주로 창백하고 외따로 떨어져 있으며 매우 경계적이어서 일상적인 움직임, 제스처, 감각 자극에도 쉽게 과잉반응을 한다. 이들은 너무 불안한 나머지 자신의 감정을 '닫거나' 분리시키고 몹시 순종적이며, 반대로 매우 지배적이거나 방어적인 태도를 취하고 어떠한 상황으로부터 달아나기 위해 장롱과 같이 폐쇄된 공간에 몸을 숨기곤 한다. 이들의 이러한 행동과 기분은 갑작스럽게 나타날 수 있다. 외상 사건의 회상을 통해 "외상은 스토리 라인 없이 분리된 감각, 정서, 움직임으로 다시 살아나게 된다"(van der Kolk, 2003,

p. 183). 음악치료에서는 음악이 가지고 있는 고유의 감각 양상과 심리생리학적 효과를 통해 아동들이 자기를 지속시키고, 감각과 상징놀이 능력을 발달시키며, 외상의 방해 없이 타인과 살아갈 수 있도록 도움을 준다(Robarts, 2003, 2006, 2009).

## 애착 외상 분야에서의 정신역동적 음악치료

정신역동적 음악치료는 개인이나 공동 저자들의 출판물에서 잘 다루어져 왔다(Bruscia, 1998; Hadley, 2003; Wigram & De Backer, 1999). 외상을 전문으로 다루는 음악치료사들은 많은 정신역동적인 이론을 토대로 저마다의 접근방식과 스타일을 고집한다(Amir, 2004; Austin, 2008; Frank-Schwebel, 2002; Montello, 2003; Robarts, 2003, 2006, 2009; Scheiby, 2010; Schönfeld, 2003; Sutton, 2002). 모든 정신역동적 음악치료에서 중요한 것은 각각의 내담자의 내면세계, 특히 비언어적이거나 언어적인 전이나 역전이의 음악적인 측면이나 다른 측면을 수용하는 것이다.

음악과 관련해서 전이에서 나타나는 현상들은 치료적인 관계의 복잡한 본능적 · 정서적 · 정신적 특징들이다. 그것은 아동의 내면세계와 '대상관계'를 이해하고 작업하는 데 유용하며 또한 치료적인 과제를 제시한다.

치료의 종결이 예정되어 있듯이 아동의 치료에는 휴식 또한 마련되어 있다. 꼭 알아야 할 사항들 이외에는 아동에 대한 비밀보장이 엄격히 유지되면서도 음악치료사는 부모나 다양한 기관의 팀들과 밀접하게 작업한다. 예를 들어, 아동보호기관, 위탁기관 그리고 입양기관들이 있다.

나는 이전의 출판물에서(Robarts, 2003, 2006, 2009) 해결되지 않은 초기의 관계 외상이나 결과적으로 발달적 외상장애를 가지고 있는 아동이나 청소년들과 특히 관련이 있는 음악치료의 중요한 측면에 대해서 다루었다. 정서적 신경과학과 연관이 있는 발달심리학에서는 애착 외상과 관련해서 대인관계적인 의사소통의 관계를 형성할 수 있는 치료적인 애착관계의 중요성에 대해 강조하고 있다(Schore, 2001, 2003; Siegel, 2003;

Stern, 2004; van der Kolk, 2003).

## 이슈와 도전

해결되지 않은 애착 외상을 가지고 있는 아동과 청소년들은 음악치료에서 치료자와 내담자 자신에게 많은 도전적인 이슈를 던진다. 이 작업은 고도의 민감성, 연민을 가지면서도 확고하고 적응적인 치료적 기술, 통찰력 있고 창의적인 정신과 직관력 그리고 강한 현실감을 요구한다. 이러한 아동과 청소년들은 다음과 같은 다양한 조합을 보인다. 즉, 위험을 감지하는 감각이 극도로 발달되어 있거나, 자극에 대해 과민하게 반응하거나, 작은 자극에도 과하게 놀라는 반응을 보이거나, 혼란스럽고 불안한 행동, 위축, 무감각하거나 '다가가기 힘든' 방어적인 태도 그리고 정서적인 '단절'을 보인다. 치료자들은 이러한 아동들로부터 끄집어내는 감정이 제한될 것이며, 놀이에 대한 능력이 떨어지고, 반복적인 행동(자해나 외상 사건의 재연을 포함하는)을 보게 될 확률이 높다. 아동들은 쉽게 지나칠 정도로 흥분될 수 있기 때문에 놀이를 할 수 있는 능력이 약한 상태에서 '실연'을 하는 것은 안전하지 않다(그리고 이것은 위험한 행동으로 확대될 수 있다). 이러한 아동에게는 방심하지 않으면서 개방적이고 수용적인 태도를 유지하는 것이 어려울 수 있다. 아동과 치료적인 관계를 안전하게 유지할 수 있도록 확고하면서도 편안하게 경계를 형성하기 위해서는 능숙하게 신체, 언어, 음악, 말하기 능력을 조절할 수 있어야 한다.

이러한 어려움과 더불어, 치료실에서 행해지는 활동들은 산발적이고, 분열적이며, 비순차적이다. 아동들은 소리 지르고 발길질을 하다가도 순간 조용해지거나 분열적인 모습을 보이기도 한다. 아동들의 행동에서 보이는 각기 다른 발달단계들 그리고 그들의 비상징적이거나 상징적인 놀이는 이러한 변화를 이해하는 데 더 복잡하게 만든다. 또한 '얼어 있거나' 아예 '마음을 굳게 닫아서' 어떠한 반응도 보이지 않거나 거리를 두고 피하는 아동도 있다. 가끔 놀이에서 자살성 사고나 성적인 행동이 나올 수도 있다.

이것은 지배적이고 자기 마음대로 하려는 성향, 사람들 간의 신체적 거리에 대한 이해 부족, 신체적이고 언어적인 폭력 그리고 비정상적으로 어른스러운 태도와 함께 동반하여 나타날 수 있다. 그리고 수치심과 낮은 자존감의 문제가 있을 수 있다. 발달지연 그리고 학습/주의집중의 어려움도 또한 애착 외상에서 나타날 수 있으며, 아동의 후기 발달에 영향을 미칠 수 있다.

이 모든 요인은 아동의 감정 상태와 아동이 놀이에서 보여 주는 상징과 관련해서 주의 깊은 이해를 요구한다. 치료자는 매 순간 아동이 발달적으로 어디에 있는지 이해할 수 있어야 한다. 그리고 이것은 순식간에 바뀔 수 있는데, 실제 14세 아동이 치료실에서 6세와 14세의 대처 전략을 번갈아 하며 치료자에게 직접적으로 보여 주거나 상징놀이에서 비유적으로 나타낼 수 있다. 목소리의 특징들(예: 음량이나 억양) 그리고 아동의 움직임과 행동은 치료과정에서 많은 것을 알려 준다.

## 외상의 재경험 막기

PTSD 그리고 발달적 외상장애를 가지고 있는 아동들을 음악치료에서 다루기 위해 치료자는 음악적인 놀이의 감각과 대인관계 측면 그리고 음악적인 관계, 심지어 아주 작은 사건이 유발할 수 있는 과다 각성의 영향에 대해 잘 알아야 한다. 학대받은 아동의 겁에 질린 표정과 충격에 휩싸인 모습을 보면서 치료자는 종종 자신이 마치 학대의 가해자가 된 것처럼 느낄 수 있다. 치료자는 투사를 통해 전달되는 강한 전이 감정을 받아들이고 견딜 수 있는 능력이 필요하다.

## 새로운 것에 개방적인 상태에서 영역 구축하기

치료과정은 복잡하고 여러 단계를 거치기 때문에 한 사람이 공들여 만든 작품에 의해 영역이 구축된다(Robarts, 2000, 2003, 2009). 임상경험은 이론적인 이해를 가능하게 하는 가장 신뢰할 수 있는 방법이다. 음악치료에서 나는 가끔 다른 예술 형식을 포함한다. 광범위한 감각경험을 제공해 주는 동시에 상징놀이에서 아동의 잠재력을 풍부하게 하기 위해서 그림/색칠, 손인형, 무용 그리고 드라마를 이용한다. 상징화와 관련해서 나는 치료관계에서의 양육적인 통합을 가능케 하는 전언어적 · 언어적 자기 간의 양방향 채널에 대해서 상세히 설명한 바 있다(Robarts, 2003, 2009). 음악치료 회기에서 다른 표현예술을 사용하는 것은 일반적으로 아동의 즉흥적인 창의적 반응에서 시작되며 음악치료 과정과 함께 발전한다. 비록 나는 아주 가끔 음악을 단독으로 사용하려고 하지만(예: 소리, 악기, 목소리), 내담자들은 음악의 그리스어인 'mousike'에서 더 정확히 묘사되는 것처럼 끊임없이 다양한 예술을 하려고 한다.

정신생물학적인 관점에서는 음악과 음악성의 원천이 "내재되어 있는 동기 리듬"이나 "들을 수 있는 제스처"라고 묘사된다(Trevarthen, 1999, p. 175). 자발적으로 일어나는 음악적 표현의 본질은 우리 인간의 모든 의사소통이 시작되는 리드미컬하고 공감적인 충동의 핵심을 직접 경험하고 작동시키는 것이다(Robarts, 1998, p. 172). 생명이 시작되는 순간부터 음악은 우리에게 영향을 미친다. 임신 23주부터 태아는 엄마 목소리의 억양과 음색을 듣고, 태어난 이후에 엄마의 목소리를 알아차린다(DeCasper & Carstens, 1981). 이것이 소리를 통해 이루어지는 출생 전 애착의 기본이다. 부모-영아 간 의사소통 연구를 통해 초기에 이루어지는 직관적인 정서적 소통은 역동적인 방식에서 모두 음악적이라는 것을 알 수 있다. 영아의 두뇌, 정신, 신체발달의 형태를 갖추고 조직하는 것은 부모가 원시 대화를 통해 영아에게 조율함으로써 관계 속에서 의미를 부여하고 지식을 전달하는 것을 통해 이루어진다(Trevarthen, 1993). 최근에는 이 과정을 소통의 음악성이라고 이름 붙이기도 하였다. 그것은 생명이 시작되는 순간부터 죽을 때까지 이루어지는 인간관계와 인간발달의 아주 중요한 구성적인 특징이다. 왜냐하면 그것은 심리적 건강과 행복의 기초가 되기 때문이다(Malloch & Trevarthen, 2009).

반대로, 만약 상호주관성에 결함이나 장애가 있다면 이것은 영아가 리드미컬하고 공감적인 충동을 느끼는 데에 부정적인 영향을 미칠 것이고, 따라서 두뇌연결과 자기조절 그리고 애착능력을 발달시키는 데에도 부정적인 영향을 미칠 것이다(Trevarthen, Aitken, Vandekerckhove, Delafield-Butt, & Nagy, 2006). Stern(1985, 2004, 2010)은 부모-영아 관계에서의 정서조율에 대해 설명하면서, 음악적인 관점에서 볼 때 초기 의사소통에서 경험하는 역동적인 생명력이 인간의 심리사회적 발달에서 애착과 정서조절의 기반이 된다고 묘사하고 있다. 음악치료에서 음악적·정서적 의사소통을 형성하고 조절하는 방법은 소통의 음악성이나 정서조율에서 똑같은 방식으로 이루어진다.

## 전이관계에서의 담아 주기와 변형의 과정

음악치료에서 정신분석가인 Wilfred Bion의 담아 주기(containment) 개념(Bion, 1962a, 1962b)은 매우 유용하다. Bion은 Melanie Klein의 투사, 내사, 투사적 동일시, 내사적 동일시와 같은 정신 내적인 과정과 전이 개념으로부터 이 개념을 발달시켰다. 여기에 엄마/치료자가 영아/내담자의 투사를 받고 그것을 이해하고 생각한 후 적절한 시기에 불안감을 덜 느낄 수 있는 유용한 방식으로 돌려줄 때 무엇이 일어나는지 설명하기 위해서 변형의 아이디어를 추가했다. 그는 이 개념이 담아 주는 그릇/담기는 것이라고 하였다. 이것은 이 장에서 묘사된 음악치료 과정의 심미적 형식의 기능과 유사한 점이 많다. Bion은 엄마가 영아의 불안감을 수용하는 것뿐만 아니라 그것을 이해하고 아기가 감당하지 못하는 감정을 받아들일 수 있도록 변형해서 표현해 주는 능력 또한 강조한다. 만약 아기가 아직 미성숙해서 자신이 경험하는 것을 받아들일 수 없다면 아기는 자신의 감정을 심리적으로 엄마에게 투사하고, 엄마는 영아의 정서적인 상태를 동일시하고, 자신의 정신/감정에서 이러한 상태를 담아 주고 이해하며, 이해할 수 있는 반응으로 변형하여 아기의 감정을 되돌려 준다. Bion의 이러한 설명은 내담자가 창의성과 행복을 찾아가는 동안 치료에서 보이는 분열과 통합의 과정을 잘 묘사해 준다. 이것은 음악치료 관계의 역동적인 형식을 고려하는 데 유용하다.

음악적 내사와 상징화 면에서 초기의 대상관계가 또한 중요하다(Robarts, 1994, p.

234). 음악에서 조절과정은 심미적 창조물이라 할 수 있는 사고 공간을 포함하고, 이것은 담아 주기와 변형을 가능하게끔 한다. 음악적인 측면에서 담아 주기와 변형은 음악적으로 함께하면서 아동에게 귀 기울이고, 듣고, 이해하는 데에 있다. 이러한 '들어주기'는 시작점이 되고, 치료에서 더욱 활동적인 에피소드를 경험하게 한다. 치료자는 아무 기대 없이 지금 이 순간에 일어나는 것에 개방적이고 수용적인 태도를 유지한다. 고요함은 아동이 자신의 숨소리를 듣게 해 주고, 아동이 현재 살아 있다는 생명감을 느끼게 해 준다. 간단한 배경에 일관되게 하모니가 바뀌는 싱글 톤이나 간단한 리듬은 아동이 원할 때 반응하도록 사용될 수 있다. 외상을 입은 아동과 음악적으로 그리고 정서적으로 함께하기 위해서는 처음에 아동이 치료실과 악기들을 둘러볼 수 있도록 해 주는 것이 필요하다. 심지어 치료자를 포함해서 모든 것을 다 둘러본 후에 아동이 통제할 수 있다고 느끼는 것이 중요하다.

치료적인 관계의 경계를 유지하면서 치료자는 아동의 발달 수준에 맞게 민감하고 풍부하게 반응해 주어야 한다. 이 장의 앞부분에서 설명한 것과 같이 음악치료는 음악을 사용하는 것에만 국한되어 있지 않다. 어떤 아동들은 그림을 그리거나 놀잇감을 가지고 놀거나 매트에서 뒹구는 것을 선호한다. 음악을 통해 안정성을 경험하는 것이 중요하다. 그래서 다른 놀이를 하고 있어도 배경음악으로 반복되는 멜로디를 들려준다거나, 오스티나토 패턴, 분위기의 전환, 잘 짜인 화음, 하모니의 무거워짐과 가벼워짐 또는 페이스나 템포의 빨라짐과 느려짐을 경험하게 하는 것이 중요하다. 이 모든 것은 아동의 반응 없이도 연결되어 있다고 느끼게 해 준다. 여기서 일어나는 치료자의 음악적 역전이는 Bion(1962a)이 말한 엄마의 '몽상'과 유사하다. 아동의 내면세계의 소리 없는 음악에 빠져드는 것은 음악적인 의사소통과 놀이에서 겉으로 드러나는 활동들만큼 음악치료에서 중요하다.

음악치료적인 관계에서 아동들은 관계, 동기, 방어의 패턴을 보이는데, 종종 한 회기에서 각기 다른 발달 수준을 보이기도 한다. 음악을 통해 긍정적이고 건강한 상호주관성의 경험을 증가시키는 것이 주된 관심이지만, 또한 아동들의 정서가 얼거나 굳어 있을 때 정서적으로 일깨우고 경험을 내재화하도록 돕는다. 얼었던 감정이 녹아 흐르기 시작할 때 느끼는 통증은 굳어져 있던 팔다리가 풀리면서 느끼는 신체적 통증과 같다. 이것은 꼭 필요한, 느리면서도 조심스러운 과정이다. 치료실에서 이러한 것들이 나타날 때 음악을 통해 초기 발달 수준에서 아동들(그리고 성인들)에게 개입할 수 있다. 특정한 내담자가 반응할 만한 특징과 스타일로 적용한다면, 음악적인 기술을 사용하는 아주 간단한 음악조차도(동요부터 힙합, 블루스, 바로크까지) 융통성 있게 쓰일 수 있다.

정신적 장애로 인해 자기감이 약한 아동들과 함께하려면 치료자는 자아기능이 더 강한 내담자들과 하는 것보다 훨씬 더 오랫동안 투사된 원시적인 불안을 다루는 것이 필요하다(Alvarez, 1992, 2010). Alvarez(1992)는 또한 심각한 발달장애와 자아결함을 가지고 있는 아동을 개입시키고 활기 있게 하는 치료자의 역할에 대해서 설명하고 있다. 아동이 누군가를 믿고 경험을 되돌아보고 처리할 수 있는 능력을 발달시키기 위해서 치료자는 민감하게 아동의 자기보호적인 방어를 다루어야 한다. 이러한 치료 작업은 학대를 받거나 외상을 경험한 아동들에게 아주 중요하다. 예를 들어, 아동들의 노래에 나오는 비유는 그들에게 꼭 필요한 방어를 유지하게끔 해 주는 동시에 불안을 해결하고 창의적인 능력을 키우게 할 수 있다.

## 즉흥노래의 담아 주기/변형 기능: 절차적 기억에서 자전적 서사까지

노래는 자전적 서사가 전언어적이고 본능적인 수준에서 하는 것처럼 절차적 기억으로부터 정서와 이미지들을 불러일으킬 수 있다. 이것은 음악치료사의 지지를 통해 지금-여기에서 새롭게 발달하는 것으로 분열되고 외상적인 자기경험을 통합한다. 초기에 부모-영아의 친밀감에서 발달하는 전언어적 자기는 내재하는 관계적 지식의 사회적 구성물이다(Siegel, 2012; Stern, 2004). 전언어적 자기가 초기 발달에서 외상을 받게 되면, 상호주관적인 자기의 신경 원형이 산산조각 나게 된다. 음악치료에서 음악의 리듬, 박자, 그루브가 하는 지주 역할은 아동의 자기조절 능력을 향상시키고 음악적인 협업을 통해 더욱더 안전하고 응집력 있는 자기를 경험하게 하는 것이다. 지능이 발달하고 언어를 사용할 수 있는 아동들은 이러한 안전감과 자아관여도로부터 자신의 이야기를 노래로 부를 수 있게 된다. 이러한 노래는 보통 전적으로 비유적이지만 반의식, 반무의식의 경계에서 확실히 자신과 관련된 자전적 서사나 자신에 대한 노래다.

음악치료에서 즉흥노래를 한 Lena라는 아이가 있다. 다음에서 그녀의 사례를 다루고자 한다. 초기에 외상을 겪고 그것이 신체-정신 자기의 일부분이 되어서 말로는 얘기할 수 없는 사람들에게 음악과 노래의 힘은 치료과정이 될 수 있다(Austin, 2008). 전언어적 · 암묵적 · 절차적인 자기 영역은 언어적 자기나 서술적 기억(의식적으로 우리가 찾아서 기억해 낼 수 있는 경험의 저장소)과는 매우 다른 방식으로 기능한다고 알려져 있다(Siegel, 2012). 그러나 나의 임상경험에 의하면, 이 2가지의 기억이나 자기경험은 암묵적이든 명시적이든 전언어적 자기언어를 사용하는 예술에 의해 형성될 수 있다. 그러한 경우에 음악은 절차적 영역의 경험을 다루는 데 창의적으로 쓰일 뿐만 아니라, 음악적 상호작용을 통해 수준에 맞게 새로운 관계적 경험을 구축하는 데도 쓰일 수 있다. 이러한 경험들은 주로 계획 없이 즉흥적으로 일어난다. 다음의 사례는 음악치료가 어떻게 놀이에서 새로운 자기경험을 가능하게 하고, 해결되지 않은 외상을 다루며, 정상적이고 건강한 자기를 발달시키는지 보여 준다.

## 사례

아동들의 이름과 신원을 확인할 수 있는 생육사와 치료 자료들은 비밀보장을 위해 바꾸었다. 같은 이유로 노래와 다른 자료들도 핵심적인 치료 요소를 유지하면서 약간은 변경되었다.

## Lena

Lena는 원하지 않은 아이로 태어나 부모로부터 심한 방임을 당했고, 2세 때 엄마와의 분리로 정신적 외상을 겪는 동안 할아버지로부터 성학대를 당했다. 유아기 때 그녀는 공격적이고 도발적이었으며, 그 결과 유치원에서 내쫓겼다. 그 후 그녀는 오빠와 그의 친구들로부터 성학대를 받았다고 보고했다. Lena는 자신이 '쓰레기같이' '버려지고', 못생겼으며 사랑스럽지 않은 아이라고 느꼈다. 그녀는 학교에서 제대로 배울 수 없었고, 그녀의 기이한 행동은 사람들의 걱정을 사기에 충분해서, 9세가 되었을 때 아동·청소년 정신건강병원에 입원하게 되었다. 거기서 그녀는 14개월 동안 지냈다. 병원 관계자들은 그녀가 병원에 입원함으로써 낙인찍혔다는 것을 잘 알고 있었고, 그래서 가족 전체가 정기적으로 치료에 참여하도록 했다. Lena는 또한 일주일에 1번씩 음악치료를 받았으며(한 달 후 일주일에 2번으로 늘렸다), 각 회기는 45분 동안 진행되었다.

Lena의 음악치료는 대략 3단계를 거쳤다. 다음에 발췌된 부분들은 1단계와 2단계의 끝에서 나온 것들이다(모두 현재 시제로 쓴 이유는 직접성을 더욱 살리기 위해서다). 1단계는 듣기, 관계와 믿음을 발달시키는 노래, 이상화 그리고 자기보호적인 방어, 악기들의 상징적인 사용으로 구성되었다. 2단계에서는 방어가 줄어들었고, 노래 시, 초기에 경험한 학대의 회상, 즉흥노래에서 무의식과 의식 사이에서 나온 은유들, 악기들의 상징적인 사용을 통해 그녀의 불안이 표현되었다. 이러한 불안은 나중에 혼란스러우면서도 에로틱한 놀이로 대체되었다. 3단계는 통합의 시작, 헤어짐에 대한 슬픔의 표현, 미래에 변화된 모습을 희망하는 노래들(무의식에서 나오는 강한 은유)로 이루어졌다.

3회기는 동요의 사용, 방어적이면서도 창의적인 상징놀이의 시작 그리고 악기의 사용을 보여 준다. 4회기는 그녀가 '행복한' 가면을 벗어 던지고, 슬픔에 대한 방어를 다루고, 더 나아가 초기의 학대와 연관된 혼란스럽고 괴로운 감정들을 다루는 데 도움을 주는 즉흥적인 공동 노래 작업을 보여 준다. 훨씬 더 이후의 회기(37회기)에서는 새로운 수준의 통합에 도달하기 위해 즉흥적으로 노래하는 것을 보여 준다.

### 3회기: 동요, 음악의 집, 담아 주는 그릇으로서 악기의 상징적인 사용

오늘 Lena는 늘 그렇듯이, 겉으로 기분 좋아 보이는 모습으로 나타난다. 피아노를 조금 친 후에 그녀는 악기들에 둘러싸여서 방 끝 쪽에 '음악의 집'을 만든다. 이러한 악기의 상징적인 사용은 이후의 회기에서 확장되지만, 이 회기에서는 물리적 장벽을 만들어 담아 주는 그릇으로서의 역할을 한다. 그녀는 내가 끼어들지 않고 자신의 연주를 주의 깊게 들어 주기를 요구한다. 그러나 그녀는 자신의 장벽 안에서 익숙한 동요들을 연주하며 어느 정도의 음악적인 상호작용을 허용하기 시작한다. 그녀는 〈족제비 잡으러 가다(Pop Goes the Weasel)〉 〈히커리 디커리 독(Hickory Dickory Dock)〉 그리고 〈장미 길을 돌자(Ring a Ring of Roses)〉를 요구한다. 그녀는 3세처럼 음악의 집에서 점프를 하며, 특히 각 노래의 극적인 순간들을 즐긴다.

나는 Lena의 움직임에 맞추어서 즉흥적으로 음악을 연주하며 그녀가 흥분해서 소리 지르는 것에 반응해 준다. 나는 이것이 그녀를 압도하지는 않을지 우려한다. 하지만 그녀가 음악에 대해 보이는 신체적인 반응을 통해서 음악이 얼마나 효과적으로 그녀의 과잉흥분을 조절하는지 볼 수 있다. 나는 그녀의 기분에 맞게 즉흥적으로 가사를 수정함으로써 그녀의 감정과 만날 뿐만 아니라 감정을 유지하고 안정시킬 수 있다. 감정을 회피하거나 정서적으로 방해받지 않으면서 흥분과 기쁨을 주도록 음악적으로 변형시킬 수 있다. 동요가 주는 어느 정도의 예측 가능성으로 인해 그녀는 우리의 관계를 신뢰하기 시작한다. 그럼에도 불구하고 그녀의 노래는 아직 방어적이고 지배적이다. 나는 온음계의(비통상적인) 하모니로 바꾸어서 동요 반주에 접목한다. 이를 통해 다양한 정서가 음악에 포함되고 Lena의 음악적 표현과 나의 역전이에서 보였던 그녀의 감정들(겉으로 드러나거나 드러나지 않는)을 끄집어낼 수 있도록 한다. 나는 음악의 집 안에서 그녀가 안전하다는 노래를 부른다. 또한 나는 안전기지로, 그녀에게 익숙한 곡조로 론도 형식(ABACAD 음악적 구조를 사용하는)을 만들어서 그녀가 자유롭게 노래하고 즉흥적으로 대화할 수 있도록 한다. 이러한 스타일의 반복구와 에피소드가 있는 즉흥놀이는 다음 회기에서 더 발달되어 Lena가 새롭고 창의적인 자기표현을 하고 자신의 감정과 과거의 경험을 다룰 수 있도록 해 준다.

### 4회기: Lena가 자신의 진정한 감정과 만나고 더 신뢰할 수 있는 치료관계를 형성하도록 하는 행복하고도 슬픈 노래

Lena는 산만하게 방을 돌아다닌다. 나는 〈아이의 노래(Child's Tune)〉의 모티프(솔-미-라-솔-미)를 연주하고, 온음계의 하모니를 중간에 배치한다. Lena는 1회기 때 했던 질문을 다시 반복한다. "어쨌든 음악치료가 뭐예요?" 나는 가벼운 I-Ib-IV-V 반주(4개 코드의 반복적인 하모니 진행으로 예측이 가능해서 지금 이 순간에 치료적인 가치가 있다)로 이끌면서 음악치료에 대한 그녀의 궁금증에 답한다. 그것은 Lena가 음악적인 발달에서 정서적 표현을 감당하기 어려울 때 돌아올 수 있는 반복구가 된다.

> 우리는 행복한 노래를 불러. 우리에게 힘을 줘. 우리에게 힘을 줘.
> 오늘 우리에게 힘을 주기 위해서 우리는 행복한 노래를 불러.

Lena는 메탈로폰으로 대위선율을 치면서 직감적으로 각 리듬에서 멈춘다. 나는 노래의 첫 구절을 반복한다. Lena도 참여하고, 노래하면서 콩가 드럼과 심벌즈를 너무 정신없이 두드려서 노래가 거의 들리지 않을 정도다. 그때 나는 대비되는 아이디어를 제안한다. (음악적으로 그리고 언어적으로 마이너 키로 바꾸고, 불협화음을 포함시켜서, 7번과 9번을 넣고, 박자를 약간 느리게 한다.) 내가 이러한 작은 변화를 주는 이유는 드럼 치는 것을 진정시키고 그녀의 슬픔과 접촉하기 위함이다. 나는 노래를 부른다. "우리는 슬프면 노래할 수 있어……." (그녀가 이어 부르기를 바라면서 리듬을 마치지 않는다.) 나는 일부러 '우리'라고 하는데, 그 이유는 Lena에게 '행복하지 않은' 감정을 공유할 누군가가 있다는 것을 가르쳐 주고, 너무 직접적으로 그녀를 언급하는 것을 피하기 위해서다(왜냐하면 그녀가 슬픔에 대해 방어적인 태도를 취할 수 있기 때문이다). 전에는 올라가는 음정으로 구성되어 있던 멜로디가 이제는 마이너 키와 약간 느린 박자와 만나 내려가는 악절로 바뀐다. Lena가 반응하지 않자 나는 또 다른 악절을 부른다. "우리는 슬프면 노래를 부를 수 있어……." 이번에는 Lena가 따라 부른다. "우리는 슬프면 노래를 부를 수 있어……."

Lena의 노래는 이제 완전히 슬픔에 잠기고 멜로디에 음조의 변화를 넣는다. 나는 이 분위기를 유지하기 위해서 계속 노래 부른다. "우리는 가끔 슬퍼……." Lena가 재빠르게 끼어든다. "기쁘기도 해……." 이어서 "가끔 우리는 슬픔으로 가득 차. 가끔 우리는 기쁨으로 가득 차서 웃기도 해. 하늘은 밝고 아름다워. 세상은 행복으로 가득 차." 나는 이러한 아이디어를 반영해서 피아노의 높은 음역대에서 잔물결의 인상주의 음악을 친다. 약간의 긴장감이 느껴지는 하모니와 불협화음이 온화한 슬픔을 만들어 내며(아직 마이너 키로), Lena가 표현한 2개의 상반된 기분을 지속시킨다. 이 슬픔은 감당하기에 너무 커서 그녀는 힘없이 노래한다. "우리는 행복할 수 있어……." 그러다 노래를 멈추고 '행복한 부분'으로 되돌아가기를 바란다는 것 외에는 알아들을 수 없는 속도로 빠르게 재잘거린다.

자신을 압도하는 감정들에 대한 언어적이고 인지적인 방어가 눈에 띈다. 자신의 진정한 감정을 나누기보다는 필사적으로 행복해지고자 하는 절실함이 특히 가슴 아프다. 나는 Lena가 언어적으로 정서에 방어하는 대신에 다시 노래와 감정에 집중할 수 있도록 '행복한' 악절을 함께 한다. 나는 노래 부른다. "행복한 행복한 날." 그러나 노래의 마이너 키 '브리지' 부분까지 마이너 키로 진행한다. 여기에서 나는 나의 역전이에서 강하게 느낄 수 있었던, Lena가 피하고 모면하려 했던 감정과 기분을 다시 불러온다. 나는 노래 부른다. "가끔…… 우리는 슬퍼……." 이번에 Lena는 노래를 이어 부르며 외롭고 화난 아이의 모습으로 더 확실하게 감정을 표현한다.

> 가끔 우리는 행복해.
> 가끔 우리는 작게 느끼고 세상이 내 반대편에 있는 것 같아.
> 어떤 날은 기쁨을 느끼고, 행복과 기쁨으로 가득 차.
> 사랑스럽게 미소 짓는 얼굴들을 봐.
> 밖에서 노는 아이들, 행복과 기쁨.
> 누군가는 화가 난 채로 혼자 앉아 있네…….

Lena는 특정한 음에서 심벌즈와 드럼을 특히 세게 친다. 그러고는 갑자기 멈추더니 행복으로 돌아가 노래 부른다. 그녀는 마음에 와 닿는 서정적인 표현을 넣으면서 노래를 계속하고, 나는 리듬을 맞추고 정서적인 악절에 화성을 입히며 함께 한다.

> 가끔 우리는 기쁘고, 가끔 우리는 슬퍼.
> 가끔 우리는 고마워하고, 가끔 우리는 감사할 줄 몰라.
> 가끔 우리는 웃고, 가끔 우리는 슬퍼.
> 가끔 우리는 웃고, 가끔 우리는…… 기침을 해(그녀는 기침을 한다).
> 가끔 우리는 웃고, 가끔 우리는…… 기분이 나빠.
> 가끔 우리는 부루퉁하고, 가끔 우리는 슬프고, 가끔 우리는 슬픔으로 가득 차…… 다시.

Lena의 노래 안에 있는 이야기의 주된 이슈들을 다루고 그것을 반영하는 것이 이 치료 단계에서 중요하다.

37회기: 새로운 수준의 통합

Lena는 정신적인 장애로 분열 상태(조용하고 정신없고 화난 모습을 차례로 보이는)의 행동을 보이는 기간에는 노래를 거의 부르지 않는다. 그러나 37회기에서 〈유령의 집(The Haunted House)〉 노래를 즉흥적으로 부르면서 새로운 수준의 통합이 나타난다. 많은 아이가 유령의 집을 상상하지만, 그것은 단순히 어떤 유령에 대한 것이 아니라 그녀의 삶에서 그리고 그녀가 자란 집에서 사는 유령에 대한 노래다. 선이 악을 극복하는 통합과 해결의 아주 강렬한 시적인 이미지가 묻어난다. 이 모든 것은 은유적으로 소통되며, 절차적 영역에서의 경험을 반의식 상태(이 단계에 머물러야 한다고 나는 생각한다)로 불러일으킨다. 다음에 나오는 것은 변형된 메시지와 함께 그녀의 노래 시에서 나온 찬송가 같은 종결부다. Lena는 어떤 분위기의 반주를 원하는지 나에게 알려 주고 즉흥적으로 노래하면서 자신이 느끼기에 적절하다고 생각하는 부분에서 따라 하게 한다.

지구가 돌면서 집은 점점 더 썩어.
매일매일 흉해지고, 으스스해지고, 귀신 같아져.
집을 본 사람들은 어떤 바람도 없고,
그저 거기 있어 왔기 때문에 볼 뿐이야.
몇 년 후에는 때려 부술 거야.
영원히 영원히 영원히.
결국 어느 날 아주 큰 거센 폭풍이 슈! 집을 산산조각 낼 거야…….
다음 날에는 조용해져……. (Lena는 음악을 바꾸라고 나한테 제스처를 보낸다.)
아무것도 없어, 단지 굴뚝과 문 반쪽뿐.
남아 있는 것들에 새들이 앉아 있어. 집은 없어지고, 안에 사람도 없어.
몇 년 후, 그 자리에 있는 빌딩들은 가게, 아파트, 집.
영원히…… 영원히…….

그러고 나서 그녀는 나에게 지시한다. "끝! …… 끝내세요!"

잠시 주의를 돌렸다가 Lena는 새로운 업 비트의 5/4박자 '그루브' 반주에 맞춰 노래를 계속한다.

집은 영원히 사라졌어. 집은 영원히 없어.
세상 어디에도 위험은 없어. 무서운 화성인들은 다 사라졌어.
태양이 주는 즐거움만 있고, 지구에는 어떤 나쁜 것도 없어.
오늘 작별하는 거야…….
태양이 와서 악을 휩쓸어 가.
악이 사라졌어…… 집이 날아갈 때…….
바람이 사라졌어…….
버려진 집에서 악이 사라졌어. 다 끝났어, 사라진 거야.
사라졌어! (여기서 Lena는 아주 크고 강하게 오페라 스타일로 부른다.)

Lena의 노래 가사는 영혼에서 우러나오는 강한 감정으로 만들어졌으며, 그녀의 자전적인 이야기, 과거, 자신을 괴롭히고 그녀의 삶을 지배하던 가족의 비밀들을 비유적으로 나타낸다. 그것은 너무도 강력한 악의 추방, 마치 자기와 같은 어둠과 추함의 변형을 나타낸다. 그녀의 음악치료는 14개월 후 그녀가 기숙학교로 이사 가면서 끝이 났다. 그 후 그녀는 사회복지사업의 가족 지원으로 집으로 돌아왔다. 몇 년 후, 나는 그녀가 결혼해서 아이를 낳았다는 소식을 들었다.

## Laura

Laura는 창백하고 마른 7세 아이였다. 그녀의 옷은 낡고 더러웠으며 뼈만 남은 몸에 걸레처럼 걸쳐져 있었다. 똑똑하지만 내성적인 그녀는 감정 없이 '마음의 문을 닫고' '얼어붙어 있는' 아이였다. 그녀는 말도 못하고 잘 웃지도 않았다. 기운 없이 서서 고분고분 말을 잘 듣는 그녀에게 다가가는 것은 어려워 보였다. 아기 때부터 5세 때까지 Laura는 반복적으로 위탁가정에 맡겨졌다. 부모와 같이 사는 동안(잦은 분리가 있었다), 그들은 약물남용으로 자주 의식을 잃었고 의식이 있을 때는 서로 싸우고 공격했다. 6세가 됐을 때, 그녀는 이미 부모를 돌보는 데 익숙했고, 너무 많은 스트레스를 주는 안전하지 않은 집에서 살아남으려고 발버둥 치고 있었다. 그녀는 계단 밑 벽장이나 자신의 방에서 안전함을 찾았고, 거기에서 강박적으로 정리를 하고 청소를 했다. 7세 때 그녀는 영구적으로 위탁가정으로 보내졌다. 새로운 학교에서 음악치료를 의뢰했다. 몇 년 동안 나는 그녀를 학기 중에 일주일에 2번씩 만났다. 음악치료실은 그녀가 원하는 대로 물건을 배치하는 공간이 되었다. 그녀는 놀 때 수다스럽지 않고 매우 조용했다.

처음에 Laura는 패턴이 뚜렷하고, 자신에게 익숙한 피아노 듀엣을 즉흥적으로 연주했다. 뚜렷한 악절과 음악 패턴에서 그녀는 안전함과 신뢰감을 발달시키는 것 같았고, 내가 멜로디를 같이 하면서 더욱 그랬다. 나는 그녀가 가끔 음악의 리듬에 맞춰 몸을 움직이는 것을 발견했고, 멜로디와 리듬 패턴에서 나타나는 작은 변화와 노래를 예측하는 것을 즐기며 자발적으로 반응하는 것을 발견했다. 그 순간 나는 Frances Tustin이 말한 치료적 관계뿐만 아니라 영아-엄마 관계에서의 '안전의 리듬'이 생각났다. 여기에서 자기와 타인의 새로운 리드미컬한 경험은 상호 간에 공유하는 경험 속에서 서로에게 적응하면서 만들어지는 것이다(Tustin, 1986, pp. 268-275). 그러나 피아노 듀엣은 점차 형식적인 것이 되었고, 나는 Laura가 자신의 감정을 방어하기 위해(감당하기 힘든 감정을 막아 내는 수단으로서) 음악을 하고 있다는 것을 알아차렸다. 나는 곧 그녀가 놀이에서 나오는 감정을 안전하게 무감각의 상태로 만들어 버리는 습관이 있다는 것을 알게 되었다.

나중 회기에서 이 깊숙이 자리 잡은 상태가 변화하는 것을 보고 기뻤다. Laura의 놀이는 단편적이고 비조직적이었지만 더 진실됐다. 여러 방면에서 그것은 그녀가 어렸을 때 자주 버려지고 위탁가정마다 옮겨 다니던 경험의 패턴을 반영했다. 나는 그녀가 회기에서 원하는 대로 하도록 잘 들어 주고, 기다려 주고, 관심 갖고, 수용해 주는 것이 중요하다고 생각했다. 또한 나는 방 안에 에너지를 불어넣어 분위기를 활기차고 밝게 하는 것이 중요하다고 생각했다. 치료자는 가끔 주의를 환기시키고 아동을 활기차게 해 줄 필요가 있다고 한 Alvarez(1992)의 말이 떠올랐다. 나의 갑작스러운 행동(숨을 들이마시고, 눈썹을 치켜 올리고, 흥분하는 행동)들은 잠시 그녀를 사로잡았지만, 곧 무시되었다.

의심할 여지없이 그녀가 어렸을 때 거부되고 방임된 것과 같이 나와 음악을 거부하고 자신의 세계를 지배하는 것이 Laura의 치료에서 주된 테마였다. 그래도 Laura는 매주 왔고 나중에는 일주일에 2번씩 왔다. Laura는 부모의 폭력을 피해 다녔던 것처럼 회기에서 숨고 사라지는 기발한 방법들을 찾아냈다. 그녀는 또한 신체적인 안전을 위해서 어떻게 장벽을 세우는지 보여 주었다. 그녀는 자신의 방에서 물건들을 거의 매일 재배치함으로써 자신이 지배할 수 있는 자기만의 세계를 만든 것과 같이 치료실에서도 똑같이 하기 시작했다. 악기를 보관하는 큰 벽장에 들어가 자신만의 개인적인 공간을 만들고 거기 있는 모든 것을 부지런히 꺼내서 라벨을 붙였다. (나는 이 라벨들을 매주 보존해야만 했다. 그렇게 함으로써 나는 그녀의 놀이가 이어지도록 돕고 있다고 생각했다. 그녀 혼자서는 불가능해 보였다.)

하루는 그녀가 벽장 안에서 톡톡 두드리기 시작했다. 반대편에서 나도 톡톡 두드렸다. 리드미컬한 패턴의 교류가 일어났다. 이것은 다음 회기에서도 일어났고, 드디어 그녀 자신의 동기에서 유발된 의미 있고 자발적인 놀이의 연속성이 일어났다. 나는 톡톡 두드리는 대신 휘파람을 불면 혹시 그녀가 소리로 표현하는 데 도움을 줄 수 있을지 궁금했다(그녀는 회기에서 거의 들리지 않게 말했다). 놀랍게도 휘파람을 주고받음으로써 패턴과 다양한 길이의 악절이 있는 극적인 멜로디의 높고 낮음과 서로 묻고 답하기가 일어났다. 그녀의 휘파람에서는 말할 때나 악기를 연주할 때는 들어 보지 못한, 자발적인 놀이와 정서적인 표현의 첫 번째 신호가 나타났다.

이 방법을 통해 나는 처음으로 그녀의 유머와 장난기를 보았다. 그러나 이러한 음악적인 교류는 오래 지속되지 못했고, 다시 조용히 톡톡 두드리는 게임 그리고 새롭게 그녀가 개발한 맞추기 게임으로 돌아왔다. 그녀가 개발한 맞추기 게임에서 나는 그녀의 다른 한 손이 나무벽장 문 어디에 있는지 알아맞혀야 했다. 이것은 마치 통제된 숨바꼭질처럼 느껴졌는데, 그것은 확실히 그녀에게 유리했기 때문이다. 그러나 그 게임은 그녀의 손이 반대편 문 어디에 있는지 내가 찾아내는 데 목적이 있었다. 그것은 실제 의사소통이 일어나는 상호 간의 게임으로 발전했다. 한 회기가 끝날 때쯤, 나는 그녀가 조용히 부모에게 노래를 불러 주는 것을 들었다. "보고 싶어요. 미안해요." 이러한 시험적이고 단순한 음악적인 교류를 통해 치료적인 관계는 더욱 진실되게 발전했으며, 이것은 그녀가 자신을 무감각하게 만든 괴로운 경험들을 다루고 그녀의 삶에 새로운 가능성을 가져올 수 있는 새로운 경험들을 접하게 해 주었다. 이것이 5년간의 긴 치료과정이었다.

## 결론

이 장은 해결되지 않은 애착 외상이나 발달적 외상장애를 겪고 있는 아동들과의 음악치료에 대해 개관적으로 설명한다. 나는 음악의 본질과 소통의 음악성에 대해서 다루었고, 이것을 발달심리학이나 심리치료에서 나온 초기 상관관계의 현상과 연관 지었다. 음악치료는 '자기의 소리'를 내는 것뿐만 아니라 '들을 수 있는 기회'를 제공한다. 음악적으로나 임상적으로 지식이 많고, 수용적이며, 새로운 것에 개방적이고, 적극적으로 반응하는 것이 음악치료사가 갖추어야 할 중요한 자질이다. 아동들, 특히 발달적 외상장애를 가지고 있는 아동들과 함께하면서 나는 인간으로서 갖추어야 할 본질에 대해서 배웠고, 들어 주는 것, 표현하는 것, 자신의 목소리를 찾는 것 그리고 음악적·치료적인 관계 안에서나 밖에서 자기의 새로운 경험과 행복을 만드는 것이 무엇인지 배웠다.

## 참고문헌

Alvarez, A. (1992). *Live company: Psychoanalytic psychotherapy with autistic, borderline, deprived and abused children*. New York: Routledge.

Alvarez, A. (2010). *The thinking heart: Three levels of psychoanalytic therapy with disturbed children*. New York: Routledge.

Amir, D. (2004). Giving trauma a voice: The role of improvisational music therapy in exposing, dealing with and healing a traumatic experience of sexual abuse. *Music Therapy Perspectives*, *22*(2), 96-103.

Austin, D. (2008). *The theory and practice of vocal psychotherapy: Songs of the self*. London: Kingsley.

Bion, W. R. (1962a). A theory of thinking. *International Journal of Psycho-Analysis*, *43*, 306-310.

Bion, W. R. (1962b). *Learning from experience*. London: Heinemann.

Bruscia, K. E. (1998). *The dynamics of music psychotherapy*. Gilsum, NH: Barcelona.

DeCasper, A. J., & Carstens, A. A. (1981). Contingencies of stimulation: Effects on learning and emotion in neonates. *Infant Behavior and Development*, *4*, 19-35.

Frank-Schwebel, A. (2002). Developmental trauma and its relation to sound and music. In J. P. Sutton (Ed.), *Music, music therapy and trauma: International perspectives* (pp. 193-207). London: Kingsley.

Hadley, S. (Ed.). (2003). *Psychodynamic music therapy: Case studies*. Gilsum, NH:

Barcelona.

Malloch, S. N., & Trevarthen, C. (Eds.). (2009). *Communicative musicality: Exploring the basis of human companionship.* Oxford: Oxford University Press.

Montello, L. (2003). Protect this child: Psychodynamic music therapy with a gifted musician. In S. Hadley (Ed.), *Psychodynamic music therapy: Case studies* (pp. 299-318). Gilsum, NH: Barcelona.

Robarts, J. Z. (1994). Towards autonomy and a sound sense of self. In D. Dokter (Ed.), *Arts therapies and clients with eating disorders* (pp. 229-246). London: Kingsley.

Robarts, J. Z. (1998). Music therapy and children with autism. In C. Trevarthen, K. Aitken, D. Papoudi, & J. Z. Robarts (Eds.), *Children with autism: Diagnoses and interventions to meet their needs* (pp. 172-202). London: Kingsley.

Robarts, J. Z. (2000). Music therapy and adolescents with anorexia nervosa. *Nordic Journal of Music Therapy, 9*(1), 3-12.

Robarts, J. Z. (2003). The healing function of improvised songs in music therapy with a child survivor of early trauma and sexual abuse. In S. Hadley (Ed.), *Psychodynamic music therapy: Case studies* (pp. 141-182). Gilsum, NH: Barcelona.

Robarts, J. Z. (2006). Music therapy with sexually abused children. *Clinical Child Psychology and Psychiatry, 11*(2), 249-269.

Robarts, J. Z. (2009). Supporting the development of mindfulness and meaning: Clinical pathways in music therapy with a sexually abused child. In S. N. Malloch & C. Trevarthen (Eds.), *Communicative musicality: Exploring the basis of human companionship* (pp. 377-400). Oxford: Oxford University Press.

Scheiby, B. B. (2010). Analytical music therapy and integrative medicine: The impact of medical trauma on the psyche. In K. Stewart (Ed.), *Music therapy and trauma: Bridging theory and clinical practice* (pp. 74-87). New York: Satchnote.

Schönfeld, V. (2003). "Promise to take good care of it!": Therapy with Ira. In S. Hadley (Ed.), *Psychodynamic music therapy: Case studies* (pp. 207-224). Gilsum, NH: Barcelona.

Schore, A. N. (2001). The effects of early relational trauma on right brain development, affect regulation, and infant mental health. *Infant Mental Health Journal, 22*, 201-269.

Schore, A. N. (2003). Early relational trauma, disorganized attachment, and the development of a predisposition to violence. In M. F. Solomon & D. J. Siegel (Eds.), *Healing trauma: Attachment, mind, body, and brain* (pp. 107-167). New York: Norton.

Siegel, D. J. (2003). An interpersonal neurobiology of psychotherapy: The development mind and the resolution of trauma. In M. F. Solomon & D. J. Siegel (Eds.), *Healing trauma: Attachment, mind, body, and brain* (pp. 1-56). New York: Norton.

Siegel, D. J. (2012). *The developing mind: How relationships and the brain interact to shape who we are* (2nd ed.). New York: Guilford Press.

Stern, D. N. (1985). *The interpersonal world of the infant: A view from psychoanalysis and developmental psychology*. New York: Basic Books.

Stern, D. N. (2004). *The present moment in psychotherapy and everyday life*. New York: Norton.

Stern, D. N. (2010). *Forms of vitality: Exploring dynamic experience in psychology, the arts, psychotherapy, and development*. Oxford: Oxford University Press.

Sutton, J. P. (Ed.). (2002). *Music, music therapy and trauma: International perspectives*. London: Kingsley.

Trevarthen, C. (1993). The self born in intersubjectivity: The psychology of an infant communicating. In U. Neisser (Ed.), *The perceived self: Ecological and interpersonal sources of self-knowledge* (pp. 121-173). New York: Cambridge University Press.

Trevarthen, C. (1999). Musicality and the intrinsic motive pulse: Evidence from human psychobiology and infant communication. *Musicae Scientiae* (Special Issue 1999-2000), 155-215.

Trevarthen, C., Aitken, K. A., Vandekerckhove, M., Delafield-Butt, J., & Nagy, E. (2006). Collaborative regulations of vitality in early childhood: Stress in intimate relationship and postnatal psychopathology. In D. Cicchetti & D. J. Cohen (Eds.), *Developmental psychopathology: Vol. 2. Developmental neuroscience* (2nd ed., pp. 65-127). Hoboken, NJ: Wiley.

Trevarthen, C., & Malloch, S. N. (2000). The dance of wellbeing: Defining the musical therapeutic effect. *Nordic Journal of Music Therapy*, *9*(2), 3-17.

Tustin, F. (1986). *Autistic barriers in neurotic patients*. London: Karnac.

van der Kolk, B. A. (2003). Posttraumatic stress disorder and the nature of trauma. In M. F. Solomon & D. J. Siegel (Eds.), *Healing trauma: Attachment, mind, body, and brain* (pp. 168-196). New York: Norton.

van der Kolk, B. A. (2005). Developmental trauma disorder: Towards a rational diagnosis for children with complex trauma histories. *Psychiatric Annals*, *35*(5), 401-408.

Wigram, T., & De Backer, J. (Eds.). (1999). *Clinical applications of music therapy in psychiatry*. London: Kingsley.

# 우리 사이의 공간으로 움직이기: 애착 안정성의 춤

Christina Devereaux

많은 주요 연구가 부모와 자녀 사이의 비언어적 상호작용이 건강한 발달을 돕고 긍정적 사회관계를 드높이는 데 대단히 중요하다고 강조해 왔다(Ainsworth & Bell, 1970; Beebe & Lachmann, 1998; Bowdly, 1969, 1988; Schore, 2001; Siegel, 2012; Tronick, 2003, 2007; Tronick & Beeghly, 2011). 부모와 자녀 간 조절된 상호작용은 사람들로 하여금 감정이입과 상호 이해를 돕고 건강한 애착관계를 발달시키는 비언어적 의사소통이다. 이 조율은 모든 육체적 감각과 소리, 목소리의 높낮이 그리고 비언어적 의사소통의 리듬 인식에 의존하는 것까지 포함한다. 그러나 상호작용의 춤에 일관된 이탈이나 혼란이 있다면, 이는 부모와 자녀 모두가 영향을 받을 수 있고 애착관계의 안정성에도 영향을 준다.

애착이론 접근법은 부모와 자녀의 상호작용을 강조하는데(Ainsworth, Blehar, Waters, & Wall, 1978; Bowbly, 1969, 1988), 이는 이론의 다양성이 제공하는 임상적용에 대해 많은 의미와 발달 연구로 통합되었다. 그 핵심 구성은 물리적 근접성에 대한 생물학적 기초 소인 그리고 엄마(또는 다른 주 양육자)와 자녀 사이의 관계(Bowbly, 1988), 애착의 안정성이 이후에 작동하는 일까지를 예측하였다. 이러한 이론적 구조들은 평가나 개인, 집단 그리고 가족에 대한 개입, 특히 무용동작치료(Dance/Movement Therapy: DMT) 같은 비언어적 정신치료 분야에의 광범위한 적용을 가능하게 하였다.

이 장에서는 은유적 춤으로 간주되는 애착이 어떻게 비언어적 조화와 신체기반 개입을 통해 향상될 수 있는지를 먼저 논의한다. 애착이론의 이론적 렌즈로 더 깊이 DMT를 살펴보자. 애착 욕구를 가진 개인과 DMT로 개입한 사례는 이 토론을 뒷받침할 수 있다.

## 이론적 토대: 애착이론과 몸

Bowlby(1969)는 신체기반 신호행동(웃기, 울기)을 갖춘 아이의 행동 시스템의 중요성을 강조하면서 이는 주 양육자를 가까이 두기 위해 고안된 것이라고 주장했다. 이 신호행동은 일단 안전기지(Bowdly, 1988)가 성립되었을 때, 주 양육자에게서 아이가 멀어지도록 허락하고, 세계를 탐험하도록 하는 탐구적 시스템에 의해 보안되었다. 고통의 시기(예: 주 양육자와의 헤어짐 또는 그 밖의 스트레스)에 아이들은 양육자에게 가까이 다가가는 것으로 편안함에 의지하려 하지만, 그 결과 탐색행동은 비활성화된다. 힘들 때 근접성을 추구하기 위한 생물학적 추동과 내면화된 안전이 확립될 때 세계를 탐색해 나가려는 추동에 대한 강조는 누군가 애착관계를 점검할 때 비언어적, 신체에 기초한 그리고 상호작용적 신호의 중요성을 더 부각시킨다.

애착 연구에서는 주 양육자와 영아가 상호 연계성, 친밀성, 온순함, 동기화 및 상호 즐거움을 달성할 상태가 있고, "그들이 그것들을 얻기 위해 공동으로 상호작용을 조절한다."라고 제안했다(Tronick, 2007, p. 178). 이는 연구에서 입증되었는데(Brazelton, 1982; Tronick, 1980, 2007; Tronick & Beeghly, 2011), 어떻게 영아가 상호작용적 파열에 직면하고, 예측 가능한 전략의 수를 활성화하며 불일치를 정정하는 것을 설계하고, 자기위안을 통해 실패에 대처하는지를 강조했다. 예를 들어, Tronick의 '무표정-얼굴(still-face)' 연구와 후속 연구(Tronick, 1980, 2003, 2007)는 양육자와 영아 간 대화형 순환에서 함께하지 못할 때 다양한 전략을 통해 어떻게 연결을 재설계하는지를 보여 준다. Tronick과 Beeghly(2011)는 주 양육자와의 상호작용을 통해 하는 의사소통과 움직임과 같은 비언어적인 단서를 통해 영아의 능력이 어떻게 작용하는지에 대해 논의한다. 이것은 강하게, 비언어적 소통의 결과로서 애착이 발달하게 됨을 강력히 시사한다. 그들은 또한 양자 애착관계는 상호작용의 상호조절체계라고 제안한다.

Tronick의 연구는 영아의 사회적 행동에 대한 영아의 반응성과 중요성을 강조하며, 상호작용 교환의 파열이 어떻게 애착행동체계를 활성화하는지를 보여 주는 것이므로 DMT에서 매우 중요하다. Schore와 Schore(2008)는 이러한 애착관계가 비언어적인 자세(즉, 눈 응시, 목소리 톤, 얼굴 표정)를 통해 형성되는 방법을 설명했다. 따라서 치료자들은 내담자와의 상호조절을 지원하기 위한 메커니즘으로서 의사소통이 작동하는 것을 알기 때문에 치료적 동맹 안에서 애착관계를 형성할 비언어적 의사소통에 의존할 수 있다. 이것이 DMT원칙의 핵심 원칙들 중 일부를 구성하고 있다.

## DMT의 가정과 원리

무용동작치료사들은 몸의 움직임을 표현적 · 의사소통적이라고 보며, 개인을 평가하고 임상개입을 위한 방법으로 이것을 이용한다. DMT는 마음과 몸 사이에 기본 상호연결이 있다는 믿음에 기초하여, 몸에 영향을 주는 것은 무엇이든 간에 마음에 상호 영향을 미칠 것이라고 생각했다. 따라서 DMT의 핵심 원칙은 전반적인 건강한 기능은 마음과 몸의 통합에 달려 있다는 것이다(Levy, 2005). 만약 마음과 몸의 통합 부족이 있다면, 개인은 다양한 심리적 장애로 고통받을 수 있다. 이와 마찬가지로, 한 사람의 움직임과 관련된 언어와 그 폭을 검토하는 일이 "그 사람의 초기 발달, 대처 전략, 성격 형성 등의 패턴을 연구하는 데 대단히 중요하다."라는 기본적인 믿음이 있다(Kestenberg Amighi, Loman, Lewis, & Sossin, 1999, p. 2). 사람의 신체 부위의 통합 증가 및 다른 사람들의 인식은 개인의 움직임과 관련된 어휘를 확장시키는데, 따라서 욕구와 소망을 전달할 수 있는 자신의 능력을 향상시킨다.

DMT는 발달된 치료관계에서 나타나는 움직임과 관련된 행동에 직접 집중했다. DMT 개척자 Marian Chace는 "치료적 관계는 무용치료사와 그와 함께 일하는 사람들 사이에서 진화하는 움직임의 의미에서 핵심이며 변화를 가능하게 하는 비활동적 과정이다."라고 강조했다(Fischer & Chaiklin, 1993, p. 138). 또한 '보편적 의사소통 수단' 때문에 감정에 직접적으로 연결되고 타인과의 관계 또는 관계를 형성할 수 있는 특히 유용한 치료방법이다. 마지막으로, 사람들의 조기 연결이 나중에 건강한 관계의 발달에 영향을 끼치기 때문에(Erfer, 1996, p. 196), 움직임은 의사소통을 형성하고 애착관계를 확립하기 위한 공통 언어로 작용할 수 있다. 마침내 사람들의 초기 애착은 나중에 건강한 관계의 발달에 영향을 끼치며(Ginot, 2012; Schore, 2003; Schore & Schore, 2008; Siegal, 2012; Stern, 1985; van der Kolk, 2006), 움직임은 안정 애착의 관계를 형성하고 의사소통을 구성할 언어로 작용할 수 있다.

## DMT 및 애착이론

Behrends, Muller와 Dziobek(2012)은 신경과학과 DMT와 같은 다양한 분야의 발전에 대해 논의했다. 그들은 "지각적이고 표현력 있는 환자들의 신체적인 차원과 치료계획의 사회적 상호작용의 일환"으로 "사회적 상호작용의 신체적인 차원을 통합하는 것"이라고 제안했다(p. 114). van der Kolk는 또한 발달 외상의 효과적인 치료법에 대해 "정신적 외상을 감수하는 것을…… 학습하는 것과 감정을 조절하는 것을 배워야 한다."(p. 277)라고 강조한다. Subramaniam(2010)의 질적 연구에서는 애착이론과 관계 내의 작업이 어떻게 무용동작치료사에게 전달되는지를 보여 주었다. 그녀의 매혹적인 무용동작치료사와의 인터뷰 결과는 "매혹적인 치료법과 비언어적 개입"의 통합을 요구하는 것이 "매혹적인 치료법"과 연관되어 있다는 것이다(p. ii). 그녀의 결과는 또한 "우리의 초기 애착관계에 영향을 미치는 것으로 밝혀진, 언어 이전의 경험에 영향을 미치는 것으로 인해 DMT에서의 접근을 통해 내담자들에게 상당한 혜택을 제공할 수 있다."라고 했다(p. ii).

다른 문헌들은 DMT의 사용(Betty, 2013; Hervey & Kornblum, 2006; Kornblum, 2002, 2008; Koshland & Wittaker, 2004), 사회정서적 발달(Thom, 2010), 신체 인식(Moore, 2006), 영유아 간 유대관계(Loman, 1998; Tortora, 2006), 영아와 양육자 사이의 유대관계(Devereaux, 2008) 등 애착관계에 중요한 영역을 지원하고 발전시키는 데 주안점을 두고 있다. 그러나 이 증거를 뒷받침하고 강화하기 위해서는 더 심층적인 과학적 근거와 연구가 필요하다.

DMT는 치료적인 움직임을 위한 돌발적인 경험을 촉진하기 위한 독특한 일련의 절차를 가지고 있다. 감각적으로 적응하는 상호작용의 발달은 정서적 조절과 건전한 애착관계를 확립하는 내담자를 지원할 것이다.

다음에서는 거울 반영, 직관, 상호조절, 공간 탐색 및 연결도구 사용과 같은, 이러한 초점을 지원하기 위해 임상개입에서 사용되는 몇 가지 개념을 다룬다. 이 논의 다음에는 사례가 이어진다.

## 거울 반영, 직관 그리고 공감

DMT 관계는 내담자의 의사소통을 다시 반영, 내담자의 의사소통적 제스처 이해의 전달을 통해 내담자 움직임의 질적 측면을 경험하는 '매칭'(Tortora, 2006, p. 259)으로 조율의 과정을 시작한다. DMT는 다양한 신체 형태의 움직임과 다양한 운동역학을 시도하고, 다양한 운동역학을 과장하거나 리듬을 일치시키는 것과 같은 관계를 통해 이루어진다. 실제로, 상호작용적 움직임은 무용동작치료 과정에서 필수적이다(Berrol, 2006).

거울 반영 혹은 공감적 반영(Chaiklin & Schmais, 1993)이라는 전통적인 DMT 기법을 사용함으로써, 치료자는 개인의 신체 리듬, 동작 패턴 및/또는 발성을 반영하여 관계 형성의 과정을 시작한다. 목표는 신체적으로나 감정적으로 자신이 있는 사람에게 감정을 발산하는 것이며 자신과 다른 사람들에 대한 자각을 형성하는 신뢰할 수 있는 치료법을 확립하는 것이다. 비언어적 차원에서 이러한 조율된 상호작용이 일어나기 때문에 DMT는 일관성, 신뢰, 공감을 강조하는 안전한 치료적 관계를 발달시키도록 지지하는 이상적인 치료기법이 될 수 있는데, 이러한 것은 심각한 애착 욕구를 보이는 내담자가 한 번도 가져보지 못한 경험이 될 수 있다(Bowlby, 1988, Devereaux, 2008; Schore, 2003; Siegel, 2012). 내담자의 도전 때문에 치료적 관계의 형성은 매우 어려울 수도 있다. Chaiklin과 Schmais(1993)은 다음과 같이 말한다.

> 움직임의 수준과 모방에 대한 공감 간에 좋은 선이 있다. 모방은 움직임의 미세한 조직과 역동에 나타나는 감정적 내용 없이 움직임의 외적 형태를 복사하는 것을 말한다. …… 공감은 직접적 의사소통에서…… 비언어적 표현 결과의 본질을 나누는 것을 의미한다(p. 86).

내담자의 움직임이나 활동을 반영하거나 모방, 개입의 감정적 상태에 조율하는 치료적 상호작용은 "나는 너의 말을 듣고 있어, 나는 너를 이해해, 괜찮아."라는 비언어적 메시지를 보낸다. 신뢰는 내담자의 반응과 비언어적 재인지를 통해 형성될 수 있다. 따라서 DMT는 치료자와 내담자의 공유된 관심에 참여하고 공유된 움직임을 경험하도록 참여하게 하여 더 건강한 애착관계를 만들도록 지지할 수 있다. 이러한 공유된 경험은 내담자가 나타낸 느낌과 공유된, 비언어적 상호작용의 조율을 재경험하게 하여(안정 애착을 형성하는 데 피할 수 없는 경험인 모든 것) 내담자를 도울 수 있다.

예술적 춤을 통하여 누군가와 함께 움직이는 과정은 개인적으로 애착에 어려움을 갖는 사람과 치료자를 연결해서 애착경험이 시작될 수 있게 한다(Berrol, 2006; Fischman, 2009; Devereaux, 2012). "피부에의 은유적 존재를 통해 (아이의) 리듬을 아는 것, 정서, 경험을 아는 것은…… 상호적 정서와 공명적 반응을 제공함으로써 두 사람이 연결되는 경험을 만드는 것으로 공감 이상이다."(Erskine, 1998, p. 236) DMT에서 조율은 말로 하는 것은 물론 얼굴이나 몸의 움직임으로도 의사소통된다. 정서와 욕구에 대한 아이의 이러한 신호는 인식되고 중요하며 다른 사람에게 영향을 줄 수 있다(Devereaux, 2008, 2012). Schore(2003)는 이러한 의사소통으로의 진입이 아이의 내면 상태의 리듬 반영이라는 명백한 행동에 너무 많이 정신생물학적으로 맞추어져야만 하는 것은 아니라고 단언한다. 이러한 정서적 조율, 즉 자발적이고 비언어적인 것은 "인식 아래 수준에서 일어나고 있는 누군가의 조절기능을 순간순간 표현하는 것"이다(Schore, 2001, p. 14).

DMT에서 일단 조율된 관계가 성립되면, 치료자는 그때서야 "완전한 표현에 도달할 때까지 환자의 움직임을 정교화하고 확장하는 것을 점차적으로 도와주는(그러나 그들의 공감적 움직임에 따라 조절하고 변화하는 환자의 운동감각적 반응과 감정적 반응은 항상 살펴야 한다) 촉매"로서의 역할을 하게 된다(Merna, 2010, p. 111).

## 애착관계에 미치는 상호 영향력

애착의 또 다른 목적은 어렵고 위협적인 감정들의 심리적 공동체의 경험에 있다. 그러한 구성은 응집적인 자기발달을 위해 필요하다(Siegel, 2012). Fuertes, Lopes-dos-Santos, Beeghly와 Tronick(2009)은 강한 정서(정서조절) 대처와 양육자의 행동은 둘 다 애착관계 형성에 강한 영향을 미치는 것으로 보이며, 애착 상호작용이 상호작용을 조절하는 능력을 갖게 한다고 제안한다. 상호작용적/상호조절이라 불리는 이 상호작용들은 공유된 감정적인 순간에 발생하며, 아이가 동시적인 비언어적 교환에 조율된다(Stern, 1985). Beebe와 Lachmann(1998)에 따르면, 이러한 공유경험 동안에 "흐름은 파트너 간에 양방향으로 진행된다. 즉, 각 파트너의 행동은 상대방의 행동에 따라 좌우된다"(p. 485). 영아 정신건강의 연구는 환자가 애착장애를 가진 개인과 무용동작치료사 간의 상호성과 상호작용적 움직임 관계의 중요성을 명확히 한다. Fischer와 Chaiklin(1993)은 다음과 같이 말한다.

참여관찰자의 역할에 있는 무용치료사는 다른 개인과 관련된 자신의 춤에 대한 명확한 깨달음과 책임을 가져야 한다. 엄마에게 존재하는 불안감을 나타내는 긴장감이 영아에게 불안감을 유발하듯이, 치료자의 그러한 긴장감은 상호작용에 영향을 미친다. 치료자와 내담자 간 움직임으로의 만남은 둘 다 도움을 주는 자와 도움을 받는 자로서의 자신의 정체성을 확인한다고 할지라도 대화의 일부라는 것을 추정하게 된다 (p. 139).

앞서 언급한 바와 같이, 특히 중요한 것은 DMT에 대한 내담자의 안전한 치료관계를 확립하는 것이다. DMT에서 특별히 심각한 애착적 욕구를 보이는 내담자는 과거의 관계에서 안전의 느낌을 가져 본 적이 없다(Baudino, 2010; Betty, 2013; Devereaux, 2008; Tortora, 2006). 치료자는 또한 자신의 구체적 반응(즉, 역전이)에 참여해야 하는데, 그 반응은 공감의 발달에서 안내도표로 작용한다.

## 은유로서의 공간 탐색

Kossak(2009, p. 14)은 조율이 "내담자가 관계적 공간과 안전에 대해 배우기 시작하는 지점"에서 역동적 관계가 있다고 강조한다. 관계 공간의 이러한 안전에 대한 비유로서 공간 탐색은 치료자들의 DMT 중재를 위한 필수도구로 작용하는 관계임을 강조한다. 무용동작치료사들은 다른 수준으로 이동하는 것(바닥에서 다른 위치로 움직이는 것)과 치료자가 내담자와 같이 움직일 때 일어나는 자기와 타자 간 신체적 거리를 유지하는 것과 같은 공간의 전체적인 범위에 집중한다. 이와 같은 신체적으로 안아 주는 환경에 대한 활발한 탐구는 내담자가 이동 공간으로 이동하거나(내담자와 치료자 간의 거리를 넓힌다) 타자를 향해서 움직이게 하면서(치료자와 내담자 사이의 거리를 좁힌다) 내담자가 신체적으로 경험할 수 있도록 허락한다. 자기와 타자 간 신체적 거리는 실제로 탐험체계의 건강한 발달과 평행을 이룬다(Bowlby, 1988). 다른 신체 수준 개입은 또한 내담자가 움직임을 발달시키는 데 건강한 연속 상황(Kastenber Amigi, Roman, Lewis, & Sossin, 1999)을 다시 체험할 수 있는 기회를 제공한다. 예를 들면, 한 사람의 몸 주변에 수평적으로 움직이는 것은 신체를 열어 밝혀서, 운동감각적으로 한 개인의 가장 깊은 곳에 도달하거나 개인적 공간의 가장 깊은 곳에 도달하도록 확산된다. 이러한 이동 방법은 개방 동작을 확장하게 할 수 있고, 수평면에서 반대 방향으로 움직이는 것은 바깥세상에서 닫히는 것처럼 서로 감싸거나 모으는 것이다. 수직면에 접속하는 것은 내담자에게 상승 및 하강 가능성을 제공한다. 이 수직면을 따라 이동하는 움직임은 '나 여기 있어요.'를 보여 준다. 공간을 따라 뒤쪽, 앞쪽으로 움직이는 것을 탐색하는 동작은 시상면이라 불리는, 즉 Bowlby(1988)가 말한 탐험체계를 즉각적으로 강조하는 것이다. 따라서 치료자가 내담자의 신체적 인식을 지원하는 탐구를 도와주거나, 내담자 자체 공간의 다차원적 용도를 인식하는 데 도움이 될 때, "복잡한 관계 형성"을 촉진할 수 있다(Kestenberg Amangi et al., 1999, p. 17).

내담자가 치료동맹 내에서 안전기지를 내면화하기 시작할 때 내담자는 애착 대상으로부터 공간으로 옮겨 갈 수 있는 안전한 공간을 확보하고 새로운 공간 구성에 근접하게 접근할 수 있는 안전한 기회를 다시 경험하게 된다. 치료자는 자연스럽게 일어나는 움직임의 패턴을 이야기하면서 관계적 역동에 조율하기 시작한다. 예를 들어, "내가 좀 더 가까이 다가가면, 당신이 몸을 바깥으로 움직이시는 것을 알게 되었어요. 나는 내가 어떻게 하면 당신이 편안하게 느낄 수 있을지 궁금해요. 나는 항상 구석에 있고 여전히 너무 가까이 있어요." 혹은 반대로 "당신은 항상 나의 위쪽에 있으시네요. 여전히 당신에게는 너무 가까운 느낌은 아닌가 봐요."라고 말할 수 있다. 치료자가 내담자에게 활발하게 애착관계 내에서 일어나는 현재 순간의 과정을 다시 반영해 줄 때, 내담자와 치료자는 모두 (동작 은유를 통해) 애착 역동을 알아차리고 다시 애착 역동의 안무를 만들 수 있다.

## 연결도구를 사용하여 공간 잇기

무용동작치료사들은 또한 회기 중에 소품(예: 스트레치 패브릭, 스카프, 구슬, 음악)을 사용하여 신체적 공간 탐험을 강조한다. 이러한 소도구는 결합 및 조립 공구로서 사용된다. 그들은 한 내담자에서 다른 집단으로, 한 내담자에서 다른 내담자로, 치료자에서 다른 내담자로, 내담자에서 치료자로 또는 내담자의 상상력과 탐험에 이르기까지 다양한 연결 방법을 덜 위협적인 방법으로 제공할 수 있다. 특히 이러한 연결도구는 치료자와 내담자 간 접촉 가교를 제공하는 데 도움이 될 수 있고 "느낌과 생각을 표현할 수 있도록, 또 그것이 상상과 탐험을 위한 출구를 만들 수 있도록" 하는 수단으로 작용할 수도 있다(Baudino, 2010, p. 126). 예를 들어, 만약 치료자가 연결을 시도하거나 신축성 있는 천을 사용하여 내담자에게 연결하는 경우, 소품은 애착관계를 나타내는 데 가시적인 재현을 나타낼 뿐만 아니라 연결을 만들 수 있다. 내담자는 치료자와 당기기를 경험할 수도 있고 스스로를 덜 위협하는 치료법, 개인적 공간의 거품이나 자신의 거리를 만듦으로써 분리로서 자기를 느끼는 것을 경험할 수도 있다. 연결도구의 사용은 거리의 융통성으로 놀이할 기회를 제공하고, 가까움에 대한 저항이나 희망을 경험하게 하며 활동적이고 은유적인 과정을 통해 애착관계를 움직이고 춤을 추게 할 기회를 제공한다(Devereaux, 2012).

음악을 청각적인 외부 환경으로서 사용하는 것은 리듬을 통해 사람들에게 영향을 미치는 동시에 개인에게 활력을 불어넣어 주는 역동적인 느낌을 줄 수 있다. 치료자와 내담자가 음악과 같은 리듬에 맞춰 춤을 추는 것처럼 연결의 구체적 감각이 있다. 게다가 Erfer(1995, p. 201)는 "리듬은 의미 있는 충동의 집합체"라고 지적한다.

요약하자면, 주변의 공간에서 불안정을 경험한 내담자는 신체적인 치료적 담아 줌을 형성함으로써, 개인적 운동감각적 거리(kinesphere) 만듦으로써, 치료자와 내담자 간의 관계를 잇고 중재적 공간을 만듦으로써 실제적인 움직임 탐험을 통해 도움을 받을 수도 있다. 이러한 개입은 촉각을 사용하는 것보다는 덜 친밀하기 때문에 이것을 이용해 관계를 형성하도록 지지할 수 있고 직접적인 이동 매칭 또는 심지어는 음성으로 이야기하는 것보다 덜 친밀한 관계에서 관계를 확립할 수 있다.

다음 절에서는 앞서 말한 개념이 임상사례와 어떻게 통합되는지를 보여 줄 것이다. 구체적으로 어떻게 DMT 과정이 애착 불안정성을 갖는 개별 아동 내담자에게 강한 정서를 조절하는 능력을 내면화하고 건강한 대처 전략을 만들어 낼 수 있게 하는지, 치료적 동맹을 통해 어떻게 조율된 안전기지를 경험할 수 있게 하는지를 보여 줄 것이다.

## 사례: Joey

8세 Joey는 매주 1번, 50분씩 나와 함께 외래환자 상담소에서 DMT 회기를 진행했다. 아이의 엄마는 학교에서의 아이 행동(숙제, 화난 감정, 다른 친구들과의 싸움 그리고 새로운 것을 시도하는 것에 대한 두려움)과 집에서의 악화된 행동(그의 형과 엄마에 대한 언어적이고 신체적인 공격)이 심하게 걱정되어 Joey를 상담소로 보냈다.

Joey는 엄마에 대한 아빠의 지속적 언쟁과 신체적 학대를 목격했다. 아빠는 아이의 삶에 일관성이 없는 존재가 되었고, 아이를 귀찮은 존재로까지 여기게 되었다. Joey는 이제 DMT 치료를 받으면서 잠재해 있는 자존감을 언어적으로나 비언어적으로 한껏 표현하게 될 것이다. 아이는 아빠와의 관계에서 양면성을 지녀 왔고, 이 양면성은 엄마, 형제, 친구와의 상호작용 패턴에 적용될 것으로 보인다. 엄마는 Joey가 때로는 엄마 몸에 착 감겨 침대에서 같이 잠이 들고, 집 떠나는 것을 거부한다고 말했다. 하지만 Joey가 화가 나면 그 어떤 것도 Joey를 진정시킬 수 없다고 했다. 또 Joey는 위험을 감수하고 학교에서 새로운 것을 탐구하는 데 전보다 불편함을 느끼기 시작했다. 아이의 탐색 체계는 자주 비활성화되었는데, 스트레스를 자주 받으면서 아이의 자기조절 능력에 어려움을 느꼈다. DMT 회기에서 내가 그에게 한 접근은 우선 조율된 반영적 관계경험을 통해 치료적 동맹을 맺고 아이의 신경체계가 조절될 수 있도록 하여 자신의 내면적 감정, 특히 극대화된 정서가 생길 경우 내적 감정을 표현하는 더 건강한 대처 전략을 내면화하도록 하는 것이었다. 이 접근을 통해 Joey는 구체적인 안전 감각을 내면화하면서 대처 전략을 재구성하기 시작했다.

우리가 치료를 시작한 초반에 Joey는 나에게 자신의 불안을 언어적(예: "당신은 아무것도 제대로 하지 못해요.") 그리고 비언어적(예: 내가 아이의 모습을 비추려 하자 Joey는 도망가거나 사이에 물건을 놓아 공간 거리를 확보하여 거절한다)으로 투사했다. 동시에 Joey는 자신의 치료자로서 나를 연결시키려는 듯 보였다. Joey의 엄마는 그들이 회기에 늦을지도 모른다며 불안했다고 말했고 엄마가 아이를 치료에 데려오지 못한다면 전화 회기를 해 달라고 말했다. 연결도구가 활용되어 아이의 양가적 감정이 더욱 깊이 탐구되기 시작했다. DMT의 적극적이고 은유적인 절차는 안정 애착관계를 형성하고, 개발하고, 회복할 수 있게 해 주었다.

치료과정의 꽤 초기에 Joey는 부드러운 폼 공을 사용하여 나와 의례적인 게임에 참여하게 되었다. 직접 연결하기 위해 공을 사용하는 것이지만 그는 공을 벽에 던지고 그것을 잡기 어렵게 하기 위한 다양한 방법을 탐색하였다. 이 초기 단계의 관계는 그의 방어가 직접적인 태도로 얼마나 강력한지를 은유적으로 보여 주었다. 이 공간의 위치를 바꾸려고 시도하는 대신, 나는 그와 합세하여 그와 함께 움직이고 그가 나를 위해 내놓은 도전을 큰 소리로 말했다. 그는 나의 직접적인 움직임인 거울 반영(모방)과 매칭을 견뎌 내지 못했지만 내 목소리를 통해 움직임을 반영하도록 해 주었다. 그는 다양한 강도 수준으로 움직이는 실험을 천천히 시작했다. 그리고 소리에 조절할 수 있는지 신중하게 반응하면서 변화에 적응할 수 있었다. 만약 '내가 제대로 하지 않았다면' 그는 나에게 말했을 것이다. 그는 나에게 나와 함께하고 싶어 한다는 것을 보여 주는 것이 분명해 보였지만, 그는 자신만의 페이스와 자신만의 방식을 발달시켜야 했다. 게다가 상호작용을 통해 언어적·비언어적으로 모두 그에게 말해야 하는 것이 중요했기에, 그의 양가성에도 불구하고 모든 강도를 받아들일 수 있다는 것이 중요했다. 이것은 우리의 관계적인 춤의 시작이었다.

회기가 계속됨에 따라 나는 Joey가 나와 함께 다른 공간적 관계(즉, 나란히, 등과 등을 대고, 다른 방향을 보고)를 맺도록 도왔다. 우리는 또한 다양한 강도 수준(즉, '느린 행동'으로 움직이고, 시작점에서 '즉각적인 대답'을 하고, '더 빠른' 속도로 움직이고, '사막이나 추운 데에서 있는 것처럼 이완된 장소'를 찾고)에서 춤을 추면서 그 탐색에 함께했다. 때때로 Joey는 우리가 움직일 수 있는 속도와 강도에 책임을 지면서 천천히 생각해 보게 하였고, 그의 몸이 다른 강도에 적응하도록 도와주도록 신호를 주었다. 다른 한편으로는 우리는 일종의 '얼음 춤'에 참여했는데, 거기서 우리는 번갈아 가면서 한 사람을 얼어 있는 것처럼 움직임을 만들어 내는 창조적인 형태를 구성해 냈다. Joey는 침착한 자세로 자신의 몸을 조절할 수 있는 다양한 방법을 실험해 보았다. 나와 리더십을 공유할 수 있는 능력의 향상은 그가 속도를 따라갈 수 있다는 것을 보여 주면서 모든 감정적인 상태에서 함께 있을 수 있다는 것도 보여 주었다. 게다가 그의 강도에 상관없이 그의 움직임은 받아들여지고 적응되었다. 그는 자신의 몸에 더 많은 위험을 감수하기 시작했고, 주어진 단서에 필요한 시기에 자제력을 발휘할 수 있다는 자부심을 가지고 있었다. 그는 치료적인 관계에서 양가감정을 덜 느끼기 시작했다.

어느 날 Joey는 치료를 받는 동안 매우 화가 났지만 어떠한 감정도 말로 표현하지 않았다. 몸은 긴장되어 있었고 자세는 흐트러진 상태였다. 그는 감정적으로 닫혀 있고, 언어적 대화로 끌어들이려는 내 시도에 반응이 없었지만, 나는 그가 어떠한 관계를 갈구하고 있다는 강한 감각을 느낄 수는 있었다. 그가 감정을 방출하고 풀어 줘야 하는 것이 분명했다. 따라서 나는 몸으로 그를 끌어들였다. 나는 그가 춤을 주도해 추고, 필요한 만큼 자신의 몸을 움직일 수 있도록 유도했다. 나의 의도는 그가 나와 함께 움직이기를 원하는지 지켜보기 위해서였다. 놀랍게도 그는 빠르게 춤을 추기 시작했다. 그의 움직임은 강하고 직접적이었으며, 강도는 높았다. 그의 몸은 자신의 감정 상태를 보여 주었지만, 내가 함께하는 것은 그가 거절하였다. 나는 그에게 맞는 방법을 찾으려 몇 가지 방법(언어적 · 비언어적 그리고 소리를 통해)을 시도했지만, 이러한 시도들은 대부분 거부되었다. 그는 계속 춤을 강하게 이어 나갔지만, 점점 감정적으로 조절하지 못하고 치료실에서 파괴적으로 변하기 시작했다(물건들을 집어 던지거나 벽에 있는 것들을 찢었다). 애착관계에 있어서 그때 그에게 필요한 것이 바로 우리 사이의 안전한 관계에 대한 경계를 테스트하는 것 같아 보였다. 나는 치료실에서의 안전 지침을 다시 말했지만, 그는 '어지럽힐 필요가 있는' 것으로 보였다. 그는 내가 그를 받아들일 수 있는지, 강한 감정적 경험을 수용할 수 있는지를 보는 것처럼 나를 강렬하게 쳐다보았다. 그 순간 나는 그가 얼마나 '어지럽혀졌다'고 느꼈는지를 내가 볼 수 있는지를 필요로 한다는 것을 느꼈다. 그의 감정적인 경험의 신체적 표현에 대해 물어보았을 때, 마치 새로운 방식으로 그를 이해하고 있다고 느끼는 것처럼 몸이 완화되는 것이 보였다. 그는 내가 '안아 주는' 치료실에서 '어지름'을 떠날 수 있었다. 다음 몇 주 동안, 어떻게 '어지름을 떠날지'를 결정하는 각 회기의 마무리에 무언가가 있었지만 천천히 우리는 공동 작업을 하기 시작했다. 그는 내가 '어지름'의 여러 부분을 그가 정리할 때 돕는 것을 지켜보았고, 그는 또한 다른 부분들을 돌봐 주곤 했다. 일주일 후, 그는 치료실을 덜 '어지럽힌' 상태로 떠났다. 이는 마치 그의 느낌의 모든 강렬함(그의 모든 '어지럽혀짐')이 수용되고 이것을 표현할 때 안아 줌이 가능하다는 것을 내면화하기 시작한 것처럼 보였다. 가장 중요한 것은 그의 표현방식(공격적이고 감정적인)의 재편성이 구체화되기 시작했고 그는 감정적인 조절을 발달시키기 시작했다는 점이었다. 몇 달 후에 Joey는 감정적인 춤에 느낌을 나타내는 단어를 부여할 수 있게 되었고 가족의 상황과 그에 대한 감정에 대한 통찰력을 갖게 되었다. 그는 자신의 모든 부분을 지탱할 수 있는 안전한 관계로서 치료동맹을 강화한 것처럼 보였다. 마지막 회기에 Joey는 무용동작치료실에 있는 용기에 담긴, 작고 부드러우며 회색빛이 도는 작은 돌에 이끌렸다. 그는 돌을 집어 들고, 깨끗한 리듬으로 탁자 위를 똑똑 두드리기 시작했다. 그와 조율하기 위해 그의 리듬에 맞춰 나는 다른 돌을 집어 들고 '돌 춤'으로 리듬에 맞춰 화음을 넣었다. 동시적인 비언어적 교환이 일어나면서 Joey의 돌은 깨져서 돌 '내부'가 드러났다. 모순되게도 이 돌의 내부는 크리스탈 같았다. 경외심과 놀라움으로 Joey는 내부를 호기심에 가득 차서 살펴봤다. 마치 그의 치료과정을 직접 반영해 준 것 같은 완벽한 상징적 반영이었다. '겉은 회색빛, 따분하고 추한 모습이지만 우리가 볼 수 있는 안은 정말 모든 아름다움을 다 갖고 있다는 것이 놀랍지 않은가?'

## 논의

치료과정 전반을 통해 나는 Joey의 몸 상태에 조율하기 위해 움직이면서 비언어적 교환을 통해 나타나는 즉흥적인 관계의 춤을 같이 만들어 나갔는데 Joey의 움직임을 활용했다. 이 무용은 Joey가 자신의 충동을 조절하고 조절능력을 발휘할 수 있도록 도와주었다. 나는 조율된 움직임의 소통적 대화로 Joey와 함께했고, 전에 형성했던 비안정적 관계를 경청하면서 다시 반영하는 춤으로 발전시켜 Joey로 하여금 자신의 움직임 충동을 완전히 숙달할 수 있도록 도왔다. 나는 끊임없이 나의 역전이를 보고 그에게 조율하려는 동시에 나 자신과도 조율하려고 했다. 나는 Joey의 페이스의 중심에 초점을 두었고 그의 내면적 투쟁과 우리 관계를 통해 일어나고 있는 움직임의 현전을 연결하려는 Joey의 준비에 초점을 맞추었다. 나는 "네가 아빠가 네 삶에 비일관적이었기 때문에 너무 화가 나서 어지럽힘을 만들었네."라고 말할 수는 없었다. 그는—말하자면, 내적 작동 모델을 가지지 않았기에—이것을 내면화할 준비가 되지는 않았다. 하지만 시간이 흐르면서 우리가 발달시킨 일관성 있고, 신뢰할 수 있으며, 비언어적인 조율을 통해 점점 더 풍부한 애착관계를 받아들일 수 있게 되었다. 움직임의 조율을 통한 동작 언어의 확장은 Joey가 움직임을 어휘로 바꿀 수 있게, 정서조절이 가능할 수 있게 도왔다. 버럭 내는 화도 감소되었다. 그는 폭발할 때까지 화를 품지 않고 느낌을 비로소 말로 할 수 있게 되었다. 그는 자신 몸의 기본적인 감정을 이용하여 몸의 긴장을 해소하고 몸을 해방시키기 위한 자원으로서 자기 몸을 사용했다.

Joey와의 치료적 관계의 질은 내가 치료자로서 Joey가 표현할 수 없는 감정적 경험을 담아 주는 심리적 용기를 제공하기 위한, 지속적이고 방해하지 않는 용기 제공에 우선적인 역점을 두는 데 있었다. 안전기지가 내면화되고 확립되자, 그는 내면에 있는 감정적 경험의 강도를 표현할 수 있게 되었다. 움직임 표현으로 그의 이러한 모습이 반영되었다. 나를 안전기지로 연결하고 조절하도록 하는 Joey의 준비는 명확해져서, 이제 Joey가 나와 함께 다른 공간적 관계를 탐험할 수 있게 되었다. 그는 나와 함께하고 마주하며 나와 협조하기 시작했다. 이는 그가 자신의 가족 상황에 의해 자극받은 강한 감정을 더 잘 견디게 되었다는 것을 내게 알려 주는 것이었다.

## 결론

이상에서 논의된 바와 같이, 개인의 구체적 경험은 애착행동을 살펴보는 데 필수적이다. 특히 움직임이 의사소통이기 때문에 그것은 내담자의 감정적 상태에 대한 정보를 제공할 수 있다. 내담자와 치료자 간 DMT 관계의 맥락에서 조율적이고 회복적인 애착관계의 기회를 여는 관계적이고 움직임이 있는 맥락은 개입을 발생시킨다.

치료과정에서는 파열된 애착관계를 회복하기 위한 신뢰 가능한 치료적 관계 안에서 정확히 비춰 주는 반영과 적절한 안아 주기, 주의 깊은 속도감이 필요하다. 일단 치료적 동맹관계 내에서 일관성 있는 안정 애착이 재경험되면, 그것은 새로운 행동을 위한 청사진이 될 수 있다. 따라서 새롭게 내면화된 관계적 춤은 과거 애착관계의 재안무로서의 역할을 할 수 있으며, 내담자는 새로 발달된 치료자와의 관계에 영향을 받을 수 있다.

DMT 회기 동안, 치료적인 움직임 관계를 통해 공감적이고 조율적으로 반영된 움직임의 경험은 내담자가 다른 사람들과 더 건강한 애착관계를 형성할 수 있도록 돕는 회복적인 안전기지를 제공할 수 있다. Siegel(2012)은 다음과 같이 말한다.

> 적절한 의사소통이 방해될 때, 필연적으로 균열에 대한 회복이 연결을 다시 확립하는 중요한 부분이 될 수 있다. 회복은 인생이 오해라는, 피할 수 없는 순간들과 연결되어 있고 확인할 수 있는 연결들을 찾아서 다시 연결할 수 있다는 것을 아이들에게 알려주도록 돕는 데 있어서 중요할 뿐만 아니라 치료가 되기도 한다(p. 51).

몸과 함께 직접 작용하는 DMT와 같은 치료법은 동시에 물리적·은유적 과정을 통해 내담자의 애착을 지원하는 새로운 방법을 제공한다. 무용동작치료사들은 내담자들의 상호작용적 투쟁들을 더 건강한 애착관계로 재편할 수 있게 하는 독특한 능력을 가지고 있다.

# 참고문헌

Ainsworth, M. D. S., & Bell, S. M. (1970). Attachment, exploration, and separation: Individual differences in strange-situation behavior of one-year-olds. *Child Development*, *41*, 49-67.

Ainsworth, M. D. S., Blehar, M. C., Waters, E., & Wall, S. (1978). *Patterns of attachment*. Hillsdale, NJ: Erlbaum.

Baudino, L. (2010). Autism spectrum disorder: A case of misdiagnosis. *American Journal of Dance Therapy*, *32*, 113-129.

Beebe, B., & Lachmann, F. M. (1998). Co-constructing inner and relational processes. Self and mutual regulation in infant research and adult treatment. *Psychoanalytic Psychology*, *15*(4), 480-516.

Behrends, A., Müller, S., & Dziobek, I. (2012). Moving in and out of synchrony: A concept for a new intervention fostering empathy through interactional movement and dance. *The Arts in Psychotherapy*, *39*(2), 107-116.

Berrol, C. F. (2006). Neuroscience meets dance/movement therapy: Mirror neurons, the therapeutic process and empathy. *The Arts in Psychotherapy*, *33*(4), 302-315.

Betty, A. (2013). Taming tidal waves: A dance/movement therapy approach to supporting emotion regulation in maltreated children. *American Journal of Dance Therapy*, *35*(1), 39-59.

Bowlby, J. (1969). *Attachment and loss: Vol. 1. Attachment*. New York: Basic Books.

Bowlby, J. (1988). *A secure base: Parent-child attachment and healthy human development*. New York: Basic Books.

Brazelton, T. B. (1982). Joint regulation of neonate-parent behavior. In E. Tronick (Ed.), *Social interchanges in infancy: Effect, cognition, and communication* (pp. 7-22). Baltimore, MD: University Park Press.

Chaiklin, S., & Schmais, C. (1993). The Chace approach to dance therapy. In S. Sandel, S. Chaiklin, & A. Lohn (Eds.), *Foundations of dance/movement therapy: The life and work of Marian Chace* (pp. 75-97). Columbia, MD: Marian Chace Memorial Fund of the American Dance Therapy Association.

Devereaux, C. (2008). Untying the knots: Dance/movement therapy with a family exposed to domestic violence. *American Journal of Dance Therapy, 30*(2), 58-70.

Devereaux, C. (2012). Moving into relationship: Dance/movement therapy with children with autism. In L. Gallo-Lopez & L. Rubin (Eds.), *Play-based interventions for children and adolescents with autism spectrum disorders* (pp. 333-351). New York: Routledge.

Erfer, T. (1995). Treating children with autism in a public school system. In F. Levy (Ed.), *Dance and other expressive arts therapies* (pp. 191-211). New York: Routledge.

Erskine, R. (1998). Attunement and involvement: Therapeutic responses to relational needs. *International Journal of Psychotherapy, 3*(3), 235-244.

Fischer, J., & Chaiklin, S. (1993). Meeting in movement: The work of therapist and client. In S. Sandel, S. Chaiklin, & A. Lohn (Eds.), *Foundations of dance/movement therapy: The life and work of Marian Chace* (pp. 136-153). Columbia, MD: Marian Chace Memorial Fund of the American Dance Therapy Association.

Fischman, D. (2009). Therapeutic relationships and kinesthetic empathy. In S. Chaiklin & H. Wengrower (Eds.), *The art and science of dance/movement therapy* (pp. 33-53). New York: Routledge.

Fuertes, M., Lopes-dos-Santos, P., Beeghly, M., & Tronick, E. (2009). Infant coping and maternal interactive behavior predict attachment in a Portuguese sample of healthy preterm infants. *European Psychologist, 14*(4), 320-331.

Ginot, E. (2012). Self-narratives and dysregulated affective states: The neuropsychological links between self-narratives, attachment, affect, and cognition. *Psychoanalytic Psychology, 29*(1), 59-80.

Hervey, L., & Kornblum, R. (2006). An evaluation of Kornblum's body-based violence prevention curriculum for children. *The Arts in Psychotherapy, 33*, 113-129.

Kestenberg Amighi, J., Loman, S., Lewis, P., & Sossin, K. (1999). *The meaning of movement*. New York: Brunner-Routledge.

Kornblum, R. (2002). *Disarming the playground: Violence prevention through movement and pro-social skills training manual and activity book*. Oklahoma City, OK: Wood'N'Barnes.

Kornblum, R. (2008). Dance/movement therapy with children. In D. McCarthy (Ed.), *Speaking about the unspeakable: Non-verbal methods and experiences in therapy with children* (pp. 100-114). Philadelphia: Kingsley.

Koshland, L., & Wittaker, J. W. B. (2004). PEACE through dance/movement: Evaluating a violence prevention program. *American Journal of Dance Therapy, 26*(2), 69-90.

Kossak, M. S. (2009). Therapeutic attunement: A transpersonal view of expressive arts therapy. *The Arts in Psychotherapy, 36*, 13-18.

Levy, F. (2005). *Dance movement therapy: A healing art*. Reston, VA: American Alliance for Health, Physical Education, Recreation, and Dance.

Loman, S. (1998). Employing a developmental model of movement patterns in dance/movement therapy with young children and their families. *American Journal of Dance Therapy, 20*(2), 101-115.

Merna, M. (2010). *Compiling the evidence for dance/movement therapy with children with autism spectrum disorders: A systematic literature review*. Unpublished master's thesis, Drexel University.

Moore, C. (2006). Dance/movement therapy in the light of trauma: Research findings of a multidisciplinary project. In S. C. Koch & I. Bräuninger (Eds.), *Advances in dance/movement therapy: Theoretical perspectives and empirical findings* (pp. 104-115). Berlin: Logos Verlag.

Schore, A. N. (2001). Effects of a secure attachment relationship on right brain development, affect regulation, and infant mental health. *Infant Mental Health Journal, 22*, 7-66.

Schore, A. N. (2003). *Affect regulation and the repair of the self*. New York: Norton.

Schore, J. R., & Schore, A. N. (2008). Modern attachment theory: The central role of affect regulation in development and treatment. *Clinical Social Work Journal, 36*, 9-20.

Siegel, D. (2012). *The developing mind: How relationships and the brain interact to shape who we are* (2nd ed.). New York: Guilford Press.

Stern, D. (1985). *The interpersonal world of the infant*. New York: Basic Books.

Subramaniam, A. (2010). *Moving towards a secure base: The role of attachment theory in clinical dance movement therapy*. Unpublished master's thesis, Lesley University.

Thom, L. (2010). From a simple line to expressive movement: The use of creative movement to enhance social emotional development in preschool curriculum. *American Journal of Dance Therapy, 32*(2), 100-112.

Tortora, S. (2006). *The dancing dialogue*. Baltimore, MD: Brookes.

Tronick, E. (1980). On the primacy of social skills. In D. B. Sawin, L. O. Walker, & J. H. Penticuff (Eds.), *The exceptional infant: Psychosocial risks in infant environmental transactions* (pp. 144-158). New York: Brunner/Mazel.

Tronick, E. (2003). Things still to be done on the still-face effect. *Infancy, 4*(4), 475-482.

Tronick, E. (2007). *The neurobehavioral and social-emotional development of infants and children*. New York: Norton.

Tronick, E., & Beeghly, M. (2011). Infants' meaning-making and the development of mental health problems. *American Psychologist*, *66*(2), 107-119.

van der Kolk, B. (2006). Clinical implications of neuroscience and PTSD. *Annals of the New York Academy of Sciences*, *1071*(1), 277-293.

# 외상 입은 아동과 함께 하는 애착 작업에서 드라마치료와 놀이치료의 통합

Eliana Gil
Teresa Dias

이 장은 외상을 입은 아이들에게서 나타나는 애착이슈 포함의 치료적 목표 달성을 위한 드라마치료와 놀이치료의 적용에 초점을 둔다. 이 장은 특별히 초기 발달 동안 복잡한 대인관계적 외상을 겪어서 사회적 · 신체적 · 정서적 · 심리적 기능이 성장하는 데 방해를 받거나 위험에 처한 아이들과의 작업에 접근한다. 아동기 외상 치료에 대한 현대의 지혜는 넓어서(D'Andrea, Ford, Stolbach, Spinazzola, & van der Kolk, 2012; Osofsky, 2011; Shaw, 2010) 외상과 관련된 애착이슈에 대한 임상개입이 청사진을 제공할 수 있다. 특히 우리는, 첫째, 드라마치료와 놀이치료 간 상호작용에 대한 짧은 개관을 제시하고, 둘째, 외상을 입은 아이들과의 애착 작업 연관성을 논의하며, 셋째, 그런 아이들과의 애착이슈에 직접적 · 간접적으로 접근하는 드라마치료와 놀이치료 기법에 대해 묘사할 것이다.

## 드라마치료와 놀이치료

놀이치료 이론, 기법 및 접근은 다양하고 독특해서(O'Connor & Braverman, 1997, 2009) 다양한 심리사회적 어려움을 해결하도록 돕는 데 효과적이다(Bratton, Ray, & Rhyne, 2005). 드라마치료도 마찬가지로 다양한 방법론을 가지고 있는데, 특히 임상적 적용과 임상적 영향력이 크다(Jones, 2010; Weber & Haen, 2005). 드라마치료는 정서적인 표현과 치료적 이익을 얻기 위해 다양한 측면의 드라마적 수행과 신체적 움직임을 활용한다. 드라마치료와 더불어 수반되는 훈련, 즉 사이코드라마는 자발성, 창의적 표현, 정서 강화를 강조한다. 드라마치료사들은 일반적으로, 극장 훈련을 받은 '극장 사람들'로 시작해서 사이코드라마 트레이닝에 특화된 드라마치료를 받는다. 사이코드라마티스트들은 우선 정신치료사들로서, J. L. Moreno의 사이코드라마 방법으로 강하게 훈련받은 사람들이다. Moreno(1934)는 사이코드라마에 대해 "드라마적 방법에 의한 '진실'을 탐구하는 과학이다. 그것은 사적 세계와 대인관계적 관계를 다룬다."(p. 3)라고 말한다.

Jones(1996)는 Schaefer(1993, 1994)의 치유적 요소와 유사한 드라마치료의 핵심적 과정을 묘사한다. 여기에는 드라마적 투사, 상호작용할 수 있는 관중과 목격자, 구체화(드라마하는 몸), 놀이, 인생-드라마 연결 그리고 변형을 포함한다. 잠재성을 많이 갖고 있는 드라마치료는 수축된 에너지를 방출하게 하고 몸에 산소를 불어넣어 자기개시된 개인의 전환점을 내적 염려의 발견으로 이끌도록 허락한다. Jones(1996)가 말한 것처럼 "놀이는 드라마치료의 내담자가 회기 내에서 현실감 있는 즐거운 관계를 창출하게 한다"(p. 93). Irwin(1983)이 말한 것처럼 놀이에는 발달적 수준이 있다. 비슷하게, Jones(1996)는 연속체들을 개념화해서 "감각운동 놀이, 모방놀이, 역할놀이, 드라마적 놀이 그리고 드라마"라는 주요한 측면이 있음을 강조한다(p. 177).

드라마치료에서 놀이를 빼거나 놀이치료에서 드라마적 요소를 빼는 것은 어렵다. 따라서 놀이치료와 드라마치료의 융합은 자연스럽고 쉬운 파트너십이고 애착과 외상을 함께 작업하는 레퍼토리를 훨씬 더 풍부하게 하도록 참여자를 준비시킨다. 드라마치료와 놀이치료는 공통적 요소가 있는데, 특히 놀이하기, 드라마적 투사와 거리 두기, 공감 형성하기 등이 그것이다. 게다가 많은 아이는 그들이 역할극, 역할놀이를 할 때 창의적 이미지를 사용해서 구체화하는데, '시험해 보고' '행동화하는' 캐릭터들로 이를 활용했다. 놀이와 드라마치료 모두 신체적 · 정서적 · 감각적 · 영적 · 인지적 개입을 이끌어 내는 다양한 전체적 활동을 통해 그것을 표현하도록 격려하므로 이때 통찰, 성찰, 변화가 촉진된다. 간단하게 말해, Seigel과 Bryson(2011)에 따르면 놀이와 드라마치료는 전뇌 활동(whole-brain activities)이다.

> 우리 아이들이 더 잘 통합되도록 도와서 조율된 방식으로 전뇌를 사용할 수 있게 한다. 예를 들면, 우리는 아이들의 수평적 통합을 원해서, 좌뇌의 논리가 우뇌의 감정과 함께 일을 잘할 수 있도록 돕는다. 우리는 또한 그들이 수직적으로도 통합되기를 원한다. 신체적으로 더 높은 두뇌의 부분이 행동을 사려 깊게 고려하도록 하여 낮은 부분과 협조할 수 있는데, 그러면 본능, 몸속 장기의 반응, 생존과 더 잘 연결될 수 있다(p. 7).

특히 치료적 장난감을 선택하는 환경에서 치료적 놀이를 활용할 때, 아이들은 내적 연합을 만들고 생각과 지각을 투사하고 정서적 특별함을 장난감이나 이야기로 돌리거나 위임한다. 이러한 투사적 외현화는 개인적 의미로 정교화되어, 무서운 생각이나 감정에 점차적으로 접근하도록, 아이가 그것을 멀리서 바라볼 수 있도록 충분히 안전한 거리감을 유지시켜 준다. 인지행동 용어에서 아이들은 점진적인 노출을 달성하기 위해 유기적으로 그들 자신의 추측을 사용한다. 즉, 그들 자신을 특별하고 참을 수 없는 감각, 인식 또는 느낌에 대해 둔감하게 하거나 예방하기 위한 방법이다(Cohen, Mannarino, & Deblinger, 2006).

## 아이들, 복합적 외상 그리고 애착

복합적 외상(complex trama)이라는 용어는 특히 아이처럼 취약한 인구군에서 일반적 기능에 더 영향을 받는 어려움의 층을 지칭한다. Courtois와 Ford(2009)는 복합 심리적 외상을 "외상적 스트레스 인자를 포함하는데, 첫째, 반복적이거나 오래 지속됨, 둘째, 양육자 혹은 표면상으로는 책임을 지는 성인에 의한 직접적인 해 혹은 방임과 유기, 셋째, 초기 어린 시절과 같이 희생자의 생애에 발달적으로 취약한 때, 넷째, 아동의 발달에 심각한 위험을 끼칠 수 있는 잠재적 상황"(p. 1)이라고 정의한다. 복합적 외상의 가장 심각한 측면은 아이의 삶에서 가장 중요한 사람에 의해 자행되고 그들이 양육과 생존의 초기 욕구를 충족시키리라고 예상되는 사람들로부터 종종 이루어진다는 점이다. '너에게 상처를 주는 너를 사랑하는 사람들'이라는 것이 학대에서의 가장 교활한 교훈이라고 할 수 있는데, 이러한 초기의 연관은 앞으로의 아이 삶에 있어서 세계에 대한 관점을 형성하여 부정적 영향을 미치게 된다. Herman(2009)이 제시하듯이, "강자는 기뻐하듯이 행동하고, 약자는 굴복하며, 양육자들은 의도적으로 장님 같고, 아무도 보호해 줄 수 없는" 외상은 관계적 매트릭스 안에서 발생한다(p. xiv). 자기혐오를 발달시킨 아이는 학대하는 양육자를 광범위하게 불신할 뿐만 아니라 타인들에 대한 불신도 발달시킨다. 사실 학대받은 아이들은 학대한 양육자들에게 과도한 충성을 보이거나 그들에게 불안이나 불안정 애착을 형성하거나 그들을 무서워해서 피하는 등 무수한 반응을 보인다. 그러나 미래의 관계와 기대(내적 작동 모델)를 만드는 것이 주요한 양육적 관계라는 것, 복합적 외상이 아이들의 타인과의 관계적 경험에 큰 함의를 갖는다는 것은 가장 중요하다. 게다가 학대가 지속적으로 일어나면 아이들은 대처 메커니즘을 수정하고 감정적으로 폐쇄·방어하여 타인과 연계하지 않음은 물론 자신의 중요한 욕구들을 타협할 수 없게 된다.

Cook 등(2005)은 복합적 외상의 6가지 핵심 치료적 요소를 제시하였는데, 안전, 자기조절, 자기반영적 정보의 처리, 외상적 경험의 통합, 관계적 개입 그리고 긍정적 정서의 강화다. 그러나 이러한 합의에 기반을 둔 영역은 아이들로 하여금 초기 외상에서 회복되도록 돕고, 관계에 기초한 발달적으로 민감하고, 도발적이며, 외상에 고지된 채 남겨져 있는 정의에 의해 아이들을 돕도록 임상적 접근 방향을 설정할 수 있다.

지난 10년 동안 통합을 위해 증거기반 실천이 모든 임상적 세팅에서 지속적으로 대변되어 왔다. 이것은 임상가들에게 효과적인 치료 성과를 내는 주의 깊은 연구들을 남기도록 했다. 외상을 입은 아이들과 작업하는 증거기반 치료 모델은 외상 중심 인지행동치료(Trauma-Focused Cognitive-Bahavioral Therapy: TF-CBT)였다. TF-CBT는 구조화되고 인위적으로 잘 형성된 모델로서, 학대받은 아이들과 가족들에게 치료에 대한 안내를 제공하고 돌봄의 중요한 영역을 강조하는 모델이다. 최근에는 TF-CBT 개발자들이 더 완전한 참여로 가족과 더 어린 아동들에게 개입하는 방식으로 외상 중심 목표에 나아가기 위해 놀이활동을 잠재적으로 사용할 것을 강조하고 있다(Cohen, Mannarino, & Deblinger, 2012). 어린 시기 외상(가정폭력, 신체학대)을 작업하는 증거기반 모델도 여러 가지 있는데, 거기에는 놀이치료의 정신분석적 원리에 기반을 둔 놀이기반 개입이 포함된다(van Horn & Lieberman, 2009; Eyberg, 1988). 아이들과 가족이 함께하는 다른 증거기반 실천도 나오고 있다(Ford & Cloitre, 2009).

지난 10년은 혁명이었고 또한 기술적 진보, 신경과학 영역에서의 굉장한 일이 임상작업과 관련해서 크게 일어났다. 귀중하고 중요한 신경과학적 데이터는 이제 1970년대 이래로 이론적 기반을 지지하고 있는 셈이다. 신경과학 영역의 리더들은 외상이 아동의 두뇌발달에 미치는 영향에 대해서 반복적으로 언급했고 두뇌의 가소성을 지적했으며 두뇌 자체가 관계적 건강의 맥락에서 가장 잘 회복된다는 사실을 강조했다(Ludy-Dobson & Perry, 2010; Seigel, 2012).

## 아동의 복합적 외상 치료

복합적 외상의 결과로 아이를 치료하기 시작할 때, 여러 가지 주요 이슈는 안전과 신뢰를 형성하는 데 특별히 중요하게 고려할 즉각적인 집중을 필요로 한다. 왜냐하면 아이들은 신뢰적 관계의 맥락 안에서 상처를 받아 왔고 주 양육자가 심각하게 위협을 가하고, 망가뜨리고, 해를 입혀 왔기 때문이다. 그런 아이들은 진정된 적이 결코 없어서 양육을 실망과 불안으로 연결하고 자기조절을 하는 데 어려움을 갖는다. 아이들은 욕구가 충족될 수 있다는 것을 믿을 수 없을 때 불안과 불신 및 다양한 방식으로 그들의 욕구에 적응하려고 노력한다. 아이들은 눈 맞춤을 피하는 것을 배우게 되었다. 그들은 약하게 우는 법을 배우거나 혹은 스트레스와 관련된 증상, 즉 날카롭거나 지연된 경기 같이 놀라는 반응의 범위를 보이기도 한다. 양육자-아이에게 손상된 애착체계가 주어지면 아이는 취약해져서 양육자와 불안, 회피, 혼돈된 상호작용을 발달시킬 수 있다.

치료자들이 치료 맥락에서 상호작용을 위해 스스로를 사용할 때 치료자-아동 관계는 불안을 유발한다. 아이는 과도하게 유순한(공포기반) 행동을 보이거나 감정적으로나 행동적으로 조절되지 않는 모습(신경증과 과잉행동)을 보임으로써 불안을 나타낸다. 게다가 아이들이 외상적 사건에 대해서 치료자로부터 '말할 것을' 요구받으면 아이들의 불안은 더 커진다. 따라서 어린 내담자의 불안을 관리하고 감소시키는 것 그리고 안전한 치료적 환경을 만드는 것은 의미 있는 진행에서 결정적이다.

치료 목표의 시작은 양심적이고 성찰적 방식으로 아동 내담자에게 참여하는 것이고 아이들에게 협력적 의사소통을 경험하도록 하는 것이다. 개별 혹은 집단 치료 세팅에서 다양한 드라마치료와 놀이치료 활동을 열심히 관찰함으로써 배우고 실천할 수도 있을 것이다.

## 통합적 드라마치료와 놀이치료 활동의 선택

앞서 언급한 것처럼, 드라마치료와 놀이치료의 통합은 가장 자연스럽고 신선하며 일어날 수 있는 논리적 통합이다. 놀이치료는 이미 아이의 자연스러운 신체성에 대한 진가를 포함한다. 가상놀이를 통해서 흉내 내기, 과장된 감정 표현하기, 판타지, 창의적 상상, 놀이와 이야기를 연기하면서 함께 참여하고 활용하기, 드라마치료의 원리를 적용하기는 감각을 잘 일깨우는 것이고, 예전부터 많은 이점을 갖고 있다. 가상놀이는 종종 드라마치료 안에서 자발적으로 일어나기도 한다. 다음 절은 외상을 입은 아이들과 작업을 할 때 구체적인 치료적 목표가 어떻게 놀이와 드라마 개입의 혼합 속에서 이용되는지를 보여 준다. 이러한 개별, 집단 활동은 2가지 치료적 요소를 갖게 되는데, 그것은 초점화된 집중과 거울 반영이다. 이는 아이들이 초기 아이들의 세계를 배우고 탐색하게 하는 주요한 방법들이다.

## 개별 활동

### 싱크로나이즈 호흡

싱크로나이즈 호흡(synchronized water breaths)은 얼굴을 마주보거나 옆으로 나란히 행하는 느리게 몸을 완전히 사용하는 호흡이다. 치료자는 좌우로부터 움직여서 얼굴과 얼굴로 음직일 수 있는데 여러 회기에 걸쳐서  아이의 편안함이 증가하도록 할 수 있다. 안으로 숨을 쉴 때, 팔은 밖으로 펼치고(마치 국자로 물을 퍼내는 것처럼) 아래로부터 떠올리며 머리 위로 들어 올린다. 밖으로 숨을 내뱉을 때, 머리 위의 손을 등 뒤로 빼고 다시 가로질러 앞으로 오도록 한다. 치료자와 아동이 함께 이러한 숨쉬기 동작을 연속적으로 하면서 밖에 있던 팔을 옆으로 가져온다(동조화된 것이 안무가의 팔들보다 더 중요하다).

이러한 활동은 아동이 몸에 산소를 갖도록 하는 동시에 치료자와 아동 내담자의 협력적 작업에서 공동 조절하는 은유를 제공하고 아이의 불안을 감소하도록 도우며 자기조절에 숨쉬기 기술이 중요하다는 것을 가르칠 수 있다. 이러한 활동은 아이와 치료자가 동물 가면을 썼을 때 더 가능하다. 가면은 아이가 너무 노출되는 것을 완충할 수 있다. 동작 자체는 물을 들어 올리고 단순히 몸으로 흘리고 씻는 정도면 된다. 치료자는 '물을 들어 올리는' 아이디어에 여러 가지를 이용할 수 있고 내담자와 함께 회기 초기 혹은 끝에 의도적으로 느낌, 색깔, 속성을 '찾아내는(들어 올리는)' 것으로 할 수 있으며 그 쌍이 함께 씻어 낼 수도 있다. 예를 들면, 불안한 아동은 그 아이에게 '차분함'이라는 느낌을 부으면서 혹은 좋아하는 사람의 '사랑'이라고 하면서 국자처럼 뜨는 것에서 도움을 받을 수 있다. 이러한 활동은 회기에서 예측을 가능하게 하고 경계를 나타내는 시작과 끝이 될 수 있다.

### 거울 반영

활동으로서의 거울 반영은 관찰기술과 캐릭터 발달을 연마하기 위한 것으로 극장에서의 뿌리가 되는 활동이며 배우들을 훈련시키는 활동이다(Boal, 1992; Spolin, 1986). 내담자가 대면활동을 친밀하고 강렬한 것으로 경험할 수 있으므로, 임상가들은 초기 경계를 존중하고 점차적으로 치료적 신뢰를 쌓아 나가기 위해 주위의 거울 반영을 활용하도록 격려받는다. 신경생물학에서의 최근 연구(Iacoboni, 2008)는 거울신경이 언어적 진화에서 결정적 신경 요소일 수 있다고 주장한다.

대면 거울 반영 활동(Boal, 1992; Spolin, 1986)은 고전적으로 조율, 신뢰, 공유된 리더십을 형성하는 데 중요하다. 아이들과 접촉 없이 대면하는 치료자들은 아이들과의 눈맞춤을 느슨히 하고 몸을 천천히 움직이면서 얼굴을 보고 팔을 가깝게 해야 한다. 치료자들은 내담자에게 자신의 행동을 정확히 따라 하도록 격려하고 아이들에게 치료자가 아이의 동작을 따라 하는 기회를 주어야 한다. 아이가 이러한 활동에 참여하면서, 그들은 자신의 신체적 · 감정적 상태를 조절하는 법을 배우게 되는데, 신체 상태가 거울 반영되고 감정적 상태가 전달되면서 공명하는 신경을 공유함과 더불어 조율을 발달시킬 기회를 갖게 된다.

### '치유자' 혹은 '현명한 사람'

거울 반영 다음의 또 다른 드라마치료 활동으로, 특히 자기공감과 내적 강점 탐색과 자기분석에 유용하다. 치료자는 활동에서 내담자에게 '치유자' '현명한 사람' '많이 아는 사람' 혹은 '다른 사람을 도와주는 것을 많이 아는 사람'에 대해서 생각하도록 요구함으로써 진짜 혹은 가상의 캐릭터들을 창조하도록 촉구한다. 아이는 완전히 세부적으로 빈 의자에 앉아 있는 혹은 아이 앞에 서 있는 사람을 만들어 낸다. 아이는 머리끝에서 발끝까지 상상해 낸 캐릭터들을 살펴보도록 격려받고 어떻게 자신이 보고, 냄새 맡고, 또 어떻게 보이는지에 대한 모든 것을 알아차리도록 독려된다. 일단 그 이미지가 선명하면 내담자는 의자에 앉거나 현명한 사람 옆에 설 수 있다. (장소를 바꾸는 순간이나 빈 의자에 앉아 있기는 중요한 포인트인데, 그 이유는 내담자가 다른 사람의 역할로 언어적으로 그리고 형상적으로 바꿀 수 있기 때문이다). 치료자는 내담자가 캐릭터가 될 약간의 시간을 갖도록 하고 "현명한 사람이 어떻게 서 있어요?"와 같은 질문을 한다. 일단 그것이 명확해지면, 치료자는 '현명한 사람'과 인터뷰를 한다. 다음 사례는 이러한 활동을 보여 준다.

사례: Carla

16세인 Carla는 10세 때 오빠의 성학대를 폭로했다. 이유가 어떠했든 간에 부모는 이 폭로를 최소화했고 학교 상담사는 아이가 학대를 상상한 건 아닌지 질문을 했다. 치료에 대한 엄마의 반응이 특별히 전반적으로 회의적이었고 아이를 진짜로 믿는 누군가 혹은 아이를 도와줄 수 있는 누군가에 대해서도 의심이 많았다. 아이가 침대 문을 잠가 달라고 요구할 때까지 학대는 얼마 동안 지속되었으며 오빠가 사회적으로 훨씬 활동적이 되었고, 오빠는 집에서 떨어진 곳에서 많은 시간을 보내기 시작했다. Carla는 많은 시간을 방 안에서 홀로 보내면서 외로웠다. 고등학교 청소년 시절에 그녀는 우울해졌다. 그녀는 또래의 친구들과 다른 것을 많이 느끼기 시작해서 친한 친구도 사귈 수 없었다. 의뢰되기 몇 달 전에 현재 학급, 교사, 숙제에도 특별히 관심이 없음은 물론 동기도 부족했기에 Carla의 성적은 떨어지기 시작했다. 부모님은 아이의 성적이 문제가 된 그 시점에 치료를 받도록 했고 Carla는 치료에 자신을 투자한다는 것이 다소 못마땅했다.

Carla와 나(Eliana Gil)는 치료의 첫 단계를 마치게 되면서 치료적 신뢰가 형성되었다. 이제 나를 보러 오면 Carla는 행복감을 느꼈고 약속시간을 우선시하며 부모가 바쁠 때도 치료실로 데려와 달라고 고집을 부리기도 했다. 우리는 꽤 좋은 치료적 관계를 형성했고, 나는 열심히 해서 신뢰감을 줄 수 있는 것처럼 보였다. 나는 그녀에게 그녀가 10세였을 때 모든 가족이 치료를 하러 왔어야 했다는 것을 그리고 모든 사람이 그녀에 대한 오빠의 학대 혐의가 얼마나 고통스럽고 혼란스러웠는지를 알아야만 했을 거라고 말했다. 나는 오빠가 법원에서 명령받은 치료를 당장 받았어야 했고, 그가 한 행동은 '정상'이 아닌 학대라고 말했을 때, 그녀는 나에게 미소를 지었다. (나는 부모가 나를 보러 왔을 때도 그들에게 똑같이 말했다.)

Carla는 학대나 오빠에 대해 말하는 것을 주저했다. 비록 그녀는 일어난 일에 대해 집중적인 작업을 하는 것에 동의했지만, 그것이 종종 '그녀를 모욕하고' '그녀의 마음에 들었다.'라고 말했다. 나는 그녀의 침범적인, 똑똑히 회상되는 과거사에 접근했고 그것은 미해결된 복합적 외상을 가진 개인에게는 특별한 것이 아니었다. 나는 잘못임을 알고 있음에 대해 보고할 만큼 충분히 현명하고 동시에 그녀를 도울 수 있는 모든 것을 부모가 할 수는 없다는 것을 알 만큼 충분히 현명한 그녀 일부와 Carla를 연결하기 위한 기법으로 '현명한 사람'을 사용하기로 선택했다. 나는 그것이 구체적인 외상 작업을 하기에 앞서 대처 전략과 내적 자원을 강화해 주기에 중요하다고 생각했다. 비난하지 않으면서 우리는 '현명한 사람' 인터뷰를 진행했다. Carla는 초기 회기에서 작은 인형들을 가지고 한 상징 작업, 은유적 언어, 이미지 이끌기, 역할놀이 등에 감수성을 형성했고 쉽게 '현명한 사람'의 역할을 할 수 있었다.

치료자: 이름이 뭐니?

Carla: (현명한 사람으로서) 클레멘타인.

치료자: 클레멘타인, 네 이름에 대해서 어떻게 느끼니?

Carla: (클레멘타인으로서) 나에게 딱 맞는 것 같아요.

치료자: 어떻게?

Carla: (클레멘타인으로 계속하면서) 나는 작고, 달콤하며, 사람들은 오렌지를 찾고 있을 때 우연히 나를 땄을 때조차 내가 얼마나 좋은 과일인지를 보고 나서 놀라요.

치료자: 너는 몇 살이니?

Carla: 저는 나이가 없어요. 저는 다른 방식으로 보이지만 사는 곳, 거기는 젊음도 늙음도 없고 오직 시간에 떠다니는 존재만 있어요.

치료자: 너는 어떻게 Carla를 아니?

Carla: 저는 Carla가 5세쯤 되었을 때부터 알고 있었어요.

치료자: 5세라고? 너는 11년째 알고 있구나. 긴 시간이네!

Carla: 맞아요. 정말 그래요. Carla와 저는 오래된 친구, 오래된 영혼 친구예요. 제 말은 매우 가깝고 연결되고 정말 친하다는 거예요.

치료자: 어린 꼬마일 때의 네 친구에 대해서 이야기해 줄 수 있니?

Carla: Carla는 나이와 상관없이 현명하고, 조용하며, 많은 시간을 방에서 보내요. 매우 친절한 마음을 갖고 있고 힘차게 잎이 무성한 숲을 뛰어나오는 야생마 같아요.

치료자: 친절하고 힘차구나. 알겠어. 어린 Carla를 또 어떻게 묘사할 수 있을까?

Carla: 사랑스러워요. 매우 사랑스럽게 보여요. 그녀는 항상 안기고 싶어하고 뽀뽀를 원하지만 부모님은 항상 바쁘시고, 아빠는 출장을 많이 다니세요.

치료자: 그래서 그녀가 포옹과 뽀뽀를 원하는구나. 많은 어린 소녀가 그러는 것처럼. 하지만 부모님은 많이 바쁘시구나. 그래서 Carla가 무엇 하기를 원했지?

Carla: 글쎄, 처음 저에게 말하기 시작했을 때가 그것이에요. 오빠는 몇 살 좀 더 많지만 오빠를 많이 좋아하고 그들은 함께 외로운 시간을 많이 보냈어요. 그러나 오빠가 그녀를 너무 세게 껴안았고 그녀는 그것을 싫어해서 오빠한테 말했지요. 하지만 오빠는 계속 밀어붙였고 그녀가 싫어하는 다른 것들을 하기 시작했어요.

치료자: 그래서 이 문제에 대해 너한테 도움을 받기로 마음을 먹었구나. 너에게 도움을 요청하다니 얼마나 똑똑한 소녀니!

Carla: 맞아요. 그녀는 이것이 괜찮지 않다고 생각했어요. 그 시간 동안 오빠가 비열하고 화가 나 있는 것처럼 보였어요. 오빠는 그녀에게 친절하지 않았고 나는 엄마에게 무슨 일이 있어났는지를 말하라고 했어요.

치료자: 그래, 너는 이 중요한 정보를 줄 만큼 현명했구나.

Carla: 맞아요. 그녀는 곧바로 들었고 엄마에게 2~3번 말하려 노력했어요.

치료자: 그렇게 하기란, 엄마가 듣지 않는데 계속 노력하기란 정말 힘든 일이야.

Carla: 맞아요. 그러나 그녀는 고집이 세기 때문에 할 수 있었어요.

치료자: Carla가 너한테서 지지를 많이 받는 것처럼 들리는구나. 심지어 Carla가 생각한 당연한 일을 엄마와 아빠가 믿지 않았을 때조차도.

Carla: 옳았다는 것을 알았고 그녀는 거기에 있었어요. 특히 오빠가 그녀에게 더욱더 나쁜 짓을 하려고 했을 때 오빠에게 무언가 잘못되었다는 것을 알았어요.

치료자: 그녀가 외롭다고 느낄 때 네가 있어서 정말 다행이었어.

Carla: 맞아요. 그녀가 자기 자신을 제외하고는 아무도 이해하지 못한다고 느끼기 시작했을 때 당연히 외로웠어요. 우리는 오래오래 대화했고 부모님은 때때로 그들에게 어려운 상황을 잘 견뎌 냈어요. 나이가 좀 더 들어서 부모님이 오빠를 걱정하게 되었을 때, 기도하고 희망하게 되었다고 생각했을 때조차 그들이 크게 걱정할 필요가 없다는 것을 과장되게 말했어요.

치료자: 와우, 그녀는 정말로 친절하구나. …… 그녀는 왜 부모님이 평소처럼 생각하기를 원하는지 이해하려고 노력했구나. 현명한 애야, 정말로 부모님에게 친절했지만 그녀가 그렇게 외로운지, 가족에서 그녀를 믿는 사람이 아무도 없는지에 대해서 네가 어떻게 느끼는지 정말 궁금해.

Carla: 그녀는 정말 대단해요. 그녀는 자신을 안전하게 보호하는 방법을 알고 집 밖의 다른 사람에게 말하려고 했어요. 저는 그렇게 하는 게 옳다고 생각했어요.

치료자: 그녀가 자신과 너의 도움으로 이 모든 것을 견뎌 낸 것을 너는 어떻게 생각하니?

Carla: 매우 특별하고 친절하며 강한 소녀였어요. 그녀는 지금 잠깐 길을 잃었지만 죽이지 않고 깊이 내려가는 것이 더 강하게 만든다는 것을 알아요.

치료자: 그래서 그녀는 '망가진 장소에서 강한 것'이구나?

Carla: 맞아요. 그녀는 보기보다 강하고 다른 면에 있는 것들에 대해서 좀 잊어버려요. 하지만 저는 조금을 기억할 거라는 것을 알아요. 저도 그렇다는 것을 알아요.

치료자: 그래서 오늘 너로부터 그녀가 가장 잘 알고 싶어 하는 것이 무엇일까?

Carla: 저는 "Carla야, 너는 힘든 시간을 보냈어. 너는 좋은 시간도 보냈어. 너는 계속해어 모래상자에 그림을 놓았던 것처럼 너의 둘레를 발견해야 해. 너는 할 수 있어. 미래에 너를 위해 중요한 길이 많거든."이라고 말했어요.

치료자: 지금 가장 그녀를 잘 도와줄 수 있는 하나가 무엇일까?

Carla: 그녀의 엄마가 여전히 그녀를 사랑하는 것을 알리는 것과 일어난 일에 대해서 비난하지 않는다는 것이에요.

치료자: 그녀가 알 중요한 일처럼 들리는구나. 모든 아이는 부모님이 자식을 사랑하고 비난하지 않는다는 것을 알고 싶어 하지. 그리고 어쨌든 그녀가 왜 비난받는다고 생각하지?

Carla: 그녀는 부모님이 오빠의 음주문제로 자신을 비난한다고 생각해요. 그녀가 말을 한 이후로 문제가 더 심각해졌거든요.

치료자: 나는 부모님과 함께 추측하기보다는 생각하고 있는 것을 확실히 밝히는 것이 중요하다고 생각하게 되네.

Carla: (클레멘타인으로서) 그게 좋겠어요. (Carla로서) 저는 지금 그만하고 싶어요.

치료자: 현명한 애야, 하나만 더 질문할게. Carla에 대해 무엇이 가장 놀랍거나 기쁜 일이었니?

Carla: (다시 클레멘타인으로서) 친절한 것과 다른 사람의 가장 좋은 것을 기대하는 것이에요.

치료자: 굉장하구나. 그렇게 현명하려면 너는 어떻게 해야 하지?

Carla: 저는 제 도움을 필요로 하는 많은 아이에게 이야기해요. 저는 그들의 이야기를 듣고 그들로부터 많이 배워요.

치료자: 좋구나, 좋아. 나는 네가 네 친구 Carla를 상상하고 그녀의 절실한 요청에 자그마한 도움이 되었으면 좋겠고 Carla가 다시 방으로 올 수 있게 해 줘.

Carla가 시간과 공간에 다시 돌아왔을 때, 우리는 현명한 사람과의 경험과 그녀가 오늘 배운 것에 대해서 짧게 이야기했다. 그녀는 오랫동안 '그녀를 보지' 못해서 오래 이야기했을 때 얼마나 침착함을 느꼈는지를 잊어버렸다고 말했다. 나는 Carla에게 내가 두 사람에게 얼마나 감동받았는지를 이야기했다. "나는 알아요." 그녀가 조용히 말했다. 이어진 회기에서는 노출된 이야기 일부가 다루어졌고 가족치료 회기도 이어졌다.

이 극적인 역할극은 Carla의 애착 붕괴가 시작되었을 때를 보이면서 밝혀진다. 5세의 나이에 엄마와 아빠가 그녀의 폭로를 들을 수 없었음이 명백하다. 진실로부터 자신들을 보호하기 위해서 그들은 Carla가 말한 것을 최소화했고 듣고 믿기 힘들어서 아이의 명백한 욕구를 외면했다. 물론 그들은 악의로 그렇게 하지는 않았다. 그들은 자신들이 어떻게 딸에게 도움이 될 수 있을지를 알기에 준비가 되지 않았다. 그러나 Carla의 폭로에서 돌아선 것은 물론 아이의 보호를 위한 욕구를 말한 것도 듣지 않았고, 엄마는 특별히 딸과의 정서적 연결을 하지 않고 아이 앞에서 있었던 것을 피하려 했다. Carla는 엄마의 실패를 상기하게 되었고 이러한 인식이 엄마와 딸을 수년 동안 외로움 속에 지속적으로 머물도록 했다. 이제 11년이나 지나서, 미래에 더 성장 가능성이 있는 기초를 형성하고 애착의 회복을 만들도록 서로 그리고 같이 참여하는 것은 매우 중요했다.

그래서 나는 Carla에게 매우 조심스럽게 그녀의 처음 폭로에 부모가 더 잘 반응하도록 부모와 함께 가족 회기에 참여하는 것에 접근했다. Carla가 이 회기를 그렇게 하는 것이 너무 늦었다고(그럴 필요가 없다고) 생각했을지라도, 우리는 현명한 사람인 클레멘타인과 의논을 했고 그렇게 노력하는 것이 가치가 있다는 것에 동의했다. 우리는 클레멘타인에게 Carla가 이미 했던 지혜나 조언에 다가갈 수 있도록 인상적인 내적 자원을 건드릴 것을 허락하도록 자주 요구했다. 신체적 · 정서적 어려움을 많이 겪었기에 그들의 긍정적 정체성 형성이 이루어졌다. 이러한 활동을 통해 팬, 치어리더, 챔피언인 누군가를 만들어 냈고 긍정적으로 그나 그녀를 생각하게 했다. 가족인 개, 선생님, 좋아하는 이모가 그들이 될 수도 있었다. 이러한 캐릭터의 역할을 바꾸어 가면서 하는 동안, 아이들은 자신을 신뢰할 수 있는 타인의 눈을 통해 자신을 더 긍정적으로 보게 되었다. 그들은 접근 가능한 사랑 안에서 머물 수 있었고 그것을 더 완전히 느끼게 되었으며 구체적으로는 자기를 더욱 사랑할 수 있게 되었다.

## 집단 활동

### 멈추기-걷기-뛰기

집단은 멈추기-걷기-뛰기(stop-walk-run; Zapora, 1995)를 통해 집단의식와 응집력을 일깨울 수 있는데, 집단 활동은 집단 내에 아이들을 익명의 누군가가 되게 한다. 집단이 치고받는 활동을 하도록 지시되면(터치하지 않고, 지정된 장소에서 걷고, 예측할 수 없는 패턴으로 지그재그로 걷기) 어떤 이는 그냥 멈추도록 "얼음"이라고 할 수 있다. 다른 아이는 먼저 얼어붙은 아이의 리드를 따라야 하고 집단 전체가 멈출 때까지 얼어 있어야만 한다. 그다음 새로운 집단원이 움직임을 시작하면, 그것이 신호가 되어 다시 집단이 시작하게 된다. 계획하지 않은 채 집단원은 리더 역할을 하게 되고 집단이 전체로서 반응하도록 도전을 받는다. 집단이 함께 움직이는 기회를 갖게 될 때, 집단원들은 그들의 응집성을 강화하면서 주위를 살필 능력을 강화하게 된다. 이 활동을 통해서 아이들은 서로 민감하게 조율하고 존중된 방식으로 행동할 수 있다. 그들은 또한 리더와 팔로워가 되는 것을 배울 수 있게 되고 두려움 없이 벗어나는 것과 함께 참여하는 경험도 할 수 있다. 이러한 활동은 집단 응집력을 결성할 수도 있는데, 아이들이 스스로보다 더 큰 한 부분이 되도록 느끼게 허락하면서 상호 간 형성된 더 큰 부분이 되고 안전하도록 할 수 있기 때문이다.

### 집단 안에서의 거울 반영

거울 반영은 또한 집단에서의 수용을 격려하여 아이들이 타인에 의해 수용되고 시각화되는 감각을 아이에게 줄 수 있다. 거울 반영 활동은 집단이 더 응집력 있게 될 수 있게 확장될 수 있다. 이를테면 원집단 게임으로서 구체화된 체크는 다시 거울 반영될 수 있다. 좀 더 큰 아이가 "집단에 있는 것을 어떻게 느끼니?"와 같은 질문을 신속하게 하거나 "집단을 하기 전 하루는 어땠니?" 하고 물을 수 있다. 원에서 아이들은 소리를 선택하고 그들이 체크할 수 있는 것을 반영할 움직임을 만들 수 있다. 예를 들면, 짜증나거나 화가 날 때 으르렁거리면서 지친 몸을 흔들 수도 있다. 그러면 전체 집단은 경험을 유효하게 다시 거울 반영된 모습을 따라 하도록 격려된다. 자신의 구체적 느낌을 표현한 사람은 집단 각 사람이 짧은 집중을 하도록 만듦으로써 그 소리를 들으면서 즐거워하게 된다.

### 감정적 동상

집단 세팅에서 아이들은 돌아다니도록 요구되고 치료자는 '슬픔' 같은 감정의 이름을 말한다. 모든 사람이 그 감정으로 걷도록(감정 신체적으로 표현하면서) 요구된다. 그리고 치료자는 그것을 알아차리고 아이들에게 신체적인 것을 강조한다. 이를테면 치료자는 "나는 머리가 아래로 향하고 어깨도 많이 쳐진 것을 본다." 혹은 "사람들이 천천히 걷고 한숨을 많이 쉬는 것을 본다."라고 말할 수 있다. 그러면 3까지 세고 치료자는 "얼음"이라고 한다. 아이들은 그 감정적 동상이 되도록 요구받는다. 어떤 아이들의 경우에는 그렇게 기다리는 것만으로도 충동조절에 이미 접근할 수 있다. 일단 아이들이 그들의 감정적 동상을 만들었다면 치료자는 라디오에서처럼 '볼륨을 높여라'의 아이디어를 소개한다. 각자가 박수를 치면서 아이들은 슬픔(또는 다른 감정)을 과장하고 새로운 조각상을 만들 수 있게 된다.

치료자는 활동에 대한 아이들의 반응과 활동에 포함되어 통제할 수 있는 그들의 능력에 따라서 강도를 얼마나 높여야 하는지를 결정한다. 1에서 10까지의 척도 내에서 정서적 강도가 3에서 5로 올라갈 수 있고 다시 내려올 수 있으며 10까지 올라갔다가 다시 3으로 내려올 수도 있다. 이 활동의 말미에 아이들은 다시 돌아다니기를 하게 되고 느낌을 떨쳐 버리고 자신의 몸을 정상적인 걸음의 상태로 걷도록 요청받는다. 치료자는 주먹을 떨거나 숨을 참는 것과 같은 감정에 대한 신체적 신호에 주의를 기울이고, 아이들은 자신의 증상적 경험과 정서적 상태를 연관 짓도록 배울 수 있다. 이 활동의 재미있는 성과 중 하나는 아이들이 정서적 척도(더 크고 더 작은 감정의 정도)의 이해를 발달시키기 시작한다는 데 있고, 감정을 증진시키거나 감소시키는 것을 어느 정도 통제할 수 있다는 데 있다. [정서적 척도의 임상적 활용은 꽤 유행하게 되었는데, 예를 들면 주관적 우울단위 척도(subjective units of distress scale)가 그것이다.]

이러한 활동의 다양한 변형이 Virginia Satir로부터 Papp, Silverstein과 Carter(1973)로 이어져 가족 조각으로 인기 있게 번졌다. 가족의 1명이 가족관계—즉, 얼마나 가깝고 멀게 느끼는지, 감정적 수준에서 다른 가족을 어떻게 보고 있는지 등—를 지각하는 것을 재현하기 위해 '조각'을 만들도록 요청받는다. 예를 들면, 가족 구성원들은 팔짱을 끼고 있거나 또는 입술을 만들거나 팔을 벌리거나 환영하는 미소를 짓는 등 정서를 표현하는 자세를 만들 수 있다. 분명히 이 활동은 신체적 또는 표현할 수 있는 방식으로 그들을 확인할 기회를 가족에게 알도록 하고 확실히 애착 염려를 빨리 확인할 수 있게 돕는다. 현재 나타나는 문제뿐 아니라, 이는 희망과 바라는 것까지를 포함한다. 드라마치료사들은 내담자들이 자신의 몸과 그들이 찾는 긍정적 태도를 신체적으로 해봄으로써 조각을 추측하는 방식을 눈여겨본다.

### 크게-더 크게-가장 크게

크게-더 크게-가장 크게(big-bigger-biggest)는 Salas(1993)가 플레이백 극장(Playback Theater)에서 차용하였다. 치료자는 무대에 오를 '배우' 세 집단원을 선택한다. 다른 집단원들은 관중이 되고 집단 치료 회기를 거치는 동안 역할은 순환된다. 3명이 나란히 선다. 집단원이 감정을 소리 내어 말하면 각 배우는 점점 강렬하게, 조각으로 그 감정을 보이도록 앞으로 한발 나선다. 세 번째 배우가 끝내면, 관객은 열정적으로 그들 2명에게 모두 박수를 보낸다. 각 배우는 독특한 방식, 각 감정의 강렬함을 증대시키면서, 다른 2명의 집단원이 한 것을 지켜보는 가운데 관객이 볼 수 있도록 관객에 의해 수용되고 수용될 수 있는 방식으로 구체적인 감정을 표현할 기회를 갖게 된다.

드라마치료에서 각 내담자의 정서적 확인, 조율, 표현의 레퍼토리를 확장시키는 것이 목표가 된다. 따라서 아이들은 자신의 감정적 레퍼토리를 확장시키기 위해서 상호적으로 혹은 더 표현적인 효과를 시도해야 한다. (신체적 솔질처럼 간단할 수 있는) '역할해제(de-role)'는 아이들로 하여금 문제가 되는 감정을 표출해 버림으로써 없애 버리도록 하고, 평상시처럼 종결하도록 함으로써 이 감정을 형성할 수 있게도 하고, 다른 감정적 강도의 활동으로 넘어가게 할 수도 있다. '무대' 위에서의 창조는 배우가 다른 쪽

무대에서 나올 때 관객을 한 자리에 앉도록 요구하는 것, 소란이 없도록 조용한 톤의 목소리를 사용하는 것과 같이 단순할 수도 있다.

## 복합적 외상에서의 애착이슈를 다루는 구체적 활동

아동의 외상이 내담자에게 건전한 방식으로 경험을 통합할 수 있는 기회를 제공하기 위해 직접적으로 다루어져야 한다는 것이 일반적인 견해다. 그러나 처리라는 단어는 다른 사람들에게 다른 것을 의미하는 용어다. 전에 언급하였듯이 Cook 등(2005)은 자기반영적 정보처리와 외상적 경험의 통합을 포함하여 외상을 처리하는 구체적 측면에 대한 가이드를 제공하였다. 더 명확한 것은 자기반영의 어떤 유형을 포함하여, 인지적 왜곡을 바로잡을 기회를 제공하고 통제된 회상을 통한 개인적 힘의 결과적 회복을 포함한 확장된 목표를 갖는 일이다. 이 모든 일은 결국 사람이 그 경험을 많은 것 중 하나로 통합하도록 하는 일인데, 그 하나는 과도한 힘을 보유하지 않으면서 미래의 선택과 기회에 영향을 미친다. 미래의 기회와 선택에 중요한 것은 대인관계의 조절과 선택인데, 그것은 잠재적으로 보상을 준다기보다는 오히려 해로운 것으로서 관계를 보는 부정적 기대와 신뢰의 부족으로부터 타협될 수 있는 것들이다.

내담자가 정확한 외상 내러티브를 만들도록 돕는 것이 결정적이라 생각된다. 내담자가 외상의 기억들을 내러티브로 재평가하고 반복적으로 노출할 때 비로소 강렬함을 덜 느끼도록 할 수 있다. 어린아이들과 함께 하는 작업에서의 질문 중 하나는 그들의 내러티브가 완전히 의식적 경험으로 떠오를 수 있는 것인지, 아니면 그들의 내러티브, 연극, 예술 또는 자기표현의 수단으로서 수행될 수 있는지와 관련된 것이다(Gil, 2010). 논쟁은 계속될 수 있을 것 같다.

드라마치료와 놀이치료는 외상의 처리라는 목표를 돕는 반영에 많은 메커니즘을 제공하기도 한다. (우리가 제안하는 것은 반영, 향상된 조절, 어떤 타입의 변형 그리고 과거 사건을 감정적으로 좀 무디게 느낄 수 있는 능력을 포함한다.) 다음에서 우리는 치료적 관계의 신뢰 수준이 늘어나면서 외상을 처리하는 목표 수행을 돕는 잠재적인 활동들을 소개하고자 한다.

## 사회적 원자와 놀이 유전도표의 통합

사이코드라마의 아버지인 J. L. Moreno는 1930년대 사회적 원자(social atom)로 알려진 활동을 창안했다(Moreno, 1934). 사회적 원자는 유전도표(gerogram)와 유사한데(McGoldrick & Gershon, 1986), 유전도표란 종이에 그릴 수 있는 관계적 지도를 도표로 재현한 것이다. 유전도표와 사회적 원자 간 주요한 차이는 내담자의 주관적 세계에 대한 강조다. 사회적 원자에서는 내담자가 현재 자신의 삶에 영향을 준 사람이나 직관에 대해 연결 짓는 지도를 표현한다. 게다가 근접성과 거리 유지가 각 관계에서 거리 혹은 친밀감으로 표시된다. 왜냐하면 이 활동은 관계의 중요성에 대한 내담자의 주관적 지각에 초점을 두고 있는 활동이고 이러한 관계가 특별히 감정적 양육과 지지의 원천으로 파악되기 때문이며 대인관계적 맥락에서 일어날 수 있는 외상들을 해결하는 작업과 연관되어 있기 때문이다.

Gil(2003)은 지필 유전도표를 활성화하기 위해 미니어처들을 활용한 놀이 유전도표를 개발했다(MacGoldrick, Gerson, & Petry, 2008). 우리는 그 적용으로, 첫째, 미니어처들로 애니메이션화한 지필 사회적 원자, 둘째, 다른 사이즈의 원과 네모를 밝은 색으로 칠한 사회적 원자를 추천한다. 이러한 접근 모두는 아이들의 치료적 전략을 좀 더 크게 기대하는 수준으로 이끌도록 돕고 일어나는 저항을 감소시키도록 돕는다. 특별하게도, 아이들은 언어로 자신의 이야기를 논의하는 것보다 염려나 문제를 놀이로 표현하거나 미니어처로 표현하는 데 덜 위협을 느낀다. 이러한 과정은 결국 다른 방식으로는 유용하지 않는 언어적 의사소통을 이끌 수도 있다. 게다가 미니어처를 선택하는 활동은 단어를 사용하지 않으면서 치료자에게 풍부한 은유적 정보로 소통하는 투사적 기법이기도 하다. 드라마치료 적용은 사회적 원자에서의 캐릭터 '인터뷰'를 포함할 수도 있는데, 사이코드라마를 시연하는 데 감독이 보조 캐릭터를 인터뷰하는 것과 같은 방식으로 수행된다(Dayton, 2005).

### 미니어처와 사회적 원자

우선 치료자는 중심에 여러 가지 원을 그린 몇 장의 큰 종이를 준비해서, 내담자가 남자라면 네모, 여자라면 원을 사용해서 중심에 자기 자신을 그리도록 요청한다. 그다음 내담자는 사람의 이미지(모양이나 색깔)를 추가하고 기관, 동물 등 자신에게 중요한 것을 추가하도록 한다. 아이는 자신을 대표하는 중심의 상징과 가까운, 그들 삶에서 중요한 역할을 하는 사람들과 장소를 넣도록 요청된다. 아이의 관점에서 관계적 지도를 만들고자 하는 것이 그 목적이다. 일단 내담자가 의미 있는 사람과 기관을 그렸다면, 아이는 사회적 원자에서 각 모양을 대표하는 미니어처를 골라 아이에게 가깝거나 먼 것을 표현하는 방식으로 그 위에 직접 놓게 한다([그림 7-1]의 각기 다른 2가지 예 참조).

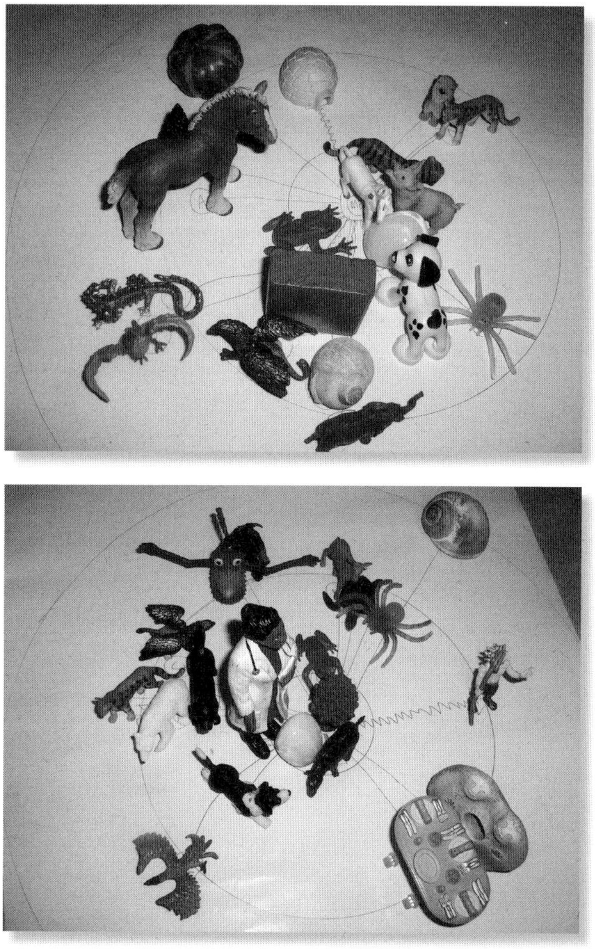

| 그림 7-1 | 미니어처와 사회적 원자의 2가지 예

일단 미니어처가 선택되고 놓이면, 아이의 연령과 언어적 의사소통 습관에 따라 치료자는 아이에게 "원에서 가까운 것들을 많이 또는 적게 말해 보렴." 하고 신호를 줌으로써 실험적

대화로 이끌 수 있다. 이러한 대화는 탐색적이어야 하고, 만약 아이가 첫 사람에게로 옮겨 가지 않는다면 은유적 언어로 이야기되어야 한다. 예를 들면, "올빼미가 이 방향으로 있는 것 같구나. 무엇을 보고 있지?"라고 묻는 것이 "네가 엄마를 위해 선택한 물건이 너에게서 멀어지고 있어."라고 하는 것보다 더 나을 수 있다. 첫 번째 질문은 탐험적이고, 두 번째 질문은 해석적이다. 후자는 아이가 자기의식이나 자기보호를 하는 데에는 효과가 있을 수 있다. 은유적 작업을 처리하는 것은 방어적 반응을 일으키는 것보다 아이의 참여를 더욱 극대화하기 위해 조심스럽게 접근되어야 한다(Gil, 2010). 사회적 원자 지도는 시간을 늘려서 논의되거나 사진화될 수도 있는데, 아이가 고른 미니어처 중 하나를 자신의 삶에 구체적으로 가져오도록 요구하거나 고른 미니어처 하나에게 목소리를 주도록 요청할 수도 있다(심지어 둘 이상의 미니어처 사이의 대화가 유도될 수 있다).

앞에서 언급한 대로 이러한 활동을 적용한 드라마치료에서는 선택한 캐릭터 간 면담이 일어나도록 한다. 예를 들면, 치료자는 미니어처에게 다음과 같은 질문을 구체적으로 물어볼 수도 있다.

- "너는 누구니?"
- "너는 얼마나 오랫동안 (내담자)를 알고 있었니?"
- "너는 어떻게 (내담자)를 처음 만났니?"
- "너는 (내담자)한테서 무엇을 처음 봤니?"
- "처음에는 몰랐지만 (내담자)에게서 배운 것 중 하나는 무엇이니?"
- "너와 (내담자)가 하고 싶은 것은 무엇이니?"
- "네가 (내담자)에게 하고 싶은 말은 무엇이니?"
- "네가 (내담자)에게 준 가장 좋은 조언은 무엇이니?"

이러한 질문을 통해 정보를 얻을 수 있지만 이것은 드라마적인 놀이를 시작하는 데 활용될 수도 있다. 기억해야 할 중요한 요소는 아이가 자신의 역할을 탐색하도록 안내하는 것이다.

만약 아이가 자발적으로 원자에서 학대자를 포함시킨다면, 즉 치료적 목적이 포함된다면, 아이를 그 특별한 역할을 하는 역할극을 하게 할 필요는 없다. 알려진 학대자의 경우에 아동의 관점에서 그 학대자에 관해 대화가 일어날 수는 있다. 치료가 명백한 이유를 조절하는 데는 이러한 미묘하고 중요한 차이가 있다.

사회적 원자는 종이 위에 그려진 관계의 유형을 재현하는 미니어처나 물건을 사용함으로써 강화되고 탐색될 수 있다. 예를 들면, 아이는 지그재그 선으로 사회적 원자에 있는 두 캐릭터 간의 굳은 관계를 재현할 수 있다. 관계적 선을 그림으로써 단절된 관계 혹은 막힌 관계를 알 수 있다. 일단 연결을 재현하는 선이 그려지면, 그 선은 미술재료로 그려질 수 있다. 미니어처들은 길을 위협하는 뱀이나 연결을 막는 바위와 같이 관계적 선을 나타내는 정보와 은유를 부가적으로 제공할 수도 있다.

### 원과 네모와 사회적 원자

사회적 원자의 또 다른 적용은 아동이 큰 종이 위에 큰 원을 그리고 넓은 바닥 위에 그 종이를 놓는 것이다. 남자아이라면 네모로, 여자아이라면 원으로 표시하던 앞의 활동처럼, 자기 자신을 재현하기 위해 원이나 네모를 고른다. 아이가 자기 인생의 사람들에 대해 원이나 네모의 다른 색과 사이즈의 것들을 고르고 중심 원이나 네모에서 가깝게 혹은 멀리 그것들을 위치시킨다([그림 7-2] 참조). 일단 사회적 원자의 도표가 만들어지면, 아이는 치료자와의 면담을 위해서 다른 원/네모로 자리를 옮길 수 있다. 각 원이나 네모는 중요한 정보를 전달하는데, 예를 들면 아이에게 그 사람이 얼마나 '큰지' 혹은 '작은지'를 색깔로도 표현하고 얼마나 강렬한지, 상호적인지, 밝은지, 아이가 이 사람에게서 보는 에너지는 어떠한지 등을 표현할 수 있다. 드라마치료사는 명백히 아이가 각 사람의 역할을 하는 것을 그림으로써 그 사람을 구체적으로 표현하는 데 관심을 두는데, 미술치료사 또는 놀이치료사들은 원/네모 간의 공간과 그 공간으로 얼마나 즐겁게 상호작용하는지, 어떤 색깔이 그들 자신의 경험에 의미를 지니는지 등에 더욱 관심을 둔다.

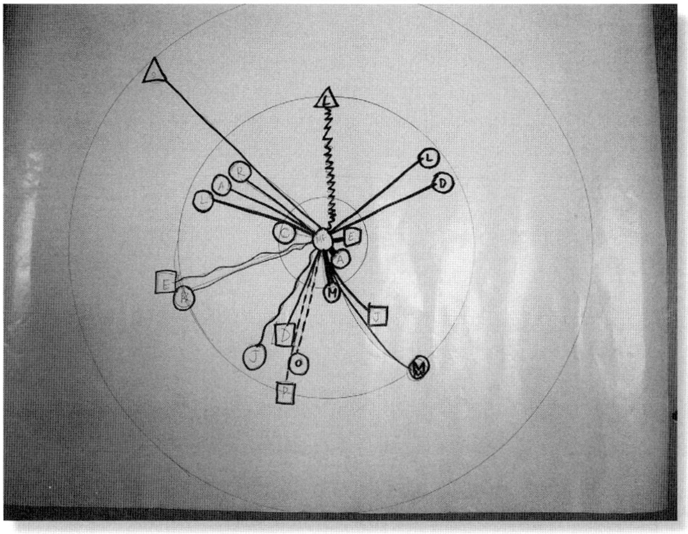

| 그림 7-2 | 동심원 위에 놓인 사회적 원자의 재구성된 예.
원과 네모는 여자와 남자를 상징하며 삼각형은 중요한 기관을 상징한다.

## 결론

놀이치료사와 드라마치료사들은 많은 면에서 공통점을 가진다. 두 분야의 치료는 모두 아동기에 자발적으로 일어나는 자연스럽고 자유로운 현상에 관련된 것이라는 것 그리고 두 분야의 치료자들 모두 치료적 목표에 더 나아가기 위해서 분명 잠재력을 가진 믿을 수 있는 정신건강 실천으로서의 훈련을 형성하기 위해 고투한다는 것이다. 두 분야의 치료자들은 다양한 이유로 감정이 표현되지 않을 수 있으며 언어적 의사소통으로 제한되지 않으면서 방출할 기회를 충분히 주고 있다. 좀 더 총체적으로 정의하자면, 놀이와 드라마는 내적 움직임, 반영과 표현을 통한 교정적 경험을 주기 위해 몸과 마음에 개입한다.

아동기 외상은 전통적으로 외적 스트레스 요인에 대해서 사람이 처리할 능력을 넘어 버리는 것, 정서적 표현, 인지 및 지각적 변형, 조각난 기억의 동화, 감각과 신체적 표현에 통상적으로 위협을 일으키는 것으로 묘사된다. 외상을 입은 아이들은 중요한 관계를 유지 및 형성하는 데 있어 외롭고, 낙인찍혔으며, 손상되었다고 느낀다. 더불어 타인에 대한 그들의 애착은 양육자가 함께함에도 조절되지 못함을 느끼고 필연적으로 과도하게 놀라게 한다. 이러한 아이들이 앞으로 나아가서 새롭고 긍정적인 미래의 선택을 만들기 위해서는 외상이 직접적으로 또는 간접적으로 다루어져야 한다. 드라마치료사와 놀이치료사들은 반영하고 목소리를 주며 정서를 표현할 수 있도록 아이들에게 안전하고 필요한 자원의 복합체를 줌으로써 더 나은 외상의 치료적 목표에 도달할 독특한 지위를 가져야 하는데, 이를 통해 사고와 지각의 변화를 일으켜서 종국에는 아이가 숙달감과 조절감을 갖도록 해야 한다.

## 참고문헌


Boal, A. (1992). *Games for actors and non-actors*. New York: Routledge.

Bratton, S. C., Ray, D., & Rhine, T. (2005). The efficacy of play therapy with children: A meta-analytic review of treatment outcomes. *Professional Psychology: Research and Practice, 36*(4), 376-390.

Cohen, J. A., Mannarino, A. P., & Deblinger, E. (2006). *Treating trauma and traumatic grief in children and adolescents*. New York: Guilford Press.

Cohen, J. A., Mannarino, A. P., & Deblinger, E. (Eds.). (2012). *Trauma-focused CBT for children and adolescents: Treatment applications*. New York: Guilford Press.

Cook, A., Spinazzola, J., Ford, J. D., Lanktree, C., Blaustein, M., Cloitre, M., …… van der Kolk, B. (2005). Complex trauma in children and adolescents. *Psychiatric Annals, 35*, 390-398.

Courtois, C. A., & Ford, J. D. (2009). Defining and understanding complex trauma and complex traumatic stress disorders. In C. A. Courtois & J. D. Ford (Eds.), *Treating complex traumatic stress disorders: An evidence-based guide* (pp. 13-30). New York: Guilford Press.

D'Andrea, W., Ford, J., Stolbach, B., Spinazzola, J., & van der Kolk, B. (2012).

Understanding interpersonal trauma in children: Why we need a developmentally appropriate trauma diagnosis. *American Journal of Orthopsychiatry, 82*(2), 187-200.

Dayton, T. (2005). *The living stage: A step-by-step guide to psychodrama, sociometry and experiential group therapy.* Deerfield Beach, FL: Health Communications.

Eyberg, S. (1988). PCIT: Integration of traditional and behavioral concerns. *Child and Family Behavior Therapy, 10,* 33-46.

Ford, J. D., & Cloitre, M. (2009). Best practices in psychotherapy for children and adolescents. In C. A. Courtois & J. D. Ford (Eds.), *Treating complex traumatic stress disorders: An evidence-based guide* (pp. 59-81). New York: Guilford Press.

Gil, E. (2003). Family play therapy: "The bear with short nails." In C. E. Schaefer (Ed.), *Foundations of play therapy* (pp. 192-218). New York: Wiley.

Gil, E. (2010). Children's self-initiated gradual exposure: The wonders of posttraumatic play and behavioral reenactments. In E. Gil (Ed.), *Working with children to heal interpersonal trauma: The power of play* (pp. 44-66). New York: Guilford Press.

Herman, J. (2009). Foreword. In C. A. Courtois & J. D. Ford (Eds.), *Treating complex traumatic stress disorders: An evidence-based guide* (pp. xiii-xvii). New York: Guilford Press.

Iacoboni, M. (2008). *Mirroring people: The new science of how we connect with others.* New York: Farrar, Straus & Giroux.

Irwin, E. C. (1983). The diagnostic and therapeutic use of pretend play. In C. E. Schaefer & K. J. O'Connor (Eds.), *The handbook of play therapy* (pp. 148-173). New York: Wiley.

Jones, P. (1996). *Drama as therapy: Vol. 1, Theory, practice and research.* New York: Routledge.

Ludy-Dobson, C. R., & Perry, B. (2010). The role of healthy relational interactions in buffering the impact of childhood trauma. In E. Gil (Ed.), *Working with children to heal interpersonal trauma: The power of play* (pp. 26-43). New York: Guilford Press.

McGoldrick, M., & Gerson, R. (1986). *Genograms in family assessment.* New York: Norton.

McGoldrick, M., Gerson, R., & Petry, S. (2008). *Genograms: Assessment and intervention* (3rd ed.). New York: Norton.

Moreno, J. L. (1934). *Who shall survive?: A new approach to the problem of human interrelations.* Washington, DC: Nervous and Mental Disease Publishing.

O'Connor, K. J., & Braverman, L. M. (1997). *Play therapy theory and practice: A comparative presentation*. New York: Wiley.

O'Connor, K. J., & Braverman, L. M. (2009). *Play therapy theory and practice: Comparing theories and techniques* (2nd ed.). Hoboken, NJ: Wiley.

Osofsky, J. D. (2011). *Clinical work with traumatized young children*. New York: Guilford Press.

Papp, P., Silverstein, O., & Carter, E. (1973). Family sculpting in preventive work with "well families." *Family Process*, *12*(2), 197-212.

Salas, J. (1993). *Improvising real life: Personal story in Playback Theater*. Dubuque, IA: Kendall/Hunt.

Schaefer, C. E. (Ed.). (1993). *The therapeutic powers of play*. Northvale, NJ: Aronson.

Schaefer, C. E. (1994). Play therapy for psychic trauma in children. In K. J. O'Connor & C. E. Schaefer (Eds.), *Handbook of play therapy: Vol. 2. Advances and innovations* (pp. 297-318). New York: Wiley.

Shaw, J. A. (2010). A review of current research on the incidence and prevalence of interpersonal childhood trauma. In E. Gil (Ed.), *Working with children to heal interpersonal trauma: The power of play* (pp. 12-25). New York: Guilford Press.

Siegel, D. (2012). *The developing mind: How relationships and the brain interact to shape who we are* (2nd ed.). New York: Guilford Press.

Siegel, D., & Bryson, T. P. (2011). *The whole-brain child: Revolutionary strategies to nurture your child's developing mind*. New York: Delacorte Press.

Spolin, V. (1986). *Theater games for the classroom: A teacher's handbook*. Evanston, IL: Northwestern University Press.

van Horn, P., & Lieberman, A. F. (2009). Using dyadic therapies to treat traumatized young children. In D. Brom, R. Pat-Horenczyk, & J. Ford (Eds.), *Treating traumatized children: Risk, resilience, and recovery* (pp. 210-224). New York: Routledge.

Weber, A. M., & Haen, C. (Eds.). (2005). *Clinical applications of drama therapy in child and adolescent treatment*. New York: Brunner-Routledge.

Zapora, R. (1995). *Action theater: The improvisation of presence*. Berkeley, CA: North Atlantic Books.

# 복합적 외상 극복을 위한 부모-자녀 놀이치료

Glade L. Topham
Risë VanFleet
Cynthia C. Sniscak

복합적 외상을 경험한 아동들은 부모나 양육자들에게뿐만 아니라 치료적 과정에 특별한 의미가 있는 도전을 가져온다. 아동들은 학대, 분열적 애착, 심각한 정서적 · 행동적 · 사회적 어려움들이 복잡하게 얽힌 발달력이 있고, 나아가 어른들을 신뢰하는 능력이 줄어드는 어려움을 겪는다. 복합적 외상을 지닌 아동들은 행동이 극단적일 수 있고 때로는 파괴적일 수 있어서 그들을 돌보는 이들에게 좌절을 줄 수 있다. 부정적인 상호작용 양식은 관련된 모든 이에게 거대한 스트레스와 분노를 일으켜서 문제를 더욱 악화시킬 수 있다.

부모-자녀 놀이치료(Filial Therapy: FT)는 위탁, 친족 양육 같은 돌봄 시스템이나 입양가족, 친부모와의 재통합 과정에서 애착 외상을 지닌 아동들에게 성공적으로 사용되어 왔다(VanFleet, 2006b; VanFleet & Sniscak, 2003; VanFleet & Topham, 2011). 부모-자녀 놀이치료가 이러한 아동들에게 매우 가치 있는 치료라는 것에 대한 아주 많은 근거가 있다. 이 장에서는 아동의 부적응을 일으키는 외상과 애착 관련 이슈들을 해결하는 동안 부모-자녀 놀이치료가 정서적 · 행동적 · 관계적 문제들을 변화시키는 데 어떻게 작용하는지에 대한 과정을 사례를 통하여 논의할 것이다.

이 장은 부모-자녀 놀이치료에 대한 설명과 아동과 가족의 욕구와 관련하여 놀이치료를 적절하게 변용하는 것에 대한 논의로 시작한다. 부모-자녀 놀이치료의 효과에 대한 연구 결과는 대인관계적 외상과 분열된 애착의 희생양인 아동의 사례를 통하여 더 살펴본다.

## 부모-자녀 놀이치료

부모-자녀 놀이치료는 1950년대 후반에 Bernard와 Louise Guerney 박사가 개발하였다. 이들은 처음부터 효과적인 가족치료 개입으로 부모-자녀 놀이치료의 연구와 새로운 전개를 이끌었다(B. G. Guerney, 1964; L. F. Guerney, 2003; L. F. Guerney & Ryan, 2013; VanFleet, 2013). 이 치료는 심리적인 사고를 훈련하는 모든 주요 기관으로부터 기초와 방법들을 끌어냈으므로 놀이치료와 가족치료를 완전하게 통합하는 매우 간단한 접근이다(Ginsberg, 2003; L. F. Guerney & Ryan, 2013; VanFleet, 2011a, 2011b, 2011c, 2013). 아동의 변화를 위하여 부모 또는 양육자를 기본적인 중개자로 참여시키는 것은 이 치료가 만들어졌을 때뿐만 아니라 지금까지도 새로운 발상이다. 부모-자녀 놀이치료에 의한 심리교육적 체계로 충분히 훈련받은 치료자는 부모에게 자녀와 30분 동안 특별한 비지시적 놀이치료를 하도록 가르친다. 치료자는 부모가 필요한 기술들을 익힐 때까지 초기에는 부모 또는 양육자와 아동의 놀이치료 회기를 직접적으로 감독한다. 그런 다음 치료자는 가족 구성원들이 집에서 감독 없이 놀이 회기를 할 수 있도록 지속적인 지지를 한다(또는 녹화된 영상을 통하여 직접적인 감독을 한다).

### 개요

복잡하고 길게 설명하는 것을 피하기 위하여 여기에서는 부모-자녀 놀이치료 과정에 참여하는 부모, 조부모, 친척 양육자, 위탁부모, 입양부모를 양육자들(caregivers)로 지칭하고자 한다. 부모-자녀 놀이치료는 감정, 소망, 딜레마를 표현하기 위하여 가상 놀이를 가장 많이 사용하는 2세 반에서 12세까지의 아동들을 위해서 발달되어 왔으나, 우리는 복합적 외상을 지닌 16세 아동까지 확장하여 사용하였다. 외상과 분열적 애착을 경험한 아동은 발달적으로 중단되었기 때문에 사회적·정서적으로 종종 나이보다 어린 아동처럼 기능하게 된다. 그렇기 때문에 부모-자녀 놀이치료에 저항이 적은 일부의 청소년에게는 적용이 가능하다.

부모-자녀 놀이치료에서는 치료자가 양육자에게 아동과의 놀이 회기에서 4가지 기초적인 기술을 사용하도록 가르친다. 이러한 회기들은 아동중심 놀이치료(Child-Centered Play Therapy: CCPT)의 원칙과 실행을 따르고 본질적으로 비지시적이다(Axline, 1969; Cochran, 2010; Landreth, 2012; VanFleet, Sywulak, & Sniscak, 2010; Wilson & Ryan, 2005). 양육자는 매주 아동과 30분씩 놀이 회기를 하고 가족 구성원 중 다른 아동들이 있으면 양육자가 각각의 아동과 30분씩 놀이 회기를 하는 것이 바람직하다. 이것은 치료의 목표가 되는 대상아동의 선정효과를 방지하고 가족 내 모든 양자관계의 건강한 애착을 발달시킨다(VanFleet, 2013). 더욱이 가정 내 모든 어른 양육자가 참여하도록 강하게 북돋운다.

치료자는 먼저 한 회기 이상의 아동중심 놀이치료 시범을 보인 후(보통 가족 내 각 아동마다 한 회기씩), 각 회기에 대하여 양육자와 처음부터 끝까지 논의한다. 그런 후 치료자는 양육자가 놀이 회기를 할 수 있도록 1시간으로 이루어진 3회기를 훈련시킨다. 치료자가 아동의 역할을 흉내 내는 놀이 회기를 궁극적으로 실행하고 양육자가 감정이입적이고, 긍정적이며, 활발하게 놀이하는 접근을 사용하게 됨으로써 모든 기술을 연습하는 것이 끝난다. 치료자는 그들이 실행하는 것에 대하여 양육자에게 격려하는 피드백을 제공한다. 이후에 양육자는 치료자로부터 직접적인 감독을 받으면서 아동과 거의 4~6회 놀이 회기를 한다. 각 회기에는 치료자가 양육자에게 기술적 피드백을 제공하고, 놀이 주제와 양육자의 일상적 관심을 함께 논의하는 피드백 부분이 포함된다. 양육자가 놀이 회기의 기술들을 능숙하게 할 수 있게 되고, 놀이 주제들의 기능을 어떻게 식별하고 이해하는지를 알게 된 후 집에서 감독을 받지 않고 회기를 시작한다. 양육자들은 가정에서의 놀이 회기에 대하여 논의하기 위해 치료자를 지속적으로 만나고 일상생활에 적용하기 위해 배운 기술들을 일반화하는 것을 계속한다. 심각한 외상과 애착에 대한 이슈들로 인해 좀 더 많은 회기를 실시하는 경우도 있지만 일반적으로 부모-자녀 놀이치료에서는 각각의 가족에 대하여 15~20시간의 회기를 진행한다.

## 양육자에게 가르치는 기술

치료자는 양육자에게 구조화, 공감적 경청, 아동중심 가상놀이, 제한 설정의 4가지 기초적인 기술을 가르친다(VanFleet, 2006a, 2012, 2013에 자세히 제시되어 있음). 구조화는 아동이 놀이실에 들어오도록 허용적인 분위기를 조성하는 메시지와 놀이 회기가 끝난다고 알려 주는 1~5분의 시간을 포함한다. 공감적 경청은 아동이 놀이에서 직접적으로 혹은 가상놀이를 통하여 간접적으로 표현한 것을 바탕으로 아동이 무엇을 하는지 짧게 묘사하고(추적하기), 감정들을 반영한다. 아동중심 가상놀이에서는 양육자가 아동이 배정한 역할을 하고, 아동이 이끌고 양육자가 따라가는 태도를 취해야 한다. 아동은 감독자와 배우의 역할을 둘 다 하고, 양육자는 아동의 지시를 따르는 배우다. 제한 설정은 놀이를 할 때 안전과 경계를 세우기 위해 사용되며, 부모-자녀 놀이치료에서는 양육자가 제한을 말로 전달하고, 경고를 하고, 아동이 설정된 제한을 지키지 않으면 놀이를 끝내는 것을 배운다. 한 회기에서 아동이 같은 제한을 3번 어기면 그 회기는 끝이 나고, 이는 모든 놀이 회기에 적용된다. 그렇게 하면 대부분의 아동은 놀이 회기를 즐기고 놀이가 끝나지 않기를 바라므로 양육자의 권위가 빨리 회복된다. 공감적 경청과 가상놀이는 아동이 탐험하고, 표현하고, 즐기는 것을 허용하는 환경을 조성한다. 안전함이 보장되고 양육자가 근본적인 권위를 갖도록 하는 허용적인 분위기는 구조화와 제한 설정 기술들에 의해 균형이 이루어진다.

## 복합적 외상을 지닌 아동에 대한 적응훈련

복합적 외상을 지닌 아동들과의 작업에서 이루어지는 적응이 일반적인 부모-자녀 놀이치료 과정에서도 가끔 나타난다(VanFleet, 2006b; VanFleet & Sniscak, 2003). 양육자는 외상과 애착과정이 아동의 행동과 안녕에 어떠한 관계가 있는지에 대하여 보다 많은 정보가 필요하다. 예를 들면, 그들은 아동이 조절력이 전혀 없고 극단적인 행동과 정서적 반응을 나타내는 것은 과거의 외상과 분열적 애착에 의한 결과라는 것을 이해할 필요가 있다. 부모-자녀 놀이치료의 체계에서 치료자는 안정 애착의 중요성과 이것이 어떻게 형성되는지에 대하여 이야기한다. 나아가서 이러한 아동들은 보다 공격적이고 성적인 방법으로 놀이를 하기 때문에 때때로 치료자는 놀이 회기에서 감정적으로 어려운 소재들에 대하여 양육자가 어떻게 반응할 것인지 모의 놀이 회기를 추가하는 것이 바람직하다.

## 부모-자녀 놀이치료의 교훈적이고 역동적인 요소

부모-자녀 놀이치료는 아동과 양육자가 창의적인 방법으로 긍정적으로 변화하고 통합하도록 하는 교훈적이고 역동적인 요소들로 조합되어 있다. 교훈적 요소는 양육자가 놀이 회기를 수행하기 위해 준비하는 것과 놀이 회기에 사용되는 기술들을 능숙하게 익히는 훈련과정을 포함한다. 역동적인 요소는 치료자가 아동의 놀이 주제들을 양육자가 인식하고 이해하도록 하기 위해 논의하는 것과 놀이와 이러한 과정에 있어서 양육자의 감정과 반응에 대해 공감적으로 탐색하는 것을 포함한다. 놀이 회기는 종종 양육자가 아동에게 즉각 반응하는 것을 예방하는 계기가 된다. 부모-자녀 놀이치료를 기술적으로 익힌 실천자들은 양육자가 이해하는 것을 발달시키고 자신의 변화를 만드는 것을 돕기 위해 이러한 반응들을 한다.

## 형식 및 변화

부모-자녀 놀이치료는 처음에는 효율적이고 비용 대비 효과적인 가족 집단개입의 한 방법으로 개발되었다. 이 접근은 L. F. Guerney와 Ryan(2013)이 구체화했는데, 필요에 따라서 단축되기도 하고 길어지기도 하는 20주간의 집단개입 모델로 묘사되었다. VanFleet(2006a, 2013)은 개별 가족을 위한 부모-자녀 놀이치료에 대하여 상세히 설명하였고 다양한 집단의 형식과 자원에 대하여 지시하였다. 이에 대하여 VanFleet, Sniscak과 Faa-Thompson(출판 중)은 위탁부모와 입양부모를 대상으로 하는 14~18주간의 집단 부모-자녀 놀이치료 형식을 설명하였다. 치료자가 제대로 훈련되었고 치료의 가치, 원칙, 과정을 충실히 지킬 때 심각한 외상과 애착문제를 지닌 아동이 있는 가족의 복잡한 욕구들을 효과적으로 해결하는 융통성 있는 방법이 된다. 이어서 애착 외상을 다루는 데 대한 통합적 모델에 대하여 논의하고 이러한 아동과 그들의 양육자를 위하여 부모-자녀 놀이치료를 사용하는 이유를 제공할 것이다.

## 애착 외상 치료의 목표 대상

애착과 외상은 밀접하게 관련되어 있다. 아동이 외상을 경험하였을 때 애착관계뿐만 아니라 그들이 안전하고 그들을 보호하는 애착 대상에 대한 믿음이 위협을 받는다. 더욱이 불안정 애착을 지닌 아동은 그 경험을 극복하는 데 필요한 내외적 자원과 지지가 부족하기 때문에 외상의 영향을 극복하는 데 더 많은 문제를 가지고 있고 미래의 외상에 더욱 취약할 것이다. 따라서 아동의 외상과 분열적 애착을 치료하기 위해서는 애착이론과 외상이론을 잘 알고 있어야 한다(Busch & Lieberman, 2007).

만성적인 대인관계 관련 외상이나 복합적 외상을 가진 아동의 치료를 위한 애착이론과 외상이론들이 통합된 유용한 구조는 애착, 자기조절, 역량(attachment, self-regulation, competency: ARC) 치료 구조다(Blaustein & Kinniburgh, 2010; Kinniburgh,

Biaustein, Spinazzola, & van der Kolk, 2005). ARC 모델은 치료 규약이라기보다는 아동의 복합적 외상을 치료하기 위한 중심 영역과 대상에 초점을 맞춘 구조이며 아동 외상의 영향 연구에 기초를 두고 있다. 앞으로 ARC 모델의 세 영역과 10가지 목표가 되는 요소들과 복합적 외상을 경험한 아동이 일반적으로 보이는 도전들을 제시할 것이다. 그런 다음 부모-자녀 놀이치료가 복합적 외상을 효과적으로 해결하는지 설명하기 위해 ARC 구조를 사용한다.

## 애착

ARC 구조에서는 양육자의 감정 관리, 조율, 반응의 일관성, 일정한 순서와 의식이라는 애착에 대한 목표 영역이 있다. 복합적 외상에 대한 사례에서 아동에게 적절한 보호와 양육을 제공하지 못한 이전의 양육자는 감정을 인식하고 감정적 반응을 조절하는 기술이 부족하다. 이러한 결손은 그들이 아동에게 반응적이고 효용적으로 작용할 수 있는 능력의 심각한 손상을 보여 준다. 더욱이 최근의 양육자가 학대와 방임을 제공한 발달력이 없는 경우에도 양육자는 가끔 보이는 복합적 외상을 경험한 아동의 변덕스러운 행동과 감정에 반응함에 있어서 자신의 감정적 경험을 관리하기가 일반적으로 어렵다. 나아가서 복합적 외상을 경험한 아동은 흔히 일관성, 예측 가능성, 안전에 대한 감각이 거의 남아 있지 않아서 가족체계 속에서 혼돈에 빠지는 것이 익숙하다 (Arvidson et al., 2011).

## 자기조절

ARC 구조에서 자기조절은 감정식별, 감정조절, 감정표현이라는 3가지 목표 영역이 있다. 외상을 경험한 아동은 이러한 감정을 인식하지 못하거나 감정의 근원이 다른 곳에 있다는 것에 대한 자각이 없이 종종 부정적 정서에 압도된다. 또한 그들의 내적 경험을 조절하는 것에 대한 전략이 거의 없고, 보통 그들의 내적 경험을 다른 사람과 효과적으로 의사소통하지 못한다(Kinniburg et al., 2005).

### 역량

ARC 구조에서 발달과 관련된 역량은 실행기능, 자기성장과 정체성이라는 2가지 목표 영역이 있다. 외상경험이 있는 아동은 그들이 속한 환경의 영향력을 느끼는 감각이 거의 없고 문제를 해결하고 도전적인 과업에 대해 인내하는 것이 어렵다. 또한 그들은 애착 대상으로부터 외상적 경험과 지속적이지 않은 돌봄을 받은 결과로 일반적으로 부정적인 자기개념을 내적으로 경험한다. 더욱이 외상은 일반적으로 아동의 발달을 방해하고 발달적 역량을 지연하는 결과를 가져온다. ARC 모델의 마지막 구획은 외상경험 통합이다. 외상경험이 있는 아동은 흔히 분열된 내적 경험에 압도된 경험이 있기 때문에 내적 경험을 이해하고 그와 관련된 사건들을 알아차리는 능력이 거의 없다(Arvidson et al., 2011).

## 복합적 외상의 치료와 부모-자녀 놀이치료

부모-자녀 놀이치료는 양육자와 아동의 관계적 맥락 속에서 치료를 하기 때문에 복합적 외상 치료에 적합하다. 이 치료에서는 아동, 양육자, 아동과 양육자의 관계 향상에 동시에 초점을 두고, ARC 모델에서 특별하게 다루는 치료의 모든 주요 목표에 주의를 기울이며, 친부모, 위탁부모 또는 입양부모에게 융통성 있게 적용할 수 있다. 치료는 구조화되어 있으며, 시간이 한정되어 있다. 기본적으로 양육자-아동 회기가 비지시적이기 때문에 광범위한 양육자-아동의 관계문제를 다루는 데 유용하며, 긍정적이고 튼튼한 기반을 지니고 있다. 이어서 부모-자녀 놀이치료가 ARC 모델의 애착, 자기조절, 역량의 목표들을 어떻게 이끄는지 설명한다.

## 애착

### 양육자의 감정 관리

부모-자녀 놀이치료의 4가지 기술을 발달시키고 개선하는 동안 양육자는 아동과의 상호작용에 대한 그들의 내적 경험을 관리하는 것을 배운다. 공감적 경청과 아동중심 가상놀이 기술들은 양육자가 아동을 위해서 충분히 존재하여야 하기 때문에 양육자들에게 그들의 개인적 욕구, 두려움, 반응을 조절하도록 하여서 도전으로 다가온다. 양육자들은 정서적으로 존재해야 하고 아동에게 수치심을 주거나 거부하는 것을 피하기 위해서 제한된 설정 속에서 자신의 반응들을 관리하는 것을 배운다. 양육자의 자기조절을 개선하는 것을 돕는 작업의 중요한 요소는 놀이 회기 이후의 피드백 회기에서 나타난다. 치료자는 놀이 회기 동안에 양육자가 정서적 반응을 보여야 하는 지점들을 찾도록 돕고, 그들이 반응해야 하는 가능성이 있는 이유를 그들의 배경을 통하여 발견하게 하며 이야기해 준다. 또한 양육자가 외상과 애착의 관점에서 아동의 행동을 이해하도록 돕는다. 이러한 논의를 통하여 양육자는 좀 더 자기인식을 하게 되고 심도 있게 자기조절을 하게 된다.

### 조율

공감적 경청과 아동중심 가상놀이 기술의 핵심은 양육자의 조율이다. 이러한 기술들의 초점은 양육자가 감정, 바람, 의사를 포함한 아동의 내적 경험을 조율하고 반응하도록 밀어붙인다. 아동중심 가상놀이는 양육자의 조율 '근육들'이 아동이 원하고 필요로 하는 방식으로 놀이하는 감각을 지니기 위해 분투하도록 조정한다. 피드백 회기에서 치료자는 (발달적 관점과 외상에 대한 관점을 적용하여) 아동의 놀이가 의미하는 것과 아동을 위해서는 무엇이 이루어져야 하는지에 대한 반응적 논의를 함으로써 양육자가 조율을 하도록 한다. 나아가서 치료자는 양육자의 내적 경험에 관심을 기울이는 상호작용을 하면서 조율에 대한 모델적 역할을 한다.

### 반응의 일관성, 일정한 순서와 의식

놀이 회기를 시작할 때와 끝낼 때 동일한 말하기와 회기를 끝내기 5분과 1분 전에 알려 주기와 같은 구조화 기술들을 활용하는 것은 양육자가 일관성과 예측 가능성을 배우도록 한다. 놀이실은 각 놀이 회기마다 동일한 장난감과 방식으로 준비된다. 양육자는 아동의 일정과 환경 속에서 일관성과 예측 가능성을 가짐으로써 놀이 회기 이외의 상황에서도 구조화 기술을 일상적으로 사용하도록 배운다. 그렇게 하면서 양육자는 아동을 위하여 외상의 계기가 된 것에 대하여 특별히 주의를 기울인다. 예를 들면, 복합적 외상을 지닌 아동은 흔히 잠자리에 드는 시간에 불안하고 두려워한다. 일상에서 잠자리 의식으로 양육자는 아동과 함께 방이 '안전'한지 확인하고, 수면등을 켜 두거나, 문을 조금 열어 두며, 아동을 지켜보는 봉제인형을 아동에게 준다(Arvidson et al., 2011).

## 자기조절

### 정서식별

공감적 경청기술을 사용함으로써 양육자는 아동의 감정, 의도, 바람을 놀이 회기 동안 말로 반응해 주며, 아동이 그들의 내적 경험을 조율하고 수용하도록 돕는다.

### 정서조절

놀이 회기에서 아동은 각성을 늘리는 다양한 장난감(예: 펀치백, 칼, 공격적 동물 등)과 각성을 줄이는 다양한 장난감(예: 모래상자, 아기 인형, 병 등)을 제공받는다. 안전한 놀이환경 속에서 처음에는 특정한 각성 상태에 대해 두려워하던 아동이 서서히 다른 각성 상태를 실험적으로 해 볼 수 있게 되고, 이러한 상태에 익숙해지는 감각을 증가시키는 경험을 한다. 양육자가 제공하는 제한은 행동과 감정을 조절하는 기회를 아동에게 제공하고, 양육자의 반응은 아동에게 새롭게 생겨난 조절능력을 강화한다. 예를 들면, "네가 벽에 색칠을 못하면 정말 화가 나는 것 같아. 그런데 너는 색칠을 할 수 있는 다른 것을 생각해 냈어."와 같다.

### 정서표현

양육자의 반응의 결과로 아동이 자신의 정서적 경험을 알아차리고 수용하게 되는 것이 증가함으로써 아동은 자신의 감정을 쉽게 표현하게 된다. 많은 사례에서 아동이 양육자의 반응에 익숙해짐으로써 이후의 부모-자녀 놀이치료 단계에서 자신의 생각과 감정을 그들의 말로 하기 시작한다. 공감적 반응기술을 일반화하고 일상적 경험과 결합함으로써 양육자는 아동이 자신의 감정을 이해하고 조절하며 표현하는 것을 돕기를 얼마나 지속해야 하는지 배운다.

## 역량

### 실행기능

부모-자녀 놀이치료의 비지시적 놀이 회기는 아동의 문제해결 기술들을 발달시키는 데 풍부한 맥락을 제공한다. 이러한 맥락 속에서 아동이 역량을 갖게 됨으로써 자신의 환경을 통제하고 기초적 탑을 쌓는 것과 같은 작은 문제들을 할 수 있다. 예를 들면, 아동은 다트 총에 다트를 정확히 끼워 넣기 같은 점차 어려운 문제들을 할 수 있다. 외상을 경험한 아동이 문제를 해결하는 데 있어서 큰 장애물은 좌절에 대한 관대함이 없고 도전에 직면했을 때 지속할 수 있는 능력이 없는 것이다. 부모-자녀 놀이치료에서 양육자의 반응은 아동이 좌절하는 것을 조절하고 집중과 노력을 계속할 수 있게 아동의 문제해결에 있어서 비계를 설정하도록 돕는다. 양육자가 존중감을 세우도록 반응함으로써 아동이 자신에게 새로 생긴 기술들을 통합하고 역량을 발달시키도록 돕는다. "총에 다트를 어떻게 넣는지 생각하는 것은 매우 어려운데, 너는 방법을 알아낼 때까지 했고 이제는 할 수 있게 됐구나."

### 자기개발과 정체성

아동의 내적 경험에 대한 양육자의 반응은 아동이 독특하게 존재하는 것에 대한 감각을 발달시키고 자신의 독특성을 내적으로 수용하도록 돕는다. 자신에 대한 긍정적인 감각을 갖는 것은 아동이 자신의 환경에 대한 통제감을 가짐으로써 조정되고, 자신의 긍정적 감정에 대한 양육자의 반응에 의해서 강화된다. 예를 들면, "저렇게 탑을 높게 쌓을 수 있게 되다니 너는 정말 자랑스럽겠다."와 같다.

#### 외상경험 통합

부모-자녀 놀이치료의 중요한 목적은 과거의 외상적이고 고통스러운 경험들에 대하여 '놀이를 할 수 있는' 맥락을 만드는 것이다. 양육자와 아동의 놀이 회기에서 아동은 과거의 압도적인 기억, 경험, 감정과 관련된 놀이를 하고 그에 대한 통제감을 가질 수 있고, 분열된 내적 경험을 통합할 수 있다.

## 관련 연구

부모-자녀 놀이치료 프로그램이 아동의 정서표현을 증가시키고, 우울과 불안을 감소시키고, 자신감을 증진시키고, 문제행동을 줄이는 것을 포함한 긍정적인 아동치료라는 아주 많은 결과가 있다. 이와 함께 양육자의 민감성, 공감, 수용을 증가시키고 양육자의 스트레스를 감소시키며 양육자와 아동의 관계가 개선된다는 긍정적인 결과들이 있다(VanFleet, Ryan, & Smith, 2005). 부모-자녀 놀이치료 성공 요인을 실험한 Topham, Wampler, Titus와 Rolling(2010)의 최근 연구에서는 사전검사에서 양육자의 정신적 고통이 높을수록, 아동의 정서조절이 낮을수록 치료를 통해 아동의 문제행동이 특별히 의미가 있게 줄어듦을 예상할 수 있다고 하였다. 이와 유사하게 사전검사에서 양육자의 정서조절이 부족할 때 치료를 통하여 양육자의 수용성이 의미 있게 증가함을 예상할 수 있었다. 부모-자녀 놀이치료가 양육자와 아동의 정서조절을 개선시키는지에 대한 연구 결과는 아직 없지만, 이 연구 결과에서 긍정적인 변화를 추측하도록 이끄는 것은 정서조절을 개선하는 기능이다. 양육자와 아동의 정서조절이 부족할수록 (복합적 외상을 지닌 아동 사례에서 일반적) 부모-자녀 놀이치료를 통해 긍정적인 경험을 얻고 정서조절 기능이 긍정적으로 변화한다고 추측된다.

## 사례

다음의 사례는 변화에 대한 정보를 확인할 수 있고 몇몇의 가족 사례가 혼합되어 있다. 어쨌든 모든 부모-자녀 놀이치료 과정은 실제 사례를 대표적으로 서술한 것이다.

### Tory

Tory가 친엄마로부터 분리되어 온 것은 3세 때였다. Tory는 하체의 반이 뜨거운 욕조에 데었고 학대경험의 영향에서 회복하기 위하여 몇 달 동안 주요 의료시설에 있었다. 다양하고 고통스러운 의료적 치료과정과 오랜 병원생활, 주 양육자의 상실이라는 상처와 관련된 외상 때문에 놀이치료에 의뢰되었다. 이후에도 의료적 치료가 예상되는 상황이었다. 학대에 관련해서 Tory가 젖먹이였을 때부터 돌보던 주 양육자는 Tory와 함께 있었을 때 심장마비로 사망하였다. 더욱이 Tory의 의존적인 태도는 2명의 형제로부터 멀어지게 했다.

Tory는 병원에 있을 때 새로운 위탁가정을 만났다. 치료를 받으러 왔을 때 Tory는 모든 영역의 기능이 발달적으로 상당히 지연되어 수줍고, 내성적이며, 철회되어 있었다. 주요한 의사소통 문제가 있었으며, Tory가 말하는 것은 매우 알아듣기 힘들었다. 치료 목표는, 첫째, 안정 애착 발달을 위해 가족을 돕기, 둘째, 과거의 외상 치유를 위해 Tory를 돕기, 셋째, 발달적 이슈에 대해 Tory를 돕기에 초점을 맞추었다. 가족은 심리치료 외래환자였으며, Tory는 위탁가정에 잘 적응하였다. 밤에 과거의 외상과 관련된 악몽을 꾸는 것을 제외하고 심각한 행동적 문제는 없었으며, 종종 자신이 통제할 수 없는 것들이 있으면 좌절하여 울었다. 위탁엄마는 Tory가 사랑스럽고, 인내심이 있으며, 탄력적이고, 독립적이라고 하였다. 발달적이고 외상적인 문제들에 있어서 부모-

자녀 놀이치료가 건강한 관계와 애착을 증진시키는 데 기본적인 개입이라고 서로 결정을 하였다. 부모-자녀 놀이치료가 확실히 자리를 잡은 후, 많은 직접적인 놀이치료 개입이 Tory의 특유한 문제들을 치료하기 위해 이루어졌다.

Tory의 놀이는 발달력의 결과로 나이에 비하여 지연되었다. 놀이는 일관된 주제와 순서가 없이 장난감들을 옮겨 다녔다. 위탁 엄마나 아빠와의 놀이 회기 동안 그들을 등 뒤로 하고 관계를 맺지 않았다. 치료자는 위탁부모가 각자 Tory와 놀이를 하는 회기 동안 Tory의 놀이를 잘 볼 수 있는 곳으로 가서 감정이입적으로 경청하며 눈 맞춤을 하도록 격려하였다.

외상 주제들은 부모-아동 놀이 회기의 초기에 나타난다. Tory는 말이 없이 아기 인형을 매우 거칠게 가지고 놀았다. Tory는 아기 인형들을 반복적으로 흔들고 때렸다. 또한 아기 인형들을 누르고 공격하였다. Tory는 아기 인형들을 방 저쪽으로 던지고 인형들을 쌓아 올렸다. 그런 다음 펀치백을 치고 모든 것을 공격적으로 자신과 멀어지도록 밀쳤다. 주제들은 힘, 통제, 공격성과 이전의 외상과 관련이 있는 것 같았다.

위탁부모가 Tory와 놀이 회기를 계속하면서 Tory의 놀이는 덜 혼란스럽고 발달적 및 외상 숙달, 관계 형성에 초점이 맞춰졌다. 놀이가 확장되면서 Tory는 탐색, 신뢰 형성, 숙달, 문제해결, 발달적 놀이, 관계, 양육 그리고 자기정체성에 대한 양식과 주제들을 보였다. Tory는 아기 인형들이 언제나 충분한 먹을 것이 있고 잘 돌봄을 받는 것에 관심을 가지기 시작하였다. 그런 다음 물을 다른 용기에 붓고 쏟는 물놀이에 관심을 가졌다. 이러한 놀이가 종종 발달적 숙달을 나타내는 것이지만, 처음에는 Tory가 물을 붓는 소리를 무서워하였기 때문에 특별히 의미가 있었다. 이러한 공포는 아마도 Tory의 외상적 경험과 관련이 있을 것이다.

Tory는 놀이실에 있는 장난감에 대한 관심을 확장함으로써 위탁부모를 놀라게 하기 위해서 많은 가면을 썼다. 그런 다음 마음속 깊이 하고 싶은 말인 "나예요."라는 것을 보여 주기 위하여 가면들을 벗었다. 나를 숨기고 다른 정체성을 시도하는 것은 안정 애착을 발달시키는 작업을 하는 아동들에게 일반적인 주제다. 처음에 Tory는 놀이실에 있는 모든 가면을 무서워하였지만 위탁 엄마, 아빠와의 관계 속에서 Tory의 불안이 줄어들면서 가면과 다른 '무서운' 장난감들에 대한 내성이 자라났다.

Tory는 결국 응급차와 병원 세트를 찾아냈다. Tory는 피규어들을 구급차 안으로 넣기 시작하였다. 놀이 회기가 집에서 이루어지면서 의료용 세트를 가지고 놀기 시작하였다. 처음 자기 스스로 이러한 물품들을 가지고 놀기 시작하였을 때, Tory는 자기에게 총을 쏘았다. 이러한 회기가 2~3번 지난 후 Tory는 위탁엄마를 머뭇거리며 대하기 시작하였다.

놀이 회기가 지속되고 Tory가 외상적 경험에 대하여 작업함으로써 위탁부모와의 애착이 자라나고 Tory는 또래에게 기대되는 수준과 비슷하게 놀이를 하였다. 그런 이후에 유치원에 갈 수 있게 되었고, 위탁부모에게 입양되었다. 이후에 가족은 Tory의 두 형제자매를 입양하였고 입양부모는 세 자녀와 일상적인 일대일 부모-자녀 놀이치료를 하였다. 종결한 지 9개월이 지난 후 엄마의 보고에 의하면, 가족 구성원 모두 집에서 계속 실시하고 있는 주말 놀이 회기를 기대한다고 하였다. 지금은 일상적으로 사용하는 기술들을 활용하는 부모와의 일대일 놀이 회기에서 여전히 훌륭한 결과들을 보이고 있다.

## Lilly

Lilly는 어린 엄마의 방임으로 위탁보호 시스템으로 오게 됐다. 위탁보호를 하는 곳이 학대적이라서 할머니가 양육하게 되었다. 매우 불행하게, 이번에도 가정학대가 이루어졌기 때문에 Lilly는 몇 달 동안 입원을 해야 하는 심각한 상처를 입었다. Lilly의 뇌 상처는 종창을 제거해야 할 만큼 너무 심각하였다. Lilly는 걸을 수도 없고 한쪽 팔과 손을 사용할 수 없었다. 학대를 한 할머니는 무기징역을 선고받았다.

Lilly의 발달력에 나타난 분열적 애착, 심각한 학대, 비일관적 돌봄, 의료적 외상을 고려하면 Lilly가 도전적인 행동을 하는 아이가 된 것은 놀랍지 않다. 병원에 있을 때 Lilly는 새로운 위탁부모를 소개받았다. 위탁부모 중 1명은 이후의 안정 애착 발달을 위한 개입으로 처음 몇 달 동안 자신이 살던 곳을 떠나 Lilly가 있는 곳으로 와야 했다.

더욱이 Lilly의 의료적 치료는 계속되었고 병원에 오래 머무르고 힘든 치료를 받았다.

처음 Lilly가 치료를 받으러 왔을 때 이미 위탁엄마들이 입양한 이후였다. 위탁엄마는 Lilly의 불안, 짜증, 두려움, 항의하는 행동, 반항과 관련된 걱정을 보고하였다. Lilly는 지속적으로 한계를 시험하였고 부모들과 삼각관계를 맺으려고 하였다. Lilly의 의식 있는 입양부모는 그녀의 친엄마, (학대를 한 할머니가 아닌) 할머니, 한쪽 부모가 같은 남동생이 1년에 1번씩 휴가를 함께 지내도록 초대를 하였다. 이러한 방문 이후에 Lilly는 특히 조절하고 관리하기 힘들어졌다. 입양부모는 Lilly를 돕기 위하여 외상과 관련된 문제를 해결하고 Lilly의 정서적 반응을 통제하고 비적응적인 행동들을 조절할 수 있도록 도움을 요청하였다. 또한 애착문제에 대한 도움도 요청하였다. 다른 놀이 개입들도 사용되지만 부모-자녀 놀이치료는 이러한 가족을 위한 기본적 개입으로 사용된다.

두 부모 모두 모든 훈련과 치료 회기에 참여하였다. Lilly가 '내가 원하는 어떤 것이든' 할 수 있다는 것에 대한 믿음이 생기는 데는 몇 주간의 부모-자녀 놀이가 필요하였다. Lilly는 초기에 부모들이 자신과 함께 하는 것을 행복해하는지를 빈번하게 확인하였는데 이는 불안 애착을 가진 아동의 일반적인 주제다. 곧 Lilly는 총 쏘기, 무례한 말하기와 같은 공격적인 놀이와 같은 위험을 감수하기 시작하였다.

Lilly가 엄마가 말하듯이 부모가 하는 말과 그들이 Lilly의 놀이를 수용한다는 것을 한번 믿기 시작하면서 놀이의 주제들이 확장되었다. 펀치백을 가지고 공격적으로 놀이하면서 무찌른 다음 엄마들 중 한 사람 또는 다른 한 사람에게 반복적으로 총을 쏘는 것처럼 놀이하며 '당신은 나쁜 사람'이라고 하였다. 단지 2번의 놀이 회기 내에서 Lilly는 엄마들에게 함께 '나쁜 사람들'과 싸우자고 하였다. 금방 행동적으로 개선된 증거가 나타났으며 부모들은 놀이 회기의 몇몇 기술을 일상생활에 사용하는 것에 대한 자신감이 생겼다.

주요한 개선이 강화되는 것처럼 보였듯이, Lilly는 그녀의 외상적 경험에 대한 감각적 기억을 유발한 재활치료를 받아야 했고, 그 결과 그녀의 문제행동이 엄청나게 증가하게 되었다. 치료자는 문제행동의 증가에 혼란스러워하는 부모가 Lilly의 극단적인 반응과 퇴행을 외상의 맥락에서 이해하도록 도왔다. 그들은 함께 Lilly의 행동을 관리하는 동안 Lilly에게 그녀의 정서를 이해하고 있다는 것을 보여 주는 전략을 발달시켰다.

이 시기에 Lilly는 매우 힘든 한 주를 보냈다. Lilly는 아주 많이 폭발하고, 짜증 내고, 반항하였으며, 잠자리에 드는 시간에 매우 두려워하였다. 부모-자녀 놀이치료를 통해 외상에 대해 명확히 이해한 부모들은 1년 중 Lilly가 이러한 행동을 보이는 때가 처음 병원에 입원하고 새로운 가족을 만난 때와 일치한다는 것을 발견하였다. 그들은 다른 강력한 감각적 기억이 깨어난 것은 아닌지 의심하였다.

치료자는 Lilly가 자주 이야기하는 학대한 할머니와 관련된 고통을 없애도록 돕기 위하여 보다 직접적인 놀이치료 활동들을 할 것을 제안하였다. 이 가족에 대한 개입에서 Lilly는 아주 큰 가해자 그림을 그렸다. Lilly와 엄마들 그리고 치료자는 가해자에게 젖은 화장지 뭉치를 던지면서 동시에 '당신은 더 이상 아이들을 다치게 할 수 없고 아주 오랫동안 감옥에 있을 것'이라고 외쳤다. Lilly의 부모는 다시는 가해자가 Lilly의 옆으로 오지 못할 것이라는 것을 알도록 하였다. Lilly는 자신이 그린 상징적 가해자에게 소리치기 시작하였는데, 종이에 그려진 할머니에게 자신은 더 이상 할머니를 참지 않을 것이며 할머니가 자신에게 한 일을 소리쳐 말했다. "당신은 나를 거의 죽였어."라고 크게 외쳤고, 엄마들도 이에 동참함으로써 Lilly는 대담하고 진지하게 3개의 완벽한 화장지 뭉치를 사용하였다.

20분의 활동 이후에 Lilly는 엄마들 중 1명과 부모-자녀 놀이치료 회기를 하였다. 직접적인 놀이 이후에 인상적인 주제들이 나타났다. Lilly는 이 엄마에게 그 안에서 안전하다고 느낄 수 있는 큰 놀이 블록으로 이중벽을 쌓는 것을 도와달라고 하였다. Lilly는 여기에 들어가고 나오는 방법은 1가지밖에 없다고 하였다. 그녀는 거기의 우두머리고 2명의 엄마 이외에는 올 수 없다고 하였다. 엄마는 여기는 안전한 공간이고, 그들은 모두 함께 있으며, 저 이중벽 안에서는 어떤 나쁜 것도 일어날 수 없다고 정확하게 반영해 주었다. 엄마를 안은 후 놀이실을 떠났을 때 Lilly는 편안하고 침착해 보였다. 부모는 이 회기 이후에 Lilly의 정서와 행동에 아주 큰 개선이 있었다고 보고하였다. Lilly는 덜 격렬하게 놀이하였으며, 숙달, 문제해결, 엄마들과의 관계에 초점을 맞추었다. Lilly는 행복해 보였으며, 놀이와 일상생활에서 자주 웃었다. 이러한 변화는 치료하는 동안과 그 이후에도 계속 유지되었다.

## Joshua

Joshua는 4세 때 엄마의 방임으로 아동보호 서비스로 옮겨져서 양육되었다. 6개월 후에 치료에 의뢰되었을 때 행동적 문제 때문에 Joshua는 몇몇 위탁가정을 거친 이후였다. 엄마가 양육할 때 약물중독과 알코올중독에 노출되었을 가능성이 있었다. Joshua는 포르노 매체에 노출되었고 근친상간을 포함한 부모의 성적 행동을 목격한 것이 확실하였다. Joshua는 치료자에게 자신이 할아버지와 엄마가 성관계를 그만하도록 시도하였지만 그렇게 할 수 없었다고 말하였다. 또한 집에 자주 방문하던 2명의 남자에게 성적 학대를 받았음을 묘사하였다. Joshua는 "'나쁜 아이'라서 학교에서 쫓겨났어요."라고 하였다.

Joshua는 주의력결핍 과잉행동장애, 적대적 반항장애, 반응성 애착장애로 진단받았으며, 진단에는 또한 '아동방임'이라는 것이 표기되었다. Joshua의 첫 번째 위탁엄마는 충동적 · 공격적 · 반항적 행동과 파괴적인 행동들을 확인하였다. 그녀는 Joshua가 양심의 가책이 없으며, 원인과 결과를 생각하지 못하며, 동물에게 잔인하다고 보고하였다.

학교에서는 Joshua가 물건들에 오줌을 누고 부적절한 성적 행동을 보인다고 보고하였다. 집에서는 사람 인형이나 봉제 인형을 가지고 성적인 방법으로 놀이를 하였으며, 사례관리자는 Joshua가 부적절하게 다른 아이들을 성적으로 가르친다고 하였다. 그는 바지를 적셨으며 자주 자위를 하였다.

처음에 치료자는 Joshua의 위탁부모와 부모-자녀 놀이치료를 함께 하려고 하였는데, Joshua의 행동이 불규칙적이라 처음에 위탁을 맡은 몇몇의 가족은 위탁을 계속할 수 없을 정도로 불안정하였다. 치료자는 Joshua의 위탁가정과의 관계가 안정될 때까지 개별적 아동중심 놀이치료(CCPT)를 하였다. 처음부터 Joshua의 놀이는 공격적이고 성적인 것을 포함해 극단적으로 외상에 기초를 두고 있었으며, 친엄마와 할머니가 방문한 이후에는 더욱 심각하였다. 놀이는 혼란스럽고 치열하였다. 그는 흔히 놀이를 할 때 매우 주장적이었다. Joshua의 놀이 주제들은 성, 보호, 위험, 안전, 구조, 힘, 통제, 공격성, 선과 악, 한계 시험, 탐험, 관계 그리고 상실이었다. 놀이 회기 동안 Joshua의 안전과 통제를 위하여 제한 설정을 사용할 필요가 자주 있었다.

장소가 안정적이지 못하기 때문에 주간 CCPT를 6개월간 한 후에 Joshua는 적절한 위탁가정에 보내졌다. 그의 위탁엄마는 열심히 부모-자녀 놀이치료를 배우고 Joshua와 함께 회기를 하였다. 훈련을 하는 동안 치료자는 예상되는 외상적 놀이를 관리하는 것을 돕기 위해 모의 훈련 회기를 덧붙여서 실시하였다. Joshua의 놀이가 매우 외상에 기초를 두고 있으며, 격렬하고, 엄마를 불안하게 하기 때문에 기본적으로 한주에 한 회기는 집에서 이루어지고 한 회기는 치료자의 감독 아래서 이루어지는 두 회기의 부모-자녀 놀이치료가 이루어졌다. 위탁엄마에게 놀이 주제들을 이해하고 외상적 경험과 행동문제들에 대처하기 위하여 어떻게 관계를 맺어야 하는지에 대한 치료자의 지지와 피드백이 필요하였다.

Joshua의 놀이 회기는 종종 거대한 가해자에 의한 강도 사건이나 재앙과 같은 나쁜 혹은 위험한 상황에 초점이 맞추어졌다. 종종 위탁엄마는 가상놀이에서 희생자 역할을 하였다. Joshua는 악당을 감옥으로 보내는 강하고 힘 있는 '좋은 사람' 역할을 하였다. 부모-자녀 놀이 회기가 시작되고 몇몇 회기에 Joshua는 희생자와 희생시키는 사람의 역할 사이를 왔다 갔다 하였다. 이것은 외상을 경험한 아동이 문제를 해결하고 그들의 경험을 이해하려고 할 때 흔한 주제다. 몇몇의 회기 동안 Joshua는 '나쁜 사람(펀치백)'을 밧줄로 묶고 중요 부위를 자르는 것처럼 연기하면서 "이제 좋아?"라고 물었다. 그런 후 펀치백의 상처를 밴드로 덮어 주었다. 그런 다음 나쁜 사람을 '감옥'에 넣고 위탁엄마에게 자기가 '나쁜 사람들'을 잡는 것을 도와 달라고 하였다. 그들은 함께 세상을 안전한 공간으로 만들었다.

부모-자녀 놀이치료는 이러한 아동에게 매우 유익하다. 행동적인 자기조절, 주의집중, 초점 맞추기, 또래관계 그리고 일반적 안녕에 긍정적인 변화를 가져온다. Joshua는 위탁엄마와의 애착이 증가하면서 그녀와 보다 친밀해지고 신뢰하게 되었다.

Joshua의 놀이 주제는 신뢰가 쌓이면서 매우 확장되었다. 처음 치료를 시작할 때 그의 놀이는 혼란스럽고, 조직화되지 않았으며, 순차적이지 않았다. 행동과 놀이는 대부분 성적인 주제에 초점이 맞춰져 있었다. 부모-자녀 놀이치료를 시작하고 얼마 되지 않아서 성적 행동과 성적인 놀이 주제는 줄어들었고, 놀이실 내외에서 부적절한 성적인 언어 사용도 줄어들었다.

놀이실에서 Joshua의 놀이가 덜 과잉행동적이고 충동적이며 혼란스럽게 되고 보다 조직화되면서 몇 개의 기능을 제외하고 일반적인 기능도 그렇게 되었다. Joshua는 이제 집중적이고 초점화된 놀이를 할 수 있다. 그의 놀이 주제는 보다 순차적이고 건강하게 되었다.

부모-자녀 놀이치료 회기가 지속되면서 Joshua의 놀이 주제는 관계, 애착, 숙달 그리고 자존감에 초점이 맞춰졌다. 외상과 분열된 애착과 관련된 발달력을 지닌 아동이 일반적으로 보이는 놀이 주제는 조금 나타났지만 어쨌든 이제는 양육, 치유, 가족, 문제해결을 포함하는 긍정적인 주제도 나타났다. 예를 들면, Joshua는 엄마에게 종종 인형 아기들의 엄마가 되어 달라고 하였으며, 그들은 아기들에게 젖과 음식을 주고 낮잠을 재우는 돌봄을 함께 하였다. Joshua는 엄마를 위하여 음식을 준비하였는데, 엄마가 무엇을 좋아하는지 묻고 원하고 필요한 모든 것을 주겠다고 하였다.

집에서 부모-자녀 놀이치료가 계속되면서 보다 직접적인 놀이치료가 사무실에서 이루어졌다. 여기서는 안전하고 적절한 접촉, 접촉이 안전하지 않을 때는 무엇을 해야 하는지에 대한 이해, 또래관계 문제, 충동조절과 자기조절, 주의집중과 초점 맞추기, 위탁 장소에 대한 이해, 엄마와 확대가족의 상실, 감정 인지, 적절한 감정 나누기에 초점이 맞추어졌다. 또한 스트레스 관리, 이완 기술들, 관계와 애착문제들에 대한 작업이 이루어졌다. 개의 도움을 받은 몇몇의 놀이치료 회기에서는 관계를 만들고 동물들을 친절하게 대하는 것에 초점이 맞춰졌다. 사무실에서 이루어진 마지막 회기들 중 한 회기에서 Joshua와 엄마는 페이스페인트로 서로의 얼굴을 칠해 주었고, 서로의 눈을 바라보고, 미소 짓고, 웃고, 치료자에게 사진을 찍어 달라고 하였다. 그런지 얼마 지나지 않아서 위탁엄마는 Joshua의 양엄마가 되었다. 부모-자녀 놀이치료는 집에서 계속 이루어졌고, 엄마, 아동, 그들의 관계에 계속 유익하였다.

## 결론

학대와 분열된 애착에 의해 삶이 손상된 아동들은 다양한 부적응적인 정서적 반응, 행동 그리고 관계 양식과 씨름한다. 양육자는 외상을 극복하고 안정 애착을 형성하기 위한 안전한 환경을 만들려고 시도하면서 의미 있는 도전들에 부딪친다. 부모-자녀 놀이치료는 아동과 양육자의 복합적인 필요를 다루는 데 이상적인 개입이다. 적절하게 훈련된 부모-자녀 놀이치료 실천가의 감독하에서 양육자는 아동과의 특별한 비지시적 놀이 회기를 수행하는 것을 배우고, 아동에게 안전한 환경을 만들고, 아동에게 필요한 과정을 이해하고, 과거의 외상을 극복하고, 이어서 양육하는 어른과 건강한 애착을 형성한다.

이 장에서는 놀이치료와 가족치료가 통합된 부모-자녀 놀이치료에 대한 간략한 설명을 제공하였다. 우리는 양육자 정서 관리, 조율, 일관성과 반응 그리고 순서와 의식을 통하여 부모-자녀 놀이치료가 ARC 치료 구조 내에서 복합적 외상을 치료하는 데 적절한지를 보여 주었다. 그리고 관련 연구의 개관을 통하여 부모-자녀 놀이치료를 적용한 사례 요약들로 마무리하였다. 부모-자녀 놀이치료는 아동과 가족 모두의 욕구를 완전하고 효과적으로 다루기 때문에 복합적 외상을 가진 아동과 그들의 양육자를 위한 가장 중요한 치료양식으로 고려되어야 한다.

## 참고문헌


Arvidson, J., Kinniburgh, K., Howard, K., Spinazzola, J., Strothers, H., Evans, M., …… Blaustein, M. (2011). Treatment of complex trauma in young children: Developmental and cultural considerations in application of the ARC intervention model. *Journal of Child and Adolescent Trauma*, *4*, 34–51.

Axline, V. M. (1969). *Play therapy* (rev. ed.). New York: Ballantine Books.

Blaustein, M. E., & Kinniburgh, K. M. (2010). *Treating traumatic stress in children and adolescents: How to foster resilience through attachment, self-regulation, and competency*. New York: Guilford Press.

Busch, A. L., & Lieberman, A. F. (2007). Attachment and trauma: An integrated approach to treating young children exposed to family violence. In D. Oppenheim & D. F. Goldsmith (Eds.), *Attachment theory in clinical work with children: Bridging the gap between research and practice* (pp. 139–171). New York: Guilford Press.

Cochran, N. H., Nordling, W. J., & Cochran, J. L. (2010). *Child-centered play therapy: A practical guide to developing therapeutic relationships with children*. Hoboken, NJ: Wiley.

Ginsberg, B. G. (2003). An integrated holistic model of child-centered family therapy. In R. VanFleet & L. F. Guerney (Eds.), *Casebook of Filial Therapy* (pp. 21–47). Boiling Springs, PA: Play Therapy Press.

Guerney, B. G., Jr. (1964). Filial Therapy: Description and rationale. *Journal of Consulting Psychology*, *28*, 303–310.

Guerney, L. F. (2003). The history, principles, and empirical basis of Filial Therapy. In R. VanFleet & L. F. Guerney (Eds.), *Casebook of Filial Therapy* (pp. 1–19). Boiling Springs, PA: Play Therapy Press.

Guerney, L. F., & Ryan, V. M. (2013). *Group Filial Therapy: A complete guide to teaching parents to play therapeutically with their children*. Philadelphia: Kingsley.

Kinniburgh, K., Blaustein, M., Spinazzola, J., & van der Kolk, B. A. (2005). Attachment, self-regulation, and competency. *Psychiatric Annals*, *35*(5), 424–430.

Landreth, G. L. (2012). *Play therapy: The art of the relationship* (3rd ed.). New York: Routledge.

Topham, G. L., Wampler, K. S., Titus, G., & Rolling, E. (2011). Predicting parent and child outcomes of a Filial Therapy program. *International Journal of Play Therapy, 20*, 79-93.

VanFleet, R. (2006a). *Introduction to Filial Therapy* [DVD]. Boiling Springs, PA: Play Therapy Press.

VanFleet, R. (2006b). Short-term play therapy for adoptive families: Facilitating adjustment and attachment with Filial Therapy. In H. G. Kaduson & C. E. Schaefer (Eds.), *Short-term play therapy interventions for children* (2nd ed., pp. 145-168). New York: Guilford Press.

VanFleet, R. (2011a). Filial Therapy: What every play therapist should know. Part One of a series. *Play Therapy: Magazine of the British Association of Play Therapists, 65*, 16-19.

VanFleet, R. (2011b). Filial Therapy: What every play therapist should know. Part Two of a series. *Play Therapy: Magazine of the British Association of Play Therapists, 66*, 7-10.

VanFleet, R. (2011c). Filial Therapy: What every play therapist should know. Part Three of a series. *Play Therapy: Magazine of the British Association of Play Therapists, 67*, 18-21.

VanFleet, R. (2012). *A parent's handbook of Filial Therapy: Building strong families with play* (2nd ed.). Boiling Springs, PA: Play Therapy Press.

VanFleet, R. (2013). *Filial Therapy: Strengthening parent-child relationships through play* (3rd ed.). Sarasota, FL: Professional Resource Press.

VanFleet, R., Ryan, S. D., & Smith, S. K. (2005). Filial Therapy: A critical review. In L. A. Reddy, T. M. Files-Hall, & C. E. Schaefer (Eds.), *Empirically based play interventions for children* (pp. 241-264). Washington, DC: American Psychological Association.

VanFleet, R., & Sniscak, C. C. (2003). Filial therapy for attachment-disrupted and disordered children. In R. VanFleet & L. F. Guerney (Eds.), *Casebook of Filial Therapy* (pp. 279-308). Boiling Springs, PA: Play Therapy Press.

VanFleet, R., Sniscak, C., & Faa-Thompson, T. (in press). *Filial Therapy group program for foster and adoptive families: A practitioner's manual* [working title]. Boiling Springs, PA: Play Therapy Press.

VanFleet, R., Sywulak, A. E., & Sniscak, C. C. (2010). *Child-centered play therapy*. New

York: Guilford Press.

VanFleet, R., & Topham, G. (2011). Filial Therapy for maltreated and neglected children: Integration of family therapy and play therapy. In A. Drewes, S. C. Bratton, & C. E. Schaefer (Eds.), *Integrative play therapy* (pp. 153-175). Hoboken, NJ: Wiley.

Wilson, K., & Ryan, V. (2005). *Play therapy: A non-directive approach for children and adolescents* (2nd ed.). London: Elsevier.

# 관계 외상 후 재결합을 위한 치료놀이

Phyllis B. Booth
Sandra Lindaman
Marlo L.-R. Winstead

Isaiah는 폭행 사건이 자주 발생하는 저소득층 동네에 사는 6세 소년으로, 발견 당시 음식물을 찾아 쓰레기통을 뒤지고 있었다. 경찰이 Isaiah를 집으로 데려갔을 때 엄마는 마약에 취한 채 횡설수설했다. 당국은 즉시 Isaiah를 위탁가정에 보냈으며 엄마의 접근을 완전히 금지했다. 1개월 후, Isaiah의 위탁부모가 치료사를 찾아 연락했다. 아이가 공격적인 동시에 반항적이었고 주위의 애정과 관심에 반응을 보이지 않았으며 집과 학교에서 강압적인 행동을 보였던 것이다. 즉시 치료놀이 프로그램을 시작했다. 그로부터 6개월 후 Isaiah의 친엄마는 마약을 끊고 이전보다 안정적인 삶을 살고 있었다. 재결합을 위한 사전 절차로 법원은 친엄마에게 직원 감독하의 방문을 허가했다. Isaiah도 위탁가정에서는 예전보다 상당히 차분하게 지냈으나 엄마를 만날 때면 공격성과 반항, 불응과 함께 극심한 감정의 기복을 보였다. Isaiah의 엄마는 아이를 되찾을 생각에 부모교육 수업에서 배운 내용을 적극적으로 활용했으나 상황은 그다지 나아질 기미를 보이지 않았다. 이 시점부터 치료놀이 회기에 Isaiah의 친엄마를 참여시킨 치료사는 친엄마 역시 어린 시절 위탁가정에서 자랐으며, 친부모와 위탁부모 양쪽에게서 심한 학대를 받고 애착 단절을 겪었다는 사실을 알게 되었다.

관계 외상을 겪은 Isaiah 가족의 치료를 계획하며 우리는 다음과 같은 질문을 던졌다.

- 안전성 및 민감하게 반응하는 돌봄이 부족했던 삶이 Isaiah와 그의 엄마에게 미친 영향은 무엇인가?
- Isaiah의 문제를 완화하기 위해 현장에서 위탁부모가 할 수 있는 일은 무엇인가?
- Isaiah와 친엄마를 지원해 결과적으로 재결합을 이뤄 내는 일이 가능할 것인가?
- Isaiah와 친엄마 양쪽의 사회정서적 건강을 회복하고 치료를 용이하게 하기 위해 어떤 과정이 필요한가?

이 질문에 대해 치료놀이[1] 모델은 이렇게 대답할 것이다. Isaiah의 엄마는 어린 시절 부모로부터 즉각적인 관심을 받지 못했고 안정감을 얻지 못하였으며, 이로 인해 자신의 아들과도 안정 애착을 만드는 데 실패한 점이 아이의 정신건강에도 장기적으로 좋지 않은 영향을 끼치게 되었다. Isaiah뿐만 아니라 친엄마 역시 앞으로 관계 개선을 꾀하려면 새로운 경험을 공유해야 했다. 어느 한쪽이라도 참여하지 않는다면 상호주관성과 통제, 안전성, 상호 만족, 건전한 관계 정립 등의 문제가 지속될 수밖에 없으므로, Isaiah와 엄마에게 이러한 경험을 제공하는 것이 관계 개선의 첫 단계가 될 것이다. 가족의 재결합을 위해서는 Isaiah 엄마의 생활이 안정되는 동시에 정신적으로 건강하다는 증명이 필요했는데, 이를 위해서는 주변의 도움과 함께 본인 내면의 힘이 필요했다.

이 장에서 우리는 관계 외상을 겪은 아동과 부모를 위한 치료놀이 접근법을 알아볼 것이다. 이를 위해 먼저 관계 외상의 성격과 영향, 치료방법을 논의한 이후 치료놀이 모델과 그 역사, 이론적 근거 그리고 대표적인 치료과정을 제시할 것이다. Isaiah와 위탁부모, 친엄마의 치료놀이 이야기는 이 장에서 마무리된다. 이들의 관계 개선에 도움이 된 것은 치료놀이뿐만이 아니었지만, 가장 크게 도움이 된 것이 치료놀이임은 부인할 수 없다.

---

1) 치료놀이는 일리노이주 에번스턴 소재 치료놀이 연구소의 등록 상표이다.

# 관계 외상의 영향과 치료

오늘날 정신건강 분야에서는 외상이 어린 아동의 인간관계와 신경정서 발달에 미치는 영향을 중요시하고 있다. 우선 외상을 대하는 이 새로운 관점을 묘사할 때 주로 쓰이는 용어를 몇 가지 살펴보겠다. '발달 외상'은 아동 외상에서 나타나는 대인관계와 발달상의 부정적 특성을 가리킨다(van der Kolk, 2005). '복합적 외상'은 주요 발달경험 장애의 7가지 영역을 다룬다(Cook, Blaustein, Spinazzola, & van der Kolk, 2003). '관계 외상'은 학대나 방임 주체의 상당수가 보호자라는 사실을 지적한다(Schore, 2001). 이 장에서 Isaiah와 친엄마가 겪은 경험을 묘사할 때 우리는 '관계 외상'이라는 용어를 사용할 것이다. 두 사람 모두 어린 시절 자신을 돌봐 주어야 할 보호자로부터 거꾸로 방임당했다는 고통스러운 딜레마를 겪어야만 했다.

Allan Schore(2003)는 아동이 언어를 습득하기 전부터 부모(혹은 다른 초기의 양육자)와 건강한 애착관계를 통해 감정을 교류하는 것이 유아의 우뇌 성숙에 지대한 영향을 끼친다고 밝힌 바 있다. 부모는 아이를 면밀히 관찰하며 미묘한 얼굴 움직임과 음성, 몸짓 등을 조금씩 따라 한다. 부모는 영아의 신체가 서서히 깨어나며 시도하는 다양한 요동에 조율하고 두 사람은 그렇게 서로의 리듬을 점차 배워 가며 그로부터 새로운, 남들과는 구분되는 자신들만의 리듬을 만들어 낸다. 이렇게 그때그때 상황에 맞춰 점차 조율해 가는 과정을 통해 부모와 아이는 서로를 이해하게 되는 것이다. 때로는 박자가 어긋나는 바람에 상대방의 발을 밟아 일시적인 스트레스를 야기할 수도 있으나, 세심한 부모라면 이를 발견하는 즉시 수정하고 금세 원래의 조화로운 상태로 돌아올 것이다. 이러한 과정을 통해 아이는 긍정적인 감정과 부정적인 감정을 통제하는 법을 배우며 자라게 된다.

아이를 학대하고 방임하는 혹은 둘 중 하나라도 하는 부모는 아이에게 맞추는 것도 아이와 놀아 주는 것도 모두 부족하다. 아이의 스트레스 감정에 대한 반응 역시 거의 없거나, 예측 불가능하거나, 부적절하거나, 거부 반응에 가깝다. Schore(2003)는 이에 대해 다음과 같이 썼다.

> 아이의 엄마는 아이에게 맞춰 반응을 조절하는 대신 극심한 흥분과 각성을 유발했으며, 상호작용을 통해 영아의 상태를 개선하지 못했기에 아이의 부정적 상태가 오랜 기간 심각하게 지속되었다. 이런 식으로 이어지는 부정적 상태는 유아에게 독과 같다. 비록 낮은 강도의 부정적 상태는 유아도 어느 정도 조절할 수 있으나, 시간이 지나면 강도가 점점 심해지고 빈도가 늘며 기간 역시 길어지는 결과를 낳을 것이다(p. 124).

아이가 적극적으로 감정을 조율하고자 할 때 양육자가 이를 인지하고 맞춰 주지 않으면 아이는 부끄러움을 느낀다. 만일 양육자가 아이의 부끄러움을 유발하는 이런 반응과 함께 화를 내거나 관계 개선의 노력을 게을리한다면 아이는 굴욕감까지 느끼게 되고 이는 뇌발달과 감정조절에 부정적인 영향을 끼친다. 아이는 자율신경계가 감당할 수 있는 신체적 · 정서적 선을 뛰어넘어 각성과민 상태가 되고, 여러 상황에 유연하게 적응하는 능력이 떨어지게 된다(Siegel, 2012). 요컨대 조기의 외상은 우뇌발달을 저하시키는데, 이는 아이의 사회정서적 정보처리 능력과 신체조절 능력 그리고 정서적인 스트레스에 대처하는 능력의 손상으로 이어지고, 나아가 신체적 자아와 정서적 자아 발달을 저해하는 심각한 결과를 낳게 된다(Schore, 2003).

이런 관계 외상은 어떻게 치유해야 할까? Schore와 Schore(2008)에 따르면 치료자는 초기의 상호 감정조절, 우뇌발달, 내현 절차기억 형성의 중요성을 우선 이해해야 한다. 효과적으로 개입하려면 언어 습득 전 시기의 건강한 애착관계 속에서 발생하는 표정, 음성, 몸짓을 이용한 소통에 집중해야 한다. 이렇게 올바른 영역에 집중함으로써 변연계와 우뇌기능을 적절히 발달시키고 궁극적으로 아동의 바람직한 감정조절까지 기대할 수 있게 된다(Schore, 2003).

치료놀이 치료는 이 장에서 묘사하듯 부모와 아이의 굳건하고 긍정적인 소통을 재구성하는 과정이며, 이를 위해서 부모와 아이가 서로 조율하고 상대의 반응을 살피며 서로 맞춰 가는 우뇌기반 상호작용, 소통의 성공 및 실패를 통해 감정적 인내의 범위를 넓혀 가는 과정, 상대방이 조율을 요구할 때 그에 집중하는 태도, 문제가 발생하는 즉시 감정의 상처를 치유하는 시도, 마지막으로 부모가 아이를 이끌어 문제를 돌아보고 바람직한 길로 이끌어 감으로써 건강한 관계를 형성하는 과정에 중점을 둔다. 외상 치유에 맞게 치료놀이를 적절히 변형하는 법은 치료놀이 교재 제3판(Rubin, Lender, & Miller, 2010)에 상세히 서술되어 있다.

## 치료놀이 모델

치료놀이 모델은 건강한 부모와 자녀 사이에서 자연스럽게 나타나는 섬세하고 즉각적이며 흥미로운 상호 소통 활동을 기반으로 하는데, 이러한 소통은 안정 애착을 형성하는 동시에 건강한 두뇌발달을 뒷받침하고 장기적으로는 건강한 정서를 키워 준다. 치료놀이의 목표는 부모와 아이 상호 간의 우뇌활동과 소통을 통해 감정조절, 사회성, 긍정적인 내적 작동 모델 그리고 안정 애착 관계를 만들어 내는 것이다.

### 치료놀이의 역사

미취학 아동의 정신건강 치료에 사용할 목적으로 1970년대 초반에 만들어진 치료놀이는 '애착'이라는 용어가 널리 쓰이고 받아들여지기 전부터 애착문제를 다뤄 왔다. 1969년, 임상심리학자 Ann Jernberg는 시카고 헤드스타트 프로그램에 심리 서비스를 제공하기로 계약을 맺는다. 우리 팀은 첫해 여름부터 도움이 필요한 아동이 상당수 있다는 사실을 알게 되고, 현존하는 치료센터 프로그램으로는 개선이 쉽지 않겠다는 결론을 내린다. 이때 Jernberg가 고안한 프로그램이 아주 간단한 해결책이 되어 주었다. 우리는 우선 의욕적인 젊은이들을 교육해 그들이 어려움이 많은 아동을 한 사람씩 맡아 함께 놀아 줄 수 있게 했다. 당시 우리는 장난감도, 게임도, 놀이치료 도구도 없었다. 있는 것이라고는 도움이 필요한 아동 그리고 이 아동에게 온전히 정신을 집중하고 아동을 이끌며 함께 놀아 줄 준비가 되어 있는 활달한 젊은이뿐이었다.

그러나 이 프로그램의 효과는 마법 같았다. 소심하고 불만족스러웠던 아이들은 프로그램을 시작하고 얼마 지나지 않아 외향적으로 변했으며 훨씬 활발히 호응하기 시작했다. 쉽게 화를 내고 공격적이었던 아이들은 차분해졌으며 적절한 방식으로 타인과 소통하는 모습을 보였다. 자존감이 높아졌으며, 그에 따라 타인을 대할 때도 우호적이 되었다는 점 역시 누가 봐도 명백했다. 적극적이고 활발하고 영민해진 아이들은 이후 학교 성적 역시 향상되었다(Jernberg, 1979; Jernberg & Booth, 1999).

당시 막 발표된 John Bowlby의 애착이론(Bowlby, 1969/1982)이 치료놀이의 성공을 설명할 수 있는 이론적 뒷받침을 부분적으로나마 제공해 준다. Bowlby가 사용한 용어를 차용하자면, 우리는 아이들의 '내적 작동 모델(internal working model)'을 변화시킨 것이다. 아이들은 자신들의 세계에 존재하는 주요 성인들과 반복적으로 대면하고 상호작용함으로써 스스로에 대해 배우고 타인과의 소통방법을 배운다. 우리와 함께했던 불만 가득한 아이들은 처음부터 자기 자신을 부정적으로 보았을 뿐만 아니라 어른들이 우호적으로 호응하지 않을 것이라는 생각에 두려워하고 있었다. 우리는 이런 아이들이 안정감을 느낄 수 있게 하고 자신의 표현이 무시당하지 않으며 존중받고 있다는 점을, 나아가 함께 즐거운 시간을 보낼 수 있다는 점을 보여 주었다. 어른이 제공하는 이런 경험을 통해 아이들은 새롭고 희망적인 내적 작동 모델을 가질 수 있게 된 것이다.

현재 미국을 비롯한 38개국의 정신건강 전문가와 교육 분야 종사자들이 영아에서 청소년에 이르는 다양한 연령대에 걸쳐 여러 형태의 치료놀이를 활용하고 있다. 현시점에서 가장 우수하다고 여겨지는 치료놀이 기법은 『치료놀이 제3판(Theraplay, 3rd ed.)』(Booth & Jernberg, 2010)에 기술되어 있다. 집단 치료놀이 모델이 개발되었고(Rubin & Tregay, 1989), 이는 이후 추가적인 저술(Munns, 2000, 2009)을 통해 더욱 확장되었다. 선샤인 서클(sunshine circles; Schieffer, 2012)은 연대와 협동, 사회정서적 성장을 도모하는 치료놀이 원칙을 교실에서 활용할 수 있는 기법이다. 치료놀이 교육과 인증 프로그램은 치료놀이 연구소(www.theraplay.org)에서 주관한다. 2009년, 캘리포니아 아동복지 증거기반 정보센터는 치료놀이가 '촉망되는 연구 증거'를 보여 준다고 밝혔다. 증거기반 정보센터는 치료놀이에 3점(5점 만점)을 매겼는데, 이는 치료놀이가 다음의 기준을 충족시킨다는 것을 의미한다. 첫째, 치료놀이의 현실적인 이점에 비해 아동과 보호자에게 잠재적 피해를 입힐 가능성이 있다는 그 어떤 실증적 혹은 이론적 증거도 존재하지 않는다. 둘째, 매뉴얼이 준비되어 있다. 셋째, 통제된 조건하에서 치료놀이를 검증한 동료평가 연구 사례가 두 건 발표되었다(Siu, 2009; Wetting, Coleman, & Geider, 2011). 넷째, 연구 결과가 치료놀이의 효과를 뒷받침한다.

2000년 이후 발표된 치료놀이 응용 사례는 다음과 같다. 중증 행동문제를 가진 청소년 탁아시설(Robinson, Lindaman, Clemmons, Doyle-Buckwalter, & Ryan, 2009), 가정폭력 쉼터(Bennett, Shiner, & Ryan, 2006), 핀란드 SOS 마을 장기 양육계획(Mäkelä & Vierikko, 2004), 약물남용 엄마 모임(Salo, Lampi, & Lindaman, 2010), 입양(Booth, 2000), 자폐스펙트럼장애 아동(Bundy-Myrow, 2012). 치료놀이 모델은 부모와 아이 간 상호작용을 활용한 다른 기법에 비해 호의적인 평가를 받았다(Mäkelä & Salo, 2011). 치료놀이에 다른 치료기법을 조합한 예로는 치료놀이와 양자관계 발달심리치료(Dyadic Developmental Psychotherapy: DDP; Becker-Weidman & Schell, 2005), 치료놀이와 안구운동 민감 소실 및 재처리(Eye Movement Desensitization and Reprocessing: EMDR; Gomez & Jernberg, 2013), 치료놀이와 놀이치료 외상 치료(Booth & Gil, 2011)가 있다.

## 치료놀이의 차원

여기에서는 치료놀이의 기본 개념 그리고 그 효과를 설명하는 연구 및 이론을 소개한다. 우리는 바람직한 육아를 구성하는 기본 골격을 각 부모와 아동의 필요에 맞게 4개의 차원으로 나누어 이를 기반으로 치료과정을 계획하고 평가한다. 네 차원은 구조, 개입, 양육, 도전이다.

### 구조

안내와 구조는 아동뿐만 아니라 부모에게도 안정감과 체계, 조절 감각을 제공해 준다. 구조를 통해 충족시켜 주어야 할 아동의 욕구는 2가지가 있다. 하나는 자신의 경험을 누군가와 공유한다는 상호조절 감각이고 다른 하나는 아동의 안전을 보장하며 이후 적절한 행동의 선을 긋고 본을 보일 믿을 만한 성인이 필요하다는 것이다. 치료놀이에서는 솜공을 불거나, 비눗방울을 터뜨리거나, 함께 손탑 쌓기를 하는 등의 단순하고 즐거운 놀이를 통해 무언가의 시작점을 설정하고, 속도감을 재며, 각각의 단계에 변화를 줌으로써 조절에 대한 욕구를 충족시킨다. 또한 함께 참여하는 부모(본인 역시 조절 능력의 결핍을 경험했을 가능성이 있는)를 도와 그들 역시 누군가의 지도를 통해 편안함을 느끼게 해 주고, 그 결과 아이들을 이끄는 법을 배울 수 있게 해 준다. 방임과 외상을 경험한 가족의 경우 무엇보다 안정감을 부여하는 것이 중요하다. 외상을 겪은 아이의 상당수가 통제문제를 보이는데, 이는 반항하고 싶어서가 아니라 거꾸로 안정적인 생활을 원하기 때문이다. 나이에 비해 비정상적으로 자율적이거나 소통에서 주도권을 가지려고 애쓰는 아이가 있다면 적절한 치료놀이 상호작용을 통해 이런 부담을 덜어 줄 수 있다.

### 관련 연구 이론

건강한 관계를 만드는 데에는 자상한 어른이 필요하다. 아이는 이 어른을 통해 안정감과 편안함을 느끼는 동시에 자신이 올바른 길로 가고 있다는 생각을 하게 된다(Bowlby, 1988). 부모와 아이 모두 이러한 안정감을 얻기 위해 서로를 가까이해야 한다는 것을 본능적으로 알고 있다. 그렇지 않다면 아이는 절대로 살아남지 못할 것이다(Bowlby, 1969/1982). 태어난 후 첫 2년 동안 경험하는 반복적인 상호작용 패턴이 아동의 신경회로 형성을 돕고, 그에 따라 적절히 반응하며 돌아가는 애착관계의 내적 작동 모델을 만든다. 1세가 넘어가는 시점부터는 어른의 지도와 명확한 규칙이 아동에게 자기조절과 회복력, 자신감을 형성하게 하는 도구가 되어 준다(Baumrind, 1991; Grotberg, 1997). 어른의 지도, 거기에 안정적인 관계가 함께한다면 아이도 일방적으로 의존하지 않고 자립심을 가질 수 있게 된다. "자율성은 애착을 통해 생겨난다"(Shahmoon-Shanok, 1997, p. 38).

관계 외상을 겪은 아동의 부정적인 행동 패턴을 개선하고 신경회로를 형성하기 위해서는 기존의 패턴과 예상을 뒤바꿀 만한 직접적이고 섬세하며 상호 밀접한 감정 교류를 제공해야 한다(Hart, 2008; Schore, 2003). 그동안 경험 의존적 두뇌발달 그리고 방임과 외상이 뇌에 미치는 영향에 대한 새로운 연구가 있었는데, 이는 어린 시기의 정서적 욕구들을 충족하고 조절 결핍 아동을 진정시켜야 하며 외상경험 아동에게 안정감을 제공해야 한다는 우리의 주장을 뒷받침한다(Perry, 2006; van der Kolk, 2005). 두뇌 연구 분야에서도 역시 건강한 관계의 중심에 감정조절을 두고 있다(Schore, 1994).

### 개입

까꿍놀이, 박수놀이, 깃털로 서로를 장식하거나 비행기 태우기 놀이 등의 활동에 참여함으로써 부모와 아이는 연대감을 느끼고 적절한 자극을 받으며 즐거움을 공유한다. 이렇게 유쾌한 상호작용과 놀이를 통해 아이는 자신의 신체를 활용하여 타인과 활발히 교류하는 방법을 배우게 된다. 치료놀이 치료는 아동의 현재 감정 상태에 맞춰 기능하며 우뇌의 비언어적 소통(얼굴 표정, 눈 맞춤, 동작, 박자, 접촉)을 활용해 이후 제대로 된 공감과 언어적 소통에 필요한 심층적 신경 통합 형성에 큰 영향을 끼친다. 치료놀이는 밀도 높은 연대와 의미 공유를 위한 '지금 순간'을 만들고, 이는 내부 정서 조직과 자아인식에 중대한 변화를 일으킨다(Mäkelä, 2003; Tronick et al., 1998). 치료놀이 치료사는 부모와 아이 양쪽 각각의 행동과 반응에 맞춰 그에 맞는 적절한 기법을 사용한다. 이를 통해 치료사는 아이의 준비 상태에 맞게 부모가 적절히 대응하고 정서적으로 공명하는 법을 깨우치도록 돕는다. 관계 외상을 겪은 아동과 부모라면 이런 형태의 즐거운 동질감을 한 번도 느껴 보지 못했을 가능성이 있다. 이런 경우 부모가 능동적으로 이런 경험을 이끌 수 있게 해야 하며, 그렇기에 치료사의 역할과 지도가 무척 중요하다. 아동의 행동에 섬세하게 반응하려면 부모는 자신과 자기 아이의 내적 상태를 살펴야 하며, 아이의 행동이 어떤 심리에서 기인하는지 그 원인을 이해해야 한다. 만일 부모가 지금까지 먼저 살아오며 감정 소통과 연대를 통한 긍정적인 경험을 거의 하지 못했다면 이런 부분에 어려움을 겪는다(Fonagy, Gergely, Jurist, & Target, 2002; Slade, 2002).

### 관련 연구 및 이론

아이가 부모의 반응을 구하고 부모가 이에 웃음과 미소로 화답하여 아이와 함께 감정을 공유하면 그 순간 선천적이나 다름없는 능력, 동질감이 지니는 의미와 즐거움을 나누는 능력이 발현된다. 두 사람이 상호주관성을 보유하려면 얼굴을 맞대고 직접 소통하는 과정이 필요한데, 감정과 행동을 공유하고 두 사람이 동시성을 가지고 서로의 정서에 공명할 수 있어야만 하기 때문이다(Trevarthen & Aitken, 2001). 섬세한 부모는 아이의 행동에 반응할 때 그들의 감정, 즉 '정동'의 수준과 분위기에 자신을 맞춘다(Stern, 1985). 영아는 자신의 감정이 부모의 얼굴에 비친 모습을 보며 자기 자신의 감정에 대해서 알게 된다(Winnicott, 1971). 이러한 감정의 공유는 결국 공감과 연대감으로 이어진다(Stern, 1995). 타인의 의도를 이해하는 데에는 거울신경세포 연구 역시 기여한 바가 있다(Iacoboni, 2008).

Stephen Porges(2011)의 다중미주신경이론은 인간의 사회적 교류와 신뢰, 친밀 등에 자율신경계가 무의식적으로 관여하며 이에 끼치는 작용에 관한 통찰을 제공해 준다. 지금껏 밝혀진 신경회로, 그중에서도 특히 의사소통과 감정 처리에 참여하는 안면과 목, 심장, 위장 근육 등의 미주신경계는 사회 내의 공통적인 교류행동 그리고 투쟁 · 도피 · 정지 반응 등의 본능적인 방어 전략 선택에 영향을 끼친다. 이러한 요인들은 영아 그리고 자신의 아이에게 관심을 갖는 부모에게 친밀한 상호주관적 경험을 부여하는데, 이로 인해 이들은 서로를 위해 있어 주는 동시에 의미와 동질감을 가꿔 갈 수 있게 된다(Hughes, 2007; Siegel, 2006; Trevarthen & Aitken, 2001). 구조 차원을 다룰 때 언급했듯이 안정감을 갖는 것은 사회적 교류체계를 작동시키는 데에 중심적인 역할을 한다. 불안하고 두려움 가득한 아이는 쉽사리 타인과 박자를 맞추지도, 공명하지도, 화합하지도 못하므로 사람들의 의도를 잘 읽지 못하고 상대방의 반응에 맞춰 추는 춤 등에서 어려움을 겪는다(Hart, 2008). 안정적인 애착관계를 느끼지 못하는 이는 다른 가족 구성원과 상호주관적인 경험을 시도하는 것을 주저하는데, 이는 그런 관계를 통해 안정감이나 보람을 느끼지 못하기 때문이다(Hughes, 2007).

### 양육

상처를 돌보아 주거나, 음식을 주거나, 자장가를 불러 주거나, 어린아이와 함께 파우더로 손바닥 자국을 찍는 등의 양육행위를 통해 아동은 차분해지는 방법을 배우고 자기가치감을 느낄 수 있다. 아이가 불안해할 때 어른이 감정이입을 통해 반응하며 안심시키면 아이들은 그 안에서 안식처를 찾고, 나아가 자신이 소중한 존재로서 보호받고 있다고 여기게 된다. 대부분의 양육과정에서는 촉각이 매우 중요한 역할을 한다. 치료놀이에서는 상황에 맞는 안전한 치료사-아동 활동과 부모-아동 활동을 제공해 이들이 모든 감각을 활용해 자연스럽게 신체 접촉을 꾀할 수 있게 한다. 만일 부모가 아이를 부드럽게 만지는 데 어려움을 겪고 있다면 우선 치료사가 아이에게 그러한 신체 접촉의 시범을 보여 주고, 다음으로는 치료사와 부모가 함께 연습한 다음 마지막으로 부모와 아이가 함께 체험할 수 있게 치료사가 유도해 준다. 아이나 부모가 Isaiah와 친엄마의 경우처럼 학대나 방임을 겪은 적이 있다면 치료놀이는 그들이 편안하게 적응할 수 있도록 점진적으로 신체 접촉을 적용하는 동시에 부모와 아이의 반응을 무척 조심스럽게 살핀다. 치료놀이의 목적은 부모와 아이가 함께 살아가며 서로의 접촉이 가진 이점을 경험할 수 있게 하는 것이다.

### 관련 연구 및 이론

애착 연구(Ainsworth, Blehar, Waters, & Wall, 1978)는 부모의 세심하고 감성적인 반응이 안정적인 애착관계를 형성하는 데 중요한 요인이라는 사실을 보여 준다. "양육과정 내 상호작용을 통해 안정적인 관계의 기반이 만들어진다"(Goldsmith, 2007, p. 211). 보호자가 부드럽고 편안하게 반응하면 아이는 스트레스를 받을 때 언제든 돌아올 수 있는 안식처가 생겼다는 느낌을 가질 수 있게 된다. 접촉은 첫째, 생존에 있어, 둘째, 의

미에 있어 세상을 경험하는 기초적인 수단이 된다(Brazelton, 1990). 영아가 미성숙한 조절체계를 지탱하려면 신체 접촉의 온기를 필요로 한다. 접촉과 온기는 성인과 아이 모두에게 진정효과가 있는 옥시토신 호르몬 수치를 높인다(Mäkelä, 2005). 초기에 충분한 접촉과 신체적 돌봄을 받지 못한 유아는 왜곡된 신체 이미지를 발달시킬 수 있다(Weiss, 1990). 동물과 인간을 대상으로 한 수많은 연구에서 그 중요성을 확인할 수 있는데, 접촉과 손길은 조산아의 성장과 발달을 자극하고(Field, 1995) 타인에게 공감하는 능력을 발달시키며(Harlow, 1958) 스트레스를 줄여 준다(Tronick, Ricks, & Cohn, 1982).

### 도전

베개 더미 위에서 균형 잡기, 신문지 펀치, 풍선 떨어뜨리지 않고 치기 등의 도전활동을 통해 아이들은 자신감, 능숙함과 즐거운 느낌을 얻을 수 있다. 치료놀이에서는 아이들에게 성취감을 줄 수 있는 활동을 신중히 선정한다. 또한 우리는 아이가 받는 자극수준에 주의를 기울여, 경험을 제한하는 진정 시간을 사이사이에 제공한다. 이 과정을 통해 아이는 자신의 지평을 넓힐 뿐만 아니라, 필요할 때 어른이 있어 준다고 믿게 된다. 도전활동은 또한 아이들의 능력에 초점을 맞춤으로써 말을 잘 듣지 않는 아이들을 다룰 때 유용하다. 아이에 대한 기대가 너무 크거나 반대로 너무 작은 부모 혹은 긍정적 성취에 집중하기 힘든 부모에게는 적합한 수준의 도전활동이 도움이 될 것이다. 방임이나 외상을 겪은 아이에게 치료놀이를 적용할 때에는 차분한 종류의 도전활동을 적절히 선택하여 아이들이 자유롭게 활동하는 동시에 스스로 강해지는 기분을 느낄 수 있는 기회를 제공한다.

### 관련 연구 및 이론

부모와 어린아이의 활발하고 즐거운 상호활동은 모든 감각을 깨우는 자극제가 되어 준다. 촉각과 전정계, 고유수용계가 자아인식 및 타인과의 건강한 소통능력에 관여한다(Williamson & Anzalone, 1997). 상호작용 놀이를 통해 얻는 즐거움은 강력한 정서적 유대감을 만들고 뇌가 온전히 기능할 수 있게 준비시킨다. 아이는 함께 놀면서 정서적으로 동기화하고 상호 조율을 습득할 기회를 얻으며, 이는 두뇌 시냅스 발달을 촉진한다(Hart, 2008). 신체적으로 활발한 활동의 흥분이 적절히 교육된 보호자에 의해 상호 조율되면 아이는 높은 수준의 자극까지 조절하는 능력을 발달시키게 된다(Stern, 1974). 저명한 신경 과학자 Jaak Panksepp(2009)가 언급했듯이 "두 사람이 참여하는 각 놀이 과정에서 치료자가 치료에 도움이 되는 순간을 잡아낸다면 이는 치료 대상을 행복한 삶으로 가는 문 앞에 데려다주는 셈이 될 것이다"(p. 17).

## 치료놀이 치료과정

Isaiah 가족의 경우 다른 가정에 비해 상황이 복잡하여 일반적인 치료놀이 과정보다 치료 기간도 오래 걸리고 훨씬 다양한 놀이가 동원되어야 했다. Isaiah 가족에게 치료놀이를 적용하는 동안 다음에 기술된 프로그램 중 일부는 우선 한 사람의 보호자와 진행한 후 나중에 다른 보호자와도 반복해서 실행했다. 이 외에도 그때마다 필요에 따라 치료과정을 추가했다. 발달문제를 가진 아동이나 부모를 치료할 때에도 마찬가지로 일반적인 치료놀이 회기보다 오랜 기간이 걸리고 좀 더 다양한 놀이가 필요할 수 있다.

가족들이 겪는 관계장애가 그다지 심하지 않을 경우 18~26회로 구성된 주간 회기에 참여시킨 다음, 이후 1년간 총 2~4회의 분기별 후속 회기를 진행하게 된다. 첫 회기에는 부모와 상담하며 가족에 관한 정보를 수집한다. 두 번째와 세 번째는 마샥 상호작용 기법(Marschak Interaction Method: MIM; Theraplay Institute, 2011)을 이용해 관찰하는 회기로, 아이와 1명의 부모가 일련의 과제를 함께 수행한다. 2명이 참여한 활동은 영상으로 촬영하고 치료사가 이를 분석하여 부모와 함께 진행할 네 번째 회기를 준비한다. 여기서는 치료사와 부모가 이전 회기의 활동에서 관찰한 내용을 가지고 상담하며 이후의 치료 방안을 결정한다. 다섯 번째 회기에서는 치료사가 먼저 부모에게 치료놀이 활동을 시범 보이고, 각 활동의 목적과 앞으로 아동이 보여 줄 반응 그리고 회기에 대한 부모의 소감 등을 이야기한다.

6~25회기는 치료놀이를 상담 가정에 직접적으로 적용하는 기간으로, 아이의 발달 과정에 따라 상황에 맞는 방법을 사용하며 부모와 아이가 활발하고 즐겁게 참여할 수 있는 자연스러운 상호작용이 주가 된다. 이 과정은 구조, 개입, 양육, 도전활동을 모두 포함하며 각 아동과 부모의 상황 및 필요에 맞게 적절히 조합해 문제해결을 꾀한다. 치료사는 3번의 회기 진행 후 매번 아이 없이 부모와 만나 진행 상태와 성취도를 논한다.

부모는 치료놀이 회기를 매 회 지켜보고, 준비가 되면 치료사와 아이의 활동에 참여한다. 이상적인 치료놀이 모델을 실행하려면 2명의 치료사가 필요한데, 1명은 아이를 맡고 다른 1명은 부모를 담당한다. 이렇게 2명의 치료사가 있는 상황에서 부모 쪽 치료사는 부모와 함께 치료놀이 회기를 관찰하며 각 활동의 의미를 설명한다(예: 지금 하는 활동은 신뢰와 자존감을 발달시킵니다, 이건 바람직한 자아인식을 위해 필요합니다, 자신감을 확립합니다, 즐거운 활동을 경험하게 합니다, 친밀감을 쌓습니다, 긍정적인 신체 이미지를 발달시킵니다, 지각운동 기능을 강화합니다 등). 이 과정은 집에서 활용할 수 있는 치료놀이 아이디어를 부모에게 가르쳐 주는 기회가 되기도 한다. 만일 치료놀이 회기에 참여하는 치료사가 1명뿐이라면 각 회기 종료 후 별도 면담하거나, 전화로 상담하거나, 별도의 일정을 잡아 상담을 진행한다.

마지막 치료 회기는 종결 파티로 마무리한다. 지금까지 진행된 부모와 아이 간 상호활동 평가와 표준화 검사 결과 등을 부모와 함께 검토하고 논의하며 그동안의 성과와 함께 이후 생활에 대한 조언을 주고받는다. 치료놀이 종료 후 12개월 이내에 부모와 아이가 함께 한 상태에서 2회에서 4회까지의 추가 회기를 진행한다.

# 사례: Isaiah 가족의 재결합과 치료놀이

## 추가 정보

아동복지국이 Isaiah 가족의 삶에 처음 개입한 것은 아이가 2세 때였다. Isaiah의 엄마가 반복해서 아이의 엉덩이를 심하게 때리고 입을 악의적으로 툭툭 치는 모습을 목격한 어린이집 직원들이 당국에 신고한 것이다. 이 신고는 사실로 확인되었고 그에 따라 가족지원 서비스가 실시되었다. 이후 4년 동안 아동복지국은 Isaiah 엄마의 행동과 관련된 보고를 다수 받았으나 Isaiah는 계속 엄마의 보호하에 놓였고, 결국 어느 날 음식물을 찾아 쓰레기통을 뒤지는 모습으로 발견되었다. 이렇게 되자 복지사도 친엄마의 권리 행사 중지를 지지하였으며, Isaiah에게 엄마 Tonya에 대한 '애착이 없다.'라고 보고서에 썼다. 보고서에는 Isaiah의 친엄마 역시 학대와 외상의 피해자로서 위탁가정에서 생활했다는 점에 관해서는 별다른 정보가 담겨 있지 않았다.

## 위탁가정에서의 치료

Isaiah를 위한 여정의 첫걸음은 Isaiah와 위탁부모가 함께 하는 치료놀이였다.

### 의뢰

Isaiah의 난감한 문제를 설명하는 위탁부모 Cynthia의 목소리에는 절박함이 담겨 있었다.

> "대체 어떻게 해야 할지 모르겠어요. 말을 걸면 귀를 막고, 안아 주려 하면 주먹으로 때려요. 선물을 주면 일부러 망가뜨리고, 그러지 말라고 하면 제 침대에 오줌을 싸요. 엄마를 찾으면서 울길래 전화를 걸어 줬더니 전화기를 바닥에 집어 던지고 자기 엄마

뿐만 아니라 저든 제 남편이든 주위에 있는 사람이면 누구든 욕을 해요. 제가 노력하면 될 줄 알았는데 솔직히 잘 모르겠어요. Isaiah는 학교에서도 똑같이 행동해서 친구가 없어요. 선생님도 아이를 안 예뻐하고요. 복지사는 원래 이런 거라고, 곧 괜찮아질 거라고 했지만 제 생각에 Isaiah는 진짜 심각해요. 저도 어떻게 해야 할지 모르겠고요. 아이가 대체 왜 저렇게까지 된 건지는 모르겠지만 어쨌든 매우 안 좋은 일이 있었던 것 같아요. 제발 저희 좀 도와주시겠어요?"

### 평가

나(Marlo Winstead)는 접수상담 자리에서 위탁부모인 Cynthia와 Kirk를 만났다. Isaiah를 위해 뭐든 할 각오가 되어 있는 두 사람이었지만, 그들은 아동복지 시스템의 도움을 충분히 받지 못하고 있다고 생각했으며 자신들이 보호자로서 필요한 요건을 갖추지 못했다고 여겼다. 나는 다양한 유아행동지표와 투사검사를 활용해 Isaiah의 문제를 파악하려 했다. 그뿐 아니라 MIM를 이용해 Isaiah가 보이는 건강한 관계 전략과 취약한 관계 전략을 조금 더 깊이 살펴보았다. Isaiah는 쉽게 관심을 보였고 쾌활한 분위기를 좋아했다. 그러나 도전과 구조 과제 앞에서는 쉽게 화를 내고 공격성을 보였으며, 때로는 공공연하게 그리고 때로는 속내를 숨기고 과제의 통제권을 손에 쥐려 애썼다. 양육 과제를 하는 동안 Isaiah는 양가적이었고, 양육되는 것을 두려워하지만, 위탁부모를 돌보고 싶어 했다.

### 위탁가정 엄마와 아이의 치료놀이

Isaiah의 경우 위탁가정의 아빠 Kirk보다는 엄마 Cynthia가 주 보호자라고 할 수 있었기 때문에 우선 아이와 엄마가 거주하는 집에서 함께 치료놀이 회기를 시작했다. 목표는 Cynthia와 Isaiah가 함께하는 경험을 통해 긍정적인 관계를 형성하여 이로 인해 즐거운 치유의 효과를 얻는 동시에 Isaiah가 성인의 지도를 따를 수 있게 하고(구조), 새로운 과제가 제시되었을 때 쉽게 좌절하지 않게 하며(도전), 누군가의 돌봄을 거부하는 성향을 완화하는 것이었다(양육). 나는 Isaiah의 친엄마인 Tonya가 방문권을 얻으면 Tonya를 치료과정에 합류시킬 계획을 세웠다.

그동안 우리와 함께했던 외상을 겪은 아이들이 그러했듯이 Isaiah 역시 마음을 쉽사리 열지 않았고, 타인의 접촉에 대한 반응이 미숙했으며, 주변 상황에 극도로 예민했다. MIM에서도 그랬지만 Isaiah는 주로 구조와 양육 차원 관련 과제를 다룰 때 가장 불편한 모습을 드러냈다. 정신적 외상을 경험한 Isaiah를 배려하는 차원에서 나는 치료놀이의 진도를 늦추고 주목표를 약간 조율했다. 중요한 건 정서적 공명과 화합, 협력이라는 점을 잊지 말아야 했다. 나는 치료놀이 회기를 진행하며 확신에 찬 목소리로 또렷하게, 하지만 차분하게 신체 접촉에 대한 허가를 구했다. Cynthia는 첫 두 회기에 함께 참여해 치료과정을 지켜보며 Isaiah에게 효과적인 기법과 그렇지 않은 기법을 구분 짓고 기억했다.

3회기에서 Cynthia는 Isaiah가 나와 함께 풍선을 마주 보고 치는 광경을 지켜보았다. 처음에는 손으로 풍선을 쳤지만 점차 난이도를 높여 무릎, 발, 팔꿈치, 마지막으로 머리를 활용했다. Isaiah는 처음에 주저하는 모습을 보였지만 칭찬과 격려가 이어지자 조금씩 자신감을 갖더니 나중에는 풍선을 치는 데 있어서 누구보다도 뛰어난 능력을 지닌 아이처럼 활약했다. 이렇게 성취감을 맛본 Isaiah는 이후 회기에 참여한 Cynthia가 놀이를 이끌고 어떤 신체 부위를 이용할지, 언제 놀이를 시작할지 등을 정해도 이를 따라 주며 새롭게 바뀐 체계를 받아들일 수 있게 되었다. 즐거운 활동이 진행되는 동안 Isaiah가 Cynthia의 지시와 안내를 받아들이고 따르면 이렇게 놀이를 활용한 회기 중이 아닌 다른 때에도 위탁부모의 말을 따르게 될 가능성이 높아지리라 기대할 수 있다.

조금씩이지만 Isaiah는 꾸준히 안정적이 되어 갔다. 점차 적극적으로 감정을 표현했고, 이전보다 웃음이 많아졌으며, 쾌활한 태도로 활동에 참여했다. 여섯 번째 회기에서 우리는 '만남의 순간'을 접했다. Isaiah는 내가 들고 있던 신문지 3장을 뚫는 데 성공한 이후 자신감이 가득 차 있었다. 우리는 함께 종이를 꼭꼭 구겨서 작은 공을 몇 개 만들었고, 나는 Isaiah가 이 공을 던져 넣을 수 있게 팔을 둥근 고리처럼 잡은 후에 말했다. "이제 '자, 준비, 시작'이라고 말하면 팔 안에 그걸 던지는 거야. 자…… 준비……."

하지만 내가 '시작'이라고 말하기도 전에 Isaiah는 공을 던졌다. 나는 전혀 개의치 않고 종이 공을 집어 들며 말했다. "이야, Isaiah는 다른 것보다 '준비'에 공을 잘 던지는 재주가 있구나. 좋아. 그럼 이번에도 '준비'에 공을 던져 보자. 자……." 순간 Isaiah는 있는 힘껏 공을 내 얼굴로 던졌다. 아마도 일부러 얼굴을 겨냥했을 것이다. 나는 조용히 공을 주워서 부드럽게 손에 쥐고 말했다. "노는 동안에는 다치기 없기다. 선생님도 다치지 않을 거고 Isaiah도 다치는 일은 없을 거야." Isaiah는 고개를 들고 나에게 시선을 고정했다. Isaiah는 장난기라고는 찾아볼 수 없는, 마치 "난 당신을 꿰뚫어 보고 있어."라고 말하는 듯한 눈빛으로 한참 동안 나를 바라본 후 대답했다. "그래요, 그럼." 두 사람이 서로를 해치지 않겠다는 협정을 맺은 것만 같았다. Isaiah는 내가 자신을 돕고 싶어 한다는 사실을 받아들인 듯했다.

4~10회기 동안 Cynthia는 내 안내와 통솔하에 치료놀이 활동에 적극적으로 참여하기 시작했다. 점차 그녀는 나와 함께 주도하는 활동에서 '불어 넘어뜨리고 일으키기'나 서로의 동작 따라 하기, 등에 그림 그리기 등 혼자 주도하는 활동을 하게 되었다. 나의 역할은 코치이자 교사이자 후원자였다. 중요한 것은 나와의 관계가 아니라 Isaiah와 Cynthia의 관계였기 때문이다. Isaiah는 조심스럽게 마음을 열고 Cynthia의 구조와 양육을 받아들이기 시작했다. 집과 학교에 잘 적응하지 못했던 모습은 점차 사라져 갔고 대신 긍정적인 태도(타인을 돕거나 자기 것을 나누거나)가 그 자리를 대신했다. 치료놀이 과정에 익숙해진 Isaiah는 정기 치료 회기뿐만 아니라 회기 사이사이 Cynthia와 함께 수행하게 되어 있는 치료놀이 과제에도 적극적으로 참여하며 그 순간을 기다렸다.

10~14회기를 진행하는 내내 Isaiah는 어려움을 겪었는데, 이는 회기 외부의 변화 때문이었다. 중독에서 회복하고 사회봉사 일정을 끝마친 Isaiah의 친엄마 Tonya가 일주일에 2시간씩 관계자의 감독하에 아들을 방문할 수 있게 된 것이다. 과거 불안정한 삶 속에서 정신적 외상을 입으며 지냈던 Isaiah는 엄마가 이전과는 달라졌다고 믿는 걸 무척 어려워했다. Isaiah는 엄마를 보고 싶어 했으나 막상 엄마가 오면 반항하는 모습을 보였고 심지어 공격적인 태도까지 드러냈다. 당연히 엄마 Tonya는 이런 아들을 보며 마음에 상처를 받고 몹시 서운해할 수밖에 없었다. 위탁엄마와 함께 진행하는 회기

중 나는 DDP(Hughes, 2007) 기법을 치료놀이 활동에 추가해 엄마를 향한 Isaiah의 복잡한 감정이 조금씩 편안하고 안정적으로 자리 잡을 수 있게 했다. Isaiah는 엄마와 함께하길 원했고 엄마의 사랑을 받고 싶어 했지만, 동시에 과거의 엄마가 보여 주었던 행동 때문에 불신에 가득했고 상처를 받았으며 화가 난 상태였다. 치료놀이 회기 동안뿐만 아니라 함께 생활하는 그 쉽지 않은 기간 내내 위탁엄마 Cynthia는 Isaiah를 편안히 해 주기 위해 최선을 다했다. 우리의 최종 목표는 가족의 재결합이었는데, 이제 친엄마에게 방문 허가도 떨어졌으니 치료의 방향을 Isaiah와 Tonya 두 사람의 관계 강화와 애착 회복으로 전환할 때가 되었다고 판단했다.

## 위탁엄마와 친엄마 그리고 아이가 함께 하는 치료놀이

Isaiah와 Tonya의 MIM 결과에 따르면 Tonya는 Isaiah와의 관계를 회복하고 싶어 했으며, 부모교육 수업에서 새로이 배운 내용을 최대한 활용할 준비가 되어 있었다. 평가를 치르는 과정 중에 Isaiah가 엄마와 교류하는 순간도 짧게나마 몇 번 있었지만, Isaiah는 일반적으로 말을 잘 듣지 않았고 특히 Tonya가 시도하는 구조와 양육 항목에서 별다른 반응을 보이지 않았다. MIM 결과를 함께 검토하는 동안 Tonya는 나에게 자신의 과거 이야기를 들려주었다. Tonya 역시 관계 외상을 겪었으며, 어린 시절 신체적 폭력과 성적 폭력에 이어 Isaiah와 마찬가지로 위탁가정이 수반된 경험을 했다. 남자를 사귈 때에도 가정폭력의 희생자가 된 적이 많았다. Tonya를 치료놀이 회기에 합류시키기 전에 나는 먼저 Tonya와 함께 그녀의 과거가 자신의 양육방식에 끼친 영향을 이야기하고 이를 극복할 방법을 가르쳐 주는 동시에 그 과정을 통해 그녀를 지지하고 공감하려 했다.

15～18회기는 Tonya와 Cynthia 두 사람이 모두 참여해 치료놀이 과정을 함께 했다. 이전 회기에서 배운 내용을 습득하는 동시에 치료 내용과 양육과정이 Cynthia에게서 Tonya에게로 원활히 옮겨 갈 수 있게 하고, 지금부터 Isaiah와 Tonya가 새롭게 형성해 갈 관계에 필요한 기술을 배우고 발달시킬 수 있게 하기 위해서였다. 한동안 Isaiah는

반항과 조절장애, 접촉을 거부하는 모습 등을 보이며 예전으로 돌아간 듯했다. 나는 Isaiah의 음성 신호 그리고 특히 비음성 신호를 신중히 파악하며 참가자 모두에게 신경을 쓰려고 애썼다. 자신의 친엄마와 위탁엄마가 한자리에서 서로를 격려하고 뭔가를 함께 하는 모습은 Isaiah에게 무척이나 혼란스러웠겠지만 동시에 도움이 되는 일이었다. 치료놀이 회기가 반복되자 Isaiah는 자신도 모르게 Tonya와 Cynthia 두 사람을 사랑하고 관심을 가지게 되었는데, 그러면서도 두 엄마를 배신한다는 느낌을 갖지 않았다. 양자관계의 발달심리치료 기법을 꾸준히 접목하자 그때부터 Isaiah는 Tonya와 Cynthia를 좋아하는 모습을 보였으며, 두 사람의 애정에도 반응을 하기 시작했다.

이 과정의 가장 큰 목표는 모든 참가자가 서로 간의 감정을 조율하고 정서적으로 공명하는 것이다. 회기 중 한 번은 Cynthia가 Isaiah 팔꿈치에 찍어 숨긴 파우더 점을 Tonya가 찾아 문질러 없앤 적이 있는데, 이런 간단한 활동을 통해 자연스럽게 터진 웃음과 모두의 얼굴에 비친 미소가 의미하는 것은 협동이었다. Isaiah가 눈을 감고 온몸의 근육에 힘을 뺐을 때 보여 준 것은 신뢰였고, Cynthia의 양육을 정상적으로 편안하게 받아들이는 모습을 보였을 때 Isaiah는 자신이 발전할 수 있음을 알렸다. Cynthia가 치료과정에서 자신이 담당했던 역할을 끝마치고 떠난 마지막 회기는 시원하면서도 섭섭했다. Isaiah와 Tonya 두 사람은 모두 Cynthia의 부재를 아쉬워했지만, 이 과정 이후 Tonya는 그동안 자신을 가두었던 껍질을 깨고 자신의 역할에 훨씬 더 자신감을 보이는 듯했다.

## 친엄마와 아이가 참여하는 치료놀이 및 기타 치료

이후 8개월 동안 시도한 치료기법은 우선 앞서 언급한 대로 치료놀이, DDP(Hughes, 2007)를 비롯해 EMDR(Lovett, 2007), 모래상자 치료(Homeyer & Sweeney, 2010) 그리고 손인형 이야기 작업을 통한 투사(Johnson & Clark, 2001)가 있다. 치료 회기 외의 시간을 관찰해 보면 Tonya는 과거의 소통방식(소리 지르기, 엉덩이 때리기, 엄격한 훈육, 비현실적인 잣대, 거부행동 등)과 새로이 습득한 기법 사이에서 왔다 갔다 하는 모습을 보였다. 가끔 Tonya는 자신의 불행했던 과거와 그 당시 아동복지 시스템을 연관 지으면서 자신감이 없는 태도를 드러냈지만, 교육을 받으며 그리고 세상을 바라보는 관점이 변하며 점차 Isaiah를 잘 키울 수 있다는 자신감과 확신을 가지게 되었다.

## 치료놀이 회기: 위탁부모와 헤어지기

위탁부모에게 맡겨진 후 17개월 동안 65회 이상의 치료놀이 회기에 참여한 Isaiah에게도 드디어 집으로 돌아갈 시간이 찾아왔다. 하지만 그 전에 위탁부모와 적절히 헤어질 기회를 마련해 주어야 했다. 마지막 회기에 우리는 Cynthia 그리고 Kirk와 함께 보낸 시간을 기억할 만한 활동을 시행했다. 우선 위탁가정에 온 이후 얼마나 자랐는지 보기 위해 Isaiah의 손과 발 크기를 주름종이 띠로 측정한 다음, 기다란 종이 띠로 '사랑의 원'을 만들어 그동안 위탁부모와 형성한 관계를 시각적으로 표현했다. 나도 '랠프'라는 이름의 곰돌이 인형을 아들 삼았는데, 랠프도 회기에 참여해 자신의 이야기를 들려주었다(Johnson & Clark, 2001). 이 기법은 가슴 깊은 곳에서 공명을 일으키는 동시에 Isaiah에게 충분한 심리적 거리와 안정감을 제공해 주었다. "날 사랑한다면서 왜 보내는 건데요?" "내가 뭐 잘못했어요? 그래서 보내는 거예요?" "앞으로도 나 사랑할 거죠?"와 같은 질문에 대한 답 역시 다루었다. 힘들었던 마지막 회기 내내 우리는 Isaiah에게 여러 양육기법을 사용했고, 간식을 나눠 먹었으며, 「사랑해 사랑해 사랑해(I Love You Through and Through)」(Rossetti-Shustak, 2005) 이야기를 들려주고, 〈반짝반짝 작은 별(Twinkle Twinkle Little Star)〉 〈넌 참 특별한 아이로구나……(what a special boy you are……)〉 동요를 개사해 불러 주었다(Booth & Jernberg, 2010, p. 538). 관계 형성을 향한 깊고 따뜻하며 진실한 욕구가 웃음과 기쁨, 인정, 긍정적으로 조율된 상호작용 그리고 눈물을 통해 서로 간에 전달되었다. 위탁부모는 자신의 약점을 자연스럽게 가감 없이 드러냈는데, Isaiah는 그런 모습을 그대로 반영하여 그의 감정을 피하거나 묵살하는, 건강하지 않은 적응 전략을 사용하지 않았다.

## 결과

Tonya는 아이를 되찾겠다는 일념으로 과거로부터 이어진 그리고 현재의 수많은 장애물을 극복했다. 2년에 달하는 끊임없는 노력과 거의 100회에 가까운 치료 회기 끝에 이뤄낸 성과였다. 아직 더 배워야 하는 부분도 남아 있었지만, 엄마로서 활용할 치료놀이의 핵심은 습득하는 데 성공했다. 이제 Tonya는 Isaiah를 있는 그대로 볼 수 있게 되었고, 예전과 달리 아이를 너그럽게 받아들일 수 있었다. Tonya는 더 이상 신체적 훈육과 처벌을 사용하지 않았으며, 아들을 올바르게 양육할 준비가 되어 있었다. 그 결과, 이런 엄마로부터 영향을 받은 Isaiah 역시 정서적 · 감정적 · 신체적 상태를 수월히 조절할 수 있게 되었다. 공격적인 태도를 보이는 빈도가 현저히 감소했으며, 대신 자신의 감정을 말로 표현하는 정도가 늘었다. Isaiah는 비슷한 연령의 다른 아이들처럼 엄마의 구조와 양육을 받아들였고, 야구팀 입단 테스트를 치르는 등 모험을 시도하게 되었다. 치료놀이는 Isaiah에게 엄마 사랑의 깊이를 느낄 수 있는 기회를 제공해 주었고, 과거의 방임과 학대로부터 받은 아픈 상처를 치료해 주었다.

# 결론

이 장에서 우리는 임상사례를 통해 관계 외상을 겪은 어린 소년과 엄마 모두가 참여하는 치료에서 치료놀이가 중요한 역할을 할 수 있음을 보여 주었다. 애착기반 접근법은 관계 회복과 치유를 위한 장을 제공했으며, 상처를 꿰매고 신뢰를 되찾기 위해 떠나는 힘든 여정을 인도하고 지원하는 안내자가 되어 주었다.

Isaiah 가족과 함께 했던 치료 여행의 단계는 다음과 같다.

- 아이가 위탁부모와 안정적인 관계를 형성하도록 도와 폭력적인 행동을 줄이고 친엄마와의 치유과정에도 마음을 열고 다가갈 수 있게 준비시킨다.

- 안정적인 관계경험을 통해 친엄마에게 자신의 감정 그리고 아들의 감정을 천천히 되돌아볼 기회를 제공한다.
- 친엄마와 위탁엄마가 함께 협력할 자리를 만들어 주어 친엄마가 위탁엄마의 경험에서 뭔가를 배우고 위탁엄마의 지원을 통해 아이의 욕구를 이해하여 그에 따라 적절히 반응할 수 있다는 자신감을 가지게 한다.
- 참여자들의 도움을 받아 아이가 위탁가정에서 친엄마에게로 옮겨 가는 과정에 문제가 없도록 계획한다.

## 참고문헌

Ainsworth, M. D. S., Blehar, M. C., Waters, E., & Wall, S. (1978). *Patterns of attachment: A psychological study of the Strange Situation*. Hillsdale, NJ: Erlbaum.

Baumrind, D. (1991). The influence of parenting style on adolescent competence and substance use. *Journal of Early Adolescence, 11*(1), 56–95.

Becker-Weidman, A., & Schell, D. (2005). *Creating capacity for attachment: Dyadic developmental psychotherapy in the treatment of trauma-attachment disorders*. Oklahoma City, OK: Wood'N'Barnes.

Bennett, L. R., Shiner, S. K., & Ryan, S. (2006). Using Theraplay in shelter settings with mothers and children who have experienced violence in the home. *Journal of Psychosocial Nursing and Mental Health Service, 44*(10), 38–47.

Booth, P. (2000). Forming an attachment with an adopted toddler using the Theraplay approach. *The Signal: Newsletter of the World Association for Infant Mental Health, 8*(3), 1–9.

Booth, P., & Gil, E. (2011). *Integrating Theraplay techniques into trauma treatment*. Paper presented at the 28th Annual International Play Therapy Conference, Sacramento, CA.

Booth, P., & Jernberg, A. (2010). *Theraplay: Helping parents and children build better relationships through attachment-based play* (3rd ed.). San Francisco: Jossey-Bass.

Bowlby, J. (1982). *Attachment and loss: Vol. 1. Attachment*. New York: Basic Books.

(Original work published 1969)

Bowlby, J. (1988). *A secure base: Parent-child attachment and healthy human development*. New York: Basic Books.

Brazelton, T. B. (1990). Touch as a touchstone: Summary of the round table. In K. E. Barnard & T. B. Brazelton (Eds.), *Touch: The foundation of experience* (pp. 561-566). Madison, CT: International Universities Press.

Bundy-Myrow, S. (2012). Family Theraplay: Connecting with children on the autism spectrum. In L. Gallo-Lopez & L. C. Rubin (Eds.), *Play-based interventions for children and adolescents with autism spectrum disorders* (pp. 73-96). New York: Routledge.

California Evidence-Based Clearinghouse for Child Welfare. (2012). *Theraplay*. Retrieved from www.cebc4cw.org/program/-2

Cook, A., Blaustein, M., Spinazzola, J., & van der Kolk, B. (Eds.). (2003). *Complex trauma in children and adolescents: White paper from the National Child Traumatic Stress Network*. Retrieved from www.nctsnet.org/nctsn_assets/pdfs/edu_materials/ComplexTrauma_All.pdf

Field, T. (1995). *Touch in early development*. Mahwah, NJ: Erlbaum.

Fonagy, P., Gergely, G., Jurist, E. L., & Target, M. (2002). *Affect regulation, mentalization, and the development of the self*. New York: Other Press.

Goldsmith, D. F. (2007). Challenging children's negative internal working models: Utilizing attachment-based treatment strategies in a therapeutic preschool. In D. Oppenheim & D. F. Goldsmith (Eds.), *Attachment theory in clinical work with children* (pp. 203-225). New York: Guilford Press.

Gomez, A. M., & Jernberg, E. (2013). Using EMDR therapy and Theraplay. In A. M. Gomez, *EMDR therapy and adjunct approaches with children* (pp. 273-297). New York: Springer.

Grotberg, E. H. (1997). The International Resilience Project: Findings from the research and the effectiveness of interventions. In B. Bain (Ed.), *Psychology and education in the 21st century: Proceedings of the 54th Annual Convention of the International Council of Psychologists* (pp. 118-128). Edmonton, Alberta, Canada: IC Press.

Harlow, H. F. (1958). The nature of love. *American Psychologist, 13*, 673-685.

Hart, S. (2008). *Brain, attachment, personality: An introduction to neuroaffective development*. London: Karnac Books.

Homeyer, L. E., & Sweeney, D. S. (2010). *Sandtray: A practical manual* (2nd ed.). New York: Routledge.

Hughes, D. A. (2007). *Attachment-focused family therapy.* New York: Norton.

Iacoboni, M. (2008). *Mirroring people: The science of empathy and how we connect with others.* New York: Farrar, Straus & Giroux.

Jernberg, A. (1979). *Theraplay: A new treatment using structured play for problem children and their families.* San Francisco: Jossey-Bass.

Jernberg, A., & Booth, P. (1999). *Theraplay: Helping parents and children build better relationships through attachment-based play* (2nd ed.). San Francisco: Jossey-Bass.

Johnson, S. P., & Clark, P. (2001). Play therapy with aggressive acting-out children. In G. Landreth (Ed.), *Innovations in play therapy: Issues, process, and special populations* (pp. 239-256). Philadelphia: Brunner-Routledge.

Lovett, J. (2007). *Small wonders: Healing childhood trauma with EMDR.* New York: Free Press.

Mäkelä, J. (2003, Fall-Winter). What makes Theraplay effective: Insights from developmental sciences. *Theraplay Institute Newsletter*, pp. 9-11.

Mäkelä, J. (2005). Kosketuksen merkitys lapsen kehityksessä [The importance of touch in the development of children]. *Finnish Medical Journal, 60*, 1543-1549.

Mäkelä, J., & Salo, S. (2011). Theraplay—vanhemman ja lapsen välinen vuorovaikutushoito lasten mielenterveysongelmissa [Theraplay—Parent-child interaction treatment for children with mental health problems]. *Duodecim, 127*, 29-39.

Mäkelä, J., & Vierikko, I. (2004). *From heart to heart: Interactive therapy for children in care. Report on the Theraplay Project in SOS Children's Villages in Finland 2001-2004.* Espoo, Finland: SOS Villages Finland Association.

Munns, E. (Ed.). (2000). *Theraplay: Innovations in attachment-enhancing play therapy.* Northvale, NJ: Aronson.

Munns, E. (Ed.). (2009). *Applications of family and group Theraplay.* Lanham, MD: Aronson.

Panksepp, J. (2009). Brain emotional systems and qualities of mental life: From animal models of affect to implications for psychotherapeutics. In D. Fosha, D. J. Siegel, & M. F. Solomon (Eds.), *The healing power of emotion: Affective neuroscience, development & clinical practice* (pp. 1-26). New York: Norton.

Perry, B. D. (2006). Applying principles of neurodevelopment to clinical work with maltreated and traumatized children: The neurosequential model of therapeutics. In N. B. Webb (Ed.), *Working with traumatized youth in child welfare* (pp. 27-52). New York: Guilford Press.

Porges, S. W. (2011). *The polyvagal theory: Neuropsycholgical foundations of emotions, attachment, communication and self-regulation*. New York: Norton.

Robison, M., Lindaman, S., Clemmons, M. P., Doyle-Buckwalter, K., & Ryan, M. (2009). "I deserve a family": The evolution of an adolescent's behavior and beliefs about himself and others when treated with Theraplay in residential care. *Child and Adolescent Social Work Journal, 26*(4), 291-306.

Rossetti-Shustak, B. (2005). *I love you through and through*. New York: Cartwheel.

Rubin, P., Lender, D., & Miller, J. (2010). Theraplay for children with histories of complex trauma. In P. Booth & A. Jernberg, *Theraplay: Helping parents and children build better relationships through attachment-based play* (3rd ed., pp. 359-403). San Francisco: Jossey-Bass.

Rubin, P., & Tregay, J. (1989). *Play with them-Theraplay groups in the classroom: A technique for professionals who work with children*. Springfield, IL: Thomas.

Salo, S., Lampi, H., & Lindaman, S. (2010). Use of the Emotional Availability Scales to evaluate an attachment-based intervention-Theraplay-in substance abusing mother-infant dyads in Finland. *Infant Mental Health Journal* (Supplement), *32*, 77.

Schieffer, K. (2012). *Sunshine Circles(r): Interactive playgroups for social skills development and classroom management*. Evanston, IL: Theraplay Institute.

Schore, A. N. (1994). *Affect regulation and the origin of the self: The neurobiology of emotional development*. Hillside, NJ: Erlbaum.

Schore, A. N. (2001). The effects of early relational trauma on right brain development, affect regulation, and infant mental health. *Infant Mental Health Journal, 22*(1-2), 201-269.

Schore, A. N. (2003). Early relational trauma, disorganized attachment, and the development of a predisposition to violence. In M. F. Solomon & D. J. Siegel (Eds.), *Healing trauma* (pp. 107-167). New York: Norton.

Schore, J. R., & Schore, A. N. (2008). Modern attachment theory: The central role of affect regulation in development and treatment. *Clinical Social Work Journal, 36*, 9-20.

Shahmoon-Shanok, R. (1997). Giving back future's promise: Working resourcefully with parents of children who have severe disorders of relating and communicating. *Zero to*

*Three*, *17*(5), 37–48.

Siegel, D. J. (2006). An interpersonal neurobiology approach to psychotherapy. *Psychiatric Annals*, *36*(4), 248–256.

Siegel, D. J. (2012). *The developing mind: How relationships and the brain interact to shape who we are* (2nd ed.). New York: Guilford Press.

Siu, A. F. Y. (2009). Theraplay in the Chinese world: An intervention program for Hong Kong children with internalizing problems. *International Journal of Play Therapy*, *18*(1), 1–12.

Slade, A. (2002). Keeping the baby in mind: A critical factor in perinatal mental health. *Zero to Three*, *22*(6), 10–16.

Stern, D. N. (1974). The goal and structure of mother–infant play. *Journal of the American Academy of Child Psychiatry*, *13*(3), 402–421.

Stern, D. N. (1985). *The interpersonal world of the infant: A view from psychoanalysis and developmental psychology*. New York: Basic Books.

Stern, D. N. (1995). *The motherhood constellation: A unified view of parent–infant psychotherapy*. New York: Basic Books.

Theraplay Institute. (2003). *Marschak Interaction Method (MIM): Manual and cards* (3rd ed.). Chicago: Author.

Trevarthen, C., & Aitken, K. J. (2001). Infant intersubjectivity: Research, theory, and clinical applications. *Journal of Child Psychology and Psychiatry*, *42*(1), 3–48.

Tronick, E. Z., Bruschweiler–Stern, N., Harrison, A. M., Lyons–Ruth, K., Morgan, A. C., Nahum, J. P., …… Stern, D. N. (1998). Dyadically expanded states of consciousness and the process of therapeutic change. *Infant Mental Health Journal*, *19*(3), 290–299.

Tronick, E. Z., Ricks, M., & Cohn, J. F. (1982). Maternal and infant affective exchange: Patterns of adaptation. In T. Field & A. Fogel (Eds.), *Emotion and early interaction* (pp. 83–100). Hillside, NJ: Erlbaum.

van der Kolk, B. (2005). Developmental trauma disorder: Towards a rational diagnosis for children with complex trauma histories. *Psychiatric Annals*, *35*, 401–408.

Weiss, S. J. (1990). Parental touching correlates of a child's body concept and body sentiment. In K. E. Barnard & T. B. Brazelton (Eds.), *Touch: The foundation of experience* (pp. 425–432). Madison, CT: International Universities Press.

Wettig, H. G., Coleman, A. R., & Geider, F. J. (2011). Evaluating the effectiveness of

Theraplay in treating shy, socially withdrawn children. *International Journal of Play Therapy*, *20*(1), 26-37.

Williamson, G. G., & Anzalone, M. (1997). Sensory integration: A key component of the evaluation and treatment of young children with severe difficulties in relating and communicating. *Zero to Three*, *17*(5), 29-36.

Winnicott, D. W. (1971). *Playing and reality*. London: Tavistock.

# 놀이 및 미술치료에서의 애착문제에 대한 은유의 창의적 사용

Eliana Gil

많은 임상가가 은유를 치료에 있어서 중요하고 핵심적인 것으로 여겨 왔다. 특히 임상적 은유가 중요한 단계를 차지하는 방식으로 임상적 관심이 지속되었고, 치료자들도 내담자가 긍정적인 치료효과를 얻도록 돕기 위해서 은유를 치료에 끌어들이고 탐색하고 연구한다. 놀이치료사와 미술치료사들은 연구 분야에 있어서 은유와 함께하는 것을 당연한 한 부분으로 생각하고 있다. 이러한 표현치료사들은 내담자가 무언가를 대신해서 다른 어떤 것을 갖게 되는 결과로 누릴 수 있는 정서적인 거리감과 내재된 안전성의 중요성을 깊게 인식하고 있다. 또한 놀이치료사 및 미술치료사들은 은유와 실재 사이의 유사성에 대해 말로 해석하기보다는 만들어진 은유 자체에 집중하도록 가르친다.

이 장에서는 은유적인 언어와 심상 모두를 보는 것을 통해 은유와 함께하는 다양한 방법을 제시한다. 은유와 함께하는 것은 어느 내담자에게나 다 도움이 되지만, 나는 애착이 혼란스럽거나, 상처가 되거나, 양면성을 가지고 있는 부모-자녀 애착관계를 증진하는 데 있어서 은유의 사용에 중점을 둔다. 이런 상황은 지속적이고 공감적인 양육을 제공해야 하는 부모의 무능력, 마지못함 혹은 아이가 이런 상황을 타협적으로 받아들일 때 생긴다.

## 은유의 정의

은유는 서로 다른 방식으로 정의되지만, 이러한 정의에는 서로 공통점이 있다. 일반적으로 다른 어떤 것을 나타내는 상징으로서 사용되는 것으로 여겨진다. 은유라는 단어는 '옮기다' '전이되다'라는 뜻을 가진 그리스어 metapherein에서 유래했다. 상징은 표상, 표식, 픽토그램 혹은 기호로 광범위하게 이해할 수 있다. 상징은 장난스럽거나, 미술에서의 이미지 혹은 평화의 기호처럼 신체적인 신호일 수 있지만, 자주 언어를 통해 전달될 수 있다. "I'm running on half-empty." "My cup runneth over." "His boat hasn't docked yet."과 같은 말을 얼마나 자주 듣게 되는지 생각해 보라. 언어는 짧지만 복잡한 의미로 사용되는 은유로 가득 차 있다.[1)]

성인 내담자인 Doug는 그의 삶에서 어떤 일이 일어나고 있는지를, 자신의 정서가 둔해지고 말이 억양 없이 단조로워지고 막연하게 말하지 않게 된다며 나에게 말하기 시작했다. 그러나 나는 그의 말에 앞뒤가 맞지 않음을 느끼고 실제로 그를 괴롭히는 것에 대해서 'keep a lid(뚜껑을 덮어 두다, 비밀을 감추다)'인 것처럼 느껴졌다. 한순간 그는 "그것을 가장 잘 설명하는 건, 내가 모래지옥(quicksand)에 빨려 들고 있는 것 같다는 표현이에요."라고 말했다. 나는 즉시 그의 은유에서 황폐함, 절망, 절박함을 알 수 있었다. 은유는 종종 듣는 사람에게 더 깊은 차원에서 공감되는 어떤 정신적인 그림을 보여 주곤 한다.

은유의 임상적 사용은 널리 논의되고 있다. 아마도 내담자와 임상가가 만들어 낸 은유의 내재된 가치를 신뢰하는 다수의 임상가를 고무한 Milton Erickson의 훌륭한 연구에서 확실한 가시성을 얻었을 것이다(Erickson & Rossi, 1979). Erickson은 자신만의 의미를 만들어 내는 내담자와 은유를 성공적으로 사용함으로써 큰 존경을 받았다. 그는 이러한 은유적인 방법이 내담자의 의식이 용인하기에 너무 고통스러운 방식과는 다른

1) 역자 주: 예로 든 관용구들은 모두 여러 가지 뜻을 가지고 있다. 문장 중 'My cup runneth over.'는 잔이 넘친다는 뜻과 넘치는 사랑, 분수에 맞지 않게 많은 것을 가지고 있다는 뜻도 있다.

방식으로 도움이 될 것이라고 생각했다. 그는 직접적인 개입은 더 출입이 제한되는 반면 은유적 이야기는 옆으로 슬쩍 들어올 수 있다고 믿었다. Erickson은 내담자가 집중하게 만드는 도전적이고 통찰력 있고 강력한 은유를 창조하는 진정한 대가(master)였다. 그리고 여전히 임상가들은 이를 기억하고 있다(Lankton, 2004). 놀이치료 분야에서 이러한 전통은 Joyce Mills(www.drjoycemills.com)와 Nancy Davis(1990)가 잘 유지하고 있다.

Esparza(2012)는 치료적 은유를 개인적 변화와 성장 과정에 있는 사람들을 돕기 위한 가장 세련된 도구 중 하나라고 설명한다. 그는 치료적 은유는 의식의 비판능력을 우회하여 잠재의식으로부터 그리고 잠재의식과 의사소통하는 것으로 묘사하였다. 치료에서 은유는 내담자의 문제를 나타내거나 때로 간접적인 방법으로 문제의 해결책을 제시해 주기도 한다. 예를 들어, 내담자인 Doug는 '모래지옥에 빨려 들어간다.'라는 은유를 제시하면서 '빨려 들어갈' 것인지 혹은 빠져나가기 위해서 수단을 강구할 것인지 여부를 언급해야 했다. Ricoeur(1967)는 은유가 논리적 언어와 감정, 상상, 애정의 언어 사이에서 중개 역할을 한다고 주장하였다.

Onnis 등(2007)은 은유는 연상되는 것이고, 설명적이지 않기 때문에 말로 하지 않는 무의식 수준에서 분명하게 나타내지 않고 넌지시 암시되는 장점이 있다고 하였다. 즉, 이런 식으로 한쪽에서는 방어기제로부터 벗어날 수 있고 다른 쪽에서는 받아들이는 사람이 좀 더 자유롭고 창의적인 해석을 할 수 있는 여지를 준다고 하였다(p. 2). Guiffrida, Jordan, Saiz와 Barnes(2007)는 내담자와의 관계 구축, 정서표현 및 상징화, 내담자의 무언의 가정 밝혀내기와 이에 대한 도전, 새로운 참조체계의 도입 등을 포함한 다양한 치료적 기능을 촉진할 수 있기 때문에 은유의 임상적 사용을 지지했다. 분명 이러한 기능은 임상적 개입에 대한 내담자의 수용력을 크게 증가시킨다. Esparza(2012)는 창조성(에너지)을 자극할 수 있다는 점에서 치료적 은유 이야기가 유용하다는 것을 발견하였다. 그 은유적인 이야기들은 중요점을 설명해 주고, 가능성을 열어 주며, 한 방향으로만 보는 내담자의 마음에 의문을 제기할 수 있고, 선택과 가능성을 제시할 수도 있다.

## 아동학대와 애착

아동학대와 그것이 애착에 미치는 영향이라는 주제는 이 책 전반에 걸쳐서 다루어진다. 이 장의 목적은 초기의 파괴적이고 폭력적이고 방임적인 부모와의 상호작용이 어린 아동에게 커다란 영향을 미치는 내적 작동 모델을 만들어 낸다는 점을 강조하는 것이다. 구체적으로 말하면, 아동은 "너를 사랑하는 사람이 너를 해치고, 거부하고 혹은 성적인 접촉을 원하게 될 것이다."라는 메시지를 얻게 되며, 그래서 애정, 관심, 보호, 양육에 대한 욕구를 충족시키기 위한 노력이 혼란스럽고 위태로워진다. 이런 문제는 아동이 치료자인 타인과 상호작용할 때마다 나타나며, 치료자와 아동의 친밀한 특성을 고려할 때 치료과정에서 특히 강하게 발현되는 것처럼 보인다.

## 사례: Christine과 Sarah

Christine과 엄마인 Sarah의 사례에서 은유의 임상적 사용의 구체적인 예를 알 수 있다.

### 배경

Christine은 1년 전 4세였을 때 위탁가정에 보내지고 치료를 위해 의뢰되었다. Christine이 당시 24세였던 엄마 Sarah와 분리되었을 당시 아이는 폭력적인 아빠 Mike가 손으로 때린 신체적 학대의 흔적이 많았다. Christine은 아동복지국의 복지사와 청소년담당 경찰관과 나란히 면담을 했지만 어떤 질문에도 대답하지 않았다. 경찰관은 Christine의 엄마와 함께한 것이 다행이었다. 엄마는 Christine의 상해 정도를 듣고 나서 아빠 Mike의 알코올중독과 약물남용 그리고 Sarah 자신과 Christine에게 가해진 신체적 · 정신적 학대를 포함, 전형적인 가정폭력에 대해서 말했다. Sarah는 Mike가 술을 마시거나 약물을 사용하면 아이를 벽장에 가두고 Mike를 통제할 수 없을 때는 옆집으로 도망가라고 했다면서 아이를 보호하기 위해서 엄청난 노력을 기울였다고 주장했다. 또한 벽장에서 오랜 시간 같이 숨어서 Mike의 화가 끝나기를 기다렸다고 하였다. Christine이 엄마가 매 맞는 것을 보지 않았다면 어떠한 감정적인 괴로움도 견뎠을 거라는 인상을 Sarah로부터 받았다. Sarah는 어린아이들이 두려움과 불안한 분위기로 부모가 맞고 있는 것을 듣고 가장 확실하게는 부모가 숨기거나 문밖으로 밀어내는 것으로 심각하게 영향을 받는다는 사실을 알지 못했다. 또 Sarah는 어린아이들이 부모가 스스로를 보호하지 못하는 것을 목격하면서 크게 고통을 경험하고 부모를 도울 수 없을 때 죄책감을 가진다는 사실을 알고 놀랐다.

Christine이 카운티 시설에 수용되고 위탁보호를 받게 되면서, Sarah는 깊은 우울에 빠져 노숙자가 되었다. 딸이 없는 상태에서 Sarah는 일시적으로 살고자 하는 의지를 잃었다. 그러나 Sarah는 진정한 의미의 생존자이기도 하였다. 노숙자를 위한 쉼터에서 그녀는 사회복지사의 친절한 지도를 받아들이고 천천히, 그러나 확실하게 자신이 어렸을 때 폭력과 혼돈을 경험했다는 예측 가능한 개인사를 드러냈다. 그녀는 엄마의 남자 친구 중 1명으로부터 성적 학대를 당한 후 가출했으며 다시는 집에 돌아가지 않았다.

Sarah는 17세 때 댄스클럽에서 Mike를 만났으며, 곧바로 임신하게 되었다. 그녀는 Mike와의 첫 성관계가 합의에 의한 것이 아니었으며, 그는 그 직후 이사를 갔다고 넌지시 말했다. Mike는 때로 엄청난 돈을 벌었는데, 곧 Sarah는 그가 마약을 팔고 있음을 알게 되었다. Mike는 Sarah의 룸메이트를 재빨리 쫓아내고, 처음부터 정신적으로 학대하기 시작하였고, 아이가 생후 3주가 되었을 때 아이를 조용히 시키지 않았다는 이유로 신체적인 구타를 하기 시작하였다. Mike는 처음부터 아이가 악쓰는 것을 참지 못했고 분노는 Sarah에게 향했다. Sarah는 Mike와의 관계를 '이상한 관계'로 묘사하면서 "나는 우리가 서로를 좋아한 적이 없다고 생각해요."라고 덧붙였다.

Mike와는 예측 불가의 폭력적인 환경을 경험한 후였기에 쉼터는 Sarah에게 깊은 안도감을 주었다. 그녀는 추후 "나는 아침에 일어나면 좋은 하루가 될 거라는 것을 알게 되었어요. 딸을 되찾기 위해서 열심히 노력할 것이고, 이제 나는 내가 원하는 것을 할 수 있는 가능성을 믿어요. 안개가 걷힌 것 같고, 내 자신을 위한 결정을 할 수 있어요." 라고 말했다. 그녀가 어리고 약했을 때 인생이 잘못된 방향으로 가고 있었다. Mike는 그녀보다 열여덟 살이나 많았는데, 자기 자신만 알고, 충동적이며 위험한 사람임이 분명했다. 그는 수년 동안 그녀를 잡아 두고 있었고, Sarah는 출생 시 역시 혼돈과 불안정한 존재에 노출되었다. Sarah는 일관되게 자신이 Christine을 사랑하고 있으며 아이를 되찾는 데 필요하다면 어떤 것이라도 하겠다고 말했다. 이 목표를 달성하기 위해서 그녀는 많은 장애물을 거쳐야 했다. 일자리를 구하고, 살 곳을 마련하고, 안정적인 삶이어야 했다. 그러나 그녀의 동기는 분명했고, 정신적인 성숙에 있어서 큰 성장을 이룰 수 있을 것 같았다. 내가 하는 일은 Sarah와 Christine의 애착이 처음부터 매우 깊은 곳에서부터 붕괴되어 왔기 때문에 서로 따뜻하고 안전한 애착을 맺도록 돕는 것이었다.

Sarah가 안전한 환경에서 생활하게 되면서, Christine은 새로운 양부모인 Dan과 Gerttie에게 긍정적 애착을 나타냈다. 나는 Christine이 편안해 보여서 다행이었지만, 엄마에 대한 충성심에 도전받고 있음을 깨닫고, Gerttie에게 Christine이 '엄마'라고 부르기보다는 'Gerttie'라고 부르게 하고, Christine의 엄마는 Sarah임을 계속 상기시켜 줄 것을 요청했다. Gerttie는 Christine이 자신을 '엄마'라고 부를 때마다 고쳐 주려 하였고, Christine은 Gerttie의 손주들이 부르는 호칭처럼 'Gerttie 할머니'라고 부르는 것으로 타협을 보았다. Dan과 Gerttie는 50대에 많은 손주를 보았고, 훌륭한 양육자였다. 그들은 대학교 1학년 때 만나 결혼했다. 그들은 조용하고 따뜻한 사람들이었으며, 자신들이 받은 좋은 운의 일부를 돌려주기 위해 양부모가 되기로 결심했다. 자녀들은 모두 대학에 진학하거나 결혼했으며, 도움이 필요한 아동에게 좋은 위탁가정을 제공하자고 결정했다. Christine은 이 집으로 데려온 세 번째 위탁아동이었다.

그들은 Christine이 처음 집에 왔을 때 두려움과 수줍음이 많고 불안한 아이였다고 묘사했다. 그녀는 돌봄과 휴식이 필요한 신체적 상해를 입었다. Gerttie는 Christine에게 캐노피가 달린 침대, 작은 화장대, 강아지와 고양이 그림, 천장에 별을 비춰 주는 예쁜 야간등이 있고 부드러운 음악이 흐르는 첫째 딸이 쓰던 방을 주었다. Gerttie는 처음 며칠은 아이와 함께 잤기 때문에 아이가 편히 잘 수 있었다. Christine은 엄마에 대해 계속 물었고, 엄마가 죽었는지 궁금해했다. Gerttie는 아이를 안심시키고 편안하게 하려고 노력했다. 첫 번째 주에 Gerttie가 아침에 Christine을 들여다보러 가면, 아이는 침대 밑에 있었고, 차갑고 몸을 떨고 있었다. 그리고 눈을 뜬 상태에서 손가락을 계속 빨았다. Gerttie는 Christine을 걱정하고 아이가 새로운 집에 적응할 수 있도록 시간과 노력을 투자했다. Gerttie는 Christine이 한 번도 자기 방을 가진 적이 없고, 때때로 Mike와 그 친구들이 폭력적으로 돌변하여 잠을 방해받아서 자주 벽장에서 잤다는 사실을 알지 못했다. Sarah 또한 두려움과 걱정 때문에 항상 '신경질적이고 불안해서' 잘 먹지도 자지도 못했다.

Gerttie가 Christine이 새 환경에 잘 적응하도록 하는 데 2개월이 걸렸다. 그 후 Christine은 Gerttie를 따라다녔으며, 손을 잡고 싶어 했다. 그리고 Gerttie가 그러지 말라고 했음에도 '엄마'라고 불렀다. 아이는 여전히 엄마가 죽었는지를 계속 물었다. Sarah가 정서적으로 안정된 후에 Christine은 3개월이 지나서 엄마를 볼 수 있게 되었다. Sarah는 딸을 보는 것을 걱정했으며, 처음 딸을 만났을 때 Christine이 자신을 외면하고 Gerttie에게 매달려 있는 것을 보고 놀랐다. 이로 인해 Sarah는 울었고 슬퍼했으며, 이 시점에 Christine은 더 이상 Sarah를 쳐다보지 않았다. 사회복지사는 Christine의 이런 반응에 대한 다양한 원인을 설명하려고 하였고, 아이가 준비하는 데 시간이 걸린다는 것은 알고 있었지만, Christine이 양엄마에게 매달리는 모습에 충격을 받고 낙담했다.

## Christine의 치료 시작

지금 사회복지사의 관심사는 Christine의 불안감, 매달림, 엄마를 향한 양가감정이다. 또 Gerttie는 감독하에 이루어지는 Christine 엄마의 방문에 대해서 Christine을 준비시키고, 엄마를 만난 이후 Christine이 자기조절을 할 수 없을 때 어떻게 하면 될지에 대한 가이드를 요구했다. 이러한 Christine 엄마의 방문은 이제 막 시작되었지만 Christine을 불안정하게 만들고 있는 것 같았다.

첫 번째 회기에 왔을 때 Christine은 Gerttie의 무릎에 앉아 있었고, 내가 인사를 했을 때 눈길을 돌렸다. 그녀는 매우 불안해 보였지만, 그녀와 Gerttie 모두 놀이치료실에 들어올 수 있다고 말하자 누그러졌다. 나는 내 방에는 Christine이 좋아할 만한 것들이 있을 것이라고 말했다. 나는 Gerttie와 Christine에게 주변을 보여 주면서 Christine이 무엇을 가지고 놀고 싶은지는 잘 모르겠다고 말했다. 그러나 Christine은 주변을 둘러보고 무엇을 할지 결정했다. 처음 네 번째 만남까지는 Christine의 흥미를 끌도록 Gerttie와 내가 여러 장난감을 함께 가지고 놀 때 Christine은 Gerttie의 무릎 위에만 있었는데, 이 따뜻한 양부모의 무릎에 편하게 붙박이가 되어 버린 것 같았다. 나는 Gerttie와 내가 여자아이 인형에 젖병으로 젖을 먹이고 기저귀를 갈아입히면서 놀 때 Christine이 약간 관심을 보인다는 것을 알아차렸다. 회기 후반부에 나는 인형과 기저귀, 아기 젖병을 가방에 집어넣기로 결정했다. 나는 Christine에게 이번 주에는 인형을 집으로 가져가서 같이 놀고 잘 돌봐 주고, 다음 회기 때 다시 가져왔으면 좋겠다고 말하였다. 천천히 그러나 확실하게도 이 방법은 Christine이 놀이치료실과 나에게 점점 익숙해지면서 결과를 나타내기 시작했다. 나는 Gerttie에게 Gerttie 없이 Christine이 점점 더 많은 시간을 보내는 것을 견디도록 기회를 주기 시작할 것을 요청했다. 그래서 Gerttie는 회기 도중에 점점 더 화장실에 있는 시간이 늘어났다. Gerttie는 사무실로 돌아와서, Christine과 내가 놀이를 할 동안 소파에 앉아 있었다. 결국에는 Christine은 가끔 문으로 다가가 열어 보면서 Gerttie가 대기실에서 그녀를 기다리고 있는 것을 확인하기는 했지만, 스스로 놀이치료실에 쉽게 들어오기 시작했다.

## 모래상자 이야기: 사다리 없이 나무 오르기

Christine은 10회기 이후부터 모래상자에 있는 모래의 감촉을 즐겼다. 처음에는 모래 속에 자신의 작은 손가락을 집어넣는 것을 많이 주저하였지만, Gerttie가 자기 손을 모래 속에 숨기고 Christine에게 찾아보라고 하였고, 마침내 Christine은 Gerttie의 손을 찾고 나서 웃었다. 이 회기(치료를 시작한 지 3개월쯤 되던 때)에서 Christine은 처음으로 미니어처 모형을 상자에 집어넣었다. Christine이 만들어 낸 은유는 우리가 Christine의 삶을 이해할 수 있게 해 주는 데 중요한 역할을 했으며, 또한 현재 Christine이 가지고 있는 엄마에 대한 양가감정을 도울 수 있는 방법을 제공해 주었다.

[그림 10-1]에서 보는 바와 같이 Christine은 상자의 중앙에 크고 튼튼한 나무를 놓았다. 이 나무는 아래쪽에 구멍이 있었고, 그 구멍을 호저로 막았다. 그리고 나뭇가지 위에 엄마 사슴과 아기 사슴을 올려놓았다. 나무 뒤편 오른쪽으로 아주 크고 튼튼한 집을 배치했다. 상자 왼쪽에는 암석처럼 보이는(보통 수족관 안에 놓는 종류로) 구조물을 놓았고 여러 군데에 구멍이 뚫려 있었다. 구석에는 돌고래가 있었다. 또 정면 왼쪽으

| 그림 10-1 | 조용한 엄마 사슴이 지키고 있다.

로 다른 나무를 배치했다. 마침내 그녀는 튼튼한 집 앞에 작은 고양이를 놓았는데, 그 고양이는 머리를 돌려서 앞을 보고 있었다. 그런 다음에 작은 손으로 모래를 두드리고, 때로 가볍게 들어 올리면서 모래 속에 작은 언덕(융기)을 만드는 데 시간을 보냈다. Christine은 적극적으로 모래상자 이야기 만드는 과정에 빠져 있는 것처럼 보였고, 쭉 말수는 없었다. 나는 그녀와 마주 앉아 있었지만 끼어들지는 않았다. Christine은 내가 무엇을 하고 있는지 자주 쳐다보았으며, 내가 자신의 상자를 계속해서 쳐다보고 있는 것을 보았다.

Christine은 이 과정 동안 전혀 말을 하지 않았지만, 오래 침묵을 지키면서 서로를 편안하게 여기기 시작했다. 그렇지만 지금까지 Christine은 주말에 어디에 갔다 왔는지, 어떻게 자기 고양이가 위탁가정에서 골골대고 갸르릉거리는 소리를 내는지, 자기와 이웃이 어떻게 자전거 타는 방법을 배우고 있는지 등 지금 현재의 생활을 제외하고는 그다지 많은 정보를 주지 않았다. 때때로 나는 Christine이 엄마인 Sarah를 만났는지 물었고, Christine은 고개를 끄덕였지만 더 이상 아무것도 알 수는 없었다. 두 번째 회기에서 우리는 감정 구별하기 작업을 시작했고, 각각 어떤 때에 Christine이 어떤 감정을 가졌는지 감정들을 구별할 수 있었다(각기 다른 감정을 보여 주는 얼굴이 그려진 포스터를 이용했다). Gerttie는 Christine이 그때 어떤 감정을 가졌는지 혹은 다른 상황에서는 어떻게 느꼈는지를 집어 주며 길잡이를 해 주었다. 우리는 처음에 Christine이 우리에게 아기 인형이 어떤 감정을 느끼고 있는지를 보여 주는 것부터 시작했고, 나중에는 그 아기 인형이 다른 것들에 대해서는 어떻게 느끼는지를 보여 주었다. 마침내 Christine은 Gerttie를 지적하면서 자신이 어떻게 느끼는지를 자세하게 보여 주었다. 나중에는 작거나 큰 원들로 감정을 표현하는 워크시트(Gil, 2013)를 이용해서 말할 수 있게 되었다.

Christine은 모래상자를 다 만든 후에 일어났고, 나도 그렇게 했다. 나는 모래상자 주변을 돌면서 Christine이 모래상자를 다른 방향에서 보도록 격려했고, Christine은 나를 따라서 모래상자 주변을 돌았다. "모래상자는 방향마다 다르게 보여."라고 말했다. Christine은 모래상자의 네 방향에 서서 자신이 만든 것을 응시했다. 나는 자발적인 의

사소통을 기다렸으나 아무 일도 일어나지 않았다. 나는 Christine에게 사진을 찍어도 되는지 물었고 Christine은 동의했다. 또한 자기가 상자 주위를 팔로 감싸고 있는 사진을 찍어 달라고도 하였다. 나는 2장의 사진을 찍었고, 다음 면담 때 복사본을 주기로 했다(요즘은 아이들이 사진을 요청하면 이메일로 그림 파일을 전송한다).

아이가 평소 가졌던 거부와 불안, 양가감정을 고려하여 나는 모래상자의 형태를 그대로 유지하면서 다른 방에 보관했다. 나는 다른 아이들이 그 주에 사용할 수 있는 다른 모래상자를 가지고 있었다. Christine이 다음 회기에 참석하러 올 때에는 나는 은유를 준비하고 Christine에게 함께 '은유 작업을 하자고' 초대할 준비를 했다. 그러나 이것은 Christine이 사무실에 와서 자기의 모래상자가 그대로 자기를 기다리고 있다는 것에 어떻게 반응하는지에 달려 있다는 것을 알았다.

'은유를 사용하는 것'에 대한 내 기본적인 접근방식은 직접적으로 접근할 수 없는 매우 중요하고 연관성 있는 요소들을 외현화하는 것이다. 즉, 나는 내담자가 자신의 문제를 구체적으로 말할 수 있다면 말을 할 것이라고 생각한다. 은유는 말을 하지 않으면서 말하는 방법이며, 내담자 자신이 누군가에게 무조건적 관찰자로 말하겠다고 하는 것과 마찬가지로 똑같이 중요하다. 그러므로 내담자의 은유에 대한 내 연구는 내게 주어진 신뢰를 완전히 인식하면서 열정적으로 수행된다.

아이들을 은유 작업에 참여시킬 준비를 하기 위해 처음에 나는 치료 중에 만들어진 작품에 시간을 할애한다. 이는 그 작업이 모래상자인 경우, '모래상자의 상황'을 나타내는 녹음된 대화, 내담자의 치료과정을 적절하게 기록했다고 생각하는 것은 어떤 것이라도 그것들을 검토하는 데 시간을 할애한다는 것을 의미한다. 이 특별한 상황에서 나는 Christine이 치료실을 떠난 후에 모래상자 앞에 앉아 있었다(운 좋게 다음 약속이 취소되었기 때문에 심사숙고하기 위한 충분한 시간을 가질 수 있었다). 나는 모래상자의 소품들을 보면서 자유연상을 했다. 나는 내 호기심을 자극하는 몇 가지 것을 확인했고 3가지 측면에서 8개의 구체적인 질문을 적었다. 또한 모래상자의 제작과정과 더불어 표현된 내용물들에 대해 관찰하고 의견을 적었고, 방어적 혹은 혼돈된 대답을 하지 않도록 조심스럽게 정교화된 언어를 사용했다. 내 주요 목표는 Christine이 자신이 만든 것을 되돌아보고, 엄마 사슴과 아기 사슴(즉, 엄마와 자기 자신) 간의 애착에 초점을 맞춰 Christine 자신만의 은유를 탐색하고 확장하도록 돕는 것이다.

## 은유의 확충

이야기, 그림 이미지, 언어 혹은 움직임에 은유가 나타나면 그 일부는 분명하고, 눈에 잘 띄고 특징적이다. 그러나 다른 부분들은 애매하고, 또 다른 어떤 것을 암시할 수도 있다. 우리가 아이들에게 모래상자를 만들 수 있는 기회를 주는 것은 소품들을 사용해서 실체화된 이야기를 만듦으로써 은유를 만들어 낼 기회를 제공하는 것이다. 이런 이야기 속에는 아동의 내면세계에 대한 중요한 정보가 담겨 있다.

나는 다른 곳(Gil, 2011)에서 아동이 내면의 이미지, 그림, 정서 상태, 지각을 용기에 담아(이 사례의 경우에는 모래상자) 외현화할 때 어떤 중요한 일이 발생한다고 언급했다. 아동은 확실한 경계가 있는 한정된 공간(전통적인 목재로 된 모래상자에서 제공하는 것과 같은)에 소품을 배치하는 경험을 통해서 안정감을 느낄 수 있다. 또한 이러한 외현화는 놀이치료사들이 매우 중요시하는 '충분히 안전한 거리(safe enough distance)'를 만들어 낸다. 즉, 아이들은 그들이 아직 인지하지 못할 수도 있는 위험을 감수하지 않고도 자신에 대해서 이야기하는 방법을 찾는다(이런 인식이 의식적이고 인지적인 과정이 아니라 망설이게 되거나 불편함을 느끼는 감각적이고 정서적인 과정일지라도). 아이들은 자신들이 두려워하는 것에 다가가면서 안전을 유지하는 방법으로 자신의 세계에서 일어나고 있는 일들을 바라보기 시작한다. 이런 방식으로 아동은 놀이를 이용해서 점차 마음을 오픈하기 시작한다. 이런 식으로 두렵거나 복잡한 요소들에 노출되는 것에 점차 견딜 수 있게 되고 결과적으로 두려운 요소들이 힘을 잃게 된다.

외현화된 은유는 다른 무언가를 나타내는 어떤 것으로 다루는 것이 매우 중요하다. 내가 앞서 말했듯이, 아이가 어려운 경험을 자진해서 이야기하는 것을 편안하게 느끼면 그렇게 이야기할 것이기 때문이다. 아이가 부모가 자신에게 한 일을 언어적으로 이야기하거나 자신의 감정을 솔직하게 밝히거나 혹은 집에 가고 싶다고 분명하게 밝히는 경험을 한 적이 있다. 그러나 아동이 말로 표현하기를 꺼리거나 그럴 수 없는 것처럼 보일 때 외현화된 은유가 아동에게 의미 있는 방식으로 외상적 경험에 접근할 수 있는 대안적 방법을 제공할 것이며 변화된 무언가를 통합할 수 있는 큰 가능성을 지니고 있다.

이 과정에 있어서 첫 단계는 자신이 만들어 낸 것에 대한 아동의 호기심을 자극하고, 다시 자신이 만든 것에 주의를 돌려서 아동이 어떤 자기성찰을 자극하도록 돕는 것이다. 그리고 그렇게 함으로써 자신이 창조한 것에 대한 인식을 넓히도록 은유가 강화된다. 그 기술은 아이들이 아직 이름을 붙이지 않았거나 우리에게 말하지 않은 것들에 대한 해석이나 제안을 피하는 것이다. 치료자로서 우리는 은유에 나타나는 문제들을 해결하고, 안심할 수 있도록 결말을 제공하고, 조기에 자원을 제공하고자 하는 유혹을 느낄지도 모른다. 은유를 강화한다는 것은 어떤 식으로든 은유를 움직이거나 조작한다는 것을 의미하는 것이 아니다. 그것은 의미를 한정적으로 생각하거나 어떤 일이 일어날지를 생각하지 않고, 앞으로 다가올 일을 받아들이고 단순하게 현재 일어난 사실에 집중하는 것을 의미한다. 그것을 다른 어떤 것으로 추측하거나 해석하는 것이 아닌, 현재의 문제나 걱정거리 혹은 생각에 집중하는 것을 의미한다. 예를 들어, 아동이 연약한 사슴을 묘사하는 경우, 그것을 가지고 연약하고 두려움을 느끼고 있는 사람이 누구인지를 궁금해하는 것보다 사슴의 연약함 혹은 안전에 대한 경험을 아이가 만들어 낸 그대로 이해하는 것이 더 유용하다.

## 진입점 구별하기

진입점은 이야기, 모래상자, 삽화 혹은 은유에 참여할 수 있는 하나 혹은 그 이상의 구별 가능한 부분이다. 예를 들어, Christine의 모래상자에서 오른쪽에 있는 집, 정면에 있는 나무, 앞으로 보고 있는 고양이 등은 다른 모든 동물과 마찬가지로 모두 진입점이라 할 수 있다. 임상가들은 각기 다른 방식으로 모래작품에서 진입점을 결정한다.

① 임상가들은 상자가 만들어진 순서를 고려할 수 있다. Christine은 맨 처음 상자의 중앙에 큰 나무를 배치했는데, 그래서 어떤 임상가들은 그것을 진입점으로 선택할 수 있고, 또 어떤 임상가들은 맨 마지막으로 배치된 소품을 탐색할 수도 있다.

② 임상가들은 상자에서 위협적인 측면을 모두 파악하고 나서 가장 저항이 적은 곳을 진입점으로 생각할 수 있다.

③ 임상가들은 긴급한 이슈, 치료 단계 혹은 내담자와의 관계, 즉 각 치료 사례마다의 고유한 변인에 기초해서 진입점을 선택할 수도 있다.

그러나 진입점이 선택되면 임상가들은 모래상자의 특정한 측면(카메라의 광각렌즈를 사용해서 전면 혹은 배경에 집중하는 것 등)에 아동의 관심을 끌기 위해 몇 가지 질문, 의견 및 관찰법을 개발한다. 말로 표현할 때 뇌의 좌반구가 활성화된다는 사실에도 불구하고, 은유 자체는 실제로는 좌반구와 우반구가 똑같이 참여하고 활성화되는 전뇌 반응(whole-brain response)을 일으킨다는 사실에 주목해야 한다(Siegel, Payne, & Bryson, 2012). 아동에게 현실세계에 관련되거나 은유가 우리가 보고 있는 것 이외의 어떤 것을 나타내고 있는지에 대한 질문에 대답하도록 요구하면, 아동은 방어기제가 작동하도록 하는 좌반구를 활성화하는 것으로 되돌아가야만 할 수도 있다. 여기서의 목표는 그러한 요인 때문에 아이가 '안전한' 경계를 넘어 위협을 느끼기 시작해서 필요한 방어를 하는 대신, 아동으로 하여금 개방적이고 수용적인 자세를 유지하게 하는 것이다.

## 은유를 확충하는 간결한 질문

내 임상경험에서 볼 때 신중하고 목적이 있는 치료적 언어는 은유를 확충하는 데 있어서 가장 어려운 부분이다. 질문과 코멘트하는 과정을 안내해 주는 몇 가지 규칙만이 있기 때문에 임상가들은 이러한 은유적 질문을 쉽게 만들어 내지 못하기 때문에 '연습에 연습, 또 연습'을 하는 것이 좋다.

그 규칙은 다음과 같다.

① '예/아니요'로 대답하게 만드는 질문을 하지 말 것(예: "이것에 대해 내게 말해 줄래?" 라고 한다.)
② '왜'라고 묻지 말 것(예: "왜 이 특별한 미니어처를 골랐니?"라고 하지 않는다.)
③ 해설하는 코멘트를 하지 말 것(예: "그래서 엄마가 무서웠구나."라고 하지 않는다.)
④ 아이가 말한 것 이상을 성급하게 넘지 말 것(예: "그러면 이 곰은 다음에 어떻게 해야 할지 결정한 거니?"라고 하지 않는다.)

다음과 같이 확충하는 질문을 만드는 데 도움이 되는 몇 가지 아이디어가 있다.

① 어떤 소품/은유에 대한 치료적 호기심을 표현하라.
② 진입점을 인식하기 위해서 인내심을 가지고 시간을 보내라.
③ 질문을 하는 것은 괜찮지만, 아이가 반응이 없을 때 그러한 코멘트를 하거나 또는 사물을 쳐다보는 등 아이가 언어로 대답하는 것을 기대하고 있다고 강조하지 말라.

모래상자를 만들고 난 후, Chrisine이 다음 회기에 와서 깊게 숨을 내쉬고 입을 손으로 가린 채 모래상자로 걸어왔다. "아직 여기 있네요." Chrisine은 확실한 흥분과 즐거움으로 말했다. "여기 있을 줄 알았어요!" 나는 "내 생각엔 우리가 같이 좀 더 살펴보는 게 좋을 것 같아."라고 대답했다. Chrisine은 모형 집에서 모래를 털어 내고, 모래에 더 많은 손자국을 만들고 모래상자의 소품들을 약간씩 재배치하는 등 완전히 수용적인 태도를 보였다. Chrisine이 첫 번째로 보인 움직임은 나무를 모래에 더 깊숙이 파묻고 뿌리 주위를 더 많은 모래로 덮는 것이었다.

Christine의 이번 모래상자 회기에 앞서 나는 모래상자를 탐색하는 데 많은 시간을 보내면서 질문들을 준비했다. 나는 3가지 진입점의 가능성을 인식하고 모래상자의 은유를 확충하게 할 수 있는 질문들을 만들었다.

- 진입점 1: 집 앞에 있는 고양이
  - "집 앞에 고양이가 있는 걸 보았어. 고양이는 무엇을 하고 있니?"
  - "예전에도 고양이가 집 앞에 있었는지 궁금하네."
  - "만약 고양이가 다른 쪽으로 머리를 돌리면 뭐가 보일까?"
  - "고양이는 이 집에서 좋아하는 게 뭐야?"
  - "고양이가 말을 할 수 있다면, 집에 대고 뭐라고 할까?"
  - "고양이가 집 앞에 없을 때는 어디에 있을 거 같니?"
  - "고양이는 무엇을 보고 있을 거 같니?"

- 진입점 2: 상자 중앙에 있는 나무
  - "이 나무는 어떤 나무야?"
  - "이 나무는 얼마나 오래 이곳에 있었어?"
  - "나무가 딱 이 장소에 있는 이유가 있나?"
  - "나무에 세 군데 구멍이 보이네. 저런 구멍이 어떻게 하다가 생겼을까?"
  - "나무 속에 무언가 있는 거 같아. 그게 무엇인지 궁금하구나."
  - "나무가 말을 할 수 있다면 나무 속에 있는 것에 뭐라고 했을 거 같니?"
  - "그게 나무 속에 얼마나 오래 있었는지 궁금해."

- 진입점 3: 엄마 사슴(Christine은 엄마 사슴과 아기 사슴 2마리를 나뭇가지에 배치했다. Christine은 또 '뾰족한 가시가 있는' 호저를 나무 속에 배치했다.)
  - "엄마 사슴은 나뭇가지에서 무엇을 하고 있니?"
  - "엄마 사슴 옆에 아기 사슴이 있네. 엄마 옆에 아기가 있는 건 어때 보이니?"
  - "아기가 나무 꼭대기 위에 올라가는 건 어떤 걸까?"
  - "엄마와 아기는 무슨 생각을 하고 있을까?"
  - "엄마와 아기는 무엇을 하고 있니?"
  - "만약 이 사슴들이 서로에게 말할 수 있다면 뭐라고 했을까?"

- "나는 이 사슴들이 호저가 근처에 있다는 걸 알고 있는지 궁금하단다."
- "호저가 근처에 있는 걸 이 사슴들은 어떻게 생각하고 있을까?"
- "동물들이 그렇게 높이 올라간 것에 대해서 나뭇가지는 어떻게 생각할까?"
- "고양이가 엄마 사슴이 하는 말을 들을 수 있다면, 이 엄마 사슴은 고양이에게 어떤 말을 할까?"

다음은 내가 준비한 몇 가지 질문을 바탕으로 Christine과 나눈 대화다.

치료자: 엄마 사슴은 나뭇가지 위에서 무엇을 하고 있니?

Christine: 아주 조용하게 있으려고 노력하고 있어요.

치료자: 엄마 사슴이 아주 조용해지려고 노력하고 있구나.

Christine: 네, 엄마 사슴은 너무 많이 시끄러운 것을 원치 않아요.

치료자: 만약 시끄럽게 하면 어떤 일이 생길까?

Christine: 엄마 사슴이 숨어 있다가 잡힐 거고, 곤경에 빠질 거예요.

치료자: 그래서 엄마 사슴이 지금 숨어 있는 거구나.

Christine: 네, 여기 나뭇가지예요. 그런데 지켜보고도 있어요. 아시잖아요, 계속 감시하면서요.

치료자: 그럼 엄마는 계속 감시 중인 거구나.

Christine: 네, 엄마 사슴은 좋은 경비원이에요!

치료자: 엄마 사슴이 좋은 경비원이라는 게 대단한 거네. 때론 숨어서 문제에 휘말리지 않도록 하기도 하고.

Christine: 네, 그런데 진짜 조용히 해야 해요.

치료자: 아기 사슴은 엄마가 지켜보고 숨어 있을 때 어떤 기분일까?

Christine: 아기는 숨을 참고 있어요. 정말 조용히 있어요. 아무 말도 안 하고 아주 가만히 있어요.

치료자: 그러면 아기가 지금 어떻게 해야 하는지 알고 있는 거구나. 아기는 아주 조용하게, 숨을 참고 가만히 있구나.

Christine: 네, 아기는 잡히는 걸 원치 않아요. 정말 안 좋은 문제가 생길 거예요…….

치료자: 어떤 문제 말이니?

Christine: 아시다시피, 저 호저요. 아주 뾰족한 가시가 있는데, 그걸로 엄마 사슴을 다치게 할 거예요.

치료자: 저 호저가 뾰족한 가시로 엄마를 다치게 하는구나.

Christine: 네, 우린 호저를 좋아하지 않아요. 호저는 항상 못되게 굴어요.

치료자: 저 호저가 못되게 굴거나 가시를 쏘지 않을 때는 무엇을 하니?

Christine: 잘 모르겠어요.

치료자: 저 호저가 아기 사슴에게 어떻게 못되게 굴었니?

Christine: 호저는 엄마를 다치게 하고 엄마와 아기에게 소리를 질렀어요.

치료자: 그 얘길 들으니 안타깝구나. 저 호저가 엄마와 아기를 다치게 하고 무섭게 해서 안타까워. …… 아기가 나무 꼭대기 위에 있는 건 어떠니?

Christine: 아기 사슴은 거길 좋아해요. 엄마도 거길 좋아해요. 호저를 속일 수 있거든요.

치료자: 그럼 저 호저로부터 떨어져 있는 것이 아기와 엄마에게 안전감을 주는구나?

Christine: 네.

치료자: 나는 아기와 엄마 사슴이 다른 곳에서도 안전함을 느낄 수 있을지 궁금한데?

Christine: 저 호저는 거기에만 없어요. 가끔 경찰이 호저를 멀리 데려가는데 항상 다시 돌아와서는 이 사슴들을 찾아내거든요.

치료자: 아주 끈질긴 호저구나. …… 만약 엄마와 아기 사슴이 서로에게 이야기할 수 있다면 뭐라고 말했을 거 같아?

Christine: 그냥 "사랑해."라고요.

치료자: 엄마와 아기 사슴은 서로를 사랑하는구나.

Christine: 네.

치료자: 동물들이 저렇게 높이 올라가면 나뭇가지는 어떻게 생각할까?

Christine: 나뭇가지들은 사슴이 거기 있는 걸 좋아해요. 재밌는 건…… 사슴은 나무를 오르지 않아요. 그런데 가끔 올라가요. 다람쥐도 나무를 오르고, 애벌레도 그래요.

치료자: 고양이가 엄마 사슴이 하는 말을 들을 수 있다면 고양이에게 어떤 말을

할까?

Christine: 엄마 사슴은 고양이가 좋은 애완동물로 있어 줘서 고맙다고 할 거예요. 그리고 새로 살 곳을 찾는 즉시 우리가 금방 집으로 돌아갈 거라고 할 거예요. 엄마 사슴은 우리가 고양이와 함께 살 새 집을 갖게 될 거라고 말해요.

치료자: 사슴들이 새로운 집에서 고양이와 같이 살게 될 거구나.

나는 가장 쉬운 것부터 가장 어려운 것까지 순서대로 질문을 선택해서 준비했다. (적어도 나는 모래상자의 중심에 표현된 가정폭력 경험에 대해서 Christine이 가장 이야기하기가 어려울 것이라고 추측했다.) 우리는 Christine의 은유를 탐색하는 데 4번의 회기를 가졌으며 말을 할수록 점점 더 편안해졌다.

우리가 세 번째 유형의 질문에 도달하게 되면서 Christine은 은유라는 유리한 위치에 있는 한 기꺼이 질문에 답하고 코멘트를 하였다. 그러나 아빠와 그의 폭력적인 행동에 대해서는 거의 항상 말하기를 꺼렸다. 그에 대해 말하면 아빠가 찾아내서 자신이 위험에 빠지게 된다고 생각하는 것 같았다. Christine이 다음에 선택한 모래상자는 전형적으로 공주와 요정 세계에 어울리는 것이었다. 분명히 처음에 무심코 선택한 모래상자(나무 위에 있는 엄마와 아기 사슴)는 Christine이 오래 견디기에는 너무나도 현실적인 것이었다.

## Sarah와 Christine의 공동 작업

우리가 하는 일의 주요한 측면 중 하나는 애착기반이라는 것이다. 가정에서의 폭력이 부모-자녀 관계에 심각한 분열을 가져오는 것은 분명하다. 특히 Christine은 스트레스 수준을 높이고 감정을 가라앉히거나 자기조절을 할 수 있는 능력에 영향을 미치는 긴장과 폭력 환경을 경험했다. Christine 엄마의 관심은 끊임없이 바뀌었다. 비록 Sarah가 Christine을 위험으로부터 보호하기 위해서 최선의 노력을 기울였지만, 때로 Christine을 방치해 두고 밀어내고 혹은 혼자 힘으로 살기 위해서 떠나기도 했다. 심지어 Sarah가 Christine을 안고 있거나 밥을 먹이고 있을 때에도 Christine은 불안한 상태였고, 눈동자, 얼굴의 긴장감, 복잡한 시선 처리, 팔의 긴장된 근육에서 두려운 상태임을 볼 수 있었다. 또한 Christine은 엄마가 자신을 위험으로부터 보호할 수 없으며 더 나아가 엄마 자신도 보호할 수 없다는 사실을 알았다. 아동의 기본적인 안전과 안정은 심각하게 손상되었으며, 이 피해는 치료에서 다루어야 했다.

이 치료에는 2단계가 있다. Christine이 모래에서 이야기한 스토리에 대해서 엄마와 Christine이 서로 공유하고 생각해 보는 것과 Christine의 은유를 사용해서 안전문제를 다시 다루는 것이다.

처음에 Christine에게 모래상자에 만든 엄마 사슴과 아기 사슴, 호저를 엄마에게 보여 주고 싶다고 말했을 때, Christine은 조금 확신이 없어 보였다. Christine은 엄마에게 이야기를 들려주면 자기에게 화를 낼지도 모른다고 생각했다. 나는 Christine에게 엄마와 내가 이미 모래상자 이야기에 대해서 이야기를 나누었고, 엄마는 그 이야기를 Christine으로부터 듣는 것을 고대하고 있으며, 엄마가 그 이야기를 덧붙이고 싶어 하며 이야기에 대한 생각을 가지고 있을지도 모른다고 말했다. Christine은 모래상자를 엄마에게 보여 주기를 주저했지만, 곧 Christine과 내가 서로 이야기를 나누면서 발견한 것들을 추가하면서 나에게 했던 이야기를 엄마에게 말하는 것에 대해 흥분했다. 여기에 Christine이 엄마에게 말했던 것과 엄마 Sarah의 반응을 이해하기 쉽게 표현하였다.

Christine: (모래상자에서 재창조된 이야기를 하면서) 엄마, 보세요, 엄마 사슴과 아기 사슴이 나무 위 아주 높은 데 있어요. 그리고 호저는 저기 있어요. 그런데 호저는 나무를 오르지 못해요. 호저는 사슴들을 겁먹게 하지 못해요. 엄마, 보세요. 아기와 엄마가 서로를 사랑하고 있어요. 호저가 닿지 못하는 높은 나무 위에서 함께 살고 있어요!

Sarah: (Christine을 무릎 위에 앉히고 안으면서) 엄마 사슴과 아기 사슴이 보이는구나. 그리고 호저를 무서워하는 것이 불쌍하다.

Christine: (품에서 내려와 엄마 얼굴을 마주보며) 그런데 호저는 나무를 오르지 못해요. 엄마, 그래서 저 엄마 사슴과 아기 사슴도 지금은 안전해요.

Sarah: (딸을 무릎 위에 올려놓고 뒤에서 껴안으며) 저 엄마 사슴은 자기가 단 하나 할 수 있는 일이었기 때문에 나무를 올랐단다. 호저가 무서웠거든. 그런데 지금은 엄마 사슴이 스스로를 돌보고 호저로부터 도망치는 법에 대해서 아주 많은 것을 배웠단다. 엄마는 엄마 사슴과 아기 사슴이 땅에서 살 만한 자격이 있다고 생각해. 자신들을 위한 음식을 찾을 수 있고 지붕이 있는 집을 지을 수 있어서⋯⋯ 비가 와도 젖지 않는 곳 말이야. 그리고 그거 아니? 엄마 사슴은 다리를 쭉 뻗어서 똑바로 설 수 있어서 아기 사슴이 스트레칭하는 법을 가르쳐 줄 수 있단다. 아가야, 엄마가 지금 하고 싶은 것은 호저를 딴 데로 보내 버리고 엄마 사슴과 아기 사슴이 나무에서 내려와서 땅에서 얼마나 재미있게 놀 수 있는지를 보여 주는 거야!

그러면서 Sarah는 자신의 아이가 더 이상 피해자가 되지 않도록 자신의 능력을 보여주기 시작하면서 더 많은 애착 과제를 설정하게 되었다. Sarah는 호저를 집어 들어 손으로 쥐고는 흔들림 없는 목소리로 말했다. “나는 더 이상 네가 무섭지 않아. 그리고 다시는 우리 주변에 다가오지 마!” 그리고 호저를 사무실에 있는 상자 속에 두고는 “너는 우리 인생에서 영원히 사라지는 거야. 나에게는 안전한 삶을 살고 있는 아기 사슴이 있어. 그리고 아기 사슴과 나는 멋진 숲을 함께 탐험할 거야!”라고 말했다. Christine은 눈을 크게 뜨고 엄마를 쳐다보곤 뺨에 키스했다. “엄마, 이리 와요.” Christine이 말했다. “와서 이 사슴들을 위한 새로운 세상을 만들어요.” 그들은 함께 놀면서 주변의 것들을 만지작거렸다. 그리고 엄마 사슴과 아기 사슴이 모래 위를 지나간 흔적을 만들었다. 그러고는 Sarah는 말했다. “이 사슴들은 지금 단단한 땅 위에 있어. 이들은 우리처럼 근육을 자유롭게 움직여. 자신들을 위해서 안전하고 안락한 장소를 준비하고 있어. 곧 보게 될 거야.”

## 은유의 재소개

은유를 확충하는 또 다른 방법은 어떤 다른 매개체나 혹은 다른 방법으로 아동에게 다시 소개하는 것이다. 특히 Sarah와 Christine이 모래상자에서 했던 훌륭한 작업 후에, 나는 호저를 피해 숨은 엄마 사슴과 아기 사슴의 스토리를 '안전한 환경 프로젝트(Safe Environment Project)'(Sobol & Schneider, 1998)라 불리는 미술치료 프로젝트를 통해 다시 소개했다. Sarah와 Christine은 함께 이 작업을 했는데, 나는 일회용 종이접시, 몇 가지 색의 물감과 마커 펜 그리고 엄마 사슴과 아기 사슴 소품을 제공했다. 그런 다음 나는 두 사슴에게 안전한 환경을 만들어 보라고 제안했다. 엄마와 딸은 나뭇잎, 색깔, 보호 울타리, 작은 덮개, 음식, 물 그리고 사슴을 위한 친구가 있는 환경을 만들었다.

이러한 엄마 사슴과 아기 사슴의 재소개는 Christine이 이전에 만들어 낸 은유와 다시 한 번 상호작용하고, 이 치료의 진행과정에서 임상가인 내가 도입한 또 다른 수준의 자원을 구축하는 데 은유를 가지고 참여할 수 있는 길을 찾게 해 주었다. 나의 통합적 접근방식은 다른 곳에서도 문서화되어 있지만(Gil, 2006), 치료는 지시적 · 비지시적 전략의 의도적인 통합을 포함하고 있다고 표현해도 충분할 것이다. 또한 유아와 그 부모로 이루어진 한 쌍의 작업은 아동과 함께 하는 놀이치료로 통합되는 것이 중요하며, 지난 10년 동안 '애착치료'가 발전되고 명확해졌다는 것과 의견이 일치된다(Berlin, Ziv, Amaya-Jackson, & Greenberg, 2005; Booth & Jernberg, 2010; Greenspan & Lieberman, 1988; Hughes, 2000, 2007; Schore, 1994).

## 결론

최면요법과 가족치료에 대한 임상적 연구를 통해 임상적 은유를 사용하는 것이 장려되었다. 오랫동안 표현치료사들은 자신들이 하고 있는 치료에서 은유가 중심적인 역할을 하고 있다고 생각했다. 그들은 아동이 특히 놀이와 미술을 통해 자연스럽게 의사소통하고 스스로를 표현하는 방법을 발견한다고 알고 있다.

미술치료사 및 놀이치료사들은 아동의 은유가 치료에서 중요한 많은 장점을 이해하고, 아동이 임상적 은유를 만들도록 격려하기도 하며 이를 아동과 함께 하는 자신의 치료 작업에 소개하기도 한다. 은유가 내담자나 임상가 어느 쪽에 의해서 시작되든 간에, 인식하거나 언어화할 수 없는 어떤 것을 투사하거나 표상하는 것으로 기능한다. 따라서 임상가들은 은유에 담긴 감추어진 의사소통을 해석하고 내담자가 자신의 창조물과 자신에 대해서 더욱 흥미를 느끼고 호기심을 가지도록 반영하고, 탐구하고, 강화하도록 도와야 한다.

은유를 정의 내리자면, 전환(transition)의 기회이며 은유를 사용하는 임상가들은 처리되거나 만들어진 은유의 잠재력을 더 깊은 수준에서, 즉 새로 획득된 의미를 가지고 재통합할 수 있다고 믿는다. 또한 은유는 어려운 경험을 처리함으로써 치유의 기회도 제공한다.

이 장에서는 아동(그리고 그 부모)에게 은유 작업을 할 수 있는 기회를 주는 것이 중요하다고 요약할 수 있으며, 자기성찰과 탐구를 촉진하는 방법으로 은유를 확충하는 것을 제안하고 있다. 통합적 접근법은 은유를 상징적으로나 언어적으로 처리할 수 있게 해 준다. 치료자들은 은유와 현실생활을 너무 빨리 연관 짓기보다는 아동이 자신의 은유 안에 머물면서 자신의 생각과 감정을 외현화할 수 있도록 돕는다. 실제로, 아이들이 자신의 고통에 대해서 말할 수 있는 능력이 있거나 기꺼이 말하고자 하면 그렇게 말로 표현할 것이다. 대신 그들은 은유와 자신이 만든 작품을 통해 부연 설명함으로써 '말로 표현하기'를 훨씬 쉽게 하는 것처럼 보인다. 이 장에서 설명한 사례의 경우, 애착 기반의 작업이 모-아동 관계의 건강함을 증진시키는 핵심이었다. 그리고 Christine과 Sarah 모두 Christine의 은유를 유지하면서 상징적 의사소통에 대한 이해를 심화시키는 지침을 잘 받아들였다.

또한 부모-자녀 한 쌍의 관계에 직접적인 개입 없이는 애착 작업도 완전하지 않다는 점에 유의해야 한다. 그리고 이것은 통합된(지시적이고 비지시적인) 모델 내에서 활발하고 활기차고 창의적인 방식으로 전달될 수 있다. 이 사례는 개별 작업과 공동 작업의 유동적 방법론과 비지시적인 작업에서 지시적인 작업에 이르기까지의 자연스러운 연속성의 예를 보여 준다.

## 참고문헌


Berlin, L. J., Ziv, Y., Amaya-Jackson, L., & Greenberg, M. T. (2005). *Enhancing early attachments: Theory, research, intervention, and policy*. New York: Guilford Press.

Booth, P. B., & Jernberg, A. M. (2010). *Theraplay: Helping parents and children build better relationships through attachment-based play* (3rd ed.). San Francisco: Jossey-Bass.

Davis, N. (1990). *Therapeutic stories that teach and heal*. Burke, VA: Author.

Erickson, M. H., & Rossi, E. L. (1979). *Hypnotherapy: An exploratory casebook*. New York: Irvington.

Esparza, D. P. (2012). Therapeutic metaphors and clinical hypnosis. *Purpose-driven hypnotherapy: A method for positive change*. Retrieved from www.pdhypnosis.com/index.php/weblog/articles/181

Gil, E. (2006). *Helping abused and traumatized children: Integrating directive and nondirective approaches*. New York: Guilford Press.

Gil, E. (2011). *Working with children to heal interpersonal trauma: The power of play*. New York: Guilford Press.

Gil, E., & Shaw, J. (2013). *Working with children with sexual behavior problems*. New York: Guilford Press.

Greenspan, S. I., & Lieberman, A. F. (1988). A clinical approach to attachment. In E. J. Blesky & T. Nezworski (Eds.), *Clinical implications of attachment* (pp. 387-424). Hillsdale, NJ: Erlbaum.

Guiffrida, D. A., Jordan, R., Saiz, S., & Barnes, K. L. (2007). The use of metaphor in clinical supervision. *Journal of Counseling and Development*, *85*, 393-400.

Hughes, D. A. (2000). *Facilitating developmental attachment: The road to emotional recovery and behavioral change in foster and adopted children*. Northvale, NJ:

Aronson.

Hughes, D. A. (2007). *Attachment-focused family therapy*. New York: Norton.

Lankton, S. (2004). *Assembling Ericksonian therapy: The collected papers of Stephen Lankton*. Phoenix, AZ: Zeig, Tucker, & Theisen.

Onnis, L., Bernardini, M., Giambartolomei, A., Leonelli, A., Menenti, B., & Vietri, A. (2007). *The use of metaphors in systemic therapy: A bridge between mind and body languages. Paper presented at the Congress of the European Family Therapy Association, Glasgow, Scotland*. Retrieved from www.eftacim.org/doc_pdf/metaphors.pdf

Ricoeur, P. (1967). *The symbolism of evil*. New York: Beacon Press.

Schore, A. N. (1994). *Affect regulation and the origin of the self*. Hillsdale, NJ: Erlbaum.

Siegel, D. A., & Payne Bryson, T. (2012). *The whole-brain child: 12 revolutionary strategies to nurture your child's developing mind*. New York: Bantam Books.

Sobol, B., & Schneider, K. (1998). Art as an adjunctive therapy in the treatment of children who dissociate. In J. L. Silberg (Ed.), *The dissociative child: Diagnosis, treatment, and management* (2nd ed., pp. 191-218). Lutherville, MD: Sidran Press.

# 놀이의 신경생물학적 영향력: 치유과정에서 놀이를 안내하는 치료의 신경배열 모델

Richard L. Gaskill
Bruce D. Perry

모든 인간과 마찬가지로 아동들은 사회적 맥락에서 가장 잘 이해된다. 우리 인간은 사회적 집단에서 태어나 성장하고 살아가면서 가족을 양육할 때 가장 건강하고 가장 생산적이다(Ludy-Dobson & Perry, 2010). 우리는 수천 년 동안 존재하고 번성해 왔는데, 그 이유는 안전하고 양육적이고 상호 보상적이며 지속적인 애착을 형성하려는 우리의 신경생물학적 추동 때문이다(Szalvitz & Perry, 2010). 정상적인 애착관계에서 아동들은 안전하게 새로운 경험을 탐색하고 인지적 · 정서적 · 행동적 · 생리적 · 관계적으로 스스로를 조절하는 능력을 포함한 발달역량을 숙달할 수 있다(Blaustein & Kinniburgh, 2005). 안정적인 애착은 궁극적으로 스트레스 경험에 노출된 아동들에게 회복탄력성의 기초가 된다(Shapiro & Levendosky, 1999). 이런 중요한 애착체계가 돌봄체계 안에서 중복적이고 만성적인 실수를 통해 손상되면 중요한 신경체계가 변화될 수 있다. 이 변화는 정서와 경험을 조절하는 능력 같은 주요한 역량에 부정적 영향을 미친다. 그러고 나면 이 영향은 신경정신의학적 문제에 영향을 주고 전 생애 동안 사회적 · 정서적 어려움을 겪게 한다(Blaustein & Kinniburgh, 2005). Zeanah 등(2004)은 위탁보호를 받는 아동의 35%, 고위험 유아와 중간 정도 위험 집단 아동의 38~40%가 애착장애의 유병률을 보인다고 보고했다. 이러한 인구학적 특성은 자기조절과 관계기능을 담당하는 신경망을 적절히 목표로 할 수 있는 놀이치료 개입기법의 필요성을 시사한다.

신경발달에서 놀이치료가 하는 역할에 관한 논의는 그 어떤 논의라도 다음의 핵심 질문을 가장 먼저 설명해야 한다. 무엇이 놀이인가? 놀이와 다른 활동을 구분 짓는 주요 요소는 무엇인가? 이 장의 목적을 위해 Burghardt(2005)가 사용한 3개의 요소를 사용하여 동물의 놀이를 정의하겠다. 첫째, 놀이는 공통적인 또는 중요한 목적 지향적인 행동을 모방하거나 따라 한다. 둘째, 놀이는 자발적이며 즐거운 것이고 즉각적인 생존 역할이나 명백한 '목적'을 갖고 있지 않다. 마지막으로, 놀이는 위협적이지 않고 낮은 압력 상황에서 발생한다. 이 주요 요소들은 의도된(그리고 효과가 없는) 수많은 치료 경험과는 잘 맞지 않는다. 놀이의 핵심 요소들은 학대받고 외상 입은 아동들과의 성공적인 치료적 상호작용의 필수 요소(지각된 통제, 보상, 처리 가능한 스트레스)다(Perry & Szalavitz, 2006). 따라서 놀이를 치료 작업에 활용하는 이유가 이해된다. 그리고 놀이는 종종 치료과정을 위한 본질적 요소다. 그러나 걸음마기 아동들의 '놀이'는 청소년들의 놀이와는 달라 보인다는 점을 인식하는 것이 중요하다. 놀이가 조절하고 의사소통하고 연습하고 숙달하는, 발달적으로 적합한 수단을 제공할 때 놀이는 효과적인 치료 매개체가 된다. 그러나 다른 치료 접근들과 마찬가지로 우리는 아동의 연령 그리고 치료자가 받은 특정한 훈련에 따라 치료에 놀이를 활용하는 방식을 선택한다. 따라서 우리가 치료적 관계에 대해 갖고 있는 기대가 현실적이지 못할 때가 있다. 치료자의 기대와 아동의 역량 사이에 발생하는 결과적인 부조화는 진정한 놀이의 가능성 그리고 치료의 진전을 훼손한다(아동에게 상호작용이 자발적이지 못하고 즐겁지 않다). 치료자(또는 부모, 양육자, 교사)가 아동의 진정한 발달능력과 아동의 현재 상태(예: 진정된, 경계적인, 두려워하는)를 이해할 때 현실적 기대와 발달에 적합한 활동이 아동의 치유를 위해 사용될 수 있다. '단계'와 현재 상태에 대한 이런 중요한 인식은 신경생물학에 대한 이해를 통해 이루어질 수 있다. 이 장에서는 놀이치료 실제에 적용할 수 있는 신경발달 원리를 소개하겠다.

# 놀이치료: 개관, 맥락, 효율성

## 놀이치료의 역사적 개관과 범위

아동 놀이의 발달적 중요성은 Platon(BC 427~347)의 생각을 시작으로 Rousseau(1762/1930)의 개념에 이르기까지로 수천 년은 아니더라도 수백 년 동안 인식되어 왔다. 20세기에 Frued(1924), Gesell과 Ilg(1947), Erikson(1964), Piaget(1962), Kohlberg(1963), Vygotsky(1967) 및 기타 발달이론가들이 아동기에 놀이의 중요성을 정의하고 표명하고 옹호해 왔다. 발달이론가들은 일반적으로 놀이를 사회적 · 정서적 · 신체적 · 지적 · 심리적 발달에 필수적인 경험 요소로 보았다. 놀이활동에서 감각운동적 경험은 창조성, 추상적 사고, 친사회적 행동, 표현언어와 같은 이후에 발달하는 정신적 기술을 위한 신경학적 근거로 간주되어 왔다. 더 나아가 Zigler, Singer와 Bishop-Josef(2004)는 'Vygotsky 학파 유형'의 놀이가 모든 행동 영역(사회적 · 정서적 · 인지적 · 신체적)에 걸쳐 초기 아동기 발달의 이정표인 자기조절의 발달을 촉진한다는 연구 결과가 증가하고 있음을 인용하였다. 놀이는 건강한 발달에서 매우 중요시되었기 때문에 유엔은 놀이를 아동들의 특정한 권리로 인식하게 되었다(Office of the UN High Commissioner for Human Rights, 1989). 출생에서 6세까지의 시기는 전 생애를 통해 학습, 행동, 건강의 기초를 닦는 기간이기 때문에 유엔은 놀이를 영양, 주거, 건강보호, 교육과 동일하게 중요한 것으로 보게 되었다.

Landreth(2002)는 언어 및 인지 중심의 치료들은 아동기가 복잡한 인지능력이 상대적으로 덜 발달해 있기 때문에 아동상담에 적합하지 않다고 언급하였다. 아동의 성장에서 강력한 놀이의 힘 그리고 성인기에 해당하는 정신적 · 언어적 능력 획득의 느린 속도는 모두 놀이가 아동의 정서적 · 행동적 어려움을 치료하는 데 발달적으로 적합한 것임을 의미한다. 따라서 놀이는 오랫동안 아동의 치료에 통합되어 왔다. 지난 세기 말에 Frued의 '어린 Hans'의 치료에서도 놀이가 치료에 사용되었다(Bratton & Ray,

2000; Bratton, Ray, Rhine, & Jones, 2005; Landreth, 2002). 그때부터 놀이치료 이론과 실제에 중요한 성장이 이루어졌다. 1920년대에 정신분석적 놀이치료부터 1930년대에 시작된 비지시적 놀이치료에 이르기까지(Landreth, 2002) 놀이치료 범위는 Adler 학파 놀이치료(Kottman, 1995), Jung 학파 놀이치료(Allen, 1988), 게슈탈트 놀이치료(Oaklander, 1994), 생태체계 놀이치료(O'Conner, 2000), 대상관계 놀이치료(Bendict, 2006), 경험적 놀이치료(Norton & Norton, 1997), 인지행동 놀이치료(Knell, 1995), 발달놀이치료(Brody, 1997), 부모-자녀 놀이치료(Guerney, 1964) 등의 발달과 함께 20세기 말 무렵에 계속 확장되었다.

사회 부적응, 부적응적 학교행동, 공포, 발달장애, 신체적 장애 및 학습장애, 자폐증, 조현장애, 외상 후 스트레스장애, 성학대, 가정폭력, 우울증, 위축, 알코올 및 약물 남용, 이혼, 읽기장애, 언어장애, 다문화 이슈 등에 적용된 놀이치료방법에 관한 연구들이 이루어져 왔다(Bratton & Ray, 2000; Bratton et al., 2005; LeBlanc & Ritchie, 2001). 최근의 연구들은 큰 규모의 집단에 대해 무선통제 집단을 사용하여 놀이치료와 다른 치료의 효과성을 설명하는 연구를 시작했다.

## 놀이치료의 효과성

놀이치료의 효과성에 대해 지난 30년간 여러 놀이치료 연구를 검토한 수많은 메타분석 연구가 이루어졌고, 그 결과 놀이치료가 광범위한 문제들에 효과적임이 밝혀졌다. 이 연구들은 아동의 친사회적 행동이 개선되고 증상행동이 감소했음을 보여 주었다(Bratton et al., 2005; Casey & Berman 1985; LeBlanc & Ritchie, 1999, 2001; Ray, Bratton, Rhine, & Jines, 2001; Weisez, Weiss, Alicke, & Klotz, 1987). 치료효과 크기는 최고 0.80(Bratton et al., 2005)에서 최저 0.66(LeBlanc & Ritchie, 2001) 범위였으며, 대부분은 0.71에서 0.7 사이였다. 이 결과들은 놀이치료 개입을 받은 아동들이 놀이치료가 아동들의 행동, 사회적 적응, 성격에 큰 효과를 미친다는 것을 보여 주었음을 의미한다(Bratton et al., 2005; Ray et al., 2001).

놀이치료 개입은 주 호소문제에 상관없이 동일하게 효과적이다. 놀이치료는 방법, 연령, 성별, 이론학파에 상관없이 효과적이다(Bratton et al., 2005; LeBlanc & Ritchie, 1999; Ray et al., 1999, 2001). LeBlanc과 Ritchie(1999, 2001)는 단기놀이치료 처치 모델이 부정적이라는 결과를 얻었는데, 그 이유는 아동들이 단기치료의 초기 단계에서 이전에 표현하지 않은 감정을 표출하고 그런 이슈들을 해결하기에는 시간이 불충분하기 때문이다. 연구자들은 놀이치료에 참여하는 아동들이 전통적인 치료를 받은 성인과 비교할 때 정보 처리, 생각하기, 행동하기에서 효과적 변화를 이루어 내기 위해서는 상당한 시간을 필요로 한다는 것을 관찰했다. 여러 연구(Bratton et al., 2005; LeBlanc & Rithchie, 1999, 2001; Ray et al., 2001)가 긍정적 결과를 예측해 주는 것으로서 부모 참여의 중요성을 지적한다. 부모가 구조화된 놀이치료 슈퍼비전을 받거나 그들 자신과 아동 사이에 상호작용을 안내받으면 효과가 극적으로 상승했다. Bratton 등은 다른 연구들보다 부모-자녀 놀이치료 모델(Guerney, 1964)과 부모-자녀 관계이론 모델(Landreth, 2002) 연구에서 더 큰 효과 크기를 얻었다. 인본주의적 개입이 비인본주의적 치료보다 더 큰 효과 크기를 얻는다는 점을 고려하면 놀랄 일이 아니다. 아동들은 놀이를 통해 배우며 이것은 그 과정을 발판으로 만들어 주는 인내심 있고 지지적이며 돌봄적인 성인을 필요로 한다(Vygotsky, 1967).

## 대뇌발달과 아동기의 취약성

인간의 뇌는 위계적 방식으로 조직되어 있다. 대뇌의 고차원 영역은 보다 복잡하고 실행적인 기능을 하는 반면 저차원 영역은 보다 단순하고 보다 조절적인 기능을 중재한다. 발달적으로 구분되는 4개의 영역(뇌간, 간뇌, 변연계, 피질)이 있으며 이 영역들은 다중신경망, 잘 연구된 가장 중요한 모노아민(노르에피네피린과 도파민) 및 기타 연관체계(예: 세로토닌, 아세틸콜린)에 의해 서로 연결되어 있다. 이 망들은 뇌의 저차원 영역에서 기원하며 광범위하게 분포하고 있고(집단적으로 모든 뇌 영역과 신체) 스트레스 반응뿐 아니라 모든 운동적 · 사회적 · 정서적 · 인지적 기능에 직접 영향을 미친다. 이런 망들이 정상적으로 발달할 때 부드러운 기능 통합이 이루어진다. 이 망들이 태내기 폐쇄(예: 출생 전 알코올이나 약물에 노출), 초기 애착 파괴 또는 외상적 스트레스 등에 영향을 받으면, 이것들은 광범위하게 분포하고 있기 때문에 모든 기능에 손상을 초래하면서 조절되지 않는다. 이런 중요한 망들은 외부 환경을 감독하는 일차적인 감각망(접촉, 시각, 소리와 같은), 내부 환경을 감독하는 신체망(운동전정, 심혈관, 호흡기 같은), 뇌의 내적 환경을 감독하는 대뇌망(망을 조절하는 피질 같은)으로부터 정보를 받아들이는 패턴의 통합, 처리 및 표출에서 역할을 담당한다.

광범위한 분포와 함께 뇌, 신체, 세상으로부터 들어오는 지속적인 대뇌로의 유입은 스트레스에 반응할 때, 스트레스를 받을 때 또는 스트레스 관련 역기능을 할 때 이 망에서 독특한 역할을 한다. 더 나아가 신경발달이 저차원(뇌간과 간뇌) 영역으로부터 고차원(변연계와 피질) 영역으로 이루어지면서 이 조절 신경망은 태생기에서부터 청소년기에 이르기까지 대뇌발달에서 중요한 역할을 한다. 이 조절 신경망의 활성화 시기와 패턴은 모든 뇌 영역과 신체 영역의 기능적 능력을 조성하는 데 있어 중요한 역할을 한다(Perry, 2001 참조).

뉴런과 신경망은 활동에 대한 반응으로 변화한다. 스트레스 반응망의 경우, 예측 가능한 중간 정도의 부드러운 활동성은 융통성 있고 유능한 스트레스 반응역량(탄력성을 보여 주는)을 발달시키는 반면, 극단적이거나 예측할 수 없거나 통제 불가능한 활동성은 예민하고 지나치게 반응적인 스트레스 반응망을 발달시킨다(Perry, 2008, 2009; Ungar & Perry, 2012). 출생 전 알코올 혹은 약물 노출 또는 극단적이고 장기화된 스트레스 반응(학대나 기타 외상적 경험에서 볼 수 있는)의 활성화 같은 발달 폐쇄는 이 중요한 신경망의 발달을 변화시키며, 따라서 이런 조절망이 분포하고 있는 모든 영역의 기능을 방해한다.

중심과 주변의 자율신경망(신경내분비와 신경 영역 체계뿐 아니라)의 조절과 기능의 결과적인 변화는 중요하고도 지속적인 정서적 · 행동적 · 사회적 · 인지적 · 감각운동적 문제 그리고 신체건강 문제의 위험을 증가시킨다(Anda et al., 2006; Felitti et al., 1998;

Perry, Pollard, Blakley, Baker, & Vigilante, 1995). 민감해진 스트레스 반응체계의 표현은 잘 기록되어 왔다. 이 체계는 침입적 회상, 관련 자극의 지속적 회피나 반응의 전반적 둔감화, 놀람 반응의 증가, 수면의 어려움, 신경질, 불안, 생리적 과잉운동을 포함한다. 학대와 외상을 입은 아동들은 행동의 충동성, 근육 톤의 증가, 불안, 위협 관련 단서에의 고착, 정서조절, 언어장애, 대소근육 지연, 혼란애착, 불쾌감, 주의력문제, 기억문제, 과잉행동의 문제를 보인다(Perry et al., 1995). 더 나아가 이러한 신체적 · 정서적 · 심리적 · 지적 영향은 전 생애에 걸쳐 지속된다(Anda et al., 2006; Spinazzola, Blaustein, & Van der Kolk, 2005). 외상을 입은 아동의 약 2/3가량은 소화과정과 심장활동의 억제, 혈압, 호흡 불안, 과잉 각성 같은 뇌간이나 간뇌 기능에 비조절을 보여 주는 신체적 사인과 증상을 갖고 있다(Hopper, Spinalzzola, Simpson, & van der Kolk, 2006; Perry, 2001, 2008). 구체적인 신체적 사인과 증상은 유전, 후성유전, 자궁 내 환경, 생애 초기 유대경험, 어려웠던 발달사, 관계경험의 약화를 포함하는 여러 가지 기여 요인에 좌우된다(Ungar & Perry, 2012 참조). 이것은 현재의 부적절한 범주화 모델에 잘 맞지 않는 혼란스러운 임상상황을 만들어 낸다. 아동기 학대와 관련된 신경정신의학적 진단의 동반질환은 매우 광범위해서 『정신질환의 진단 및 통계 편람 제5판(DSM-5)』(American Psychiatric Association, 2013)에 있는 거의 모든 질환을 포함할 지경이기 때문에 복잡하고 여러 다른 종류로 이루어진 역기능을 이해하기에는 현재의 진단명만으로는 부족하다(Perry, 2008; Perry & Dobson, 2013).

외상적 경험이 성인의 기능에 부정적 영향을 미치기는 하지만 동일하게 힘든 경험이 아동들에게는 훨씬 더 해로운 영향을 끼치는데, 그 이유는 발달에 미치는 전반적인 영향 때문이다. 성인기의 외상적 스트레스는 이미 발달하여 기능하고 있는 뇌에 영향을 미친다. 아동기의 외상은 발달하고 있는 뇌의 조직화와 기능에 영향을 미친다. 외상 사건으로 고통받는 성인의 75%가 증상 없는 외상 후 스트레스장애를 보이지만 외상으로 고통받는 아동은 33%만이 증상 없는 상태를 보인다(van der Kolk et al., 2007).

## 스트레스 반응과 상태 의존적 기능

스트레스 반응(그리고 기타 여러 기능)에 관여하는 중요한 조절 신경망은 아래에서 위(체성감각) 그리고 위에서 아래(대뇌조절)의 체계 모두로부터 오는 패턴화되고 반복적이며 리드미컬한 자극 유입을 통해 조절된다. 뇌는 여러 수준에서 들어오는 유입을 처리한다. 대뇌는 본질적으로 개방적이고 상호작용적인 체계지만 환경에 대한 이 다중수준의 감각 처리와 행위하기는 감각, 신체 또는 대뇌 유입을 담당하는 곳에서 시작되어 뇌의 저차원 영역으로 간다. 뇌의 저차원 영역에서 기원하는 일차조절체계는 뇌의 의식적 부분이 정보를 받아들이긴 하지만 정보를 받는다 해도 그전에 들어오는 자극을 분류, 통합, 해석, 저장하고 반응한다(Marteau, Hollands, & Fletcher, 2012; Perry, 2006). 일차 체성감각 처리(somatosenory processing)는 의식 수준 아래에서 일어나며 새롭거나 중요하거나 위협적일 수 있는 자극만이 그 이상의 처리를 위해 고차원의 피질 중심으로 전달된다(Perry, 2008; Sara & Bouret, 2012). 이 조절망에 유입된 것이 친숙한 것이 아니고(새로운 것) 혼란되고 잠재적 위협과 관련된 것이면(이전의 외상경험에서 온 단서에의 재노출) 이 체계의 활동성에 변화가 생긴다. 예를 들어, 청반(loces coeruleus)에서 발생하는 노르에피네프린을 갖고 있는 망에서 위협 수준에 잘 기능하는(정상인의 경우) 복잡하고 차등적인 반응이 시작된다(Sara & Bouret, 2012). 이 반응의 핵심 부분은 고차원의 피질체계로부터 간뇌체계로 '통제'가 이동하는 것이다. 고도의 정서적 상태를 신경 이미지화하면 피질하영역의 활성이 증가하고 강력한 각성이 일어나면 전두엽으로의 혈액 흐름이 감소한다(van der Kolk, 2006). 이러한 활성의 변화는 인지적 · 사회적 · 정서적 기능과 운동기능을 변화시킨다. 다른 말로 하면, 새로움, 혼돈, 위협이 개인의 '상태'를 변화시키는 것이다. 이러한 상태의 변화는 불안, 배고픔, 갈증, 분노 및 기타 '원시적' 감정과 지각에 대한 의식적 · 의도적 조절에 관여하는 피질 조절망을 차단해 버린다. 그 결과는 덜 성숙하고 보다 빈약하게 조절되고 더욱 충동적인 행동이 지각된 위협하에 발생한다는 것이다. 피질망 구축경험을 거의 제공하지 못하는 발달경험을 아동이 했다면(예: 방임 또는 혼돈스러운 접촉, 언어, 관계의 빈약) 이들의 피질 조절망도 상대적으로 덜 발달하게 된다. 민감해진 조절 신경망(스트레스 반응체계는 지속적인 공포 상태에 잠겨 버린다)과 '차단'되고 덜 발달한 피질의 조합은 아동을 매우 충동적이고 전체적으로 조절되지 않은 상태로 만든다. 이것이 학대피해 아동에게 외상 관련 행동문제와 애착 관련 행동문제를 일으킨다면 기억할 필요가 있다. 지치고 좌절한 양육자, 교사, 치료자는 자동적으로 유발된 행동에 성격적 특성을 부여하고 고의적 의도를 가진 행동이라고 쉽게 단정한다. 자기반추, 계획하기, 의도적인 행동능력은 상대적으로 조직화되고 조절된 그리고 접근 가능한 대뇌 피질을 필요로 한다.

이 변화의 또 다른 중요 측면은 그것이 쾌감을 느끼는 능력에 미치는 영향이다. 뇌의 2영역에서 도파민의 분비—중경핵과 복측 패개부—는 쾌감을 제공한다. 이들 '보상' 영역은 개인의 신념이나 가치(예: 다른 사람과 사탕을 나눈 것)와 일치하는 피질이 중재하는 의도적 행동에서 일차적으로 변연계가 중재하는 관계적 상호작용(예: 친구와 함께 웃기)을 일으키고 그다음은 내분비가 중재하는 식욕경험(예: 달콤한 것, 짠 것 또는 지방 음식 먹기), 생리적 스트레스를 감소시키는 뇌간이 중재하는 조절적 행동(예: 탈수 시에 차가운 물 마시기)에 이르는 여러 가지 방식으로 자극될 수 있다. 개인이 각성 상태에 따라 움직이므로 보상 '선택'은 줄어든다. 과각성 상태에서는 만족 지연이 불가능하다. 미래의 행동 결과나 보상은 위협받는 아동에게는 생각할 수 없는 것이다. 경계(alarm) 상태에 있는 아동에게는 행동에 대한 반추는 불가능한 것이며 행동을 수정하는 인지 전략(이전에 내면화되고 숙달되었다 하더라도)도 위협 속에서는 피질이 상대적으로 접근 불가능하기 때문에 효율적 방식으로 새롭게 구성될 수 없다.

피질의 내적 조절 능력으로부터 차단되어 표류하는 개인은 지각된 어떤 위협에 대해서도 충동적으로 행동한다. 아동이 안전을 느끼고 그래서 인지적 개입과 치료적 변화가 일어나 조절된 상태로 돌아가도록 돕는 데 있어 중요한 것은 직접적인 체성감각 경로를 활용하고 패턴화되고 반복적이며 리듬 있는 자극을 제공하는 것이다. 치료적 변화는 안전감에서 시작된다. 그러고 나면 안전감이 조절적인 체성감각 활동에서 나오게 된다.

마지막으로, 이 복잡한 아동들은 전통적 치료개입(주로 인지행동치료나 인지관계치료)에 매우 저항적이다. 인지적 조절통제를 강조하는 인지행동 놀이치료와 전통적인 정신역동치료는 저차원 대뇌망이 비조직화되었거나 발달하지 않았거나 또는 손상되었다면 실패하는 경향이 있다. 신체발달 평가과정과 치료 전략은 임상팀이 그러한 아동의 발달단계와 상태 반응을 이해하는 데 도움을 줄 수 있다. 효과적인 치료를 위해 임상가는 단계를 알고 상태를 관찰해야 한다.

## 놀이치료에서의 시사점

우리(Gaskill & Perry, 2012)는 앞서 신경발달적 조망과 전통적 놀이치료를 통합해야 할 일차적 도전 과제를 요약 · 제시했다. 놀이치료를 포함하는 아동정신건강 치료 모델은 주로 인지와 수행 처리, 통찰, 이해, 계획하기, 의사결정에 초점을 맞추어 언어를 매개로(위에서 아래로) 상호작용을 하는, 성인을 위한 정신역동적 치료와 인지행동치료에서 발전했다. 궁극적으로 학대피해 아동은 죄책감, 수치심, 자긍심, 슬픔, 상실과 같은 인지적 이슈를 다루고 그들의 경험에 대한 이해, 수용 그리고 새로운 조망능력을 얻어야 한다. 그러나 이 피질이 중재하는 이슈들은 발달적으로 민감한 배열로 설명되어야 하며 일차적인 조절망이 발달한 이후에나 가능하다(Perry, 2001, 2006, 2008, 2009; Cook et al., 2005). 따라서 놀이치료사들은 통찰적 반영, 외상경험 통합, 이야기 발달, 사회적 발달 또는 정서 증진을 수행하기 전에 적절한 자기조절을 만들어 내는 아래에서 위로 향하는 조절망을 사용할 필요가 있다. 그렇게 하는 것은 저차원 뇌 영역의 조절망에 접근하고 거기에 재조직화 유입을 제공할 수 있는 치료방식을 필요로 한다(Kleim & Jones, 2008; Perry, 2008, 2009). 치료의 열쇠는 아동이 조절되는 것이며 관계적 기대와 인지적 기대가 아동의 발달연령에 적합한 것이 되는 것이다. 더 나아가 치료의 '양'과 치료의 맥락에서도 다시 생각해 볼 것을 필요로 한다. 복잡하고 깊은 문제를 가진 아동들은 전통적인 주 1회 치료 모델보다 더 많은 횟수의 치료를 필요로 한다. 이런 아동들은 건강한 상호작용과 활동을 긍정적이고 반복적으로 연습해야 한다. 여기서 필요한 상호작용과 활동은 아동들에게 수많은 기초 경험(신경망)이 없거나 불완전하기 때문에 아동 대 성인의 비율이 낮아야 하고(일대일) 종종 퇴행적인 것이어야 하며 훨씬 어린 아동들이 하는 상호작용과 활동이어야 한다(Perry, 2006, 2009, 출판 중; Perry & Dobson, 2013). 뿌리 깊은 저차원 대뇌 패턴을 변화시키기 위해 필요한 상호작용의 수는 한 개인의 능력을 넘어서는 시간을 필요로 하기 때문에 부모, 교사, 치료자 그리고 확대가족의 광범위한 헌신을 필요로 한다(Perry, 2009).

다행히 이 조절 신경망을 조절하고 재조직화하는 데 필요한 활동성을 제공하는 수많은 즐거운 활동을 놀이치료와 치료경험에 통합할 수 있다(대부분의 치료적 변화는 치료 밖에서 일어난다). 놀이치료사들은 즐겁지 않은 것은 놀이가 아니며 아동의 뇌가 경계 상태에 있다면 아동이 관계적 상호작용에서 즐거움을 얻지 못한다는 것을 잊어서는 안 된다. 따라서 놀이치료에서 진정한 '놀이'는 아동이 조절되고 그래서 안전해지도록 하는 것이다. 일단 기본적인 상태조절이 이루어지면 전통적인 놀이치료들이 효과를 낼 수 있다. 상태조절의 어려움을 가진 아동과의 아래에서 위를 향하는 개입은 다양한 체성감각 활동(예: 음악, 춤, 걷기, 그리기)으로 구성된다. 의심할 여지없이 언어가 이런 아동들과의 치료과정에 반드시 필요하지만 놀이치료사는 단어, 추론 또는 관념이 조절되지 않은 아동의 저차원 대뇌 영역에 있는 일차적 조절망을 변화시킬 수 없다는 것을 깨달아야 한다. 조절적 조직화와 정상적인 항상적 상태를 가져오는 것은 부드러운 목소리 톤, 달래기, 반복적인 감각적 경험, 인내심 있고 안전한 성인에 의한 반복적이고 패턴화된 부드러운 움직임과 같은 '원초적 언어'에 좌우된다. 이러한 '원초적 언어'의 제공은 아동이 주도하는 자유로운 놀이, 가정, 학교, 상담센터에서 이루어지는 반복적이고 패턴화된 감각통합 활동 또는 대소근육 활동의 형태로 이루어질 수 있다. 이 모든 활동은 즐거움, 안전, 성인과 아동 사이의 조율의 분위기를 필요로 한다. 앞에서 주목한 바와 같이 이 작업은 아동의 기능적 연령과 맞는 매우 낮은 성인 대 아동 비율(대게 일대일)로 이루어져야 한다(Gaskill & Perry, 2012). 심각한 조절문제를 가진 아동에게 놀이치료사는 환경을 제한할 필요가 있으며 또한 아동의 발달연령에 맞추기 위해 환경 자극을 제한할 필요가 있다. 그렇지 않으면 아동의 과잉자극은 좌절, 신경질, 분노발작, 공격성, 위축(해리 포함)을 일으킬 수 있다. 마지막으로, 역사, 유전적 자질, 후성유전적 영향과 같은 각 아동의 독특한 측면들은 '두루 적용되는' 치료 모델을 필요 없게 만든다(Ungar & Perry, 2012). 그러한 다방면적 증상은 놀이치료사가 놀이치료 기법, 전달방식, 치료 빈도, 최적의 치료 회기 수, 결과 측정을 비교하면서 신경생물학적 원리를 통합할 것을 필요로 한다(Bratton et al., 2005; Perry & Dobson, 2013; Ray et al., 2001). 이런 아동들을 대상으로 하는 모든 치료적 접근에서 중요한 요소는 인내심이다. 신경가소성은 치료적 변화의 기저에 있는 일차적인 신경생리학적 과정이며 표현된 가소성(변화하는 신경망)은 적절한 변화를 필요로(때로 수천 번의 반복) 한다(Kleim & Jones, 2008). 이것을 인식하지 못하는 놀이치료사, 가족 구성원, 교사 그리고 기타 양육자들은 종종 좌절하고 혼란스러워하면서 포기한다(Perry, 2009).

## 신경배열적 치료방법 모델

신경배열적 치료방법 모델(Neurosequential Model of Therapeutics: NMT)은 임상적 문제해결을 발달적으로 민감한 접근이며 신경생물학적인 접근이다. NMT는 특정한 치료기법이나 개입이 아니다. Brandt, Diel, Feder와 Lillas(2012)는 이를 다음과 같이 지적하였다.

> NMT는 아동의 경험에 숨어 있는 신경발달의 배열순서에 대한 통합된 이해를 제공하며 생물학적 치료 실제, 프로그램 그리고 정책을 지원한다. 총체적인 증거기반 실제(Evidence-Based Practice: EBP) 그리고 NMT의 대뇌 지도 매트릭스와 연결하여 이 모델은 치료 작업이 필요한 특정 영역을 확인하고 포괄적인 치료계획을 가지고 증거기반 치료(Evidence-Based Therapy: EBT)를 포함한 적절한 치료를 선택할 수 있도록 치료제공자들을 지원한다. NMT 아동보호와 같은 조직화된 NMT 중심의 개입모델은 증거기반이 될 수 있다(p. 43).

NMT의 핵심 요소는 임상가에게 아동의 광범위한 뇌중재(brain-mediated) 힘과 취약성에 관해 알려 준다는 것이다. 이 평가과정으로부터 치료, 교육, 강화 기대와 기회가 결정될 수 있다. 놀이치료의 경우 간략히 언급하면 NMT는 치료자가 가장 발달적으로 적합한 놀이의 형태를 설계해서 치료에 적용하도록 한다. 다음은 치료과정에서 놀이의 힘을 보여 주는 사례다. 이 사례는 관계적으로 안전한 맥락에서 발달적으로 적절한 놀이 형태를 선택하는 것 그리고 패턴화되고 반복적이고 리듬 있고 보상적인 방식으로 적정한 '양'을 사용하는 것의 특별한 가치도 보여 준다.

## 사례: Tom

### 역사

Tom은 7세 남자 아동으로 지난 13개월 동안 위탁가정에서 살았다. 그는 임신 기간 중 여러 가지 약물(마리화나, 니코틴, 알코올, 코카인)을 사용한 18세의 엄마에게서 태어난 유일한 친자였다. 그는 코카인에 중독된 상태로 태어났고 임신 36주 만에 태어나 2주간 소아과 중환자실에 있었다. 친부와 친모는 모두 정신건강 문제, 약물남용 그리고 범죄행위의 광범위한 가족 역사를 가진 사람들이었다. Tom의 부모는 가정폭력으로 인해 Tom이 생후 2개월 때 헤어졌고 Tom은 '관심 없고, 위축되어 있으며, 감정 없는'이라고 묘사된 엄마와 살았다. 유기와 방임이 여러 번 보고되었고 생후 14개월경에 아동보호서비스국에서 Tom을 아빠에게 보냈다. 아빠는 일정한 거주지 없이 폭력적이고 마약으로 가득한 혼돈의 세계에서 살았다. 이 기간 동안 아동의 엄마에 대한 면접교섭이 지속적으로 이루어졌다(공식 및 비공식적으로). 아빠는 범죄행위에 연루되거나 약물을 할 때면 Tom을 엄마 집에 데려다주었다. Tom은 엄마가 여러 남자와 성관계를 하고 그들에게 폭력을 당하는 모습을 목격했다. Tom도 이 중 여러 남자에게 신체적으로(그리고 아마도 성적으로) 학대당했다. 그의 엄마는 Tom을 침실에 가두고 가끔 먹을 것을 주었으며 거의 상호작용을 하지 않았다. 5세 때 아빠가 편의점 무장강도 행위로 체포된 후 Tom은 위탁가정에 보내졌다. 아빠는 Tom과 함께 편의점으로 걸어 들어갔으며 Tom을 강도행위의 미끼로 이용했다.

## 최초 사례 기술

원가정으로부터 분리되어 위탁가정에 보내지기 전 아동보호시설에 있을 당시에 Tom은 뇌간에서 피질에 이르기까지 대뇌의 모든 영역이 중재하는 기능에 비정상성을 나타내었다. 그는 지나치게 침을 흘리고 눈을 깜빡거렸다. 극도로 두려워하고 불안해했으며 과잉경계 상태였다. 깜짝 놀라는 반응이 증가된 상태였을 뿐 아니라 수면장애가 있었고 악몽을 자주 꾸었다. 그는 또한 공격적이고 위협적이었다. Tom은 아동보호시설에 있는 다른 아동들을 비난하고 애완동물에게 잔인했다. 그는 양육자들을 '가두고 죽이는' 이야기를 만들었다. Tom은 또래, 낯선 사람들 그리고 특히 그의 모든 위탁부모들에게 폭력적이었다(때리고 찼다). 그는 으르렁거리는 소리, 대변 지리기, 서 있을 때와 식사할 때 소변 보기, 폭식, 비누 · 샴푸 · 세제 먹기를 포함한 광범위한 범위의 원시적이고 사회화되지 않은 행동을 했다. Tom은 3시간 동안이나 지속되는 극도의 분노발작을 보였다. 화가 나면 피가 날 정도로 피부를 꼬집었다. Tom은 신호를 왜곡해서 받아들였고 미소를 위협으로 받아들였다. 타인을 통제하려 했고 그렇게 하기 위해 거짓말을 했으며 그가 원하는 것을 얻지 못하면 화가 폭발했다. 그는 조음문제, 다변증 그리고 상동증을 갖고 있었다. 끝으로, 그의 인지 수준은 매우 원시적이었다. 글자와 숫자 모두 읽지 못했다.

## 임상과정

Tom의 문제행동은 14개월에 걸친 혼란된 보호자 배치에서 기인했다. 모든 양육자가 그를 집에 데리고 있기에는 너무 위험하다고 느꼈다(겨우 6세에). 이 기간 동안 Tom

은 지역 정신건강 기관에서 매주 치료를 받고 있었으며 2명의 치료자가 치료를 했다. 기록을 보면, 한 치료자가 '증거기반' 외상 중심 인지행동치료를 했고(분명한 효과가 없었다) 두 번째 치료자는 놀이치료를 했다. 놀이치료는 치료과정의 일부로 모래상자치료를 일차적으로 사용하는 치료자의 사무실에서 이루어졌다. 치료자는 Tom의 제한된 '통찰능력' 그리고 자신의 공포나 염려를 나누지 않으려 하는 '비자발성'에 좌절을 표현하였다. 그녀는 대부분의 회기에서 Tom이 앉아서 '치료받기'를 거부하였으며 서 있기, 주변 걸어 다니기, 뛰어오르기 그리고 사무실 밖으로 나가려는 행동을 고집했다고 기록했다. Tom은 이 치료자가 치료에 통합하고 싶어 했던 '놀이' 형태로는 즐거움을 느끼지 못한 것으로 보였다.

## NMT 평가와 추천

Tom은 궁극적으로 NMT에 익숙한 위탁가정에 배치되었다. NMT 자격이 있는 치료자들이 Tom과 일하는 놀이치료사에게 컨설팅을 해 주었다. NMT 평가가 이루어졌다(Perry & Dobson, 2013). NMT 평가과정의 일부로서 기능 상태(성숙한 성인 뇌의 완전히 발달한 수준과 전형적으로 기능하는 수준, 발달하기 시작했거나 전조적인 능력 수준 또는 경미한 정도에서부터 중간 정도의 손상, 미발달 또는 심각하게 역기능적인 상태에 이르기까지)를 보여 주는 뇌 지도가 만들어졌다. 뇌기능은 특정한 기능(예: 심혈관 조절은 뇌간기능이며 수면은 간뇌기능이다. 애착은 변연계 기능이며 추상적 인지는 피질기능이다)을 중재하는 뇌 부분에 국한된다. 이 과잉단순화는 모든 뇌기능이 여러 뇌 영역에 걸쳐 있는 복잡한 신경망의 산물이라는 지식과 더불어 최종적으로 기능을 중재하는 공통의 뇌 영역에 기능을 국한하려는 시도다. 그러나 이러한 근사치는 아동이 갖고 있는 핵심 기능의 발달적/기능적 상태에 대한 유용한 추정을 가능케 하며 아동의 '강점' 부분과 '취약' 부분을 알게 하고 시작점, 강화의 특성 또는 아동의 특정한 욕구를 충족시키는 치료적 활동을 결정할 수 있게 한다. 이렇게 해서 만들어진 뇌 지도를 동일 연령 아동의 전형적인 뇌 지도와 비교한다. 그래프를 통해 임상가, 교사 또는 부모들이 아동의 역사와 현재 상태의 중요한 측면들을 즉각 시각화할 수 있다. 정보는 아동에게 도움이 되는 발달적으로 적합한 교육 강화와 치료경험을 설계하는 데 핵심이다. 놀랄 것도 없이 이 평가는 Tom이 연령적으로 6세였으며 발달적으로는 몇몇 영역에서 걸음마기 수준 이하 그리고 또 다른 영역들에서는 18개월 또는 그 이하에 있음을 보여 주었다. 그는 극도로 조절되지 않은 상태에 있었고 각성 기저선이 매우 경계 상태에 있는 것으로 추정되었다. 이것은 이 아동이 피질중재 기능에 최소한으로 접근되어 있으며 대뇌조절 기능도 최소 상태임을 의미한다. 간략히 요약하면, 언어는 Tom의 행동을 변화시키지 못한다는 것이었다. 치료 전략의 변화가 추천되었다. Tom의 위탁부모, 교사 그리고 놀이치료사는 그들의 기대 그리고 Tom과의 상호작용을 인지중심적인 것에서 체성감각 계획으로 기꺼이 변화시키고자 하였다. Tom과 그의 치료자가 공원에서 나란히 걸으면서 치료가 이루어졌다. 학교는 Tom이 발달적으로 준비되지 않은 소집단 활동을 하지 않을 수 있게 허락해 주었으며 주로 일대일로 이루어지는 체성감각 활동(걷기, 점토놀이, 핑거페인팅, 의자에서 안겨 있기, 흔들기, 축구공 차기 등)을 허락해 주었다. 집에서는 양육자와 걷기, 뛰기, 애완동물 털 다듬는 것 돕기, 손마사지 주고받기, 흔들의자에 함께 앉아 있기(위탁엄마가 다른 아이에게 책 읽어 주는 동안)를 하면서 시간을 보냈다. '의도적인(계획된)' 체성감각 조절 및 치료시간의 주당 시간 수는 위탁가정에 배치된 첫 3개월 동안 3시간에서 18시간으로 그리고 30시간으로 늘렸다(보다 계획되고 예측 가능한 패턴으로). 이 조절활동은 Tom의 조절되지 않고 충동적이며 공격적인 행동을 최소화하는 효과가 있었다. 그의 상태의 긍정적 영향은 Tom이 주변에 있을 때 교사와 양육자들이 느꼈던 불안의 감소와 일치하게 관계기능의 개선을 가져왔다. 성인들의 확신과 긍정적 정서는 추가적인 조절과 보상을 가져왔다. 긍정적인 피드백 사이클은 기저선 상태의 변화(기저선에 나타난 높은 각성이 낮은 각성/높은 경계로 변화)로 나타났다. 이 당당한 변화는 이전에 표현되지 않았던 기능적 능력을 '드러냈다.' 더구나 새로운 인지기능의 내면화와 관계기능에 개선이 있었으며 이는 새로운 기능능력의 형성에 기여했다. 가장 현저한 변화는 Tom이 수동적으로 읽기를 배웠으며(위탁엄마가 다른 아동에게 책을 읽어 줄 때 옆에 앉아 있음으로써) 이제는 읽기를 좋아하게 된 것이다. 분명히 Tom은 갈 길이 멀다. 하지만 발달적으로 목표했던 조절개입을 시작하기 8개월 전(이 글을 쓸 때)에 그는 14개월간의 전통적인 치료 작업에서 최소한의 효과밖에 얻지 못했다. 놀이치료사의 주된 관심 가운데 하나는 Tom이 현재 성공하면서 느끼는 기쁨이다. 놀이치료는 그것이 진정한 놀이의 핵심 요소를 충족한다면 가장 효과적인 방법이다. 그러나 놀이의 신경생물학적 힘은 성인이 부과한 놀이활동의 유형이 조절된 아동의 발달적 욕구와 힘에 부합할 때만이 완전히 발휘될 수 있다.

## 결론

외상, 혼돈, 방임을 경험한 아동들은 생리적 · 운동적 · 정서적 · 사회적 · 인지적 기능에서 복잡한 기능적 손상을 보인다. 이 다영역적 기능 손상의 특정한 성격과 발현은 유전과 후성유전 같은 요인뿐 아니라 아동의 삶에 존재하는 스트레스원 및 관계적 '완충자'의 시기, 특성, 패턴에 따라 매우 다양하다. 이 아동들에게서 중점적으로 발견되는 것은 대뇌의 저차원 영역에서 발생하고 뇌와 신체에 광범위하게 존재하는 민감한 조절적 신경망 세트다. 신경생물학적인 임상적 접근을 통합해 냄으로써 놀이치료사들은 이 아동들이 조절할 수 있게 하는 발달적으로 적합한 놀이활동을 선택할 수 있고 그리고 아동들의 관계능력 및 인지능력의 증진을 위한 치료적 노력을 촉진할 수 있다. NMT는 놀이치료사들이 학대당한 아동들의 강점과 취약점을 확인하고 발달에 적합한 치료적 · 교육적 서비스 그리고 강화 서비스를 수행하도록 돕는 실제적이고 유용한 임상적 틀을 제공할 수 있다.

## 참고문헌

Allen, J. (1988). *Inscapes of the child's world: Jungian counseling in schools and clinics.* Dallas, TX: Spring.

American Psychiatric Association. (2013). *Diagnostic and statistical manual of mental disorders* (5th ed.). Arlington, VA: Author.

Anda, R. F., Felitti, V. J., Bremner, D. J., Walker, J., Whitfield, C., Perry, B. D., …… Giles, W. G. (2006). The enduring effects of abuse and related adverse experiences in childhood. *European Archives of Psychiatric and Clinical Neuroscience, 256*(3), 174-186.

Benedict, H. E. (2006). Object relations play therapy: Applications to attachment problems and relational trauma. In C. E. Schaefer & H. G. Kaduson (Eds.), *Contemporary play therapy: Theory, research, and practice* (pp. 3-27). New York: Guilford Press.

Blaustein, M. E., & Kinniburgh, K. M. (2005). Providing the family as a secure base for therapy with children and adolescents. In K. Blaustein, M. Spinazzola, & B. van der Kolk (Eds.), *Attachment theory into practice* (pp. 48-53). Brookline, MA: Justice Resource Institute.

Brandt, K., Diel, J., Feder, J., & Lillas, C. (2012). A problem in our field. *Journal of Zero to Three, 32*(4), 42-45.

Bratton, S., & Ray, D. (2000). What the research shows about play therapy. *International Journal of Play Therapy, 9*(1), 47-48.

Bratton, S., Ray, D., Rhine, T., & Jones, L. (2005). The efficacy of play therapy with children: A meta-analytic review of treatment outcomes. *Professional Psychology: Research and Practice, 36*(4), 376-390.

Brody, V. (1997). *The dialogue of touch: Developmental play therapy.* Northvale, NJ: Aronson.

Burghardt, G. M. (2005). *The genesis of animal play: Testing the limits.* Cambridge, MA: MIT Press.

Casey, R., & Berman, J. (1985). The outcome of psychotherapy with children. *Psychological Bulletin, 98*(2), 388-400.

Cook, A., Spinazzola, J., Ford, J., Lanktree, C., Blaustein, M. B., Cloitre, M., …… van der

Kolk, B. (2005). Complex trauma in children and adolescents. *Psychiatric Annals, 35*(5), 390-398.

Erikson, E. (1964). *Childhood and society* (2nd ed.). New York: Norton.

Felitti, V. J., Anda, R. F., Nordenberg, D., Williamson, D. F., Spitz, A. M., & Edwards, V. (1998). Relationship of childhood abuse and household dysfunction to many of the leading causes of death in adults: Adverse Childhood Event Study. *American Journal of Preventive Medicine, 14*, 245-258.

Freud, S. (1924). *A general introduction to psycho-analysis*. London: Boni & Liveright.

Gaskill, R. L., & Perry, B. D. (2012). Child sexual abuse, traumatic experiences, and their impact on the developing brain. In P. Goodyear-Brown (Ed.), *Handbook of child sexual abuse: Identification, assessment, and treatment* (pp. 30-47). Hoboken, NJ: Wiley.

Gesell, A., & Ilg, F. (1947). *Infant and child in the culture of today*. New York: Harper.

Guerney, B. (1964). Filial Therapy: Description and rationale. *Journal of Consulting Psychology, 28*, 304-310.

Hopper, J. W., Spinazzola, J., Simpson, W. B., & van der Kolk, B. A. (2006). Preliminary evidence of parasympathetic influence on basal heart rate in posttraumatic stress disorder. *Journal of Psychosomatic Research, 60*, 83-90.

Kleim, J. A., & Jones, T. A. (2008). Principles of experience-dependent neural plasticity: Implications for rehabilitation after brain damage. *Journal of Speech, Language, and Hearing Research, 51*, S225-S239.

Knell, S. M. (1995). *Cognitive behavioral play therapy*. Northvale, NJ: Aronson.

Kohlberg, L. (1963). Moral development and identification. In H. W. Stevenson (Ed.), *Child psychology* (pp. 277-332). Chicago: University of Chicago Press.

Kottman, T. (1995). *Partners in play: An Adlerian approach to play therapy*. Alexandria, VA: American Counseling Association.

Landreth, G. (2002). *Play therapy: Art of the relationship* (2nd ed.). Muncie, IN: Accelerated Development.

LeBlanc, M., & Ritchie, M. (1999). Predictors of play therapy outcomes. *International Journal of Play Therapy, 8*(2), 19-34.

LeBlanc, M., & Ritchie, M. (2001). A meta-analysis of play therapy outcomes. *Counseling Psychology Quarterly, 14*(2), 149-163.

Ludy-Dobson, C. R., & Perry, B. D. (2010). The role of healthy interaction in buffering the impact of childhood trauma. In E. Gil (Ed.), *Working with children to heal interpersonal trauma: The power of play* (pp. 26-43). New York: Guilford Press.

Marteau, T. M., Hollands, G. J., & Fletcher, P. C. (2012). Changing human behavior to prevent disease: The importance of targeting automatic processes. *Science, 337*(6101), 1492-1495.

Norton, C. C., & Norton, B. E. (2002). *Reaching children through play therapy: An experiential approach*. Denver, CO: White Apple Press.

Oaklander, V. (1994). Gestalt play therapy. In K. O'Connor & C. E. Schaefer (Eds.), *Handbook of play therapy* (Vol. 2, pp. 144-146). New York: Wiley.

O'Connor, K. (2000). *The play therapy primer* (2nd ed.). New York: Wiley.

Office of the United Nations High Commissioner for Human Rights. (1989, November 20). *Convention on the rights of the child* (General Assembly Resolution No. 44/25). Retrieved from www2.ohchr.org

Pearl, E., Thieken, L., Olafson, E., Boat, B., Connelly, L., Barnes, J., et al. (2012). Effectiveness of community dissemination of parent-child interaction therapy. *Psychological Trauma: Theory, Research, Practice, and Policy, 4*(2), 204-213.

Perry, B. D. (2001). The neuroarcheology of childhood treatment: The neurodevelopmental costs of adverse childhood events. In K. Franey, R. Geffner, & R. Falconer (Eds.), *The cost of maltreatment: Who pays? We all do* (pp. 15-37). San Diego, CA: Family Violence and Sexual Assault Institute.

Perry, B. D. (2006). Applying principles of neurodevelopment to clinical work with maltreated and traumatized children. In N. B. Webb (Ed.), *Working with traumatized youth in child welfare* (pp. 27-52). New York: Guilford Press.

Perry, B. D. (2008). Child maltreatment: The role of abuse and neglect in developmental psychopathology. In T. P. Beauchaine & S. P. Henshaw (Eds.), *Textbook of child and adolescent psychopathology* (pp. 93-128). New York: Wiley.

Perry, B. D. (2009). Examining child maltreatment through a neurodevelopmental lens: Clinical application of the Neurosequential Model of Therapeutics. *Journal of Loss and Trauma, 14*, 240-255.

Perry, B. D. (in press). Applications of a developmentally sensitive and neurobiologically-informed approach to clinical problem solving: The Neurosequential Model of Therapeutics (NMT) in young maltreated children. In K. Brandt, B. D. Perry, S. Seligman, & E. Tronick (Eds.), *Infant and early childhood mental health*. Arlington,

VA: American Psychiatric Publishing.

Perry, B. D., & Dobson, C. L. (2013). Application of the Neurosequential Model of Therapeutics (NMT) in maltreated children. In J. D. Ford & C. A. Courtois (Eds.), *Treating complex traumatic stress disorders in children and adolescents* (pp. 249-260). New York: Guilford Press.

Perry, B. D., & Pollard, R. (1998). Homeostasis, stress, trauma, and adaptation: A neurodevelopmental view of childhood trauma. *Child and Adolescent Psychiatric Clinics of North America*, *7*(1), 33-51.

Perry, B. D., Pollard, R., Blakley, T., Baker, W., & Vigilante, D. (1995). Childhood trauma, the neurobiology of adaptation, and "use-dependent" development of the brain: How "states" become "traits." *Infant Mental Health Journal*, *16*(4), 271-291.

Perry, B. D., & Szalavitz, M. (2006). *The boy who was raised as a dog: And other stories from a child psychiatrist's notebook*. New York: Basic Books.

Piaget, J. (1962). *Play, dreams, and imitation in childhood*. New York: McGraw-Hill.

Ray, D., Bratton, S., Rhine, T., & Jones, L. (2001). The effectiveness of play therapy: Responding to the critics. *International Journal of Play Therapy*, *10*(1), 85-108.

Rousseau, J. (1930). *Emile*. New York: Dent. (Original work published 1762)

Sara, S. J., & Bouret, S. (2012). Orienting and reorienting: The locus coeruleus mediates cognition through arousal. *Neuron*, *76*, 130-141.

Shapiro, D., & Levendosky, A. (1999). Adolescent survivors of childhood sexual abuse: The mediating role of attachment and coping in psychological and interpersonal functioning. *Child Abuse and Neglect*, *11*, 1175-1191.

Spinazzola, J., Blaustein, M., & van der Kolk, B. A. (2005). Post-traumatic stress disorder treatment outcome research: The study of unrepresentative sample. *Journal of Traumatic Stress*, *18*(5), 425-436.

Szalavitz, M., & Perry, B. D. (2010). *Born for love*. New York: HarperCollins.

Tsai, M., & Ray, D. C. (2011). Play therapy outcome prediction: An exploratory study at a university-based clinic. *International Journal of Play Therapy*, *20*(2), 94-108.

Ungar, M., & Perry, B. D. (2012). Violence, trauma and resilience. In R. Alaggia & C. Vine (Eds.), *Cruel but not unusual: Violence in Canadian families* (2nd ed.). Waterloo, Ontario, Canada: Wilfrid Laurier University Press.

van der Kolk, B. A. (2006). Clinical implications of neuroscience research in PTSD. *Annals of the New York Academy of Science*, *107*(IV), 277-293.

van der Kolk, B. A., Spinazzola, J., Blaustein, M. E., Hopper, J. W., Hopper, E. K., Korn, D. L., et al. (2007). A randomized clinical trial of eye movement desensitization and reprocessing (EMDR), fluoxetine, and pill placebo in the treatment of posttraumatic stress disorder: Treatment effects and long-term maintenance. *Journal of Clinical Psychiatry, 68*(1), 37-46.

Vygotsky, L. S. (1967). Play and its role in the mental development of the child. *Soviet Psychology, 5*(3), 6-18.

Weisz, J., Weiss, B., Alicke, M., & Klotz, M. (1987). Effectiveness of psychotherapy with children and adolescence: A meta-analysis for clinicians. *Journal of Consulting and Clinical Psychology, 55*(4), 542-549.

Zeanah, C. H., Scheeringa, N. W., Boris, N. W., Heller, S. S., Smyke, A. T., & Trapani, J. (2004). Reactive attachment disorder in maltreated toddlers. *Child Abuse and Neglect, 28*(8), 877-888.

Zigler, E. F., Singer, D. G., & Bishop-Josef, S. J. (2004). *Children's play: The roots of reading*. Washington, DC: Zero to Three Press.

제3부

# 임상적 적용: 위험에 처한 사람들을 다루기 위한 접근법

# 손상된 애착을 경험한 위탁시설 아동의 치유 돕기

Athena A. Drewes

이 장에서는 위탁시설에 있는 아동 · 청소년의 양육자와의 애착문제를 다루고 치료자가 이런 아동을 치료하기 위해 활용할 수 있는 확실하고 통합적인 접근법이 무엇인지 설명하고자 한다. 놀이치료사와 다른 아동치료사는 아동 · 청소년의 위탁 양육자가 애착을 형성하면서 직면하게 되는 독특한 문제점, 여기서는 친부모와의 이별, 단절된 애착 및 학대로 인한 복합적인 외상을 직접적으로 다룰 수 있는 놀이치료 기법에 대해 살펴보고자 한다. 그리고 위탁시설에 있는 아동의 특별한 정서적 욕구를 이해하는 데 있어서 양육자와 가족이 함께할 수 있는 방법을 다루고, 위탁시설에 있는 아동과의 치료과정에서 요구되는 지시적 · 비지시적인 치료방법으로서 미술치료가 어떻게 정서 결핍 아동을 치료하는 데 도움을 줄 수 있을지 설명하고자 한다.

## 위탁시설에서의 애착 형성에 대한 도전

위탁시설의 아동은 외현화 문제와 내재화 문제를 유발하는 복합적 외상(대부분 애착관계에 관한 외상)을 가지고 있다. 외현화 문제를 가진 위탁시설의 아동은 격리되거나 애착관계가 깨지는 악순환이 반복되는 위험에 놓인다. 따라서 이런 아동은 주변의 어른이나 권위자를 믿지 않고, 그들과 관계 맺기를 포기하고 스스로를 보호한다(Earl, 2009). 치료과정에서 이런 아동과 관계를 맺는 것은 여러 가지 도전 과제를 준다. 정서적 장벽은 내적 방어로 작용하는데, 이러한 방어는 분노 감정을 가진 어린 내담자와의 치료과정을 더욱 어렵게 만든다. 그러나 놀이치료사나 아동치료사는 애착문제를 가진 위탁시설의 아동·청소년에게 중요한 애착 대상으로서의 역할이나 아동·청소년의 문제를 변화시키는 매개자로서의 역할을 한다.

치료 초기 '허니문(honeymoon)' 시기를 지나고 나면(위탁가정에서), 애착 단절을 경험한 아동은 다른 곳으로 보내지기까지 위탁부모가 그들의 행동을 얼마나 참을 수 있을지 확인하기 위해 그들의 취약한 부분이나 약점을 찾아 한계를 시험한다. 위탁가정의 아동은 감정조절의 어려움, 감정 인식과 표현의 어려움, 통합의 어려움, 제한된 대처능력, 위생 불량, 기물 파손, 낮은 자존감, 높은 수준의 통제 등의 문제를 드러낸다. 위탁가정 아동이 보이는 이러한 문제행동은 위탁부모뿐만 아니라 치료자도 무기력하고, 사기가 떨어지고, 감정적으로 소진되고, 화가 나고, 실망하고, 분노가 치밀어 오르게 만든다. 또한 이러한 정서는 죄책감과 무능함과 같은 깊고 부정적인 감정으로 이어진다.

위탁가정 아동과의 치료는 위탁가정 아동과 위탁부모뿐 아니라 아동의 형제자매, 친부모까지도 참여시킬 필요가 있다. 아동의 형제자매는 위탁시설에서 온 아동이 보이는 신체적·언어적 폭력으로 인해 두려움을 느끼거나 위탁아동이 부정적인 행동을 보이는데도 자신보다 더 많은 관심을 받는다는 것에 분노한다. 심지어 가족이 기르는 애완동물도 위탁가정 아동의 부적절한 행동으로 인한 고통에서 자유롭지 못하다. 애완동물은 위탁가정 아동에 의해 찔리고, 치이고, 놀림 받고, 던져지며, 사료를 너무 많이 주거나 적게 주어 목숨을 잃기도 한다.

많은 위탁부모는 '사랑으로 모든 상황을 극복할 수 있다.'라는 잘못된 생각을 한다. 이 말이 부분적으로 사실일지라도 돌보는 사람의 무조건적인 사랑은 필수적이나 그밖에 가정의 안정감과 안전, 적절한 기대, 정확한 지시, 양육자를 돌보고 격려하는 것 또한 통제를 위해 필요한 요소다. 하지만 이러한 요소들은 위탁가정 아동에게는 불편감을 준다. 아동은 반항하고 치료 회기를 망침으로써 통제를 따르지 않을 것이다. 치료자가 애착문제를 가진 위탁가정 아동뿐 아니라 양부모가 될 수 있는 위탁부모와 개별적인 회기를 갖는 것은 중요하다.

## 치료 접근

새로운 위탁가정의 안전만큼이나 치료실의 안전은 위탁가정 아동이 자기 자신을 새로운 관점으로 바라보고 자신의 생각, 감정, 희망, 의도에 대해서 생각해 보고 탐험해 볼 수 있는 조건이 된다(Hughes, 2009). 그러므로 치료자가 위탁가정 아동을 지지하고, 안정감을 느낄 수 있게 분위기를 조성하며, 아동의 고유한 가치와 존엄성을 진심으로 이해하고 존중하는 것이 매우 중요하다. 이것은 치료과정에서 위탁가정 아동이 치료의 한계를 시험하고 애착관계를 맺는 것에 저항할 때 더욱 중요하게 작용할 것이다. 치료자는 위탁가정 아동으로 하여금 그들이 우리로부터 얼마만큼 가깝게 혹은 멀리 거리를 두고 싶은지, 그들에게 물리적인 장벽이 필요한지, 어떠한 속도로 얼마만큼의 친밀도로 상호작용하기를 원하는지 등을 인식하게 함으로써 자신의 신체적 환경을 통제할 수 있도록 해야 한다(Earl, 2009). 아동중심 놀이치료 철학에서 치료자가 아동·청소년 내담자의 속도에 맞춰 따라가는 것은 어린 내담자의 자신을 보호하기 위한 개인적인 방어가 존중받고 있다고 느끼게 한다.

치료과정에서 표현적인 미술이나 놀이를 기반으로 한 활동을 제안하는 것은 아동이나 청소년에게 즐거움을 느끼게 할 뿐만 아니라 다양한 통제력을 키울 수 있는 기회를 제공한다. 표현을 위한 미술 매체의 활용은 위탁가정 아동의 생활연령 수준보다는 정서 수준에서 치료가 가능하도록 해 준다. 또한 심리적으로 취약한 위탁가정 아동이 불신과 배신으로 가득 찼다고 믿는 세상으로부터 자신을 보호하기 위해 회피적이고 방어적이고 공격적인 태도를 취하는 것을 치료사가 존중하고 이해하도록 한다(Earl, 2009). 놀이치료사는 아동과 함께 활동을 하면서 애정 어린 돌봄과 양육, Miller(2005)가 말하는 '양육적인 의사소통'을 한다. 치료자의 호기심, 받아들임, 공감, 즐거움을 통해 위탁가정 아동은 성장하고 양육되며 어렸을 때 경험하지 못했던 다른 사람을 통한 '내적 대상(intersubjective)'을 경험하게 된다. 놀이를 기반으로 한 아동중심 치료과정은 무조건적인 이해와 수용적인 분위기에서 아동·청소년의 개인적인 문제를 다루고 치료관계를 탐색할 수 있는 시간과 공간을 제공한다. 애착문제를 가진 위탁가정 아동과 함께하는 회기에서 표현예술 매체(모래상자, 드로잉, 콜라주, 점토 작업, 그리기, 음악, 움직임, 연극, 가면 작업 등)를 사용하면 아동의 언어표현의 부담을 줄일 수 있다. 표현예술 매체로 작업을 할 때 아동·청소년 내담자는 익숙하거나 혹은 낯선 매체를 비언어적으로 탐색하고 은유적인 대화를 나눌 수 있고, 작품을 통해 자신이 드러났다는 느낌 없이 경험을 담을 수 있다.

치료자는 위탁가정 아동의 문제점에만 관심이 있는 것이 아니라 그들의 삶 전체에 똑같이 관심을 두고 있다는 것을 전달하는 것이 중요하다. 우리는 그들의 문제를 '고치는 것'에 관심을 두기보다 그들의 걱정, 도전, 성공, 힘 그리고 과거와 미래를 포함한 모든 면에 관심을 갖는 것이 필요하다. 위탁가정 아동·청소년의 관심에 초점을 맞추고 조율함으로써 관계와 대화는 깊어지게 된다.

## 치료적 문제

친부모(출생이나 그 후의 삶에서)를 잃은 슬픔과 상실을 느끼는 위탁가정 아동과의 치료과정에서의 문제는 불안정한 감정조절(특히 분노)과 친구와 관계를 맺고 유지하는 것에 대한 어려움이다. 그 결과 위탁부모/양육자와 함께하는 짝치료나 가족치료를 할 수 있지만, 일반적으로는 양육자와 따로 연락을 주고받는 개별 치료를 한다. 어린 위탁가정 아동(특히 10세 미만의 아동 내담자의 경우는 치료자가 그들의 위탁 양육자와의 관계형성을 위해 노력한다)에게 발달놀이, 치료놀이, 부모-아동 상호작용 치료, 안전성의 순환(Circle of Security), 발달 짝치료, 아동-부모 관계치료, 부모-자녀 놀이치료는 가장 효과적인 치료법이다.

치료에서 안전한 환경이 만들어지고 위탁가정 아동과 치료자 간의 신뢰가 형성되기 시작하면 통합적 접근을 고려해야 한다. 이러한 접근을 할 때 치료자는 치료과정을 안내하고 위탁가정 아동이 주 호소문제에 도전할 수 있도록 책임을 다해야 한다. 통합적인 접근에서는 지시적 · 비지시적 접근 모두를 사용하는데, 치료자는 심리적 외상을 가진 위탁가정 아동이 고통스럽고 갈등하는 문제를 이기고 지배하려는 욕구를 가지고 있으면서 동시에 억압하거나 피하고 싶어 한다는 것을 존중해야 한다.

치료자는 내담자의 증상과 최근의 문제점을 고려하여 효과적인 치료방법과 기술을 파악한다. 치료가 진행되면서 치료자는 내담자에게 필요한 치료방식(개별 치료나 짝치료를 할 수도 있다)을 선택할 수 있다. 그러므로 개별 내담자를 위한 치료계획은 시간이 지남에 따라 변화된다.

놀이기반 치료기법과 표현예술은 위탁가정 아동의 문제를 다루고 관심을 갖도록 하는 가장 효과적인 방법이다. 통합적인 회기의 진행 방식은 처음 5분 동안 지난 회기에 내줬던 숙제나 문제를 확인하고 학교나 위탁부모나 교사에게 보고를 듣는 시간으로 사용한다. 다음 15~20분 동안은 위탁가정 아동이 직면하고 있는 여러 가지 문제를 비지시적 놀이기반 치료로 접근하거나 예술 매체를 사용하여 표현하도록 하는 지시적 접근을 한다. 남은 시간 동안에는 비지시적인 접근을 통해 아동이 원하는 대로 활동을 선택할 수 있다(안전과 다른 기본적인 도구를 망가뜨리지 않는 한). 위탁부모는 회기에 초대되어 함께 활동을 하거나 별도의 회기에서 아동과 함께 짝치료에 참여하기도 한다. 필요에 따라서 한 달에 1번 부모 양육기술을 익히기 위한 위탁부모와의 개별 회기를 진행할 수도 있다.

## 도리의 문제 다루기

도리(allegiance)의 문제는 위탁가정 아동 · 청소년 그리고 그들의 보호자와 친부모 사이에서 종종 발생하는 문제다. 위탁가정 아동은 친부모가 아닌 다른 '엄마'와 관계를 맺고 사랑을 나누는 데 있어 양가적인 감정을 가지고 있기 때문에 현재의 양육자나 미래의 양부모와 관계 맺기가 어렵다. 위탁가정 아동 · 청소년 내담자는 자신이 친부모로부터 어떤 대우를 받았든 상관없이 그들에 대한 자식으로서의 도리가 남아 있다. 어떤 위탁가정의 아동은 친부모에 대한 도리를 지키고자 입양을 원하지 않을 수 있다. 따라서 위탁부모가 아동 · 청소년에게 자신을 엄마나 아빠라고 부르도록 강요하지 않는 것이 중요하다. 또한 위탁가정의 아동에게는 친부모의 특성이 각각 50%씩 존재하기 때문에 위탁부모가 아동의 친부모에 대해 부정적으로 말하지 않는 것이 중요하다. 어린 아동의 말이라 하더라도 친부모에 대한 부정적인 말은 자아에 통합되어 그들의 낮은 자존감을 더욱 낮춘다.

# 표현예술과 놀이를 기반으로 한 기법

## 친부모에게 보내는 편지

위탁가정 아동이 자신의 친부모를 잃어버린 슬픔에 대해 이야기할 때, 자신이 부모와 닮았는지, 생일날 친부모가 자기 생각을 할지, 그들의 친부모에 대해 궁금해하는 것을 탐색한다. 위탁부모는 "우리처럼 너의 친부모도 너를 자랑스러워할 거야." "나는 너의 친엄마가 너처럼 곱슬머리를 가지고 계신지 궁금하구나." "나는 네 부모가 너를 내게 보내 줘서 정말 기쁘다." 등의 이야기를 할 수 있도록 한다(Eldridge, 1999).

또한 위탁가정 아동은 친부모와 양부모의 두 부모로 인해 생기는 혼란, 생일날 그들의 친부모에 대한 기억으로 고통스러워하거나, 왜 친부모는 그들을 위탁시설이나 입양시설로 보냈는지 궁금해한다(위탁부모도 관심을 갖도록 격려한다). 위탁가정 아동이 친부모가 아닌 다른 엄마를 사랑하면 안 된다고 느끼는 것이 일반적이고 정상적인 것으로 받아들이는 것이 중요하다. 생일날 위탁가정 아동 · 청소년은 자신을 버린 친부모에게 화가 나거나 그들을 벌주고 싶은 충동을 느끼면서 동시에 그들의 부모와의 재결합을 갈망하며 괴로워한다. 그러나 나는 위탁가정의 아동이 두 엄마를 품기에 충분히 큰마음을 가지고 있다고 확신한다.

나는 위탁가정의 아동이 친부모에게(그들의 부모에 대해서 알고 있든지 모르든지 관계없이) 편지를 쓴 후 그 편지를 개인적으로 보관할 수 있게 한다. 편지에는 다음과 같은 궁금증을 짧게 또는 구체적으로 쓸 수 있다.

> "왜 나를 지켜 주지 않았어요? 나를 좋아하지 않아서 그랬나요? 당신의 이름은 무엇이고 어떻게 생겼나요? 나는 당신을 알 수 없어서 화가 납니다. 당신에게 무슨 문제가 있나요? 그것 때문에 제가 당신을 만나지 못하는 건가요? 아니면 저에게 문제가 있나요?"

## 사례: Candace가 법정에 쓴 편지와 애도 상자

간혹 위탁가정의 아동은 입양되기보다 위탁시설에 남기를 원한다. 치료자가 그들의 권리를 찾도록 돕는 것은 중요하다. 여기 청소년 내담자가 친부모에 대해 느끼는 자식으로서의 도리에 대한 사례가 있다. 12세의 Candace는 우리 프로그램에 참여하기 전 일곱 군데의 위탁시설과 두 군데의 집단시설에 있었다고 했다. 그녀는 4세 때 처음으로 정규 위탁시설에 보내졌다. 그녀의 친엄마는 마약 중독자였고, 법원은 Candace에 대한 엄마의 친권을 제한했다. Candace는 자신의 엄마를 만나기 위해서 계속해서 가출했고 결국 동생과 함께 이전의 양부모의 집으로 가게 되었다. 치료과정에서 Candace는 판사에게 다음과 같은 편지를 썼다.

> "저는 위탁가정의 가족과 약 1년 몇 개월을 함께 살아오고 있습니다. 대부분의 위탁가정의 부모님은 아이를 입양하는 것을 문제 삼지 않는 사람들입니다. 단 하나의 문제라면 저는 오직 단 1명의 엄마만 있고 다른 사람이 저의 친엄마가 되는 것을 바라지 않습니다. 단 1명은 나의 친엄마입니다. 많은 사람이 저에게 입양됐다고 해서 친엄마를 찾지 말라는 것은 아니라고 말합니다. 그러나 나는 진짜 엄마는 하나여야 한다고 느낍니다. 이것은 저의 굳은 의지입니다. 저는 위탁가정의 부모님과 몇 년간 함께 사는 것은 상관없지만 입양되고 싶지는 않습니다. 저에게는 엄마가 있습니다. 하지만 저는 저를 친자식처럼 생각해 주시는 분들께 감사드립니다. 그리고 저는 그들을 저의 부모님이라고 생각합니다. 그러나 저의 진짜 부모님은 아닙니다."

Candace는 판사에게 자신의 심정을 말함으로써 자신이 자식된 도리를 했다고 느꼈다.

우리는 치료 회기에서 Candace가 친엄마를 잃어버린 것에 대한 슬픔을 다루었다. Candace는 친엄마를 기억나게 하는 콜라주를 만들었을 뿐 아니라 위탁가정의 엄마에 대한 작업도 할 수 있었다. 우리는 또한 '애도 상자'를 만들었고(Eldridge, 1999), 외부를 장식했다. 우리는 그녀가 삶에서 잊고 있던 것들—친부모의 상실, 그녀의 병력, 그녀

원가족의 가족사, 소속감, 삶의 감각—에 대해 적었다. Candace는 상실한 자신의 친부모를 표현하기 위해 잡지에서 엄마와 아동, 아빠의 이미지를 선택하고 잊고 있던 자신의 병력(그녀는 의사가 그녀 가족의 병력에 대해 묻는 질문에 대답하지 않았다)에 반창고를 붙이고, 그림을 그리거나(잃어버린 원가족의 역사를 표현하기 위해 나무나 빈 가계도를 그렸다), 잡지에서 슬픈 표정을 한 사람을 선택하여 소속감의 상실을 표현하고 끊어진 실이나 끈을 사용하여 단절된 삶의 이야기를 표현했다.

치료자는 Candace의 버거운 짐과 상실을 돌봐 주는 사람이 되었고 치료를 통해 천천히 그리고 부드럽게 상실에 대해 탐색해 나갔다. 우리는 표현예술과 놀이를 기반으로 한 기법을 활용하여 Candace의 마음의 빈자리를 채울 방법을 찾아냈다. 치료과정에서 그녀의 부모가 그들의 능력이 닿는 한에서 그녀를 위해 어떻게 최선을 다했는지를 반복적으로 강조했다. 그러나 친엄마의 문제는 Candace가 바라는 친부모가 되는 것을 방해했고, 결국 Candace가 원하는 엄마는 될 수 없었다. 치료자가 Candace에게 그녀가 태어났을 때도 그리고 지금도 늘 사랑스러운 아이라고 이야기해 주는 것만으로는 그녀가 원하는 부모를 대신할 수 없었고, Candace가 원하는 엄마를 불러올 마법은 없었다.

## 마음을 둘러싼 벽

Daniel Hughes(1997)는 Foster Cline(1991)이 위탁가정 아동과의 치료과정에서 발전시킨 치료기법에 대해 말했다. Cline은 아동이 태어났을 때와 애착관계가 깨졌을 때, 위탁시설에 보내졌을 때의 나이 그리고 현재의 나이를 순차적으로 그리도록 한 후 어떻게 '마음의 벽'이 생겼는지 살펴봄으로써 그들을 도울 수 있다고 말한다. Cline의 기법을 적용해 온 나는 하트 그림을 사용하는 것을 좋아하지만 동시절차법(same time sequence)을 사용한다. 위탁가정의 아동에게 조그만 하트를 그리게 하고 그 아래에 '태어난 첫날'과 함께 자신의 이름을 적으라고 한다. 그리고 아동에게 "여기에 있는 하트는 어떤 거니?"라고 질문한다. 대부분의 아동은 자신이 살아남기 위해서 필수적인 것이라고 이야기한다. 하트는 우리 몸에서 피를 돌게 하지만 그 외에 하트를 통해 우리는 정서와 사랑을 느낄 수 있다고 말한다. 아동이 세상에 태어났을 때 그/그녀의 심장은 매우 활발히 뛰었을 것이고 사랑을 잘 주고받았을 것이라고 말한다. 그다음 그림에는 전보다 더 큰 하트와 아동의 이름 그리고 아동이 부모에 의해서 버림받거나 무시당했을 때의 아동 나이를 적게 한다. 아동과 그때의 고통에 대해 이야기하면서 그 일로 인해 아동의 마음이 얼마나 고통스러웠는지 이야기한다. 그리고 우리는 하트에 금(crack)을 그린다. 다시 전에 보다 더 큰 세 번째 하트를 그리면서 아동의 마음이 얼마나 힘든지, 아동이 자기 마음을 보호하기 위해 현명한 방법을 사용해 왔다는 것이 대단하다고 말해 준다. 그다음 하트 주변에 벽을 세운다. 우리는 종이 화살을 만들어 하트를 향해 던지지만 그것은 벽에 부딪혀 튕겨 나갈 뿐 더 이상 하트에 상처를 내지 못한다. 아동은 튼튼한 벽을 만듦으로써 자신이 더 큰 상처로부터 자신을 보호한 것을 칭찬한다. 그다음 네 번째 하트를 그리고 지금의 위탁부모 집에 살기 시작한 날짜를 적도록 한다. 아동이 하트에 선을 그리지만 전보다는 더 작게 그리도록 한다. 상대적으로 큰 선([그림 12-1] 참조) 위에 반창고를 붙이고 상처가 어떻게 회복되는지에 대한 이야기를 나눈다. 그다음 아동으로 하여금 연필로 하트를 둘러싼 벽을 그리라고 한다. 그리고 아동에게 말한다.

> "너는 더 이상 벽이 필요하지 않아. 사실 그 벽은 사랑이 네 마음에 닿는 것을 막고 있거든. 아마 벽 때문에 너는 위탁가정의 부모가 너를 진짜 사랑하는지 믿을 수 없었을 거야. 가장 좋은 방법은 우리가 벽을 허물 수 있는 방법을 찾는 거야. 고통을 없애 줄 것 같았던 요새(벽)가 지금은 감옥의 담장으로 변했지. 지금은 그 벽이 네가 받고 싶은 사랑으로부터 너를 멀어지게 하는 것 같구나."

나는 아동에게 치료자와 위탁부모가 아동이 벽을 허무는 것을 적극적으로 도와줄 것이라고 했고 어떻게 우리가 벽을 허물 수 있을지 의견을 물은 후 벽을 조금씩 지우기 시작했다.

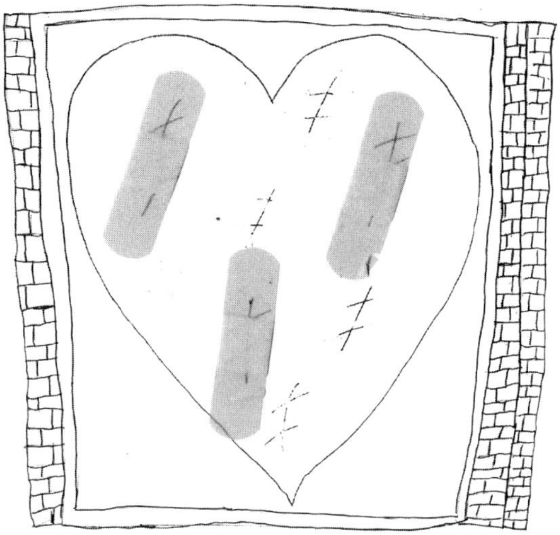

| 그림 12-1 | 벽으로 둘러싼 네 번째 하트 위에 초기 상처가 회복되는 모습을 보여 주는 예시

## 친엄마가 보내온 편지

앞에서 언급했듯이 대부분의 위탁가정 아동은 자신이 두 엄마를 사랑할 수 없다고 느낀다. 이러한 경우, 아동에게 친엄마가 그들을 원하지만 돌볼 수 없기 때문에 자신을 사랑해 줄 수 있는 2명의 엄마가 있는 것이고 아동의 마음은 2명의 엄마를 사랑할 만큼 넓다고 말해 준다. 그들에게 "네가 18세가 될 때까지 위탁가정의 부모나 양부모에게 계속해서 반항하고 유년기 내내 누구든 네 곁에 있는 것을 거부했다는 것을 너의 친엄마가 알았을 때 너한테 뭐라고 말씀하실까?"라고 묻는다.

그다음 편지를 쓴다.

"(아동의 이름)야, 나는 네가 어린 시절을 불행과 분노로 가득 차서 지나온 것이 슬프구나. 나는 네게 좋은 어린 시절을 경험하게 해 주지 못했다는 것을 알고 있단다. 하지만 네가 너를 사랑해 주고 같이 웃어 줄 수 있으며 삶을 가르쳐 주고 외부로부터 안전하게 보호해 줄 수 있는 위탁/양엄마에게 다가가기를 바란단다. 나는 (위탁/양엄마의 이름)가 그런 엄마일 것이라 생각한다. 나는 네가 위탁/양엄마에게 다가가지 않은 것이 슬프구나. 너는 위탁/양엄마와 나 그리고 너의 삶 전체를 사랑할 수도 있단다."

그다음에 아동은 친엄마의 편지를 자기가 쓰거나 친엄마에게 답장을 보낼 수도 있다. 아동이 기대하는 이상적인 부모를 잃은 슬픔과 다시 연결될 수 있도록 돕는 것은 중요하다.

## 정서를 인식하고 조절하는 기법

Allan Schore(2003a, 2003b)는 관계 외상의 가장 큰 영향은 정서를 조절하는 능력을 잃어버리는 것이라고 말한다. 그렇기 때문에 나는 주로 위탁가정 아동과의 치료과정에서 그들이 감정을 언어로 표현하고, 신체 어디에서 자극이 느껴지는지 알아차리고, 화가 났을 때 문제를 해결하고, 대처하기 위해 어떻게 더 나은 선택을 하고 감정을 통합하는지 다룬다. 진저브레드 인형의 감정 지도(The Gingerbread Person Feelings Map; Drewes, 2001)는 삶을 색칠하기(Color Your Life) 기법(O'Connor, 1983)을 변형시킨 것으로 미소를 머금은 눈, 코, 입 그리고 쭉 뻗은 팔다리를 가진 진저브레드 모양의 인형 그림을 사용한다. 이 기법은 어린 아동뿐만 아니라 청소년과 양육자/부모와의 짝치료에서도 활용될 수 있다. 이 기법은, 첫째, 내담자가 감정의 정도를 언어로 표현할 수 있는지, 둘째, 내담자의 정서적인 반응이 어디에서 일어나고 어떻게 알아차리는지, 셋째, 내담자의 감정이 얼마나 복합적인지에 대해 평가한다. 진저브레드 인형의 감정 지도는 위협적이지 않은 놀이기반의 접근방식으로 정보 수집이 가능하다. 이 기법은 단지 몇 분밖에 걸리지 않기 때문에 첫 회기나 치료가 진행되는 과정 어느 때에라도 도입방법(icebreaker)으로 가볍게 사용할 수 있다.

진저브레드 인형 그림 옆에 행복, 슬픔, 화, 걱정됨, 두려움, 사랑이라는 단어를 적은 다음([그림 12-2] 참조), 위탁가정 아동·청소년에게 주어진 단어 외에 몇 개의 감정 단어를 더 추가한다(나는 아동이 멍청함, 겁에 질린, 불안한, 다른 사람이었으면 하는 등의 단어를 고르는 모습에 놀란다). 이 단어를 표준화된 감정 단어 아래에 적는다. 이것은 아동이 자신의 '감정 단어'를 확장하고 상황을 통제하고 적극적인 참여자가 되는 기분을 느끼게 하는 데에 도움이 된다. 그다음 나는 아동에게 각각의 감정에 맞는 색깔을 고르게 한다. 무슨 색깔을 선택했느냐는 중요하지 않다. 아동이나 청소년이 각각의 감정 단어 옆에 색을 사용해서 짧은 선을 그리고 지도를 만들도록 한다.

이후 아동에게 각각의 색을 이용하여 자신이 실제 경험했던 감정 목록을 진저브레드 인형 내부에 적고 감정이 신체 어디에서 경험되는지 가리켜 보라고 한다. 아동은 색을 칠하거나 하트를 그리거나 갈겨쓰거나 하는 등의 활동을 할 수 있다. 그다음에 각각의 느낌을 경험하게 한 후 신체 어느 부위에서 감정이 느껴지는지에 대해서 상상해 보라고 한다. 이 작업이 끝나고(보통 5분 내에) 함께 그림을 그린다. 나는 신체 어디에 분노가 표현되는지 그리고 이러한 분노가 어떻게 위탁가정 아동이나 청소년의 감정 반응을 유발하는지 내담자에게 일깨워 준다. 또한 얼마나 많은 감정이 복합적으로 작용하고 있으며 얼마나 많은 색이 사용되었는지에 대해서도 탐색한다. 예를 들어, 아동이 얼굴에 행복한 감정을 표현하고 손과 발 혹은 몸에는 분노를 표현했을 수 있다. 아니면 인물 밖에 분노를 표현하는 색을 칠했을 수도 있다(아마도 그 감정을 감당하기 어

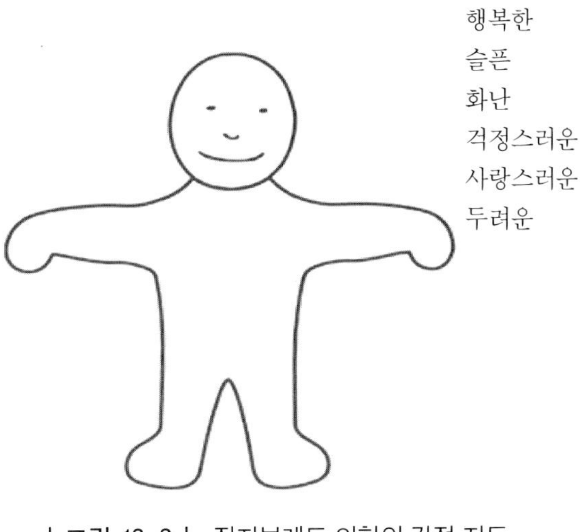


**| 그림 12-2 |** 진저브레드 인형의 감정 지도

려워한다는 것을 상징하는). 그런 경우, 겉으로는 다른 사람 앞에서 조용히 자신을 드러내지만 내적으로는 화가 끓어오르고 있고, 아마도 그 화는 다른 사람을 때리거나 다리를 끝없이 떠는 모습으로 드러날 수도 있기에 그 표현방식을 다룬다. 또한 아동·청소년이 어디에 하트를 그렸으며 어떻게 분노, 두려움, 상처라는 벽(종종 하트로 그려진)에 의해 분리되는가? 이러한 양가감정(분노하면서 사랑하는)을 언제, 누구에게 어떻게 느끼는가? 그리고 어떤 때는 하나의 감정이 너무 강렬해서 혼란스럽고 다른 감정에 대한 확신이 없을 수 있다는 것에 대한 이야기를 나눈다.

이 기법은 위탁부모와 아동·청소년에게 사용하거나 개별 상담에서 독립적으로 사용될 수 있다. 마지막으로, 부모와 아동·청소년은 그들의 완성된 작품을 공유하면서 분노나 다른 감정이 느껴지는 방식에 있어서의 공통점과 차이점을 비교한다. 이 기법을 달리 적용하면 2개의 진저브레드 인형을 사용하는 방법이 있다. 아동·청소년은 각각의 부모에게서 경험했던 다양한 감정을 색칠한다.

자신의 신체에 대해 불편함을 느끼는 어린 내담자나 신체 모양에 대한 거부감을 느끼는 내담자(특히 성학대를 당한 경우)는 하트 모양을 더 선호할 것이다. 진실된 감정 채색 카드법(Heartfelt Feelings Coloring Card Strategies; Crenshaw, 2008)은 하트 그림과 감정 단어와 색이 더해진 카드로 아동이 자기를 인식하고, 성격을 이해하고 '중요한' 문제와 중요한 사람과의 관계에 대한 느낌을 표현하는 것을 도와준다. 진저브레드 인형의 감정 지도나 삶을 색칠하기 기법을 통해 아동·청소년은 자신의 감정과 연결되는 색을 선택하고 자신이 느끼는 감정의 정도만큼 색을 칠하면서 그때 그 순간의 감정을 객관화할 수 있다. 내담자는 특정한 감정을 느꼈던 순간의 반응을 카드에 적는다. 네 마음을 색칠하기(Color Your Heart; Goodyear-Brown, 2010)는 아동이 느끼는 감정의 정도에 따라 색의 비율을 달리 칠하는 하트 모양의 다른 카드다.

## 점토를 사용하여 내담자의 삶을 은유적으로 표현하기

나는 위탁가정의 내담자에게 쉽게 늘일 수 있고 빨리 부드러워지는 플레이도나 우글리 점토를 주고, 눈을 감고 말없이(만약 내담자가 안전하다고 느끼지 못하는 경우에는 치료실 맞은편을 바라보도록) 2분 내에 무엇인가를 만들어 보라고 한다. 그리고 시간이 끝나면 그에게 자기가 무엇을 만들었는지 보도록 한다. 만들어진 것은 내가 상상한 그대로인가? 내가 예상한 그대로인가?

그다음에 나는 내담자의 창작품이 어떻게 그들의 삶과 닮았는지를 다룬다. 그들의 삶에서 일어나는 일(위탁시설에 맡겨지는 것, 자식을 돌볼 능력이 없는 부모의 자식이라는 것, 삶을 마술처럼 바꿀 수 없다는 것, 학대를 당했던 일 등) 대부분은 통제 영역 밖에 있다. 그러나 내담자는 현재 자신이 만든 창작품을 변화시키고 발전시키며 그들이 원하는 것과 더욱 비슷하게 만들거나 처음부터 다시 시작할 수 있다. 예를 들어, 18세 이상이면 자립할 수 있으며 친부모를 찾아 떠날 수도 있다. 화났을 때 어떻게 반응하고 대처해야 하는지, 다른 사람을 믿고 마음의 문을 열어 줄지, 어떻게 하면 다른 집으로 쫓겨나지 않을 수 있을지 등 삶의 다른 영역에서도 변화를 꾀할 수 있다. 그리고 그들은 자신의 삶도 창작품처럼 지속할지, 변화를 위해 적극적으로 노력할지 결정할 수 있다.

## 마법의 미소

나는 위탁가정의 내담자에게 내면의 마법적인 힘이 있다고 알려 준다. 그 힘은 언제나 그와 함께 하므로 누구도 가져갈 수 없고, 다른 사람도 무엇인가를 하게 만들 수 있다. 흥미롭게도 위탁가정의 내담자는 대부분 관심을 보인다. 나는 그들에게 “그것은 너의 미소란다. 너는 가장 아름다운 미소를 가지고 있단다.” (사실 내가 아름다운 미소를 갖고 있지 않은 사람을 한 번도 만난 적이 없다는 것은 나를 미소 짓게 한다)라고 말해 준다. 내담자에게 “너는 가장 아름다운 미소를 가지고 있구나.”라고 이야기할 때 모든 내담자의 얼굴에 밝은 미소가 피어난다. 나는 내담자에게 한 주 동안 자신이 원하는 3명의 사람에게 미소를 지어 보라고 도전 과제를 준다. 이때 내담자와 상대방이 서로의 눈을 바라보고 있다는 것을 아는 것이 중요하다. 눈 맞춤이 되는 순간 미소를 짓고 무슨 일이 일어나는지 본다. 나는 언제나 그다음 치료 회기를 미소의 결과를 확인하는 것으로 시작한다. 흥미롭게도 단 한 번의 시도에도 다른 사람이 미소로 반응하는 마법은 일어났다.

## 사례: Kayla의 젠가

| 그림 12-3 | 젠가 회기

젠가는 신체적 · 정신적 기능을 자극하는 게임으로 5세 이상부터 성인까지 누구나 놀 수 있다. 젠가는 54개의 작은 나무 블록들을 18개 층으로 교차하여 쌓는다. 젠가를 움직일 때는 한 층(단 가장 꼭대기의 블록은 제외하고)에서 하나의 블록만 빼서 타워 맨 꼭대기 층에 놓아야 한다([그림 12-3] 참조). 게임은 타워가 무너지면 끝이 난다. 아동 · 청소년이 먼저 할 수 있지만 위탁가정의 부모나 치료자가 먼저 해도 상관이 없기 때문에 순서는 아동이 원하는 대로 정한다. 대부분의 내담자가 먼저 하기를 원하지만 만약 내담자가 게임방법에 익숙하지 않다면 치료자가 먼저 시작하면서 모델이 되어 주는 것이 도움이 된다.

9세인 Kayla는 5세 때 위탁시설에 맡겨졌다. Kayla의 친엄마는 정신질환과 알코올중독 병력이 있었으며 친아빠에 대한 정보는 없었다. Kayla는 삶의 중요한 사람과의 사별과 애착문제 그리고 정서와 행동에 영향을 미치는 가족구조와 관련된 문제로 치료를 받기 시작했다.

몇 번의 치료 회기 후 Kayla는 자발적으로 젠가 게임을 선택하여 먼저 게임을 시작했다. Kayla는 조심스럽게 블록들을 이동해서 탑 꼭대기에 올려놓았다. Kayla는 탑을 무너뜨리지 않으면서 쌓을 수 있는 자신을 자랑스러워했다. 여러 층을 쌓은 후 내가 블록을 움직이다가 탑이 무너졌다. 그녀는 재빨리 게임을 다시 하기 위해 탑을 쌓았다. 그 순간 나는 Kayla가 젠가를 은유적으로 사용하여 애착과 상실의 문제를 다룰 수 있도록 했다. 5~6번 정도 블록을 움직였고 탑에 구멍이 생기고 탑 위에 블록들이 더 높이 쌓였을 때 나는 이야기를 시작했다.

치료자: Kayla, 너도 알다시피 블록을 빼낼 때마다 그 자리에 탑이 강하고 단단하지 못하게 만드는 빈자리가 생긴단다. 그것은 상실감을 경험한 사람의 마음에 빈자리를 떠오르게 한단다. 그 빈자리는 안정감을 잃은 사람이 보이는 반응이나 살아온 삶을 생각나게 한단다.

Kayla: 진짜요?

치료자: 그래. 너는 삶에서 많은 것을 잃었잖니. 각각의 빈자리는 너의 친엄마, 친아빠와 위탁아빠, Tim, Fred, John을 상징하는 것일 수도 있지.

Kayla: 나의 위탁엄마는 남자 친구가 많았어요.

치료자: 네가 친구가 되려고 다가갔지만 그들은 너에게서 멀어졌구나. 사람을 믿고 가까이 다가가는 것이 참 힘들었겠구나.

Kayla: 네. 엄마는 제가 그들을 아빠라고 불렀으면 하는데 저는 싫어요. 그리고 가끔씩 엄마의 남자 친구는 자기가 제 보스인 것처럼 행동해요.

치료자: 그런 상황이 가끔은 너를 화나게 하고 혼란스럽게 했겠구나. 그리고 그들이 떠나고 나면 너를 돌봐 준 그 사람을 그리워하는 네 가슴에는 빈자리가 남았겠구나. 위탁가정의 부모만큼 가깝지는 않지만 네게는 중요한 사람이 되는 경우도 있겠구나. (Kayla는 적극적인 관심을 보이며 듣는다.) 네가 젠가에서 블록을 꺼내면 거기엔 빈자리가 생긴단다. 이것은 탑을 불안정하게 만들지. 그래서 탑이 무너질 수도 있단다. 너의 삶에서 사람들이 떠나가는 것처럼 그들은 너의 마음에 빈자리를 남기고 네가 다른 사람을 믿고 감정을 표현하는 것을 어렵게 만드는 것 같구나.

Kayla: 네!

치료자: 하지만 너는 네가 원하는 대로 젠가 탑을 다시 세울 수 있단다. 치료실에서처럼 꼭대기에서 블록을 꺼내 안전기지를 만들 수도 있지. 난 네 친부모와 위탁가정의 아빠에 대한 그리움과 감정을 이야기하면 너의 가슴에 생긴 빈자리를 채우는 것을 도와줄 수 있단다. 그리고 네가 살아가면서 화가 날 때 너한테 필요한 것을 줄 수 있는 사람이 누군지를 찾는 것을 도와줄 수도 있단다. 만약 네가 이 블록을 탑이 튼튼하게 다시 넣는다면 그 사람이 누구 같니? 네가 살아가

면서 화가 날 때 너를 기분 좋게 해 주고 너를 위해 옆에 있어 줄 수 있는 사람은 누가 있을까?

Kayla: 저의 위탁엄마요. 엄마가 저를 가끔씩 화나게 만들지만 저는 엄마한테 말할 수 있고 엄마는 저를 많이 안아 줘요.

치료자: 좋아. 그럼 다른 사람도 생각해 보자.

Kayla: 저희 선생님, Higgins 선생님이에요. 선생님은 언제나 제가 슬플 때 적절한 말을 해 주세요. 그리고 치료자요, 왜냐하면 치료자는 제가 어떻게 느끼는지 관심을 가져 주고 이야기를 잘 들어 주시기 때문이에요. 그리고 마지막은 저와 제일 친한 친구 Maria예요. 우리는 서로의 고민을 나눌 수 있어요.

치료자: 그래, 좋아. 그러면 이제 몇 개의 블록을 꺼내고 거기에 다른 감정을 적어 보자. 나는 여기에다가 '화남'을 적을 게. 너는 여기에다 무슨 감정을 적고 싶니?

Kayla: '행복'이요.

치료자: 나는 그럼 '슬픔'을 적을게.

Kayla: 불만스러움. (이 과정은 벽면에 붙여 있는 감정들을 참고하여 15개의 블록이 각기 다른 감정으로 쓰일 때까지 진행된다.)

치료자: 이제 젠가를 다시 하는데 이번에는 감정이 적힌 블록과 그러지 않은 블록을 섞자. 블록을 하나씩 꺼낼 때마다 거기에 적힌 감정을 느꼈던 때와 감정을 표현하기 위해 어떻게 했는지에 대해 이야기를 해 보자.

Kayla와 나는 마음에 빈자리를 남기고 떠난 사람들과 빈자리를 채울 수 있는 방법에 대해 이야기를 하면서 젠가 게임을 했다. 그다음 특별한 순간에 느꼈던 감정과 그 감정을 효과적으로 혹은 비효과적으로 다룬 방법과 일에 대해서 이야기를 나누었다. 치료 회기가 거의 끝나갈 무렵, 나는 떨어진 젠가의 블록 몇 개를 이용하여 Kayla가 생각, 느낌, 행동이 어떻게 연관 있는지, 하나의 행동이 어떻게 원치 않는 결과로 이어지는지에 대해 이해할 수 있도록 했다.

나는 7개의 블록을 선택해서 일렬로 세워 배열했다. Kayla가 학교에서 겪은 문제 상황을 이용하여 각각의 블록이 단계별 문제 상황을 상징하는 것으로 가정하였다.

치료자: 처음에 다른 여자 친구가 네 책상 근처에 있을 때 너와 부딪힌 게 첫 번째 블록이구나. 그리고 두 번째 블록은 네가 화나서 그녀에게 소리 지르는 것을 상징하고. 세 번째 블록은 네가 그 여자 친구를 의도적으로 미는 것이구나. 네 번째 블록은 선생님이 너희한테 오는 것이고, 다섯 번째 블록은 네가 선생님께 화가 나서 선생님이 조용히 하라고 하는데도 선생님께 소리를 지르는 것이고, 여섯 번째 블록은 네가 의자를 차는 것이고, 마지막 블록은 선생님이 너한테 교장실로 오라는 것이구나. 우리가 이 첫 번째 블록을 넘어뜨리면 얼마나 빨리 블록들이 넘어져서 끝까지 오는지 보자.

하지만 지금은 우리가 블록을 다르게 배열할 수 있단다. (치료자는 2개의 블록을 가깝게 배치하고 나머지 5개의 블록은 1개가 넘어져도 연쇄적으로 넘어지지 않을 만큼 더 멀리 떨어뜨려 배치한다.) 이 첫 번째 블록은 그 여자 친구가 너한테 부딪혀 네가 화가 났던 때야. 두 번째 블록은 네가 화가 났지만 되갚아 주기 위해서 그녀를 밀치는 것보다는 숨을 깊게 내쉬고 "야, 나 밀지 마." 식의 다른 방법을 찾기로 마음먹은 때야. 만약 우리가 첫 번째 블록을 치면 이것은 두 번째 블록을 건드리지만 나머지 블록은 그대로 남아 있어서 결국 너는 교장실로 불려 가지 않는단다.

치료실에서 우리가 함께 했던 작업은 네가 너의 감정을 느끼고 너 자신이 문제 상황에 빠지기 전에 반응할 수 있는 방법을 찾는 데 도움일 될 거야.

Kayla: 좋아요. 고마워요. 나는 학교에서 문제를 일으키고 싶지 않아요. 이 작업 참 재미있네요. 다음 주에 봐요.

이런 식으로 젠가 게임을 활용함으로써 치료자는 애착 결핍이 내담자의 정서와 삶에 미치는 영향을 설명하고 내담자의 정보를 탐색하여, 감정을 언어적으로 구사할 수 있도록 도와준다. 또한 젠가 게임을 분노나 슬픈 감정을 다루고 대처 전략을 찾는 게임으로 확장하거나 블록을 감정과 대처 전략과 연결시키는 매체로 사용할 수 있다. 또한 치료자는 종이에 문장을 적는다(이러한 문장은 왜 친부모가 내담자를 포기했는지, 자존감에 대한 이야기 등 위탁에 대한 오해를 반영할 수 있다). 문장의 예로는 "나쁜 아동만 입양된다." "난 사랑스럽다." "부모는 언제나 아동을 사랑한다." "그녀의 머리 색깔은 끔찍하다." "나는 아름답고 똑똑하다." 등이 있다. 블록이 하나하나씩 꺼내질 때마다(빈자리가 남는다) 아동 · 청소년과 치료자는 제비뽑기를 하고 문장을 읽는다. 치료자는 "이 문장을 읽으면 어떤 느낌이 드니?" 혹은 "만약 네 친한 친구가 이렇게 말한다면 어떨까? 너는 뭐라고 반응할 것 같니?" 등의 질문을 함으로써 어떠한 생각이 도움이 되거나 적합한지, 반대로 어떠한 생각이 부적합하고 도움이 되지 않는지를 탐색한다. 그러면 그 아동은 자신에게 더 적합하고 도움이 되는 문장을 더 쉽고 자신 있게 찾을 수 있게 된다. "너는 네 기분을 좋게 하기 위해서 뭐라고 말할 수 있을까?"

Kayla의 사례에서 젠가는 위탁가정 아동의 관점을 이해하고, 사별과 같은 깊은 상실과 끊어진 애착관계를 다루고, 아동의 자원을 파악해서 감정을 표현할 수 있는 언어능력을 평가하는 데 도움이 되었다. 젠가는 소근육 운동을 발달시키고, 충동억제 능력을 활성화하고, 규칙을 수용하도록 하며, 이기고 지는 상황을 연습할 때 또한 사용할 수 있다. 이어지는 회기의 목표는 Kayla의 상실과 관련된 경험과 잦은 거주지 이동으로 인해 '마음의 빈자리'를 시각적으로 더 잘 표현하고 이해하도록 하는 것이다. 탑을 튼튼하게 만들기 위한 정보를 얻기 위해 위탁부모를 젠가 게임에 초대할 수 있다.

## 이완 유도

치료자는 심호흡과 이완을 통해 아동이 화가 났을 때나 행동을 자제해야 할 때 언제든지 안전지대로서 긴장 이완을 효과적으로 사용할 수 있다(Drewes, 2011a, 2011b; James, 1989). 내담자는 앉은 상태에서 눈을 감고 영화감독이 되는 것을 상상한다. 그들은 숨을 들이쉬고 내쉬면서 안전하다고 느꼈던 때를 떠올려 본다. 그때는 햇빛이 내리쬐는 해변에 있을 때나 이불 속에 누워 있으면서 제일 좋아하는 애완동물이나 인형과 함께 노는 순간이 될 수 있다. 그들은 카메라 렌즈를 확대하거나 축소해서 눈앞에 있는 풍경을 담아 본다. 그다음 카메라의 화면을 멈춘다. 치료자는 계속해서 숨을 들이쉬고 내쉬면서 그들만의 안전한 장소에 있을 때 몸이 얼마나 편안한지, 나른한지를 느끼도록 한다. 그다음 자기만의 안전한 장소에 특별한 이름을 부여한다. 그 이름은 그들이 원할 때는 언제나 자기만의 특별한 장소로 데려다줄 열쇠가 될 것이다. 그들은 단지 안전한 장소의 이름만 외우면 된다. 내담자는 자기가 얼마나 이완되고 안정감을 느끼는지 집중하며 숨을 들이마시고 내쉬는 행동을 계속 반복한다. 몇 분 후 카메라를 천천히 돌려서 몇 분 안에 치료자가 있는 방으로 돌아와 눈을 뜬다. 이 활동의 목표는 심호흡을 통해 안정감을 경험하고 조작적인 조건을 형성하도록 하는 것이다. 그 이후 내담자가 분노하거나 불안해할 때, 단어를 떠올리면 몸은 자동적으로 안정을 취하기 시작할 것이다.

## 결론

일반적으로 애착과 관련된 문제가 있는 위탁가정 아동 · 청소년의 삶에 들어가기 위해 필요한 열쇠는 지시적 · 비지시적인 표현예술 매체와 놀이를 기반으로 한 기법들을 통합해서 사용하는 것이다. 이러한 통합적 기법들은 즐거우면서도 매력적이어야 하며 아동 · 청소년의 증상과 문제로부터 발생하는 그들의 욕구를 충족시켜야 한다. 또한 정서표현을 통해 친부모에 대한 도리와 애착 분리로 인한 상실과 사별의 문제를 다루는 것이 중요하다. 이들이 새로운 애착관계를 맺는 것뿐만 아니라 대처기술을 익히고 강화하기 위해서는 위탁부모를 포함시키는 것이 중요하다.

## 참고문헌


Cline, F. W. (1991). *Hope for high risk and rage filled children*. Evergreen, CO: Evergreen Consultants in Human Behavior.

Crenshaw, D. A. (2008). Heartfelt Feelings Coloring Cards Strategies. In L. Lowenstein (Ed.), *Assessment and treatment activities for children, adolescents, and families* (pp. 80-81). Toronto: Champion Press.

Drewes, A. A. (2001). Gingerbread Person Feelings Map. In H. G. Kaduson & C. E. Schaefer (Eds.), *101 more favorite play therapy techniques* (pp. 92-97). Northvale, NJ: Aronson.

Drewes, A. A. (2011a, April 29). *A skill-building workshop: Effectively blending play-based techniques with cognitive behavioral therapy for affect regulation in sexually abused and traumatized children*. Workshop presented at the Annual Conference of the Canadian Association for Child and Play Therapy, Guelph, Ontario, Canada.

Drewes, A. A. (2011b). Working with attachment disordered teens in foster care. *Play Therapy: Magazine of the British Association for Play Therapy*, No. 68, pp. 6-9.

Earl, B. (2009). Exterior fortresses and interior fortification. In A. Perry (Ed.), *Teenagers and attachment: Helping adolescents engage with life and learning* (pp. 97-121). Richmond, UK: Worth.

Eldridge, S. (1999). *Twenty things adopted kids wish their adoptive parents knew*. New York: Dell.

Gil, E. (2006). *Helping abused and traumatized children: Integrating directive and nondirective approaches*. New York: Guilford Press.

Goodyear-Brown, P. (2010). *Play therapy with traumatized children: A prescriptive approach*. Hoboken, NJ: Wiley.

Hughes, D. (1997). *Facilitating developmental attachment: The road to emotional recovery and behavioral change in foster and adopted children*. Northvale, NJ: Aronson.

Hughes, D. (2009). Principles of attachment and intersubjectivity. In A. Perry (Ed.), *Teenagers and attachment: Helping adolescents engage with life and learning* (pp. 123-140). Richmond, UK: Worth.

James, B. (1989). *Treating traumatized children*. Lexington, MA: Lexington Books.

Miller, P. W. (2005). *Body language: An illustrated introduction for teachers*. Munster, IN: Patrick W. Miller and Associates.

O'Connor, K. J. (1983). Color-Your-Life technique. In C. E. Schaefer & K. J. O'Connor (Eds.), *Handbook of play therapy* (pp. 251-258). New York: Wiley.

Schore, A. (2003a). *Affect regulation and the repair of the self*. New York: Norton.

Schore, A. (2003b). *Affect dysregulation and disorders of the self*. New York: Norton.

# 아동기 증후군으로서 만성적 초기 외상과 놀이의 관계

Steven Tuber
Kira Boesch
Jessica Gorkin
Madeleine Terry

Donald Winnicott이 아주 잘 묘사하였듯이(Winnicott, 1971; Tuber, 2008, 2012), 놀이에 대한 수용력은 인간발달 수준이 높다는 특징을 나타내며, 발달과정에서 자동적으로 성장하는 것은 아니다. 영유아를 위한 '충분히 좋은' 정도의 믿을 수 있고, 예측 가능하며, 해롭지 않은 돌봄은 아동이 세상에 대한 호기심과 재미를 보이기 시작할 때 양육자가 이런 돌봄을 '아주 편안하게' 당연하다고 생각하면 일어난다. 아동은 만성적인 방임과 학대를 경험하였을 때 종종 놀이 수용력이 제한되고, 심지어 놀이 수용력이 생기지 않게 되는 대단히 파괴적이고 지대한 영향을 받는다. van der Kolk 등(2009)은 이러한 아동을 임상적으로 이해하기 위하여 발달적 외상장애(Developmental Trauma Disorder: DTD)라는 용어를 제안하였다. DTD는 부적절한 돌봄의 맥락에서 일어나는 만성적인 박탈, 방임 그리고/또는 학대의 많은 결과를 포함하는 대단히 중요한 개념이다. 이 장에서 우리는 DTD를 특별한 맥락 속에서 이해한다. 이러한 것들이 어떻게 아동의 정서와 방어 양식, 신경학적 기능, 급성장하는 자아개념을 철저하게 파괴하고 결국 아동의 놀이 수용성을 방해하는지 묘사하였다.

## 발달적 외상장애에서의 정서와 방어

외상경험은 결과적으로 견딜 수 없는 고통과 쉽게 압도당할 수 있는 심리적 과부하를 시사한다. 만성적 외상 스트레스를 견뎌 온 아동의 사례에서 정서조절을 매끄럽게 진행할 수 있는 도구들이 특별히 필요하다. 주 양육자가 부재하거나 주 양육자가 스스로의 정서적 고통을 견디지 못할 때, 아동은 자신의 내적 상태에 머무를 수 없고, 나아가 내적 상태를 구별하고 명명하지 못한다. 연구에 의하면, 실험 상황에서 학대와 방임 아동은 자신의 정서적 상태를 발견하고 정확히 명명하는 능력이 파괴되었다는 결과를 보여 준다(Pollack, Cicchetti, Hornung, & Reed, 2000). 아동이 외적 상황에서 정서를 이해하지 못한다는 것은 자신의 내적 상황을 이해하지 못한다는 것을 반영한다. 아동이 내적 상태를 구별하는 것을 배우지 못할 때, 아동은 정서, 인지와 관련된 신체적 감각을 관련시켜 생각하는 것을 배우지 못한다. van der Kolk 등(2009)은 DTD의 핵심은 정서조절장애라고 하였다. 외상적 스트레스는 학대피해 아동이 자신에게 무엇이 일어나는지를 이해하거나 그에 따라 적절히 행동하기 위해 감각, 정서, 인지를 조절하고 효과적으로 검색하는 것을 침해한다.

Pearlman(1997)은 기분을 '기초적 욕구들'로 묘사하였다(p. 22). DTD 아동은 정서를 적절히 조절하지 못하고, 욕구들을 구별하고 수용하는 것을 어려워하는 것 같다. 또한 그들의 정서적 반응을 말로 표현하지 못하고 무엇인지 모르는 아동은 정확한 정서적 언어표현을 사용하지 못한다(Krystal, 1978). 결과적으로 많은 DTD 아동은 위험한 상황을 구별하는 능력이 없어지고, 적은 스트레스원에 대해서도 극단적이고 과도하게 반응하기 때문에 정서적 불안정성을 보인다(Cook et al., 2005). 폭력에 노출되었던 아동은 그렇지 않은 아동보다 과한 기분 수준과 행동문제를 보였다(Liberman & Knorr, 2007). van der Kolk(2005)가 지적한 것처럼 DTD와 관련이 있는 아동의 행동적 징후들은 객관적인 위험을 최소화하고 정서적 고통을 통제하는 것으로 이해할 수 있다.

방어는 침범적인 정서로부터 개인을 보호하는 현실적 관점을 갖게 하는 인지적 전략들이다(Cramer, 2006). 정서를 명명하기 어렵고 사소한 자극에 과하게 반응하는 그들의 경향은 손상된 방어와 왜곡과 분열에 의해서 일어난다. 생의 초기에 생성되는 다른 인지적 능력들처럼 방어는 발달과정에서 원시적이었다가 보다 미묘한 차이를 보이며 발달한다(Tuber, 2012). 대부분의 아동은 유연성을 지니며 지속적으로 발전된 방어를 사용할 수 있게 되고 성인기로 이행하면서 아동기와는 다른 발전된 방어를 사용한다.

어쨌든 복합적 외상경험은 방어의 발달을 방해하여 DTD를 내포하고, 이런 아동은 보다 세련되고 발전된 방어를 유연하게 사용하는 것을 배우지 못할 것이다. 대신 (자신과 타인의 경계가 아직 충분히 구분되지 않은) 생의 초기 몇 년 동안 아동은 침범적인 경험을 완전히 회피하는 새롭게 생긴 '원시적인' 방어들에 더 많이 의존할 것이다(Tuber, 2012).

비록 회피적 방어가 DTD 아동이 부정적인 정서에 침범당하는 것을 막아 주지만, 이러한 방어를 과도하게 사용하는 것은 감각을 마비시키는 결과를 가져올 수 있다. 더욱이, 원시적인 방어들은 부정적 정서들로부터 아동을 완전하게 보호하지 못한다. 두려움, 배신감, 고통에 갇힌 감정들은 이후에 복합적 외상 아동의 감정조절을 더욱 어렵게 만드는 통제되지 않은 폭발과 재현으로 나타날 수 있다(Hegeman & Wohl, 2000). 아동이 감정을 조절하는 데 보다 세련된 방어들을 사용하지 못할 때, 공격적 행동들로 나타나는 감정들이 일반적으로 나타난다(Pearlman, 1997).

DTD 아동은 높은 수준의 보다 발전된 방어들을 흔히 부적응적인 방법으로 사용하도록 배울 것이다. 예를 들면, 식별하는 것은 높은 수준의 방어와 발전된 성취로 간주된다. 이러한 방어를 사용하여 DTD 아동은 그들을 공격한 사람을 구별할 것이다. 공격자를 구별하는 것은 희생자인 아동이 환상세계 속에서 공격자로 역할이 바뀌고 이것이 이후에 행동으로 일어날 수 있다는 것을 포함한다. 이는 아동이 위험을 만들어내는 사람이라는 통제감을 갖는 것이 허용되기 때문이다. 구별과 같은 높은 수준의 방어는 DTD 아동의 의도와는 반대되는 결과를 초래하는 방법으로 사용될 것이다.

DTD는 또한 해리적인 방어를 사용하는 특징이 있다. 부인이나 구분과 달리 해리는 정상발달의 한 부분이 아니며, 해리는 자동적으로 행동이 일어나고 부정적 정서를 구분하고 개인이 자각하지 못하도록 한다(Blum, 1987). 해리는 환경에 대한 정체성, 기억, 의식과 지각을 통합하는 가능성을 변화시킨다(Waller, Putnam, & Carlson, 1996). 이기심의 발달에 대한 부분에서 더 논의하겠지만, 해리적 방어는 침범적이고 손상적인 정서로부터 자아를 보호하기 위해서 복합적 외상을 입히는 환경에서는 흔히 필수적이다. 어쨌든 해리의 사용은 또한 강한 감정들을 담고 있으면서 아동의 적응적인 전략을 빼앗아 간다. 이런 상황에서 아동은 정동을 완전히 차단하거나 고통스러운 감정들에 침수되는 것 사이에서 변화되는 경향이 있다(Hegeman & Wohl, 2000).

보호 메커니즘으로 작동되는 방어는 정서적 친밀감, 애착, 창의력과 학습 준비도를 방해할 수 있다는 것을 기억해야 한다(Lieberman & Knorr, 2007). 만약 상상하는 것이 모두 현실 가능성이 있다면, 이는 놀이의 가능성, 이목을 끄는 행동, 침범당했던 공포감에 매우 결정적인 영향을 미친다.

## DTD의 신경심리학적 함의

신경심리학적 수준에 대해 특별히 적응해야 하는 것은 앞서 언급한 DTD 아동이 지니고 있는 손상된 정서조절과 부적응적 방어양식과 같은 어려움의 기초가 된다. 이러한 변화는 놀이 가능성을 구조적으로 약화시킨다. 뇌의 구조적 변화는 성장하는 아동이 외부에서 제공되는 감각을 이해하고 새로운 경험을 지각하고, 나아가고, 통합하도록 한다(van der Kolk, 2003). 복합적 발달 외상이 성숙과정을 침해하고 손상시킬 때, 뇌 기능은 극단적으로 영향을 받는다(D'Andrea, Ford, Stolbach, Spinazzola, & van der Kolk, 2012).

복합적 발달 외상으로 인해 발생하는 신경발달 과정의 변화는 악의적이고 방임적인 환경에 대한 미숙한 뇌의 적응의 한 부분이며, 생존을 위해 우선적으로 일어나는 변화의 경로로 여겨진다(Ford, 2005; Teicher et al., 2003). 민감한 단계에서 경험한 복합적 학대나 반복적인 외상은 특별한 스트레스를 포함한 마음과 뇌의 변화를 가져오고, 아동이 초기의 학대를 재경험하도록 할 만큼 취약하도록 만든다(van der Kolk, 2005). 조절장애 성향은 지배적이다. 최근의 신경생리학적 · 신경심리학적 연구에 의하면 갈등과 상실의 맥락에서 발달적으로 외상을 입은 아동에 대하여 고려하고 있다. 감각적 · 정서적 · 인지적 정보를 통합하는 것에 대한 어려움은 이러한 아동이 의미의 구조와 경험의 배경을 이용하는 것을 실패하도록 하는 특정한 신경학적 구조와 경로로 거슬러 올라갈 수 있다(van der Kolk, 2003, 2005).

복합적 외상은 뇌의 두 반구체 간의 의사소통이 실패하도록 하는 원인이 된다. 이러한 정보의 교환은 초기의 외상에 의해 손상될 수 있다(Teicher et al., 2003). Teicher 등은 생의 초기에 높은 수준의 스트레스 호르몬에 노출되면 뇌의 두 반구체가 의사소통하는 데 관련이 있는 뇌량이라고 불리는 신경묶음의 기형을 가져온다고 하였다.

초기 유아기에 학대와 방임을 당한 아동은 그렇지 않은 아동과 비교하였을 때 손상된 인지적 기능을 보였고, 방임과 관련된 감각적 · 정서적 박탈은 인지발달에 특별하게 해롭다. 외상을 경험한 아동은 과도한 피질하부의 활성화가 일어난다. 이러한 과잉활동은 정보를 무시하도록 하는 줄어드는 피질 억제와 관련이 있다. 높은 수준의 신경전달물질 노르에피네프린인 카테콜아민은 아동의 자기통제를 어렵게 하는 스트레스 호르몬과 신경전달물질이다. 그들의 정보에 대한 지각은 반응을 형성하는 데 필요한 침착함에 대한 능력이 결핍되어 있기 때문에 왜곡된다(van der Kolk, 2003). 그렇기 때문에 방임된 유아와 걸음마기 아동은 IQ의 손상뿐만 아니라 표현적이고 수용적인 언어발달이 지연된다(Cook et al., 2005). O'Neill, Guenette와 Kitchenham(2010)에 의하면, 초기 아동기에 복합적 학대와 방임을 경험한 아동은 그들이 자라난 환경적 원인으로 인해 일생 동안 배우기 위해 투쟁할 것이다.

아동이 위험을 느끼면 노르아드레날린 알림 시스템은 움직인다. 이것은 노르에피네프린을 느슨하게 하는 시스템이다. 이는 전두엽 앞부분 피질활동의 각성 및 손상과 관련이 있다. 전두엽 앞부분 피질에 점차적으로 반응하기 전에 반응하는 대뇌변연계의 '빠른 궤도'와 관련이 있는 이 시스템의 활동은 자극을 평가하고 계획을 세우는 활동과 관련이 있다(van der Kolk, 2003). 발달적으로 외상을 입은 아동이 과각성될 때, 안와전

두 피질(대뇌변연계 시스템의 다른 구조는 자극을 식별하기 위해 필요하다)이 손상되었기 때문에 아동은 배우고 평가하기 위하여 투쟁할 뿐만 아니라 행동에 대한 통제를 잃을 수 있다(van der Kolk, 2003). 복합적 학대와 방임은 작은 자극에 대해 과도한 신경활동을 경험하게 함으로써 전기생리학과 대뇌변연계 시스템의 발달에 해로울 수 있다. 이것은 정서조절에 대한 부분에서 논의한 바 있는 작은 스트레스원에도 극단적이고 위급한 반응양식을 만든다(van der Kolk, 2003).

편도체, 해마, 전두엽 앞부분의 성숙 정도의 차이는 아동의 발달에서 외상 후 반응에 영향을 미친다. 편도체는 출생 이후부터 기능을 시작하기 때문에 유아는 빨리 공포를 경험하고 위험을 평가할 수 있다. 아동의 마음에 위험을 공간적 맥락으로 들여 놓는 해마는 상대적으로 생후 5년 이후 천천히 성숙한다(van der Kolk, 2003). 결과적으로, 정상적인 아동은 위험을 식별하고 조직화하는 능력을 점진적으로 획득하는 반면, 생애 초기의 학대 피해자는 심각한 외상으로 인해 이러한 인지적 기술이  빈약하다.

앞에서 묘사한 바와 같이, 복합적 외상 아동은 또한 의식의 분열과 변화를 경험하기 쉽다. 분열 상태는 신경전달물질들과 그것들의 신진대사에 필요한 뇌척수액 수준의 불균형 때문에 나타나는 것 같다. 복합적 외상에 지속적으로 노출되는 것은 신경화학적 불균형을 영구화하고 정서적 손상에 대처하는 방법으로 해리에 의존하도록 할 것이다.

복합적 외상 아동이 끊임없이 위험을 경험하는 경우, 이것이 실제적이든지 지각된 것이든지, 뇌의 발달을 느리게 하고 면역 시스템을 막는 생리적인 변화는 신체와 뇌에 영향을 미친다(Cook et al., 2005). DTD 아동은 다양한 수준의 영향을 받지만 아마도 육체적 · 신체적 경험에 의해 가장 강하게 영향을 받을 것이다. 성공적인 발달은 “외적 조절이 내적 조절로 전환”하는 것이라고 생각되므로(Schore, 2004, p. 180), 이러한 아동은 궁극적으로 그들의 내적 자아에 접근하는 수단으로 신체적 경고와 반응을 배워야 한다. 놀이 가능성은 아주 극적으로 이와 관련이 있다. 놀이는 아동의 자기와 몸에 대한 이해를 학습하는 가장 좋은 도구다. 이러한 아동이 자신의 개성과 인간적 경험에 대한 통제감을 구축하는 데 기초가 되는 몸의 감각, 내적 기분과 생각을 구분하고, 이해하고, 신뢰하도록 돕는다. 더욱이 그들의 몸은 경험을 담고 있다. 자신의 환경이 끔찍하고 혼란스러움에도 불구하고 이러한 아동은 신체와 외부 환경을 분리하는 감각을 갖게 되고, 놀이환경에서 이를 구별할 수 있을 것이다. 이러한 신체-자기 연합은 자아통합의 기초가 된다. 어떤 아동이 놀이 가능성이 손상되었을 때 놀이치료사나 예술치료사는 손상된 아동의 마음, 몸, 정서, 행동 간의 연결을 촉진하는 것이 가장 핵심적이다. 놀이와 상상을 통하여 치료자는 아동의 내적 세계와 내적 세계 매트릭스의 통합에 대한 감각과 신뢰를 조성한다.

## DTD에서의 자기발달

앞에서 언급한 바와 같이, DTD 아동은 그들의 몸에 대한 지각, 기분, 생각 간의 일관성이 부족하다. DTD를 개념화하는 다른 방법은 자기에 대한 생존 감각의 발달 수준이다. 자기에 대한 일관된 감각은 발달 성취의 하나이며 특별한 특징을 지닌 초기 관계에 영향을 받는다(Williams, 2004). 이러한 특징의 첫 번째는 아동의 욕구 표현에 대한 양육자의 불확실한 반응이다(Fonagy, Gergely, & Target, 2002). 두 번째는 양육자의 일관성 있는 반응양식이다. 양육자의 일관된 반응양식은 양육자가 놀이를 통하여 유아의 자기조절에 중요한 역할을 하는 그 순간에 자신과 분리된 유아의 자기를 조직하고 화합하도록 돕는다. 결국 유아기와 이후의 발달단계에서 아동의 내적 상태와 행동을 비춰 주고 반영해 주는 양육자에 의해 아동의 자기발달은 가능해지고 발생하는 아동의 자기상태가 강화된다(Pearlman & Courtois, 2005).

생의 초기에 관계적 외상을 경험한 아동은 여기서 묘사된 바와 같이 자아발달을 위한 최상의 환경을 제공받지 못하였다. 외상을 경험하거나 극단적으로 좋지 못한 환경에서 자란 양육자는 자녀의 자아가 따라 하고 신뢰할 대상이 되지 못한다. 이후에 사실로 인정되고, 언어로 상징화되고, 양육자에 의해 통제된 몸에 대한 감각의 부재는 아동이 가까운 다른 사람들과 연결되고 자신에 대하여 상징화되고 표현되는 기회들을 상실하게 한다.

관계적 외상에 있어서 어떤 경우에 아동은 위험하거나 부주의하다고 인식하는 성인과 애착관계를 맺는다. 자아가 완전히 형성되기 전에는 타인에 의해 묘사되는 것이 내면화되는 것은 아주 흔하며, 구분을 위한 기초 작업이 된다. 자아구조에 이러한 이질적인 부분은 어떤 양육자도 아동의 마음에 대해 완전히 민감하지 못하기 때문에 일반적이다(Fonagy & Target, 2006). 어쨌든 그들의 상징화되지 않은 기분과 생각을 유아에게 투사하는 양육자의 반응은 특히 악의적인 면과 함께 외상적 아동의 자아와 정체감에 침범적인 대상의 특질을 교묘하게 들여놓는다(Williams, 2004).

결국 외상을 입은 아동은 내적 현실과 외적 현실의 경계에 대한 자각을 잃을 수 있고, 외적 현실에 그들의 생각과 다르지 않다고 믿는 정신적으로 동질한 태도로 자신도 모르게 들어간다. 이러한 마음의 상태에 있는 아동은 그들의 외상적 기억이 사실이라고 쉽게 믿고 공포를 느낀다. 이 상태에 있는 아동의 놀이 가능성의 결과는 상상할 수 있다. 앞에서 언급한 바와 같이 마음속으로 공포를 느끼는 아동이 놀이에 충분히 정신을 팔 만큼 여유가 있을까? 이 시나리오에서 상상하지 않고는 매우 힘든 사실적 역경인 실제에 근거하여 사실적인 생각을 하는 잔인한 순환을 만드는 것은 중요한 부분이다. 이러한 취약성은 미래의 위험이 자기와 결합하고 타인에게 적응하는 데 해리와 수줍음을 사용한 결과다.

앞에서 논의한 바와 같이 DTD의 유병률은 높다. 여기서 우리는 자기감각의 발달에 미치는 영향을 강조한다. 해리는 자기와 타인이 존재하지 못하게 함으로써 자기통합과 주관성의 형성을 방해한다(Schore, 2002). 이는 복합적 외상 사례의 전형적인 예다. 이러한 환자는 외부적 통제가 매우 필요하고 요구되며, 자기조직화를 위한 자원으로 외부적 준거들을 찾는다(Pinheiro & Viana, 2011).

관계적 외상의 희생자는 해를 입은 데 대한 책임감에서 완전하게 벗어나지 못한다. 심지어 자신의 부모에 대한 긍정적인 이미지와 애착을 유지하기 위하여 자기에 대한 비난을 대처 메커니즘으로 사용할 수 있다. 어쨌든 이러한 접근으로 인한 수줍음은 성격 구조와 자기감각의 매우 중요한 한 부분이 된다(Herman, 1992).

초기의 외상경험으로 인한 깊은 수치심은 단지 자아구조의 한 부분뿐만 아니라 타인과의 관계에 깊은 영향을 미친다. 수치심은 타인에 대한 자기의 상상적 판단을 내포하기 때문이다. 사례연구에 의하면, 자기에 대한 주요한 위협으로 작용하는 수치심의 편재는 관계적 외상을 지닌 성인에게 초점이 맞춰진다(Grossmark, 2009; Pinheiro & Viana, 2011). Pinheiro와 Viana(2011)는 외상을 입은 개인은 자신의 주관적 경험을 수치심으로 조직화할 수 있다고 주장하였다.

요약하면, 자기에 대한 안전감은 초기의 관계적 외상경험과 초기의 자기감각에 대한 도전 때문에 발달 외상 현상 속에서 방해를 받는다. 발달 외상에서 유아는 양육자-유아 쌍에서 나아갈 수 없는 감각적·정서적 과부하에 직면한다. 이러한 결과로 정서는 상징화될 수 없고, 행동, 기분, 감각과 인지는 서로 해리되고, DTD 아동은 놀이 가능성이 몇몇의 이유로 빈약해진다. 놀이를 하는 것은 아동이 외부 세계와 연결하는 감각을 높여 주고, 외부 세계에 영향을 미치는 자신의 기분과 생각을 조절하는 방법을 알게 한다. 자기와 타인을 구분하고 연결하는 기회가 부족했던 DTD 아동은 놀이 가능성도 빈약하다. 어쨌든 놀이치료를 통하여 그들은 자신과 타인을 구별하는 방법을 배우고, 그들의 감정과 언어적으로 표현되지 않은 외상경험을 확인하는 것을 경험한다(Young, 2008).

## 사례: Chang

아마도 DTD 요소를 많이 지니고 있는 아동의 임상적 상황은 우리의 토론과 관련이 있을 것이다. 나(Steven Tuber)는 초기 훈련과정에서 Chang이라고 불릴 환자를 청소년 거주시설에서 만났다. Chang은 15세였으며, 생의 초기에 다양한 위탁가정을 전전할 정도로 부모에게 의존할 수 없었다. 생의 초기에 또한 상황적이고 예측할 수 없는 폭력이 목격되기도 하였으며 Chang도 느끼고 있었다. 나는 공식적인 치료가 이루어지기 전날 Chang을 만났으며, 악수를 하고 나를 소개하면서 우리가 내일 만날 거라고 하였다. 다음 날 Chang에게 흥미롭고 희망적인 얼굴로 손에 카드를 들고 그의 거주시설에서 열려 있는 내 방으로 걸어 들어올 수 있는 특권이 주어졌다. 그 카드는 8.5×11인치의 알루미늄 호일로 가장자리가 덧대어진 반으로 접힌 색종이였다. 겉표지에는 이탤릭체로 'Steve에게'라고 쓰여 있었고, 봉투 안에도 이탤릭체로 '친구가 되어 줄래요?'라고 적혀 있었다. 나는 매우 정성을 들인 '사랑'의 제스처에 완전히 공격을 당했고, Chang은 나의 당혹하고 겁을 먹은 얼굴 표정을 분명하게 알아보았다. 내가 말을 더듬으며 아무렇지 않은 듯 보았을 때, Chang의 얼굴은 빨갛게 달아올라서 내가 숨이 막힐 정도로 나의 목을 잡고 머리를 때렸다. 나는 공황 상태로 그의 손을 고정시키고 서서 "뒤로 물러나."라고 소리 질렀다. 긴장된 몇 분이 흐른 후 그는 조용해졌고, 나는 (어느 정도) 차분해져서 그를 놓아줄 수 있었다. 그는 재빠르게 거주시설로 돌아갔다.

무엇이 일어났는가? 앞에서 언급한 바와 같이 Chang은 전날에 나의 친절을 그의 방임되고 혼란하고 학대받은 역사를 대체할 수 있는, 그가 계속 깊이 있게 상징화하고 희망을 지니고 있던 '전부 또는 아무것도 아닌' '친밀한 친구관계'에 대한 기대로 바꾸어 받아들였다. 그는 거주시설에서 몇 시간 동안 그 카드를 만들었고, 또래와 상담사에게 '누군가'가 그를 '진짜로 도울' 거라고 하였다. 이러한 오래된 불안정성은 신뢰할 수 있게 지지받지 못했기 때문에 조그마한 실망도 견디지 못한다. 그의 '선물'에 압도당한 나의 두려움을 보았을 때, 그는 유기에 대한 분노를 인내하고 방어할 수 없었다. 진정한 '심리적 동질성'의 상태에서 나는 공격하고 거부하는 대안이 없이 그를 떠나는 전형적인 대상으로, 그가 죽임을 당하기 전에 죽여야 했다. 앞에서 묘사한 바와 같이 우리가 처음 만난 순간에 Chang의 생각은 명확해졌고, 그의 수치심 어린 분노는 어디서나 나타나게 되었으며, 대뇌변연계는 잔뜩 긴장하게 되었고, 방어는 거의 없어졌으며, 생각보다는 행동으로 바로 나타나게 됐고, 공격과 반격의 순환이 분명히 나타났다.

Chang과 다른 DTD 환자들은 유아와 아동 신경생리학과 자기와 타인에 대한 감각 발달에서 자연스럽게 정서-방어 배열을 이루는 DTD의 영향을 받는다. 정서적 쇄신을 하는 자기-타인 관계경험에서 그들을 조절하기 위해서 정서는 필연적으로 방어를 떠오르게 하고, 이러한 징후는 뇌의 화학적 · 생리학적 변화와 2가지의 상호 호혜적 관계에 원인이 있다. 이러한 어려움의 조합은 일반적으로 심리적인 갈등과 씨름하는 DTD 아동에게 많은 도움이 되는 상상력과 놀이를 사용하는 것을 억누른다. 현재의 놀이 가능성에 대한 두려움은 아동을 위축시키고, 이후에도 부적응적인 순환을 보인다. 이러한 해로운 혼합은 아동, 가족, 사회에 큰 피해를 입힌다. 파괴되기 전에 파괴하라는 규정은 Chang에게 갑작스러운 결과다.

## 역사에 대한 짧은 동의

이 장에서는 초기 학대와 방임의 복합적 영향으로 인해 발생한 아동 정신병리와 관련이 있는 DTD에 대해 급증하는 새로운 연구와 이론들을 재조직하였다. '새로운' 진단적 개념에 나타난 바와 같이 발달적 선행 사건이 결정적이라는 것이 새롭지는 않다. DTD 사례를 살펴보면, DTD의 원인은 Winnicott(1971; Tuber, 2008)의 이론과 일치한다. Winnicott은 아기의 경험에 대해 '문화적 경험이 일어나는 위치 찾기(On the Location of Cultural Experience)'라는 세미나 자료에서 다음과 같이 언급하였다.

> 엄마가 존재한다는 기분은 x분 동안 지속된다. 만약 엄마가 x분보다 더 부재한다면, 이마고는 희미해지고 아기의 엄마와 연합된 상징을 사용하는 능력은 중단된다. 아기는 고통을 받고, 이러한 고통은 엄마가 x+y분 내에 돌아오면 회복된다. x+y분 내에서는 아기가 변화하지 않는다. 하지만 x+y+z분이 되면 아동은 외상을 입는다. x+y+y분 내에 엄마가 돌아와도 아기의 변화된 상태는 회복되지 않는다. 외상은 아기에게 삶의 연속성이 파괴된 경험을 한 것을 의미하고, 이에 따라 기본적인 방어는 '상상할 수 없는 불안'의 반복이나 초기의 자아 구조가 통합되지 않는 것과 관련된 극도의 혼란한 상태에 대응하기 위해 조직화된다(1971, p. 97).

우리가(그리고 다른 이들이) 말하는 DTD는 Winnicott의 x+y+z 시간의 묘사를 재개념화한 것이다. 앞서 우리가 반영하여 논의한 자기, 정서 그리고 방어의 영향에 대하여 그가 논의한 것을 기억하여야 한다. 결정적으로 Winnicott은 DTD에 대한 현실적이고 현상학적인 관점을 제공한다. 만약 양육자를 기다리는 x+y분 동안 아동의 정서통제(방어) 시도가 자신의 본모습과 같지 않다면, 만약 이 시간 동안 아동의 인지적·정서적 유연성을 감소시키도록 뇌가 화학적·생리학적으로 '속인다면', 만약 '다른 이'가 나타나서 '충분히 좋은' 양육이 일어날 것에 대한 기대가 없어지는 자기경험을 한다면, 또한 아주 현실적인 통제가 일어나는 이 시간 동안 '다른 이'가 아동의 욕구를 충족해 주지 못한다면, 아동은 외상시간, 즉 x+y+z 시간을 경험한다. Winnicott의 용어에 의하면, 혼란과 분열은 아동의 핵심적 경험이 된다. 우리는 최근에 아동의 경험을 이해하기 위해 x+y+z 징후를 DTD 상태라고 하였다. Chang의 사례에서 알 수 있듯이, 이것은 매우 폭력적이고 혼란스럽게 나타난다. 우리는 DTD가 진단적 정의이며, 아동이 이러한 초기 경험으로 인한 부작용적인 후유증으로 긴 생애 동안 고통을 당하는 것이라고 믿는다. 우리는 또한 생의 초기에 복합적 외상을 경험한 아동을 묘사하는 명확한 용어를 사용하기를 바라며, 실천가들이 이러한 '새로운' 증상의 원인과 예후를 이전의 이론들을 연결하여 이해하기를 북돋운다.

또한 DTD가 놀이의 가능성에 어떻게 불리하게 영향을 미치는지도 기억하여야 한다. DTD로 인하여 놀이성의 가능성이 아주 많이 해를 입었다면, 자신의 기분에 대해 '놀이하도록' 북돋워지는 경험은 치료하고 보완되는 대신 몹시 무섭고 공황 상태의 환경을 만들 수 있다. Chang의 첫 번째 회기는 놀이에 접근할 수 없는 아동이 완충지와 유예 없이 매우 무서움을 경험하는 극적인 예를 보여 주었다. 포럼과 같이 이 장에서 사용된 전문용어는 통제에 압도적인 영향을 미치고, 회피·퇴행과 같은 원시적인 방어들을 엄격하게 사용하도록 하고, 존재할 수 있는 자아의 파편들에 큰 혼란을 가할 수 있다. 이러한 아동에게 놀이치료는 매우 신중하게 사용되어야 하며, 종종 특별히 구조화된 놀이치료가 이루어져야 한다. 치료자는 정신내적·신경생리적·대인관계적 경험의 영역들을 포함한 개인의 혼자라는 기분이 얼마나 무서운지에 대해 아주 강한 감각을 지니고 있어야 한다.

# 참고문헌


Blum, H. P. (1987). The role of identification in the resolution of trauma: The Anna Freud Memorial Lecture. *Psychoanalytic Quarterly, 56*, 609-627.

Cook, A., Spinazzola, J., Ford, J., Lanktree, C., Blaustein, M., Cloitre, M., …… van der Kolk, B. (2005). Complex trauma in children and adolescents. *Psychiatric Annals, 35*(5), 390-398.

Cramer, P. (2006). Coping and defense mechanisms: What's the difference? *Journal of Personality, 66*(6), 919-946.

D'Andrea, W., Ford, J., Stolbach, B., Spinazzola, J., & van der Kolk, B. A. (2012). Understanding interpersonal trauma in children: Why we need a developmentally appropriate trauma diagnosis. *American Journal of Orthopsychiatry, 82*(2), 187-200.

Fonagy, P., Gergely, G., Jurist, E. L., & Target, M. (2002). *Affect regulation, mentalization, and the development of the self.* New York: Other Press.

Fonagy, P., & Target, M. (2006). The mentalization-focused approach to self pathology. *Journal of Personality Disorders, 20*(6), 544-576.

Ford, J. D. (2005). Treatment implications of altered affect regulation and information processing following child maltreatment. *Psychiatric Annals, 35*(5), 410-419.

Grossmark, R. (2009). The case of Pamela. *Psychoanalytic Dialogues, 19*(1), 22-30.

Hegeman, E., & Wohl, A. (2000). Management of trauma-related affect, defenses, and dissociative states. In R. H. Klein & V. L. Schermer (Eds.), *Group psychotherapy for psychological trauma* (pp. 64-88). New York: Guilford Press.

Herman, J. (1992). *Trauma and recovery.* New York: Basic Books.

Krystal, H. (1978). Trauma and affects. *Psychoanalytic Study of the Child, 33*, 81-116.

Lieberman, A., & Knorr, K. (2007). The impact of trauma: A developmental framework for infancy and early childhood. *Psychiatric Annals, 37*(6), 416-422.

O'Neill, L., Guenette, F., & Kitchenham, A. (2010). 'Am I safe here and do you like me?': Understanding complex trauma and attachment disruption in the classroom. *British Journal of Special Education, 37*(4), 190-197.

Pearlman, L. (1997). Trauma and the self. *Journal of Emotional Abuse, 1*(1), 7-25.

Pearlman, L., & Courtois, C. A. (2005). Clinical applications of the attachment framework:

Relational treatment of complex trauma. *Journal of Traumatic Stress, 18*(5), 449-459.

Pinheiro, T., & Viana, D. (2011). Losing the certainty of self. *American Journal of Psychoanalysis, 71*(4), 352-360.

Pollack, S., Cicchetti, D., Hornung, K., & Reed, A. (2000). Recognizing emotion in faces: Developmental effects of child abuse and neglect. *Developmental Psychology, 36*(5), 679-688.

Schore, A. N. (2002). Advances in neuropsychoanalysis, attachment theory, and trauma research: Implications for self psychology. *Psychoanalytic Inquiry, 22*(3), 433-484.

Schore, A. N. (2003). *Affect dysregulation and disorders of the self.* New York: Norton.

Teicher, M. H., Andersen, S. L., Polcari, A., Anderson, C. M., Navalta, C. P., & Kim, D. M. (2003). The neurobiological consequences of early stress and childhood maltreatment. *Neuroscience and Biobehavioral Reviews, 27*, 33-44.

Tuber, S. (2008) *Attachment, play and authenticity: A Winnicott primer.* Lanham, MD: Aronson.

Tuber, S. (2012). *Understanding personality through projective testing.* Lanham, MD: Aronson.

van der Kolk, B. (2003). The neurobiology of childhood trauma and abuse. *Child and Adolescent Psychiatric Clinics of North America, 12*, 293-317.

van der Kolk, B. A. (2005). Developmental trauma disorder: Towards a rational diagnosis for children with complex trauma histories. *Psychiatric Annals, 35*(5), 401-408.

van der Kolk, B., Pynoos, R., Cicchetti, D., Cloitre, M., D'Andrea, W., Ford, J. D., …… Teicher, M. (2009). *Proposal to include a developmental trauma disorder diagnosis for children and adolescents in DSM-V.* Unpublished manuscript.

Waller, N., Putnam, F., & Carlson, E. (1996). Types of dissociation and dissociative types: A taxometric analysis of dissociative experiences. *Psychological Methods, 1*(3), 300-321.

West, M. (2011). Attachment, sensitivity and agency: The alchemy of analytic work. *Journal of Analytical Psychology, 56*(3), 354-361.

Williams, P. (2004). Symbols and self preservation in severe disturbance. *Journal of Analytical Psychology, 49*(1), 21-31.

Winnicott, D. (1971). *Playing and reality.* London: Tavistock.

Young, M. E. (2008). Play therapy and the traumatized self. *Psychology and Education: An Interdisciplinary Journal, 45*(1), 19-23.

제14장

# 공주와 달 밧 타카리: 다른 문화로 입양된 아동과의 놀이치료

Henry Kronengold

Abby: 자, 이렇게 하는 거예요. 당신이 공주를 찾아야 해요. 마녀가 공주를 포로로 잡아서 성 안에 가두고 거기다 숨겨 놨어요. 당신이 공주를 구해야 해요. 하지만 조심해요. 마녀가 주위에 경비병을 다 세워 놨거든요.

나: 알았어. 구하러 갈게. (나는 용감한 자세를 취한 뒤 성으로 향한다.) 나는 공주를 구하러 가고 있어. 공주를 구할 거야. (Abby는 날 쳐다보고 자신의 손가락을 입에다 갖다 대며 더 조용히 하라는 제스처를 한다. 나는 속삭인다.) 이제 입구를 찾아야 해. 아하, 여기인 것 같아. (내 장난감 성 안에 한 작은 방을 가리키며, 불쑥 쳐들어가는 척한다.) 공주님, 여기 있나요? 제가 공주님을 구하러 왔어요!

Abby: 다행히 당신이 와 주었네요. 이제 빨리 여기서 나가요. 마녀의 경비병들을 지나가야 해요. 자! 이쪽으로!

나: 네, 가요. (우리는 성을 뛰쳐나가 자유를 향해 달린다. 달리는 도중에 경비병들과 아주 성난 용이 쫓아온다. 드디어 우리는 성을 탈출한다. 나는 숨을 고르고 다음 계획을 세우기 위해 잠시 멈춘다.) 공주님, 우리가 성은 탈출했지만, 집으로 가는 여정을 계속하기 전에 잠시 쉬었다 갈 수 있는 안전한 곳을 찾아야

해요. (나는 잠시 말을 멈추고 기다리지만, 어떤 반응도 없다.) 공주님, 제 말이 들리나요? (여전히 반응이 없다. 걱정이 되어 주위를 둘러본다.) 공주님, 공주님, 어디 있나요? 잠시 산책이라도 가신 건가요? 공주님? (나는 주위를 더 둘러보지만, 그녀의 행방을 알 수가 없다. 내 얼굴은 걱정으로 가득 차고, 목소리는 더 높아지고 힘이 들어간다.) 공주님? 공주님?

Abby: 공주가 없어졌어요. 사라져 버렸어요.

나: 뭐? 무슨 소리야? 어떻게 사라져? 방금 전까지 여기 있었는데!

Abby: 이제 없어요. 사라졌어요. 당신이 공주를 다시 찾아야 해요. 방금 그 소리 들었어요? 웃음소리?

나: 응. 그건…… (나의 목소리는 느려진다.) 그건 마녀야.

Abby: (알고 있다는 듯이 날 쳐다본다.) 그렇게 쉽진 않을 거라고 했잖아요.

Abby는 회기마다 매번 이러한 상황을 반복했고, 그녀와 끊임없이 변화하는 그녀의 정체성을 찾는 것은 분명히 쉽지 않은 일이었다. 앞의 대화에서(그리고 다른 많은 대화에서도) 볼 수 있듯이, 공주는 마녀에게 포로로 잡힌다. 이유는 명확하지 않다. 공주를 구하려는 반복적인 시도에도 불구하고 그녀는 미스터리하게 사라져 버리고, 그녀를 구하려고 애쓰는 용감한 왕자를 불행하게 그리고 무기력하게 만든다. Abby와의 놀이는 아주 풍부하고 활기가 가득했지만 가끔 혼란스럽기도 했다. 왜냐하면 Abby는 이야기를 전개하는 과정에서 계속 등장인물들이 한 장면 안에서 사라지고 없어지는 스토리를 만들었기 때문이다(Abby의 사례에 대한 더 자세한 내용은 Kronengold, 2010 참조). 흥미롭게도 Abby만이 이러한 놀이를 보여 준 것이 아니었다. Alma는 왕자와 공주가 나오는 매우 유사한 장면에서 이야기를 만들고 나에게 지시했다.

나: 공주님, 당신을 구하러 제가 왔어요! (나는 성에 있는 지하 감옥으로 뛰어 들어가는 척한다.)

Alma: 안녕, 왕자님. 우린 여기를 빨리 빠져나가야 해요. 마녀가 근처에 있어요. 경비병들이 곳곳에 있어요. 내가 숨을 만한 좋은 장소를 알고 있어요. 빨리 가요. (성 옆을 가리키며 그녀가 말한다.)

나: 네, 그런데 괜찮으세요? 많이 보고 싶었어요.

Alma: 네, 괜찮아요. 자, 여기서 빨리 달아나야 해요.

나: 네, 가요. 그런데 어디로 가는 건가요?

Alma: 오두막집이요. 숲 속 한가운데 있어요. 오늘 밤은 거기에 숨고 내일 집으로 가요.

나: (생각해 보기 위해 잠시 멈춘다. 상황이 어떻게 흘러가는지 깨닫고, Alma의 계획에 동의한다는 표시로 고개를 끄덕인다.) 오두막집으로 가요. (우리는 빠르게 오두막집으로 달려가서 자리에 앉아 먹을 것을 구할 계획을 세운다.) 제가 오두막집 주인한테 가서 먹을 것을 좀 가지고 올게요. 뭘 먹고 싶으세요?

Alma: 뭐든지요. 배가 너무 고파요.

나: 네, 금방 다녀올게요. (나는 조금 걸어가 주인에게 말하는 척한다. 그리고 빵, 치킨, 물을 건네받는 척하고 공주에게 돌아간다.)

Alma: (나한테 무언가 할 말이 있다는 듯 방 한쪽으로 오라고 손짓한다. 나에게 다가와 속삭인다.) Henry, 돌아왔군요. 그런데 공주는 없어요.

나: (속삭이며) 없다니? 어디 갔어?

Alma: 없어요. 그냥 없어졌어요. 어떻게 됐는지 당신이 알아내야 해요. 공주는 사라졌어요. 마녀의 경비병들이 그녀를 찾았거나, 아니면 마녀가 주문을 걸어 공주를 다시 성으로 데리고 갔을지도 몰라요.

나: 진짜?

Alma: 진짜로요. 공주는 다시 사라졌어요.

비록 Alma와 Abby의 줄거리는 비슷해도 Alma의 공주는 더 적극적이며, 놀이에서 그녀의 역할은 Abby와는 좀 다르다. Abby는 내가 혼란스러워하는 모습을 보고 매우 기뻐하지만, Alma는 장면에 대해서 나에게 설명해 주기 위해 인물을 감춘다. 그리고 무슨 일이 일어났는지 나와 함께 생각한다. 이 장면을 Abby 때와 같이 생각하다 보니, 나는 몇 년 전에 만난 Sarah라는 아이와의 또 다른 장면이 떠올랐다.

Sarah: Henry, 당신이 오빠예요. 봐요, 여기 있는 이 집 보이죠? 5개의 다른 방이 있어요. 각각 집의 특별한 무언가를 위해 쓰여요. 여동생의 방은 여기예요. 당신은 그녀를 찾고 있어요. 그녀는 거기에 없어요. 당신은 그녀를 찾아야 해요. 그런데 그녀는 주위에 없어요. 알겠죠?

나: 응, 알겠어, 만약 내가 그녀를 못 찾으면 어떻게 해야 해?

Sarah: 점점 걱정이 돼서 경찰한테 연락을 해야 해요.

나: 그럼 경찰이 동생을 찾아?

Sarah: 아니요. 아무튼 당신은 이 놀이를 해야만 해요. 이제 시작해요. 당신이 날 찾기 시작하면 돼요.

나: 알았어, 찾을게. (나는 방을 살펴본다.) 흠, 과연 어디 있는 걸까? 너 어디에 있는 거야? 집에 있는 거니? (그곳을 살펴본다.) 저기에는 없고, 도대체 어디에 있는 거야? 어디로 간 거야? 아무 일 없으면 좋겠는데.

Sarah: 이제 경찰을 불러요.

나: (가상의 전화기를 든다.) 여보세요, 경찰서인가요? 도와주세요. 제 여동생을 못 찾겠어요. 모든 곳을 다 찾아봤어요.

Sarah: (전화기 너머에서 가상의 경찰관을 연기하고자 낮은 목소리로) 네, 경찰서입니다.

나: 안녕하세요. 저 좀 도와주세요. 제 여동생을 못 찾겠어요. 집에 있어야 하는데 없어요. 찾을 수가 없어요. (나의 목소리는 더 애처로워진다.) 모든 곳을 다 찾아봤어요.

Sarah: 계속 그녀를 찾아보세요.

나: (놀란 목소리로) 네, 하지만 전 도움을 요청하기 위해서 전화했어요. 동생을 찾기 위해서 도움이 필요해요. 그녀가 사라졌어요.

Sarah: 별로 도와줄 수가 없어요. 미안해요. 계속 그녀를 찾아야 해요. 그런데 너무 걱정하지 마세요. 꼭 찾을 거예요.

나: 그렇게 말해 주니 감사해요. 그녀가 도대체 어디에 있는지 전혀 모르겠어요. 알겠어요. 계속 찾아볼게요. (나는 전화를 끊고는 다시 찾는다. 찾고 있는 도중에 Sarah는 사무실의 벽장 근처, 그녀가 숨어 있는 큰 갈색 책상 의자 근처를 살펴보라고 나에게 신호를 보낸다.) 흠, 무언가 저쪽에 움직이는 것 같은데, 동생

인가? 동생아, 거기 있니?

Sarah: 응, 안녕. 언제쯤 날 찾을까 생각하고 있었어.

나: 어디를 찾아봐야 할지 몰랐어. 그런데 거기서 뭐하고 있었어?

Sarah: 도망가야만 했어. 나중에 설명해 줄게. 일단 집에 가자.

나: 응. 집에 돌아가자. 모든 이야기를 듣고 싶어. (집으로 걸어가면서, Sarah가 속삭인다.)

Sarah: 동생이 다시 사라졌어요.

나: 다시? 그런데 방금 나와 같이 있었어. 그녀가 어떻게 사라져?

Sarah: 그냥 그래요. 그러니까 당신은 다시 동생을 찾아야 해요.

나: 다시 찾아야겠네.

Sarah: 네, 알아요. 그런데 동생을 다시 찾을 수 있을 거예요.

앞의 3개의 대화는 풍부하고 생각을 떠올리게 한다. 그것은 자신이 어디서 왔는지, 어디로 가고 있는지, 또 어떻게 거기에 도달했는지에 대한 답을 찾는 과정에서 비롯된 각 아동의 여정을 반영한다. 또한 이 대화에서 주목할 것은 겉으로는 동일한 아동에게서 나온 이야기로 보인다는 점이다. 하지만 이 이야기와 주제는 3명의 다른 아동으로부터 각각 나온 것이며, 그들은 내가 13년간 일하면서 모두 다른 시기에 만난 아동들이다. 아동들의 놀이에서 유사한 점은 그들 사이에 공통적인 주제가 있다는 것과 아동들을 이해하고 그들이 겪었던 과거의 감정과 질문들을 탐색하는 데 놀이가 도움이 된다는 것이다.

이 장에서 내가 3명의 아동에 대해서 논의하는 이유는 다른 문화로 입양된 아동들의 치료에 대해서 논하고, 그들의 가족이나 치료자에게 도전을 주는 애착문제에 대해서 논하고자 하는 것이 아니다. 오히려 아동들과 함께 할 때 놀이 안에서 흔히 발생하는 요소에 대해서 고려해 보고자 하는 데 있다. 나는 놀이가 (다른 표현매체들도 포함해서) 어떻게 아동의 발달을 촉진하고 입양가족이 건강하게 적응하도록 도와줄 수 있는가 하는 관점에서 Sarah, Abby 그리고 Alma와의 치료에 대해서 논의하고자 한다.

Sarah가 처음 치료를 시작했을 때, 그녀는 거의 4세였다. 그녀는 양부모와 또 다른 입양아인 오빠와 살고 있었다. Sarah의 오빠는 9세로, 폭발적인 행동을 보이는 문제를 갖고 있었다. Sarah는 유난히 말을 잘했는데, 엄마에게 오빠의 상황을 주기적으로 보고하며 아무도 알아차리지 않는 사이 오빠가 통제를 잃지 않을까 마치 매처럼 주시하곤 했다. Sarah의 조숙함은 그녀가 살아가는 데 도움이 되었으며, 자주 어른스럽고 똑똑하다는 칭찬을 들었다. 물론 Sarah가 그렇게 경계하는 데는 또 다른 측면이 있었다. Sarah는 지나치게 지배적이었고, 다른 사람들에게 감정을 잘 표현하지 않았다. 그리고 앞의 대화에서 볼 수 있듯이 누군가에게 지시하는 것이 제일 익숙했다.

Alma는 지나치게 침착하고, 어른스럽고, 말을 잘하는 아이의 모습으로 내 사무실에 왔다. 그녀는 놀고, 말하고, 색칠하고, 춤추고, 미소 지었다. 즉, 그녀는 좋은 놀이 상대가 될 수 있는 모든 것을 했다. Alma는 매우 사랑스럽고, 재미있고, 창의적이었다. 첫 만남이 끝났을 때, 나는 Alma와 보낸 시간이 얼마나 재미있고 즐거웠는지 생각했다. 나의 반응을 탐색하던 중 첫 만남에서 그러한 영향을 미친 다른 아동들이 떠올랐다. 그중에는 당연히 Sarah와 Abby가 있었다. Abby는 내 사무실에 들어오자마자 마치 자신의 집인 것처럼 했고, 함께 놀기 시작하면서 그녀가 장난기가 많다는 것을 금방 알아차릴 수 있었다. 이 아동들이 내 기억에 그리고 이 특별한 치료 공간에 자리하고 있었다는 것이 참으로 특이했다. 그들과 함께하는 것은 모두 대단히 재미있었다. 그들과의 회기는 창의적이며 풍성했다. 동시에 나는 그들이 나를 보러 오는 이유가 초기 회기에서 쉽게 관계 맺는 능력과 연관이 있지는 않은지 궁금했다. 다른 아동들은 부모와 너무 멀리 떨어지지 않으려고 하며, 신중히 조심스럽게 회기를 시작한다. 하지만 Alma, Sarah 그리고 Abby는 아주 달랐다.

정답은 그들의 애착경험 그리고 각 아동이 초기에 겪은 변화와 연관되어 보였다. 건강한 환경의 친부모에게서 태어난 아동들은 전형적으로 부모와 애착을 형성하고, 양육과 지지를 위해 부모에게 의존하며, 부모와 사랑을 나누고, 상호적인 관계를 맺는다. 물론 아동이 부모에게 잘못된 애착을 형성하기도 하지만, 전형적으로 발달하는 건강한 아동에게는 안정 애착이라고 부르는 것이 있다(Ainsworth, Blehar, Waters, & Wall, 1978; Bowlby, 1969/1982, 1973). 아동은 부모의 존재에서 안전감을 느끼고 세상을 탐색하기 위해서 그러한 안전감을 점차 내면화한다. 어릴 때 아동은 양육자를 가장 편안해 하며 새로운 사람을 만나는 것을 조심스러워한다. 그러나 Alma의 경우에는 어렸을 때 이러한 관계를 형성하지 못했다. 그녀는 처음에 고아원에서 자랐고, 후에는 히말라야 산에 있는 화목한 위탁가정에서 자랐다. 관심을 얻고, 다른 사람의 세계로 들어가려 하고, 사람들이 자신을 알고 싶어 하게 만드는 Alma의 특이한 능력은 아마도 뉴욕에서 사랑스러운 새엄마와 잘 지내는 데 기여를 했을 것이다. 그러한 탁월한 기술과 두려움 없이 사람을 대하는 능력은 Abby와 Sarah에게서도 마찬가지였다. 그들 모두 세계 다른 나라에서 왔으며, 다른 아동들과는 두드러지는 능력을 발달시켰다. 이러한 기술은 첫인상 때 가장 유용한 것으로 입증되었는데, 왜냐하면 첫 회기와 만남을 기억할 수 있게 만들기 때문이다. Alma와의 첫 회기 경험에 근거해서 나는 그녀의 양엄마가 Alma를 처음 만났을 때 그리고 그 후에 어떻게 느꼈을지 짐작할 수 있다. Alma의 적응능력은 놀라웠다. 하지만 그것은 무엇을 위한 것이었을까? 그리고 첫 만남에서의 빛이 사라진 후에는 어떻게 되는 걸까? 이 어린 소녀는 어린아이보다는 어른스러운 아이의 모습을 하며, 다른 사람들에게 깊은 인상을 남기고 또 관계 맺기 위해서 열심히 노력했다. 그녀가 다시 아이가 되어야 할 때는 어떨까? 그렇게 될 수 있을까? Alma가 밤에 잠을 못자고 어린아이처럼 엄마의 품을 찾는 데에는 이유가 있었다. Alma가 화를 내고 엄마가 깊이 공감해 주지 않을 때, 자신은 입양되지 말았어야 하며 엄마를 가질 자격이 없다고 말하는 데에는 이유가 있었다. 비록 Alma의 말에는 이따금 조종하려는 의도가 있기는 했지만, 힘든 순간에 흐르는 슬픔의 눈물은 사라지지 않는 그녀의 불안감을 보여 주었다.

Abby는 장난기 많고 재미있는 아이였지만 행동에 문제를 보였다. Abby는 집이나 학교에서 성질을 자주 부리고 교실에서의 일과를 따르는 데 어려움이 있었다. 초기 회기에서 그녀는 내가 사무실 어디에 서 있어야 하는지와 같이 나의 모든 움직임을 통제하고 싶어 했다. 경계심 많고, 어른스럽고, 자신의 생각을 분명히 표현하는 Sarah가 확실히 덜 지배적이었다. 그러나 Sarah는 집에 있는 모든 사람과 모든 것으로부터 신경을 끄지 못했다. 학교에서 Sarah는 선생님을 도와주는 역할을 맡고 있었는데, 특히 힘들어하는 반 친구들을 도와주는 일을 했다. 한번 Sarah는 분노조절 문제를 갖고 있는 반 친구에 대해서 얘기한 적이 있다. 동시에 Sarah는 두통, 복통, 또 다른 다양한 신체 이상에 대해서 불평했다. 말을 잘하는 아이였지만, 그녀는 자신의 감정을 표현하는 데에는 매우 불편해했다. Sarah는 화가 날 때 어쩔 줄 몰라 하며 이성을 잃었다. 기억나는 한 에피소드에 의하면, Sarah는 학교에서 화가 나서 겉으로 보기에 의식을 잃은 것처럼 바닥에 쓰러졌다. 선생님들은 Sarah가 뇌진탕이나 발작을 일으킨 것이 아닌지 걱정되어 바로 병원에 연락했고, 주위 사람들은 도대체 Sarah에게 무슨 일이 일어났고 왜 아무 반응을 안 하는지 알아내려고 노력했다. 1시간 후, Sarah의 엄마가 의사를 만나러 와서 말을 하자 Sarah는 그제야 눈을 뜨고 고개를 들었다. 그리고 가방을 들고 태연하게 문 밖으로 걸어 나와 집으로 향했다. Sarah는 내내 깨어 있었던 것이다.

이 3명의 여자아이의 경우, 초기 경험에 의한 혼란과 애착문제와 관련해서 무엇이 그들을 힘들게 하는지 놀이를 통해 자세히 볼 수 있었다. Alma의 놀이는 빠르게 진행되었고, Sarah와 Abby의 놀이 또한 그러했다. 초기 회기에서 Alma는 사악한 마녀에게 잡힌 공주 이야기를 들려주었는데, 왕자가 공주를 구해도 다시 마녀가 잡아가고, 또 왕자가 구출하는 똑같은 상황이 되풀이되는 이야기였다. Alma는 이 놀이를 집에서도 반복적으로 했는데, 몇 번을 반복해도 그녀의 열의는 사그라지지 않았다.

Alma: 내가 공주를 할 테니 당신은 왕자를 해요. 그리고 마녀도 내가 할게요. 당신은 병사들을 맡아요, 알았지요?

나: 응.

Alma: (아주 부지런하게 정확한 위치에 성을 세우고 등장인물들을 배치한다.) 내가 공주고, 당신은 왕자예요. 그리고 우린 곧 결혼을 해요. 준비됐어요?

나: 응. 그런데 난 뭘 해야 해?

Alma: (상냥하지만 확신에 찬 목소리로) 당신은 공주에게 청혼을 하고, 다시 사람들에게 돌아가 곧 결혼한다고 말해요. 그럼 사람들이 아주 큰 결혼식을 준비할 거예요. 그런데 결혼식 전에 마녀가 속임수를 써서 공주를 잡아가요. 그리고 자신의 집으로 데려가서 거기에 가둘 거예요. 알겠지요?

나: 응, 할 수 있을 것 같아. (나는 이야기도 인상 깊지만, Alma의 말솜씨에 또한 놀란다.)

Alma: 좋아요. 그럼 해요.

나: 응. 안녕, 공주님. 오늘 만나서 너무 좋아요. 나의 공주님, 저랑 결혼해 주시겠어요?

Alma: (상냥한 목소리를 유지하면서) 아니에요. 청혼은 성 이쪽에서 해야 해요. 그리고 "저랑 결혼해 주시겠어요?"라고 말하는 게 아니라 "공주님, 우리 결혼해요." 이렇게 말해야 해요.

나: 알았어. 공주님, 우리 결혼해요.

Alma: 잘했어요. 그런데 놀이를 시작하면 해요. 아직 아니에요.

나: 연습한 거였어.

Alma: 알았어요. 그럼 시작해요.

나: 안녕, 공주님. (내가 잘하고 있는지 확인하기 위해서 Alma를 쳐다본다.) 공주님?

Alma: 안녕. (기대했다는 듯이, 자신의 손을 흔들어 나에게 신호를 보낸다.)

나: 공주님, 우리 결혼해요.

Alma: 알았어요. (그녀는 이제 결혼 준비를 어디서 해야 하는지 위치를 알려 준다.) 이제 우리는 성 이쪽으로 이동할 거예요. 그런데 마녀가 우리를 기다리고 있을 거예요.

나: 알았어. 저쪽으로 가서 우리 결혼식을 해요, 나의 공주님.

Alma: (계속 지시한다.) 우리는 여기를 걸을 거예요. (성 뒤쪽을 가리킨다.) 순간 마녀가 나타나서 공주를 납치할 거예요.

나: 알았어.

Alma: 우린 지금 걷고 있는 거예요.

나: 응, 우린 걷고 있어. 공주님, 우린 곧 결혼할 거예요.

Alma: (성벽에 마녀가 나타나고 그녀는 이제 무서운 목소리로 바꾼다.) 그렇게 쉽게는 안 되지. 하하! 공주는 내 거야! (그녀는 다시 제 목소리로 돌아온다.) 마녀가 공주를 데리고 사라졌어요. 이제 당신은 공주를 찾아야 해요. 모두 공주를 찾고 있어요. 하지만 아무도 찾을 수가 없어요.

나: 공주님이 어디로 사라진 거야? 이건 그 사악한 마녀의 짓이야. 공주님을 내가 찾아야 해. 내가 꼭 찾을 거야. (사무실에 있는 소파를 가리키며) 저쪽 산에 한 번 가 봐야겠어.

Alma의 놀이는 사라진 공주, 공주를 잡아가는 마녀 그리고 공주를 구하려는 왕자가 중요한 주제였다. 그녀의 놀이에서는 또한 상세한 디테일과 정확한 무대, 대화 지시가 눈에 띄었다. 하지만 Alma는 나에게 어떻게 말하라고 지시하는 반면에, 장면에서 실제적인 대화가 많이 이루어지지는 않았다. 이야기가 흐르는 과정에서 Alma는 장면이나 등장인물들을 통해 감정을 잘 내비치지 않았다. 아마도 Alma는 슬픔과 그리움의 다양한 정도를 반영하며 이러한 정서들을 통제하려고 무척 애썼을지도 모른다. 아니면 이러한 정서들을 아예 인식하지 못했을 수도 있다. 정서적인 내용이 부족해서 Alma는 초기 회기에서 그리고 집에서 하는 엄마와의 놀이에서 이 이야기를 반복했을지도 모른다. 아마도 그녀는 자신의 경험에 빗대어 그 정서들을 찾아내려 한 것일 수도 있다. 그러나 Alma는 그러지 못했고, 대신 이 익숙한 동화를 자신의 경험인 것처럼 집착하게 된 것이다. 나는 Alma가 그녀의 정서세계를 더 잘 이해하고 인지하는 데 이 놀이가 좋은 기회라고 생각했다. 이제 나는 공주를 찾는 왕자 역할을 하면서 회기에서 조금 더 많은 자리를 차지하게 되었다. Alma가 놀이에서 지시하는 동안, 나는 공주를 찾는 과정에서 나의 경험을 이야기할 생각이었다. 그 과정에서 더욱더 정서적인 주제를 가져올 수 있을 것이다.

나: 공주님! 오, 나의 사랑스러운 공주님, 어디 계신가요? 어디 계세요? 그 못된 마녀가 어디로 데리고 간 거예요? 마녀가 무슨 짓을 했나요? (나는 아무런 성과 없이 주위를 살핀다.) 아! (나는 슬픔과 분노를 표현하기 위해서 소리를 낸다.) 공주님? (나는 소파/산 주위를 조금 더 살핀다.) 여기는 없어. 여기는 마녀의 은신처였어. 아마 다른 데로 옮기고 나의 공주님을 다른 곳에 가둔 걸 거야. 다시 성 근처를 확인해 봐야겠어. 그녀가 마법의 장소를 만들어 놨을지도 몰라. 마녀들, 그 끔찍한 존재들!

Alma: 왕자는 저쪽을 찾아볼 거예요. 그런데 거기에도 공주는 없어요. 그리곤 숲 속으로 가서 어떤 소리를 듣고 공주가 근처에 있다는 것을 알아내요. 그리고 이쪽을 봐요. (내 사무실에 있는 장난감 집 주위를 가리킨다.) 그는 마녀의 집을 찾아서 공주를 구해 내요. 그리고 달아나요. 그러고는 먹을 것을 얻으려고 멈추는데 마녀의 병사들이 그들을 찾고 있어요. 병사들이 그들을 발견하고 그들은 다시 뛰어요. 어떤 사람들은 왕자와 공주를 도와주려고 하지만 다른 사람들은 그들을 멈추려고 해요.

나: 알았어.

Alma: 오케이. 쉿! (공주가 근처에 있다는 것을 보여 주기 위해서 소리를 낸다.)

나: 잠깐만 기다려. 난 아직 성 근처에 있어. 아직 숲 속으로 걸어가지도 않았어. (이것은 이야기 전개를 조금 느리게 하기 위한 것이다. 단순히 디테일들을 빠르게 재연하기보다는 조금 진정하고 생각해 보기 위해서다.)

Alma: 알았어요. 그럼 저쪽으로 가요.

나: 나는 숲 속으로 갈 거야. 아마 거기서 공주님을 찾을 수 있을 거야. 오, 공주님! 어디 계시나요?

Alma: (나를 쳐다본다.) 난 이제 소리를 낼 거예요. 당신은 거기로 가서 공주를 찾는 거예요.

나: (나는 고개를 끄덕인다.) 응, 잘 기억하고 있어. 소리를 내도 돼. 그 '쉿' 소리.

Alma: (미소 짓는다.) 쉿! 쉿!

나: 2번의 소리!

Alma: 빨리 해요.

나: 방금 무슨 소리였지? 다람쥐? 토끼? 숲 속의 부엉이? 아니면 어떤 신호였나? 그래 메시지야! 공주님이 근처에 있나 봐. 난 그녀를 찾고 있어. (나의 목소리는 점점 느려지며 속삭이는 정도로 작아진다.) 다른 신호가 또 들릴지도 몰라.

Alma: (작고 힘없는 목소리로) 도와주세요! 도와주세요!

나: 공주님 소리가 들려. 저기에 있어. 쉿. 난 조용히 걸어가서 들어 볼 거야. (나는 손을 귀에다 대고 사무실을 조심스럽게 걷는다.)

Alma: 여기에요. 여기 이쪽. 저예요. 마녀가 지하 감옥에 날 가뒀어요.

나: 제가 가요. (나는 지하 감옥에 도착한다.) 공주님, 저예요! 제가 공주님을 구하

러 왔어요!

Alma: (나에게 지시하기 시작한다.) 이제 둘이 도망가서 성으로 다시 돌아가요.

나: (이야기의 전개보다는 정서에 집중하도록 하기 위해 여기에서 나는 Alma가 조금 더 놀이에 머무르도록 유도한다.) 잠시만, 난 내 캐릭터에 몰입 중이었다고.

Alma: 그들은 도망쳐요.

나: 응, 그런데 난 그 모든 것을 연기할 준비가 되어 있었단 말이야.

Alma: 그래서 그들은 다시 결혼하려고 해요.

나: 도망치는 장면은?

Alma: (나를 동정 어리게 쳐다보며) 알았어요. 다시 해요.

나: (만족하는 목소리로) 좋아. 음, 어디였지, 우리가?

Alma: 당신이 공주를 구하고 있었어요.

나: 맞아, 다시 그 장면으로. 나는…….

Alma: 당신은 지하 감옥 밖이고, 나는 지하 감옥에 있어요. 당신은 날 구하고, 우린 같이 도망가요. 그런데 마녀가 병사들을 이끌고 쫓아와요. 우리는 어떤 오두막집에 들어가 무언가를 먹고 거기에 잠시 머무르려고 해요. 그런데 병사들이 우리를 찾아서…….

나: (나는 장난스럽게 손을 올려 Alma에게 조금 느리게 해 달라고 한다.) 나는 지금 '구하는 순간'이었단 말이야. 너무 앞서가지 마. 난 방해하려는 것이 아니야. 이야기가 사실 굉장히 재미있기는 한데 우리 다시 구출 장면으로 돌아가면 안 될까? 난 지금 이 부분에 집중하고 싶어. 그러고 나서 이야기의 남은 부분으로 가면 되잖아.

Alma: 알았어요. 그런데 다음에 어디로 가는지 꼭 기억해요.

나: 당연하지. 모두 잘 이해했어. 구출한 후에 오두막집으로 가고, 쫓기고 그리고 나머지.

Alma: 좋아요. 자, 이제 해요.

나: 응. (나는 우리가 조금 멀리 왔다고 느끼며 잠시 멈춘다. 또한 이 장면을 조금 더 계속하고자 하는 나의 바람을 Alma가 이해해 주기를 바란다.)

Alma: 그래서요?

나: 미안, 그 장면으로 돌아가기 위해서 잠시 쉬었어. 공주를 찾고 있고, 소리를 듣

고서 지하 감옥에서 찾았어. 그리고 이제 공주를 구할 거야. 다시 이 감정으로 돌아가는 중이었어.

Alma: 우리 그냥 빨리 진행하면 안 될까요?

나: 응. 잠시만 더. 나는 왕자고 방금 너를 찾았어. 흥분과 다른 감정…….

Alma: 나를 찾아서 기쁘지만, 당신은 또 무섭기도 해요.

나: (내 눈이 더 커진다.) 좋아. 그것도 맞아.

Alma: (한숨을 쉰다.) 이제 해요.

나: 준비. (내 목소리가 커진다.) 공주님, 제가 왔어요. 제가 공주님을 구하러 왔어요. 당신을 다시는 못 찾는 줄 알았어요. (주위를 둘러본다.) 우리는 여기를 빠져나갈 방법을 생각해야 해요.

Alma: 옆에 문의 자물쇠가 있어요. 자물쇠를 열면 풀려날 수 있어요. 그러나 마녀를 조심해야 해요.

나: (나는 자물쇠를 더듬거리며 힘들어하는 소리를 낸다.) 거의 다 했어요, 공주님. 거의 다요.

Alma: 그쪽으로 돌려 봐요. (손으로 신호한다.)

나: 됐어요. 공주님, 마녀가 알아채고 또 잡기 전에 빨리 이곳을 빠져나가요.

Alma: 네, 그래서 그들은 이제 오두막집으로 뛰어가요. 그리고…….

나: (나는 한숨을 쉰다.) 우리는 지금 그 캐릭터들이라고. 몰입해야 해.

Alma: 아, 맞다. 알겠어요.

나: 가요, 공주님. 숲 속으로. 숲 속 끝에 오두막집이 있어요. 성으로 돌아가기 전에 거기서 잠깐 쉬고 음식을 먹을 수 있어요. 제가 공주님을 찾았다는 게 믿기지가 않아요. 마녀가 공주님을 사라지게 하거나 어떤 마법을 걸었을까 봐 많이 걱정했어요.

Alma: 사실 마녀가 그러려고 했어요. (Alma는 이제 말하면서 자신의 손으로 제스처를 한다.) 주문을 걸어 나를 영원히 잠들게 하려고 했어요. 그런데 내가 못하게 했어요. 나에게 주문을 걸지 못하도록 하는 마법을 내가 배웠어요.

나: 마법이요? 흠, 공주님이 배운 그 위대한 마법이 무엇인가요?

Alma: 그냥 마법이에요. 내가 어렸을 때 숲 속의 요정들한테서 배웠어요.

나: 놀라워요. 그 마법은 대단하네요. 요정들이라…….

Alma: (사무실에 있는 의자 하나를 가리키며) 저기 오두막집이 있어요.

나: 네, 저기 있네요. 쉬었다 가면 좋을 거예요. 너무 많이 뛰어서 피곤해요.

Alma: 네, 저도요. 전 지하 감옥에 계속 갇혀 있었어요. 그래서 더 피곤하고 배고프네요. 안으로 들어가요. (그녀는 배경에 대해서 조금 더 많은 정보를 준다.) 안에는 사람들도 많고 시끄러워요. 우리는 무언가를 먹고 마시기 위해 앉아요. 그런데 마녀의 병사들이 들어와서 우리를 찾아요.

나: 알겠어. (나는 등장인물로 돌아가서, 음식을 먹고 무언가 마시는 척한다.) 무언가 먹을 수 있어서 다행이네요. 미안해요, 공주님. 많이 배고프고 피곤하시죠? 괜찮으세요?

Alma: 네, 이제 괜찮아요. (걱정하기 시작한다.) 저쪽을 봐요. 저 두 사람을 알아요. 마녀를 위해서 일하는 사람들이에요! 빨리 여기를 빠져나가야 해요!

나: 큰일 났네요! 자, 이쪽으로. (우리를 쫓는 병사들을 피하기 위해 성 한쪽으로 뛰어간다.)

Alma: 점점 더 가까워지고 있어요. 그들이 들려요.

나: 네, 저도요. 저 나무 뒤에 숨어요. (우리는 사무실에 있는 스탠드로 뛰어간다. Alma가 나를 쳐다보고, 나는 손가락을 입에 댄다.) 쉿. (나는 속삭이고 Alma는 고개를 끄덕인다. 잠시 둘이 움직이지 않고 서 있는다. Alma는 숨까지 참아가며 조용히 서서 전혀 움직이지 않고 있음을 보여 주기 위해서 과장된 제스처를 한다. 나는 손을 흔들어 같이 엿보자는 신호를 보낸다.) 우리를 지나친 거 같아요.

Alma: 다시 돌아오거나 근처에 있을 수도 있어요.

나: 맞아요. 이쪽으로 가요. 하지만 다시 숨어야 할지도 모르니 나무 근처에 있어요. 그리고 아주 조용히 움직여야 해요.

Alma: 네. 가요. 이쪽으로. 내가 앞장설게요. (Alma가 앞장서고, 나는 뒤따라간다. 그녀가 갑자기 멈출 때까지 우리는 조용히 걸어간다.) 무언가 들려요!

Alma에게 놀이는 이전의 애착경험과 두려움을 극복할 수 있는 기회였다. 상실과 혼란을 겪으면서 무기력감까지 경험한 그녀는 나이에 맞지 않게 어른스럽고 통제된 행동들을 보였으며, 이것은 그녀가 아직 어리고 나약한 아이라는 사실을 잊게 만들었다.

작은 마을에서 태어나, 처음에는 고아원 그리고 나중에는 위탁가정에서 자란 후에야 Alma는 드디어 자신을 입양해서 엄마가 되어 줄 사람을 만난 것이다. 그래서 그녀는 강렬한 첫인상을 남기기 위해서 사람들과 더 친해지고 가까워질수록 그 사람을 지시하려는 경향이 심해졌고, 기분 변화도 잦아졌다. 놀이에서 보여 주듯이, Alma는 평상시에도 계속 불안한 상태를 보였다. 이것은 그녀가 과연 새로운 집에서 얼마나 안전감을 가질 수 있을지에 대한 불안이었다. 놀이를 하면서 단순히 이야기를 만드는 데 그치지 않고, 등장인물을 통해 점점 다양한 감정(불안, 슬픔, 상실, 갈망과 같은)을 담게 되면서 Alma가 회기에서나 집에서 더 침착해지는 것을 확인할 수 있었다. 이것은 Sarah와 Abby도 마찬가지였다. 그들도 등장인물이 갇히거나 사라지고 그러다 순식간에 다시 나타나고, 또 자신을 아무 때나 다른 인물로 바꾸는 그러한 이야기를 만들었다. 이 세 아이 모두 놀이에서 똑같은 이야기를 반복하는 틀에 박혀 있었다. Alma의 경우, 그녀는 집에서 엄마와 놀 때에도 똑같은 장면을 계속 재연했다. 당연히 Alma의 엄마는 이 놀이가 지루해졌고, 사악한 마녀가 납치하는 그런 설정에서 불편함을 느꼈다. Alma의 엄마는 당연히 그런 사람이 아니었고, 뉴욕에서 Alma의 삶을 애정이 넘치고 재미있게 해 주고 싶어 했다. 그러나 Alma는 여전히 어떤 일이 일어나서 또다시 버려질 수도 있다는 두려움이 있었다. Alma가 처음으로 나와 이 놀이를 했을 때, 그녀는 놀이에서 상대적으로 배제되어 있었다. 공주 이야기에서 무슨 일이 일어나는지 말해 주는 데 기뻐했고, 심지어 나한테 지시하는 것을 더 좋아했다. 그러나 나는 Alma가 이야기 안에서 배우가 되었으면 했다. 그래서 그녀가 경험한 감정들을 담아내길 원했다. 나는 Alma가 자신의 이야기를 들려줄 수 있는 기회 그리고 두려움을 안전한 공간에서 표현하고 앞으로 나아가 애착과 관계를 발달시킬 수 있는 기회를 갖기 원했다.

Alma와의 놀이가 진행될수록 그녀는 자신의 이야기를 더 확장하기 시작했다. Alma가 장난감 성, 액션 피규어, 물감과 마커 펜 그리고 특히 장난감 음식과 주방도구를 좋아하게 되면서 왕자와 공주의 이야기가 아닌 다른 이야기, 등장인물 그리고 표현매체로 바뀌었다.

붉은털원숭이에 대한 Harlow(1958)의 초기 애착 연구를 시작으로, 음식은 애착을 이해하는 데 큰 역할을 했다. 아동과 주 양육자 간의 관계에서 가장 중요한 요인은 생물학적 욕구를 채워 주는 것이 아니라 애정 어린 양육이라고 강조한 Bowlby(1951/1977)의 초기 애착이론에 영향을 받아서, Harlow는 영장류를 대상으로 이러한 이론들을 실험해 보고자 했다. 그는 새끼 붉은털원숭이들을 2집단으로 나누어 2개의 다른 우리에 넣었다. 한 우리에는 철사로 만들어진 '어미 원숭이'를 넣어 둔 후 우유가 나오는 먹이 튜브를 연결시켰다. 다른 우리에도 철사로 만든 '어미 원숭이'가 있었지만, 안기 좋게 부드러운 천으로 덮었다. Harlow는 새끼 원숭이들이 어떻게 성장하고 각각의 '어미'와 어떻게 관계를 맺는지 실험하는 데 관심이 있었다. 그는 천으로 덮인 원숭이와 같이 우리에 있던 새끼 원숭이들이 '어미 원숭이'에게 애착을 형성하고 훨씬 더 건강해진다는 것을 입증했다. (그들은 우유를 더 잘 소화했다.) 이후로 애착 연구가 더 많이 시작되었고, 발달학자들은 엄마와 아동 간의 관계의 본질에 초점을 두게 되었다. 그리고 그 관계는 이전에 믿었던 것처럼 음식과 같이 전적으로 생물학적인 욕구에 기반을 둔 것이 아니라 정서적 애착과 심리적 조율에 얼마나 기반을 두는지에 초점을 두었다(Bowlby, 1969/1982). 그때부터 수많은 연구가 아동과 부모 간의 관계를 다루었고, 특히 아동의 건강한 발달에 있어서 안정 애착의 중요성에 대해 주목했다.

그러나 누구나 따뜻한 국 한 그릇 또는 차가운 아이스크림을 먹고 위안을 느껴 봤듯이, 음식은 여전히 심리학적으로 어느 정도의 영향력이 있다. Alma 또한 그러했다. Alma는 세련된 미각을 빨리 발달시켰고, 거의 강박적으로 음식을 절대 남기려 하지 않았으며, 또 다른 사람들의 음식을 맛보는 것을 좋아했다. Alma는 항상 배가 고팠다. 마치 지금 이 식사가 마지막이 될지도 모른다는 걱정을 하는 것처럼 먹었다. 나는 이 배고픔이 무엇인지 궁금했다. 수많은 고난과 역경을 견뎌 내야 했던 아이에게 어쩌면 이것은 당연한 것이었다. 당연히 놀이에서 음식이 등장하기 시작했고, Alma와 나는 조리법과 주방도구들을 가지고 연기하기 시작했다.

Alma: 음식을 꺼내요. 주방도구들 있어요?

나: 조금 있어. 저 통을 한번 봐. (나는 장난감 장에 있는 파란 통을 가리킨다.)

Alma: 흠. (그녀는 통을 뒤져서 작은 접시, 그릇, 컵, 차 주전자 그리고 계란 거품기를 찾아낸다.) 큰 접시는 없어요? 다른 냄비는요? 여긴 별로 없어요.

나: 글쎄, 여기 냄비, 접시, 포크가 있네. (다른 도구를 들며) 그리고 차 주전자도 있어.

Alma: (한숨을 쉰다.) 저걸 사용하지 뭐. 주방을 진짜 마련해야겠어요. (주위 방을 둘러보면서 책장이 있는 공간을 쳐다본다.) 저쪽에 놓으면 될 것 같아요. 그럼 우리 그거 갖고 놀 수 있잖아요.

나: 좋은 생각이네. 그런데 어떤 주방?

Alma: 주방이 어떤지 알잖아요.

나: 응, 그런데 뭐가 있어야 하는데? 주방에 있어야 할 것들이 이걸로 충분하지 않다고 말하는 것 같아서 네 생각이 궁금해서 그래.

Alma: 냄비, 프라이팬이 더 많아야 하고 그리고 오븐이랑 음식을 자를 수 있는 공간이 필요해요. 장난감 음식들도 더 많아야 하고, 지금 있는 것보다 훨씬 더 많이요.

나: 그렇구나.

Alma: 그리고 분홍색이여야 해요.

나: 분홍색.

Alma: 네, 그럼 엄청 예뻐 보일 거예요. 이제 놀아요.

나: 저 예쁜 카펫 옆에 분홍색 주방을 놓았으면 좋겠다는 거지?

Alma: 네. 이제 음식을 만들어야 해요.

나: 지금 무엇을 만드는 건데?

Alma: 점심이요.

나: 점심 메뉴가 뭐야?

Alma: 우리가 지금 만들고 있어요. (그녀는 통 뚜껑을 쟁반으로 사용하고, 나의 도움으로 몇 개의 빈 통을 오븐과 싱크대로 사용하기 시작한다. 나는 그녀가 정리하는 것을 도와주는데, 매일 사용하는 물건들을 그녀가 묘사했던 주방과 비슷하게 배치하는 것을 보면서 그녀의 창의성과 영리함을 볼 수 있다.) 난 이제 요리를 할 거예요. 보자. 파스타, 치킨 그리고 채소를 만들어요. 그리고 스테이크도요. (Alma는 통에 어떤 음식들이 있는지 살피기 시작한다. 총 25개 정도 있었는데, Alma는 하나하나 보면서 아이스크림이나 분홍색 프로스팅이 올라가 있는 초코 케이크 같은 자신이 좋아하는 음식이 나오면 이따금 미소를 지으며 만족스러운 눈빛으로 쳐다보느라 멈추었다. 드디어 모든 음식이 위태로우면서도 깨끗하게, 파란색의 납작한 플라스틱 쟁반 위에 놓인다.)

나: 와, 음식이 많다.

Alma: (만족스러운 표정을 지으며) 모든 게 있어요!

나는 접시를 본 순간, 갑자기 13년 전에 Sarah와 한 비슷한 놀이가 기억났다. 나는 다른 사무실에 있었고 장난감도 달랐다. 그때도 나는 역시 장난감 음식들이 있었고, Sarah는 그것을 조심스럽게 배치했다. 또 동물 장난감들도 있었다. Sarah는 그것들도 똑바로 서로 옆에 놓으며 정리를 했는데 어떤 동물도 혼자 있게 남겨 두지 않았다. Sarah는 특히 모든 아기 동물을 엄마나 아빠 중 1마리 위에 올려놓았는데, 이것은 아기를 안전하게 하고 아기와 부모가 분리되는 것을 막아 주었다. Sarah는 모든 장난감 동물과 음식을 챙겼고, 특히 어떤 것도 혼자 남겨 두지 않으려 했다. 모든 것을 똑바로 배열한 후에야 동물들은 음식을 먹거나 모험을 떠날 수 있었다. 그러나 항상 같이 가야만 했다. 시간이 지나면서 Sarah는 동물들이 서로 어느 정도의 시간 동안은 분리되는 것을 허용했다. 동물들이 더 모험을 좋아하게 되면서 Sarah의 불안과 과잉경계도 가라앉았다. 흥미롭게도 그녀는 불안함을 덜 느끼게 되면서 학교에서나 또는 집에서 오빠와 관련된 일들을 신경 쓰는데 부모에게 더 의존하게 되었고, 동시에 더 어린아이처럼 행동했다. 그때 그 동물들과 음식들에 대해 생각하고 있는데 한 목소리가 날 불렀다.

Alma: 내 말 듣고 있어요?

나: 응. 미안. 내가 잠시 딴생각을 했어.

Alma: 재미있네요. 저도 가끔 딴생각을 해요. 자, 음식을 만들어요. 보자. 아침 메뉴로 우린…… (Alma는 음식을 보고는 몇 개 집는다. 그러는 사이 나는 그녀가 입양되기 전 자신이 태어난 곳에서 먹었을 만한 것들을 연상하기 시작한다. 이러한 연상이 나 자신의 투사인지, 아니면 우리의 놀이와 관련이 있는지 모르겠다.) 우린 계란 그리고 복숭아…… (Alma는 다시 음식을 열거한다. 그런 그녀를 보면서 뉴욕에 온 지 1년 정도밖에 안 된 여자아이가 코트야드 메리어트 호텔에서나 나오는 조식 뷔페 같은 음식을 준비하느라 완전히 집중하고 있는 것이 신기하다.)

나: 인도에서는 무엇을 먹었어?

놀이에서 언제 머무르고 또 언제 빠져나와야 하는지 결정하는 것은 치료자에게 매우 어려운 문제다. 놀이에 머무르는 것은 은유를 풍성하고 가득하게 하며, 은유가 상징하는 것이 무엇인지 알아내려는 치료자의 욕구에도 방해받지 않는다. 선형성은 성인에게 편안함을 주고 치료자는 자신이 '치료적'이라고 느낄 수 있게 한다. 그러나 그러한 선형성은 아동에게는 오히려 자신이 세계를 어떻게 이해하고 다루는지 존중받지 못한다고 느끼게 할 수 있다(Engel, 2005; Kronengold, 2010). 반면에 은유에서 빠져나오면 아동이 오히려 자신의 경험을 더 깊이 생각하고 은유를 더 완전한 형태로 갖추게끔 할 때가 있다(Carnochan, 2010). 그래서 언제 아동의 은유를 밖에서 지켜보고 또 언제 따라가야 할지 알려 주는 가이드라인이 있으면 좋겠지만, 이러한 결정은 아동에 따라서 크게 다를 수 있으므로 주로 임상적인 판단에 맡겨야 한다.

Abby는 왕자, 공주, 테디 베어 또는 오빠와 여동생 놀이를 하며 여정과 모험을 떠날 때 온갖 다양한 은유를 사용했다. 그녀의 경우, 나는 빠져나와서 그녀의 놀이를 인생에 직접적으로 연관시키기보다는 은유에 머무르는 것이 맞다고 판단했다. (어떤 사람들은 이것을 '과정을 믿는 것'이라고 한다.) 그러나 Alma의 경우, 나는 조금 다른 아이를 다루고 있다는 느낌이 들었다. Abby의 스타일은 항상 더 어렸고 장난기가 많았으며 제멋대로였다. 놀이에서 빠져나오면 그녀가 어떻게 세상에 접근하는지 진짜가 아닌 것 같았다. Alma는 반면에 또 다른 이야기였다. 그녀는 매우 말을 잘했으며 자신을 표현하는 데 편안해했다. 단순히 말만 사용해서 그녀의 감정을 표현하는 것이 아니었다. 나는 상상과 놀이를 통해 Alma가 발달적으로 적절한 위치에 놓이도록 도와주고 싶었다. 그러나 한편으로 온전히 놀이에 머무르는 것은 Alma의 중요한 부분을 부정하는 것 같았다. 그래서 나는 질문을 하기로 결정했고, "인도에서는 무엇을 먹었어?"라는 질문이 우리가 탐색할 또 다른 세계를 열어 줄 거라 생각했다.

Alma: 무슨 뜻이에요?

나: 인도에 있을 때 어떤 음식을 먹었어? 분명 이런 음식들과는 달랐을 텐데.

Alma: 네. 이런 거는 안 먹었어요. 여기처럼 햄버거도 없고, 핫도그도 없어요. 거긴 달라요.

나: 응. 그럴 거 같아. (우린 말을 하면서 계속 식사 준비를 한다. 음식을 담고, 가상의 오븐 안에 그릇을 넣고, 또 상을 차린다.)

Alma: 우린 달 밧 타카리를 먹었어요. (그녀는 매우 빠르게 말해서, 마치 그 음식을 한입에 다 삼켜 버리는 것처럼 들린다.)

나: 그게 뭐야?

Alma: 달 밧 타카리. (잘못 알아듣는 내 귀 탓인지 그녀는 매우 빠르게 다시 반복한다.)

나: 응?

Alma: (약간 짜증 내며) 달 밧 타카리.

나: (나는 여전히 Alma가 말하는 것을 잘 알아듣지 못한다. 실패할 것을 알면서도 나는 최선을 다한다.) 다밧 타카? 타카 타카?

Alma: (웃으며) 아니요. 달 밧 타카리.

나: (여전히 뭐라 하는지 몰라서 나는 친절하게 부탁한다.) 조금만 천천히 해 줄 수 있어? 너무 힘들어. (우리는 같이 발음을 느리게 한다. 그리고 나는 우리가 주방에서 하는 일이 같이 느려지는 것을 목격한다. Alma는 전에 준비하던 식사와는 달리 조금 다른 음식을 접시에 올려놓는다. 그릇에 장난감 생선이 있고, 근처에는 재료가 몇 개 없다.)

Alma: 알았어요.

나: 하나씩 해보자. 처음이 뭐라고?

Alma: 달.

나: 달.

Alma: 밧.

나: 밧.

Alma: 타카리. (그녀는 '트리'와 비슷하게 발음한다.)

나: 뭐라고? (나는 얼굴을 찡그리며, 그녀에게 도움을 청한다는 듯이 쳐다본다.)

Alma: 타-카-리.

나: 아! 타-카-리. 알았어. 기다려. (나는 이름의 앞부분을 기억하려 애쓴다.) 할 수 있어. 음, 다, 바, 타카리?

Alma: (눈을 굴리며 다시 웃는다.) 아니에요. 달 밧 타카리.

나: 네가 말할 때 도저히 난 못 알아듣겠어. 달, 타, 타, 타, 음, 모르겠다.

Alma: 이제 저녁을 준비할 거예요.

나: 응. 내가 도와줄게.

나와 Alma는 계속 저녁 준비를 했다. 나는 채소를 준비했다. Alma는 사무실에 있는 모든 재료를 그냥 사용하는 것이 아니라 특정한 요리를 만들고 있었다. 그녀가 태어난 나라와 거기서 먹었던 음식들에 대해서 얘기하면서 장난감 음식과 Alma의 관계가 달라졌다. Alma는 이제 편안하게 놀이를 하는 와중에 대화가 가능해졌으며, 더 좋게 말해서 가상과 현실을 왔다 갔다 할 수 있게 되었다. 사실 그녀는 2가지를 통합하는 것 같았다. 우리의 대화는 Alma가 무엇을 만드는지로 옮겨 갔다. 그녀는 연어 요리를 준비하고 있었는데, 이 요리와 관련된 정서적 여운이 떠올랐는지 우리의 대화는 또 다른 데로 옮겨 갔다. 왔다 갔다 하는데 유머가 재미를 더했고, Alma와 나 사이의 관계가 더 깊어지면서 그녀가 인도에 있었을 때의 이야기들을 나누게 되었다.

나: 인도에서 먹었던 음식들이 그립지 않아?

Alma: 별로요. 가끔 생각은 해요. 여긴 음식이 엄청 많으니까요.

나: 응. 그냥 궁금해서. 왜 그때 그 음식…… (난 여전히 발음하는 데 어려움이 있다. 처음에는 어리석어 보였는데 생각해 보니 기회였다. 내가 어려워한다는 것은 Alma가 자신의 세계로 들어가도록 나를 안내해 줄 수 있다는 것이기 때문이다.) 밧인가 비슷한 거였는데.

Alma: (웃는다.) 달 밧 타카리. 한번 만들어 보려고 했어요. 그런데 안 만들었어요. 언젠가는 만들 거예요. 이제 저녁이 거의 다 됐어요. 냄비에 연어를 만들고 있어요. 저기 연어가 있어요. 내가 간장으로 요리를 했어요.

나: (나는 이 요리가 다른 장난감 음식으로 만들었던 것과는 다르다는 점에서 흥미롭다.) 연어랑 간장.

Alma: 네, 우린 연어덮밥을 만들고 있어요. 우린 간장과 밥이 필요해요. 흠. 간장 있어요?

나: 아니, 그런데 우리가 만들면 되지.

Alma: 어떻게요?

나: 그리면 되지.

Alma: 좋은 생각이에요. (그녀와 나는 스케치북과 미술도구들로 시선을 돌린다. 나는 작은 쌀을 그리고, Alma는 간장을 그린다. 우리는 요리에 사용할 디자인을 체크하고 가위로 오리는 데 몇 분을 소비한다.) 저거 조금 더 만들 수 있어요? 우린 밥이 많이 필요해요. 그냥 냄비에 넣으면 돼요. 이미 요리하고 있어요. (Alma는 연어가 들어 있는 냄비를 확인한다.)

나: 그럼 내가 더 만들게. (냄새를 맡는다.) 좋은 냄새야.

Alma: 네, 아주 맛있을 거예요.

나: 난 이런 요리를 만들어 본 적이 없어.

Alma: 진짜요? 난 항상 만들어요. 당신도 해 봐요. 진짜 맛있어요.

나: 응. 그럴게.

우리는 연어 요리를 계속했다. 그러나 깊은 생각에 잠긴 것처럼 속도는 느렸다. 놀이는 더 조용했다. 우리는 서로에게 얘기를 했지만, 우리의 반응은 언어적으로나 비언어적으로나 그렇게 빠르지 않았다. Alma의 놀이는 차분했고, 처음으로 시간이 많은 것처럼 느껴졌다. 최대한 많은 정보나 내용을 회기에 담으려고 서두르지 않았다. 그리고 Alma가 인도에서 살았을 때의 이야기를 하는 것, 예전에 장난감 음식들을 정리하고 배열하는 것으로부터 벗어나 새로운 무언가를 만들어 내는 것 그리고 회기 때 더 차분해진 것은 서로 연관이 있는 것처럼 보였다.

우리가 Alma, Sarah 그리고 Abby에게 해야 할 일은 치료적인 관계를 통해 그들의 목소리를 찾아 주는 것이었다. Alma는 확실히 자신의 목소리를 가지고 있었고, 내가 만났던 4세 아이들 중에서 가장 쉽지 않았다. 다른 사람들에게는 큰 목소리로 보일지도 모르지만 사실 연막이었을 수도 있다. 그녀의 잦은 수다와 침착함은 그렇게 많은 변화와 불안을 겪은 아이라는 것을 사람들이 눈치채지 못하게 했다. Alma는 자신의 초기 경험과 관련짓기 위해서 사라지는 공주 드라마를 연기한 것이다. 또 음식 놀이를 한 이유는 양엄마와 함께 뉴욕에서의 새로운 생활에 잘 적응할 수 있게 자신의 한 부분을 되찾기 위해서였다. 같은 방법으로 Abby는 어둠에서 나타나는 등장인물들을 통해 아주 먼 곳으로 모험을 떠난 것이고, Sarah가 자신의 가족 드라마로 나를 초대한 것은 자신의 바람을 찾고 다시는 길을 잃지 않기 위해서였다.

치료적인 관계의 맥락에서 봤을 때, 각각의 아동들은 놀이를 통해 자신의 과거를 이해하고 탐색했다. 세 아동들 모두 사라진 공주, 쓸쓸한 왕자와 엄마 그리고 애매모호하게 사악한 마녀를 묘사하는 아주 유사한 이야기를 만들어 냈다. 각각의 아동은 놀이에서 유난히 지배하려는 성향이 강했고, 이전에 자신이 통제하지 못했던 장면에서는 이야기의 방향을 자신이 이끌려고 했다. 물론 Abby, Sarah, Alma는 놀이의 내용, 나와의 관계 그리고 그들 자신의 성격 면에서 확연한 차이점을 가지고 있었다. 그러나 그들이 놀이를 공유하고 좋아하는 것들이 공통적이라는 점은 그들이 이전의 경험과 애착관계를 공유한다는 것을 나타냈다. 그리고 그들의 놀이는 자신에게 일어난 일을 이해하고, 관련짓고, 목소리를 내고 싶어 하는 바람이 있다는 것을 공통적으로 보여 주었다. 정확히 이러한 바람으로 인해서 아동들이 관계 맺을 수 있는 기회를 갖고 치료를 통해 자신의 목소리를 찾을 수 있게 되는 것이다.

## 참고문헌

Ainsworth, M., Blehar, M., Waters, E., & Wall, S. (1978). *Patterns of attachment: A psychological study of the Strange Situation*. Hillsdale, NJ: Erlbaum.

Bowlby, J. (1973). *Attachment and loss: Vol. 2. Separation: Anxiety and anger*. New York: Basic Books.

Bowlby, J. (1977). *Maternal care and maternal health*. New York: Aronson. (Original work published 1951)

Bowlby, J. (1982). *Attachment and loss: Vol. 1. Attachment*. New York: Basic Books. (Original work published 1969)

Carnochan, P. (2010). Earning reality. *Journal of Infant, Child, and Adolescent Psychotherapy*, *9*, 26–33.

Engel, S. (2005). *Real kids: Creating meaning in everyday life*. Cambridge, MA: Harvard University Press.

Harlow, H. (1958). The nature of love. *American Psychologist*, *13*, 573–685.

Kronengold, H. (2010). Hey Toy Man. *Journal of Infant, Child, and Adolescent Psychotherapy*, *9*, 3–17.

# 시간을 되돌리기: 애착 외상 이전의 삶

David A. Crenshaw
Jennifer Lee

몇 시간 동안 구글에서 '시간을 되돌리기(turning back the clock)'라는 문장을 검색하다가 놀라운 연구 결과를 발견하게 되었다. 그중 하나는 상당수의 연구가 스포츠와 관련되어 있다는 것이었다. 경기에서 누군가가 공을 놓치지 않았더라면, 삼진 아웃을 당하지 않았더라면 혹은 야구나 축구에서 득점을 했더라면 같이 결과가 달라졌을 수 있었던 경기 결과와 관련된 내용이었다. 그 외에 '시간을 되돌리기'는 미국의 서머타임 관련 내용이었다. 그 밖의 상당수는 척추나 뇌 손상처럼 건강을 상실한 것과 자연스러운 노화과정으로 인해 신체 활력을 상실하는 것에 대한 슬픔이나 아쉬움에 대한 것이었다. 이 장에서 중요하게 다루고자하는 외상 후 스트레스장애(PTSD)와 외상 사건들(traumatic events)과 관련된 연구는 상대적으로 적어서 놀랐다. 구글 검색을 통해 나온 자료는 주로 전쟁에서의 부상이나 외상으로 인한 기억상실과 사지절단 등 심각한 사고로 인해 발생하는 심리적 · 신체적 상처를 극복하는 것과 관련된 것이었다. 이 장에서 다루게 될 '시간을 되돌리기'의 의미는 외상 사건(애착 외상이나 일련의 외상 사건)이 일어나기 이전의 삶으로 돌아가고 싶은 아동과 가족의 간절한 소망을 나타내는 표현이다.

일반적으로 놀이치료는 어린 아동이 상상의 세계에서 놀이를 통해 치료자와 함께 관계 맺기를 함으로써 실제 사건으로부터 안전한 거리를 두고 아동 자신의 삶의 이야기와 외상 사건을 상징적인 형태로 재현하는 것이다. 놀이치료 과정에서 아동은 과거의 외상을 극복하고 지속적인 발달을 이어 갈 수 있게 된다. 말로 표현하기 힘들어하는 아동이나 청소년은 일반적으로 상상놀이에는 관심을 보이지 않기 때문에 미술, 모래놀이, 스토리텔링, 시 쓰기, 상징적인 작업과 같은 다양한 표현예술 매체를 사용하게 된다. 흔하지는 않지만 아동이나 청소년도 가족 인형집을 가지고 바닥에서 놀이를 하는 경우가 있는데, 이때 아동은 애착 외상을 경험했던 당시와 유사한 인지적 · 정서적 수준에서 외상을 재현한다. 심각한 외상을 입은 14세 아동은 바닥에서 가족 인형집을 가지고 놀면서 4세 때 겪었던 외상경험을 재현하기 시작했다(Creanshaw & Hardy, 2007). 그는 4세 수준의 인지적 · 정서적 상태에서 자연스러운 언어인 상징놀이를 통해 외상을 재현했다. 이 사례는 다음 절에서 더 자세히 소개할 예정이다.

## 외상 이전의 상태를 갈망하기

놀이치료사와 가족치료사는 아동 또는 가족이 그들 삶의 초기 발달단계에 더 적절한 행동이나 상호작용의 패턴을 재현하도록 돕는 데 익숙하다(Creanshaw & Hardy, 2007; Fussner & Crenshaw, 2008). 대인관계 외상은 아동의 자아발달 중단을 초래한다(Billings, Hauser, & Allen, 2008; Hennighausen, Hauser, Billings, Schultz, & Allen, 2004). 발달 중지(developmental arrest)라는 용어를 살펴본 결과, 1970~1980년대에 앞서 언급한 몇몇 연구자가 사용하였지만 최근에는 거의 사용되지 않았다. 최근 10년 동안 자아발달 중지와 관련된 문헌이 줄어든 것은 정신역동적 치료법에 대한 관심이 감소한 것으로 이해할 수 있다. Shedler(2010)의 메타분석에 따르면, 정신역동치료는 다른 증거기반 치료에 비해 효과적이지는 않으나 치료효과는 더 오래 지속된다는 놀라운 결과가 있었다. Shedler는 통찰의 증가는 치료효과를 더 오래 지속시켜 줄 뿐만 아니라 치료가 종결된 후에도 적응력을 향상시키는 데 효과적이라고 설명한다.

초기 발달 수준을 보여 주는 행동에 대한 또 다른 관점은 아동과 가족 모두가 외상 사건 이전으로 '시간을 되돌리기'를 강렬히 원한다는 것이다. 외상 사건이 발생하기 전으로 돌아가고 싶은 강한 바람 때문에 어린 시절 발달과정에서 보였던 행동을 지속한다고 보았다. 예를 들면, 14세의 Janice(가명)는 Resse 가족과 함께 한 치료 회기에서 10세 아이 같은 모습을 보였고 치료자는 Resse 가족 역시 Janice를 10세 아동처럼 대하는 것을 확인할 수 있었다. 이 가족에게는 무슨 일이 일어나고 있는 것일까? 치료자는 가족의 발달사가 궁금해졌다. Janice의 엄마는 Janice가 10세 때 약물중독 재활 프로그램에 들어갔다. 병이 재발하면서 입원 치료를 받아야 하는 위기 상황이 반복되었다. 가족은 다시 안정감을 찾기 위해 4년 동안 힘든 시간을 보냈고 청소년인 Janice와 그의 가족은 외상이 생기기 이전으로 돌아가기를 열망했다. 마침내 그들 가족은 행복한 시간을 잃어버린 슬픔을 언어로 표현할 수 있게 되었다.

앞서 언급한 애착 외상 관련 14세 남자 아동 Roberto의 사례에서(Creashaw & Hardy, 2007) 아동은 선반 위의 가족 인형집을 꺼내서 의자가 아닌 바닥에 앉았다. Roberto와 치료자는 1년간의 치료과정 중 6개월 동안 의자를 사무실 안에 두고 사용하지 않았다. Roberto는 그의 엄마를 죽인 범인이자 알코올중독자였던 아빠 때문에 자신과 가족이 겪어야 했던 끔찍하고 잔인한 장면을 재현했다. 14세 청소년이 자발적으로 바닥에 앉아서 '공포와 두려움을 품고' 살아온 어린 시절의 끔찍했던 경험을 놀이를 통해 드러내는 경우는 드물다(Perry, 1997). Roberto는 6세 혹은 그 이하의 아동처럼 과거의 외상 사건을 재현했고 그것은 Roberto에게 끔찍한 일이 일어났던 시기와 일치했다. 현실에서 너무 끔찍한 사건을 경험한 6세 어린 아동이 외상에 대한 이야기를 하는 것은 굉장히 어려운 일이다. 치료자는 Roberto가 과거의 외상에 갇혀 있지 않고 외상 장면을 재현하는 동안 존중하는 마음으로 '조용한 목격자'(Gil, 2010)가 되어 주었다(Gil, 2006). 이때 치료자는 외상놀이의 재현이 불안을 증가시켜 과거의 외상을 재경험하는 상황이 되지 않도록 하는 것이 중요하다. Gil(2010)은 역동적 외상 후 놀이(dynamic posttraumatic play)와 위험한 외상 후 놀이(toxic posttraumatic play)를 구별했다. 외상 후 놀이(posttraumatic play)는 천천히 진행되더라도 변화는 있다. 위험한 외상 후 놀이는 외상에 압도되어 변화가 없는 상태로, 아동은 반복되는 놀이 안에 갇히고 놀이는 아동의 불안을 해소해 주지 못한다. 아동이 외상 후 놀이(Terr, 1990)에 갇혀 있다면, Gil이 제안한 것처럼 치료자의 적극적인 개입이 요구된다. 예를 들어, Roberto처럼 폭력적인 장면을 재현하거나 끔찍한 외상으로 인해 몸이 굳어 버리는 상태가 될 때, 치료자는 즉시 폭력적인 행동을 중단시키고 상처를 치료하기 위해 경찰이나 구급차를 불러야 한다.

## 놀이를 통해 외상 이야기 창조하기

Roberto는 놀이에서 6세 아동의 언어로 자신이 경험한 외상 이야기를 만들었다. 이러한 놀이는 Roberto의 발달을 앞당겼고 Roberto의 나이에 맞게 청소년의 흥미와 관심에 몰두하게 했다. 놀이를 통해 Robert가 자율성을 갖게 된 후, Roberto와 치료자는 의자에 앉아서 14세 청소년이 주로 하는 고민(여학생이 그를 좋아하는 것에 대한 고민, 외모, 학습 압력 등)에 대해 관심을 기울일 수 있었다. 상징적 치료놀이(symbolic therapeutic play)의 가장 놀라운 특징 중 하나는 발달과정에서의 미해결 과제로 인해 완전히 흥미를 상실한 청소년이 발달에 맞는 관심사를 갖도록 도울 수 있다는 것이다.

최근 10년 동안 이야기치료는 가족치료를 포함한 심리치료 분야에서 활용되고 있다. 애착과 관련된 연구에서는 이야기의 일관성이 외상과 상실을 치료하는 데에 있어서 중요한 지표가 되어 애착 안정성을 증가시킨다고 밝히고 있다(van IJzendoorn, 1995). 앞서 본 Reese 가족의 사례도 가족이 나아지기 위해서는 다양한 접근이 요구되었다. 엄마가 스스로 술을 끊도록 도움을 주는 것뿐 아니라, 과거 가족 내에서 각자 원했던 삶을 되찾을 수 있고 상실에 대한 슬픔을 나눌 수 있는 가족의 이야기를 창조해 내는 것이 중요했다.

최근 성인 대상 정신치료에서 외상에 대한 이야기하기가 많은 주목을 받고 있다(Schore, 2012; Siegel, 2012). 놀이치료에서는 발달적으로 적절한 언어(놀이, 상징, 비유의 정확한 우반구 언어)를 통해 외상 이야기를 창조하는 것에 주목하지 않았다. 아동이 자신이 겪은 외상을 언어로 표현하는 것은 일반적인 치료 세팅에서 도움이 된다. 놀이치료사는 아동의 놀이나 그것의 의미를 반영함으로써 아동의 언어표현을 촉진할 수 있다. 이야기하기는 어린 아동이나 나이가 많은 청소년, 심각한 애착 외상을 겪은 아동의 궁극적인 치료 목표가 될 수 있다. 안전한 안식처로서 놀이는 상징에 의해 제공된 의미, 균형감, 일관성 있는 이야기를 창조하는 것을 가능하게 한다.

## 발달적 만화경

발달 중지의 심각한 문제 중 하나는 애착 외상이 시작되어 발달이 정지된 그 시점을 넘어가지 못한다는 것이다. 일반적으로 아동은 선형적인 발달보다는 복잡한 발달과정을 거친다. 어떤 풍부한 지적 능력을 갖춘 청소년이 훌륭한 운동선수일 수 있지만 정서조절에 있어 충동적으로 행동하는 모습은 미취학 아동을 연상시킬 수 있다. 어떤 여자 청소년은 술이나 마약을 하거나 성적으로 문란한 모습을 보이지만 3~4세 어린 여자 아이처럼 밤에 불을 켜고 수많은 동물 인형을 특정 순서대로 배열하지 않고는 잠을 자지 못할 수도 있다. 두 사례 모두 행동은 애착 외상으로 인한 의존과 정서조절의 문제행동이지만, 10대의 이러한 행동은 청소년의 반항행동으로 통한다. 이러한 문제행동은 발달 외상을 겪은 그 시점의 연령과 연결된다.

Jaime라는 14세 여자 아동의 아빠는 그녀가 5세 때 가족을 떠난 이후 그녀의 삶에서 사라졌다. 그녀의 엄마는 폭력적이고 알코올에 중독된 남자들과 수차례에 걸쳐 관계를 가졌고, 그로 인해 Jamie가 13세 때 정신병원에 입원하게 되었다. 이 일이 있은 후 Jamie는 자신이 더 이상 아무에게도 의지할 수 없다고 느꼈고 일찍 독립할 수밖에 없었다.

치료자는 Jaime를 가족 인형이 있는 치료실로 데려갔다. Jaime의 문제를 알고 있던 치료자는 첫 회기에 Jamie가 표현하는 것을 보고 놀랐다. Jaime는 첫 회기부터 놀이를 지시하고 구조화하며 집과 가구, 사람들을 자신이 원하는 대로 배치했다. 그녀는 사람이나 가구 배치를 하는 데 있어서 고민하지 않고 빠르게 결정을 내렸다. 치료자가 Jaime에게 바닥에 함께 앉아도 될지 묻자 그녀는 동의했다. 치료자는 Jaime가 편안하게 받아들일 수 있을 정도의 거리를 두고 앉았고 Jamie의 감정에 관심을 가지고 지켜보는 목격자로서 조용히 함께 머물렀다.

시간이 지나면서 Jaime는 부모님의 이혼, 그 후 엄마가 폭력적인 파트너를 선택함으로써 찾아온 절망으로 인해 정신병원에 갈 수밖에 없었던 여러 끔찍한 기억을 떠올렸다. Jamie는 부모님이 이혼하기 전 가족 여행을 갔을 때 어리고 조용했던 자신을 표현했다. 몇몇 장면은 실제 기억이고 어떤 장면은 Jamie가 가족에게 바라던 이상적인 모습이었을 것이라고 추측된다. 가족이 현재 상태가 되기 전으로 시간을 돌리고 싶은 소망과 끝없는 기다림과 함께 해결되지 않은 슬픔과 분노가 동시에 나타났다.

## 필연적 슬픔(애도)

상상하지 않고 시간을 되돌릴 수는 없다. 외상경험을 가진 아동이 정서발달을 다시 하기 위해서는 오랜 시간 동안 외면해 온 슬픔을 겪어야만 한다. 자신이 원하는 것을 얻을 수 없다는 것을 직면하는 것이 너무나 고통스럽기 때문에 아동이나 어른 모두 슬픔을 가능한 한 회피하려고 한다. 두 사람의 차이점은 어른이 상대적으로 필연적인 슬픔을 감당해 낼 수 있는 인지적이고 심리적인 자원을 지니고 있다는 것이다. 슬픔이 치료적인 경험이 되기 위해서는 슬픔에 대한 통합적 접근이 필요하다. 아동 상담사는 형제자매의 갑작스러운 죽음에 대해 감정 없이 말하는 아동을 만날 수 있다. 이런 경우, 아동은 죽음에 대한 인지적인 자각과 언어적 표현은 가능하지만 감정은 분리한다. 그 반대의 경우도 일어날 수 있다. 아동은 자신의 슬픔이 어디서 비롯되었는지 모르는 채 고통스럽게 슬픔을 느낄 수도 있다. 이 경우는 인지적 자각 없이 정서적으로 조율을 한 경우다. 만약 아동이 지적으로 혹은 정서적으로 어느 쪽에서든 분리된다면 슬픔에 대한 이야기의 치료적 효과는 제한된다.

부모의 죽음이 아동의 애착 외상을 초래할 수 있지만 아동은 부모의 거부, 외면, 학대, 버림받음으로 인해 더 치유하기 힘든 애착 외상을 입는다. 비록 부모의 죽음이 감당할 수 없을 만큼 슬프더라도 이것은 명확하게 종지부를 찍는다. 부모의 거부, 외면, 학대 등으로 버림받은 경우 아동의 외상은 애매하다. 예를 들면, 중독문제를 가진 부모는 아동의 삶에 영향을 줄 수 있다. 학대하는 부모는 어떤 경우 아동과 긍정적인 방향으로 연결되어 있을 수도 있다. 오히려 가장 슬프고 고통스럽게 느끼는 경우는 자신을 무시하거나 거부하는 부모 때문일 수 있다. 부모가 살아 있는 한, 아동은 자신의 부모가 언젠가는 자신이 원하는 부모가 될 수 있다는 희망을 품기 때문이다. 죽음보다 더 혼란스러운 슬픔은 거부와 단절이기에 이에 대한 슬픔이 더 고통스러울 수도 있다.

특히 위탁가정 아동은 슬퍼할 권리를 박탈당한다(Crenshaw, 2002; Doka, 2002). 위탁가정 아동은 슬픔이라는 무거운 짐을 지고 살아간다. 그들은 관계의 단절과 분열된 애착경험이 너무 길고 깊어서 슬픔이라는 감정을 적절히 느끼고 의미 있게 경험하기 어렵다. 또한 상실에 대한 엄청난 슬픔과 분노를 외면화하거나 내재화할 수 있다. 심각한 애착 외상으로 고통스러워하는 아동은 사람들로부터 버림받고 거절당하는 것으로 인해 슬픔이 반복되는 것을 알 수 있다.

어떤 경우 시간 되돌리기의 노력은 과거의 중요한 시기에 받았던 뇌의 자극을 다시 느끼기 위한 것이기도 하다. Bruce Perry(Perry & Szalavitz, 2006)는 Connor라는 14세 남자 아동의 가슴 아픈 사례를 통해 그것을 소개했다. Connor는 사회적으로 고립되고, 외롭고, 우울한 아이로 눈 맞춤이 안 되고 3, 4세 아동의 공격성과 짜증을 보이는 아동이었다. Perry는 어린 시절 Connor가 유모로부터 지속적인 거절과 혼자 몇 시간씩 어둠 속에 내버려진 경험이 있다는 것을 알게 되었다. Perry는 Connor가 어린 시절 받았던 뇌의 자극을 찾기 위해 홍얼거리고 흔들거리며 성질을 낸다는 것을 알았다. 다른 아동 역시 신경생물학적인 욕구로 인해 시간을 되돌리고 싶어 한다. 이러한 신경생물학적 욕구는 과거에 있었던 한 번의 충격적 사건 때문이 아닌 반복된 결핍과 고통에 따른 것이다.

## 사례: Kai

15세 여자 Kai는 치료실에 온 첫 번째 회기부터 어린 아동이 흥미를 보이는 상상놀이에 빠졌다. 그녀는 적극적으로 인형놀이를 했고 플라스틱 동물 인형으로 정글을 만들었으며 테디 베어와 티 파티를 했다. 그녀는 치료실에 올 때마다 침실 방을 꾸미거나 놀이에 쓰기 좋은 동물 인형이나 사진을 가져왔다.

Kai와 나(Jennifer Lee)는 그녀에게 어울리는 이름을 골랐다. Kai라는 이름은 그녀의 문화적 배경이나 정체성을 나타내기에는 애매했지만, 그녀의 이름에는 복잡한 과거와 다양성 그리고 다른 사람이 알 수 없는 상징적인 의미를 담고 있었다. 이름의 뜻을 물어보지 않는 이상 처음에 만난 사람이 Kai의 배경을 알기는 어려웠다. 그녀는 끔찍한 상실과 외상 슬픔으로 인해 시설에 머물게 되었다. Kai와 1년 가까이 만났지만 나는 여전히 그녀에 대해 알 수 없었고 더 많은 궁금증을 남긴 채 종결해야 했다.

Kai의 어린 시절은 상실과 애착 단절로 대변된다. Kai가 4세였을 때, Kai의 엄마는 알 수 없는 이유로 가족을 떠났고 그 이후 간헐적으로 아이에게 연락을 했다. 그 후 몇 년이 지나 Kai가 8세가 되었을 때, 그녀의 아빠는 익사하였고 엄마는 아빠가 떠난 지 3개월 후에 만성 질환으로 사망하여 Kai는 고아원으로 보내졌다. 어린 시절 Kai는 집에서 심하게 짜증을 부리거나 자해행동이나 불안정한 기분 상태로 인해 주기적으로 정신병원에 입원했다. 엄마로부터 버림받은 Kai는 부모님 사망 후 잦은 거주시설 이동과 불안정한 감정 기복으로 인해 시간이 갈수록 취약해졌다. 거주시설에서 돌봄을 받기까지 Kai는 단기시설에서 짧게 머무는 경우가 많았다.

Kai는 부모님에 대해서 거의 말하지 않았으며 가족에 대해 이야기하는 것을 피했다. 어린 시절에 대해 정확히 기억하는 것은 거의 없었고, 뒤엉킨 기억으로 인해 가족에 대한 이미지는 흐릿했다. Kai는 어린 시절 집에서 엄마가 아름다운 카펫과 숄을 만들던 소중한 기억을 떠올렸다. 또한 그녀의 아빠가 피아노를 연주하던 즐거운 순간도 생각해 냈다. Kai는 다시 만나지 못할 아빠에 대한 가슴 따뜻한 추억을 떠올리기 위해 청소년기에 인내와 끈기를 가지고 피아노 연습을 했을지 모른다.

## 필연적 슬픔(애도)

Kai의 치료자는 그녀 부모님의 기일이나 생일이 그녀에게 중요한 날이라는 것을 알고 있었다. Roberto는 이날이 중요한 날이라고 했지만 자신의 슬픔과 그리움이 얼마나 깊은가는 말로 표현하지 못했다. 앞에서 이야기했듯이 어린 시절의 정서적 발달문제를 치료하기 위해서 슬픔을 반드시 다루어야 한다. 그러나 Kai는 복합적이고 복잡한 상실의 감정을 감당하기에는 인지적 · 감정적 · 심리적으로 한계가 있었다. 심각한 애착 외상을 가지고 보육원에서 자란 Kai는 슬픔을 느끼는 것에 취약했다(Crenshaw, 2002; Doka, 2002). 끝이 보이지 않는 애착 대상과의 관계가 악화되고 분리되는 경험을 한 Kai로서는 이러한 상실과 슬픔의 의미를 파악하고 적절히 표현하는 것이 불가능했다. 사람들은 해결되지 않은 슬픔을 다루는 과정에서 또 다른 관계 외상을 경험할 수 있다. 슬픔이 더 큰 슬픔으로 지속해서 연결되면서 걷잡을 수 없는 감정을 느낄 수 있다. 관계에서 지속적으로 상처를 받고 거절당한 Kai는 슬픔을 외면했다. Kai는 친구를 절실히 바랐지만 또래 친구들과 연결되고자 하는 그녀의 욕구는 종종 좌절되었다. Kai가 또래 친구들과 어울리려 할 때 그녀는 자신이 어린아이와 비슷한 관심을 갖고 있고 그들과 더 잘 맞는다는 사실을 알게 되었다. Kai가 슬픔을 표현할 수 없었던 것은 어른처럼 행동해야 한다는 생각 때문으로 양가감정이 더 뚜렷이 드러났다. Kai는 치료자와 더 깊은 관계를 맺고 싶어 했고 그녀가 원하는 만큼 치료 회기를 늘려 달라고 요구할 때도 있었다. 어떤 경우에는 슬픔을 가누지 못하고 사람들에게 자신을 혼자 내버려 두라고 소리 지르기도 했다.

## 발달적 만화경

인형과 동물을 가지고 상상놀이 하는 것을 좋아하는 Kai는 종종 어린아이로 오해받았다. 하지만 다른 때는 전형적인 청소년이 보이는 패션 트렌드, 자신의 새로운 헤어 스타일, 남자에 대한 관심 등에 대해 이야기를 하고 싶어 했다. 발달연령과 생활연령 사이에 갇혀 애매해 보이는 Kai와 같은 아동의 발달은 직선적이지 않다는 것을 기억해야 한다. 앞에서 언급했듯이 이런 아동의 발달 형태는 만화경을 보는 것처럼 역동적이고 복잡하다. Kai의 정서조절과 대인관계 능력의 기복은 심했다. 그녀는 예고도 없이 갑작스럽게 짜증을 내기도 했지만, 어쩔 때는 적절한 자아 강도로 또래 친구들과의 관계를 개선해 나가기도 했다. 사회적 상호작용을 어떻게 해야 할지 몰라 소통에 있어 중요한 단서를 무시하고 자신의 욕구에 충실한 때도 있었다. 어떤 때는 타인의 안녕에 대해 진심으로 걱정을 하며 그들의 고통을 덜어 주기 위해 음식을 갖다주거나 작품을 만들어 주는 등 그녀가 할 수 있는 최선을 다하기도 했다. Kai는 독립과 의존 사이에서의 긴장을 유지하는 청소년의 전형적인 행동 특성을 보이기도 했다. 여기서 우리는 Kai가 어렸을 때 받지 못했던 안전과 보호에 대한 욕구가 내재되어 있다는 것을 기억해야 한다. 자기 욕구를 충족하는 것과 다른 사람을 돕고자 하는 욕구 사이에서의 긴장은 초기 양육자로부터의 정서적 박탈경험과 돌봄에 대한 강한 열망이 반영된 것이다. 비록 발달에 대한 보편적인 관점이 익숙할 수 있지만, 만화경, 복잡하고 역동적인 관점은 외상을 경험한 아동이 청소년으로 발달하는 과정을 깊고 넓게 이해하는 데 도움을 줄 수 있다.

## 외상 이야기 창조하기

인형집은 Kai의 놀이치료 회기에서 중요한 매체였다. 그녀는 홀엄마와 세 아이, 나이 든 조부모로 구성된 가족을 만들었다. Kai는 Ted라고 불리는 가장 어린 남자아이의 역할을 주로 맡았다. 사실 Kai는 자신을 Ted라는 아이와 동일시했는데 치료 회기를 시작할 때 남자 인형이 보이지 않으면 화를 냈다. 남자 인형을 자신이 원하는 대로 배치한 후에야 Kai는 안심하고 놀이를 이어 갈 수 있었다. Kai는 가끔씩 그 인형을 Teddy라는 5세 남자아이와 Ted라는 15세 남학생이라 부르며 '자신은 15세라고 생각하는 5세 아동'이라고 말했다. 이렇게 Kai가 나이를 혼동하는 것은 아마도 발달이 지체되기 시작한 5세 전후의 외상 기억이 반영된 것일 수 있다.

Ted든 Teddy든 Kai의 캐릭터가 보이는 행동은 일관되었다. 초기 회기에서 그녀는 Ted가 할머니를 폭행한 것에 대한 처벌을 했는데, 가족이 Ted를 다루기에는 너무 버겁다는 이유로 그를 수용시설로 보냈다. Kai는 놀이과정 중 Ted가 형제자매에게 과격하게 행동하거나 가출을 하고, 정신병원이나 다른 가족에게 보내지는 것으로 묘사했다. 놀이를 시작한 지 얼마 되지 않아 치료자가 캐릭터들의 감정을 Kai에게 넌지시 묻자 Kai의 공격성이 높아지기 시작했다. 이를 통해 Kai가 자신의 감정을 안전하게 언어로 표현할 능력이 없다는 것을 분명히 알 수 있었다. 치료자는 이 상황에 적응했고 어린아이의 언어인 상징적인 놀이를 통해 Kai와 소통했다.

Kai는 분리하기라는 주제로 놀이를 이어 가다가 가족과 함께 재결합을 하는 해결책을 찾는 놀이로 변화되었다. 위험한 외상 후 놀이(Gil, 2010)에서의 관계 맺음은 역동적 외상 후 놀이의 과거 외상에 대한 극복으로 변화되었다. 가족 구성원과 재결합하는 긍정적인 장면은 Kai가 사랑했지만 헤어져야만 했던 가족과 함께 있고 싶은 소망을 드러냈다. 아울러 Ted가 언제나 자신을 보살펴 주는 조부모나 치료자에게 보호받고 있는 장면은 희망적인 조짐으로 보였다. 아마도 이것은 Kai가 자신이 아무리 공격적으로 행동하고 선을 넘어도 시설에 있는 치료자나 보모가 자신을 버리지 않을 거라는 직감이었을 수도 있다.

Kai는 놀이를 통해 양육자와 권위적인 사람과의 관계의 양면성을 보여 주었다. Kai는 엄마를 Cary라고 불렀고 자기 아이에게 권위적이지 못하고 부정적이고 무능한 부모라고 했다. Cary는 아이를 조부모에게 맡기고 남자 친구와 함께 시간을 보내기 위해 말없이 집을 떠나곤 했다. 이런 표현은 Kai가 4세 때 그녀의 친엄마가 가족에게 한 신체적 · 심리적 유기를 표현한 것이었다. 또한 Kai는 권위자를 나타내는 인형을 속셈을 숨기고 신뢰하지 못할 인물로 묘사했다. 예를 들어, 강도는 가정에 침입하기 위해서 제복을 입은 경찰로 변장했다. 또한 ASPCA에서 일하는 직원은 자기욕구를 위해서 동물을 납치하는 사기꾼으로 묘사하기도 했다. Kai의 치료자는 자애롭고 공감적인 조부모의 역할로 심리적 위기가 닥쳤을 때 Ted를 달랠 수 있는 사람으로 묘사되었다. 또한 조부모는 가족을 지키고 외부의 협박과 위험으로부터 아동을 보호할 수 있는 강인한 힘과 자원을 가진 사람으로 표현되었다.

Kai의 치료의 중심 주제는 안전한 공간을 찾는 것이었다. 극적인 장면 하나는 야생동물이 집을 에워싸고 있어서 가족은 집 안에 갇혀 도저히 도망칠 수 없는 상태였다. 가족의 안전을 침해하는 상황에서 Kai는 격정적이고 호전적인 목소리로 연기했다. 이러한 상황은 가족 구성원이 안전한 공간으로 피한 후 서로의 사랑, 감사, 소속감을 표현하면서 해결되었다. Kai에게 역동적 외상 후 놀이치료 경험은 불안 감소와 긴장 완화에 도움을 주었을 뿐 아니라 그녀가 과거 외상을 극복하고 변화의 노력을 하는 올바른 이정표가 되었다.

6개월간의 치료 후, Kai의 놀이에는 눈에 띄는 변화가 생겼다. 그녀는 이제까지 치료자가 맡아 왔던 역할과 자신의 역할을 바꾸자고 요청했다. Kai가 엄마의 역할을 맡았을 때, 그녀는 자기 아이를 사랑하고 돌보는 양육자로서의 모습을 보였다. 이것은 자신의 어린 아동에게 화를 자주 내고 외면하는 등의 적대적인 태도를 보였던 기존의 Cary와는 상반된 모습이었다. 그 이후 Kai는 어른이 쿠키를 굽고 아이가 크리스마스 트리를 장식하는 것을 돕는 등 가정적인 모습을 자주 표현했다. 동물에게 쫓기거나 집에서 달아나는 장면을 묘사하던 것과는 달리 가족이 함께 게임을 즐기거나 아이스크림을 사기 위해 외출을 하는 가정적인 일상에 관심을 두기 시작했다. 가정에 대한 이상적이고 현실적인 관점은 가족과 소속감을 드러내는 장면을 통해 더 깊이 관계 맺고 연결되고 싶은 소망을 반영했다.

Kai는 몇 회기 동안 초기 외상 관련 놀이를 하지 않았고, 이러한 변화는 일시적이었으며, Kai는 학교와 보호시설에서 더 큰 어려움을 겪기 시작했다. 이후 몇 달 동안 입원과 정학으로 인해 치료가 중지되었다. 이러한 변화의 원인은 명확하지 않았다. Kai는 자신이 살고 있는 보호시설을 떠나고 싶어 했고 그곳에 '있고 싶지 않다'고 강력하게 표현했다. 비록 다른 보호시설로 옮기고 싶다는 Kai의 요구가 받아들여져서 다른 시설로 옮긴다고 해도 비슷한 상황이 생겼을 때 그녀가 느낄 수 있는 실망과 분노는 잠재적인 문제로 남아 있었다. 치료자가 Kai와 함께 변화를 시도하려 했을 때 앞서 형성된 애착관계는 끊어진 상태였고, Kai는 슬픔이나 애착에 대해 무감각했다. 이것은 마치 Kai 스스로 감당하기 힘든 상실로 인한 상처를 피하기 위해 자신을 가두는 것 같았다. Kai가 시설을 떠나기 며칠 전 치료자로부터 도망치면서 소리를 질렀다. 그것은 마치 Kai가 그녀의 그림자로부터 도망치려고 애쓰는 것 같았다. 만약 Kai가 더 크게 소리를 질렀다면 그녀의 그림자는 사라졌을 것이다. Kai는 스스로가 안전하지 않다고 말했지만 이것은 그녀의 외부 환경과는 거의 관련성이 없었다. Kai가 경험하는 것과 인식은 그녀의 내면 깊이 내재된 두려움과 불안을 대변하는 듯했다.

마지막 치료 회기에서 Kai는 어린아이가 차 사고를 당하고 악당과 공범으로부터 납치되는 상황을 그려 냈다. 놀이 초기에 엄마의 남자 친구로 보이던 범인은 그녀의 '사악한 쌍둥이 형제'로 밝혀졌다. 엄마의 진짜 남자 친구는 가족을 돌보는 것 외에는 바라는 것이 없는 착하고 사랑스러운 남자였다. 선과 악의 구분은 Kai가 다른 사람과 가까이 있고 싶은 욕구와 거리감을 두고 싶은 욕구, 순종적으로 따르고 싶은 욕구와 반항하고 싶은 욕구, 시설에 남고 싶으면서도 한편으로는 떠나고 싶은 욕구처럼 내적 딜레마였다. Kai가 오빠를 선하고 착한 캐릭터로 설정한 것은 실패한 인간관계를 회복하고 해결하고 싶은 욕망을 표출한 것일 수도 있다. 그렇지만 결국 그녀는 안녕이라는 인사도 없이 갑작스럽게 떠나 버렸다.

Kai는 치료 기간에 외상에 대한 이야기를 놀이 언어로 하게 되었다. 그녀가 자신의 캐릭터를 조정하고 과거의 상실에 대해 상징놀이를 통해 해결책을 모색했던 것은 자신을 탐색할 수 있는 안전한 길이었다. 비록 불완전한 치료과정이었지만, 치료팀은 Kai에게 이 과정이 치료와 회복에서 중요한 첫 단계였기를 기대할 뿐이다.

## 결론

심각한 애착 외상으로 인해 고통받는 아동과 함께 일하는 치료자는 아동이 외상을 겪기 이전으로 시간을 돌려서 그들의 삶이 회복되도록 돕고 싶어 한다. 치료자로서 우리는 내담자가 겪은 슬픔의 무게에 압도된다. 이러한 슬픔은 실제 성공한 사례를 보기 전까지는 정복하지 못할 산처럼 보인다. 우리 또한 우리가 치료하는 아동이 느끼는 만큼의 무력감을 느낄 수 있다. 아무리 치료를 해도 그들 깊은 내부에서 경험하는 엄청난 슬픔을 해결할 수 없다는 두려움을 느낄 수도 있다. 그러나 우리는 결코 마법처럼 시간이나 외상 사건이 일어난 상황을 되돌릴 수 없으며 기존에 존재했던 취약성을 바꿀 힘도 없다. 그렇지만 우리는 내담자가 놀이를 통한 상징적 언어로 안전하게 그들의 정서 세계에 닿을 수 있도록 도울 수 있다.

발달적 만화경은 역동적이고 복합적인 과정이다. 앞서 언급했듯이 어떤 모습은 경쟁적인 운동선수로 보일 수 있다. 또 다른 모습은 자신의 학업 성취에 자부심을 지니고 전념하는 학생으로 보일 수 있다. 그러나 또 다른 모습은 축복받은 화가, 음악가 혹은 작가의 모습을 띨 수도 있다. 만화경의 모습이 바뀌듯이 다른 이미지가 나타나면 다른 관점이 실현된다. 우리는 감정조절, 스트레스를 감당하는 능력, 상호관계에서 발달지연을 알아차릴 수 있지만 이러한 것은 큰 그림의 일부다. Robert Brooks(1993)에 의하면 치료자는 내담자의 '강점'을 발견할 수 있다. 임상가로서 우리는 내담자의 강점에 기초한 치료적 접근을 할 수 있고 내담자를 여기까지 올 수 있게 한 내담자의 회복탄력성에 경의를 표할 수 있다. 우리는 분명 시간을 되돌릴 수는 없다. 그러나 우리는 내담자 스스로 복합적인 외상과 슬픔을 이겨 낼 수 있도록 내담자의 강점을 키워 그들에게 필요한 성장과 회복을 이어 갈 수 있도록 노력하고 단단히 버틸 수 있다.

# 참고문헌


Billings, R. L., Hauser, S. T., & Allen, J. P. (2008). Continuity and change from adolescence to emerging adulthood: Adolescence-limited vs. life-course-persistent profound ego development arrests. *Journal of Youth and Adolescence, 37*, 1178-1192.

Brooks, R. (1993). *The search for islands of competence.* Paper presented at the Fifth Annual Conference of CHADD, San Diego, CA.

Crenshaw, D. A. (2002). The disenfranchised grief of children. In K. J. Doka (Ed.), *Disenfranchised grief: New directions, challenges, and strategies for practice* (pp. 293-306). Champaign, IL: Research Press.

Crenshaw, D. A., & Hardy, K. V. (2007). The crucial role of empathy in breaking the silence of traumatized children in play therapy. *International Journal of Play Therapy, 16*, 160-175.

Doka, K. J. (Ed.). (2002). *Disenfranchised grief: New directions, challenges, and strategies for practice.* Champaign, IL: Research Press.

Fussner, A., & Crenshaw, D. A. (2008). Healing the wounds in a family context. In D. A. Crenshaw (Ed.), *Child and adolescent psychotherapy: Wounded spirits and healing paths* (pp. 31-48). Lanham, MD: Aronson.

Gil, E. (2006). *Helping abused and traumatized children: Integrating directive and nondirective approaches.* New York: Guilford Press.

Gil, E. (2010). Children's self-initiated gradual exposure: The wonders of posttraumatic play and behavioral reenactments. In E. Gil (Ed.), *Working with children to heal interpersonal trauma: The power of play* (pp. 44-63). New York: Guilford Press.

Hennighausen, K. H., Hauser, S. T., Billings, R. L., Schultz, L. H., & Allen, J. P. (2004). Adolescent ego-development trajectories and young adult relationship outcomes. *Journal of Early Adolescence, 24*, 29-44.

Perry, B. D. (1997). Incubated in terror: Neurodevelopmental factors in the "cycle of violence." In J. D. Osofsky (Ed.), *Children in a violent society* (pp. 124-149). New York: Guilford Press.

Perry, B. D., & Szalavitz, M. (2006). *The boy who was raised as a dog: And other stories from a child psychiatrist's notebook.* New York: Basic Books.

Schore, A. (2012). *The science of the art of psychotherapy*. New York: Norton.

Shedler, J. K. (2010). The efficacy of psychodynamic psychotherapy. *American Psychologist*, *65*, 98-109.

Siegel, D. J. (2012). *The developing mind: How relationships and the brain interact to shape who we are* (2nd ed.). New York: Guilford Press.

Terr, L. (1990). *Too scared to cry: Psychic trauma in childhood*. New York: Harper & Row.

van IJzendoorn, M. H. (1995). Adult attachment representations, parental responsiveness, and infant attachment: A meta-analysis on the predictive validity of the Adult Attachment Interview. *Psychological Bulletin*, *117*, 387-403.

# 아동기 외상적 애도에 대한 통합적 놀이치료

John W. Seymour

많은 아동이 그들의 삶에서 어느 정도의 잠재된 외상적 사건을 경험한다(Copeland, Keeler, Angold, & Costello, 2007). 아주 일반적이지는 않지만, 이러한 외상은 사별과 지속적인 복합적 외상 징후를 증가시키는 사랑하는 사람을 잃은 사건들을 포함한다. Cohen과 Mannarino(2010; Mannarino & Cohen, 2011)는 연구자와 임상가들이 정의를 내린 이러한 결합의 영향에 대한 최근의 역사를 요약하였다. 그들은 아동기 외상적 애도(Childhood Traumatic Grief: CTG)를 제안하였다. "전형적인 애도의 과정을 발전시키는 아동의 능력에 영향을 주는 사랑하는 사람이 죽은 외상적 환경은 외상 증상을 발달시킨다."(Mannarino & Cohen, 2011, p. 24) 외상과 애도가 결합된 경험은 아동, 가족, 지원체계와 아동 정신건강 전문가에게 매우 도전적이다.

외상을 입은 CTG 아동은 애도의 과정으로 이행하고, 사랑하는 사람에 대한 생각과 감정은 외상 기억과 증상을 촉발하며, 애도를 계속하도록 하여 아동이 이를 해결하기 어렵게 한다. 아동은 애도에 갇히게 되고, 증가하는 과민감성, 외상과 애도 신호에 대한 회피와 같은 외상 징후의 목록에 갇힌다. 외상 징후들은 앞으로 애도의 과정을 방해하며, 이는 이후에 아동, 가족, 지원체계에 고통을 주며, 외상이나 애도에 대해 고심하는 그들의 능력을 방해한다(Gil, 2006, 2010; Mannarino & Cohen, 2011).

아동의 애착 방식과 CTG 경험 간에는 매우 강한 상호작용이 있고, 아동과 아마도 부모와 또는 다른 가까운 양육자들 또한 외상이나 상실을 경험할 것이다(Blaustein & Kinniburgh, 2010; Crenshaw, 2007; Dozier, Bick, & Bernard, 2011; Mannarino & Cohen, 2011). 상실, 애도 또는 애착 손상을 경험한 아동과 가족은 CTG의 영향에 특히 취약하다. 상실한 사랑하는 사람이 부모나 양육자일 경우, 아동은 과거뿐만 아니라 미래의 대처 자원을 잃은 것이다. 살아 있는 부모나 다른 중요 양육자는 자신의 외상과 상실 반응을 관리하면서 아동의 욕구에 반응하여야 한다(Crenshaw, 2007). 전형적으로 아동이 어릴수록, 그들의 삶의 질은 애도에 차 있는 어른에게 더 영향을 받는다. CTG를 위한 평가와 치료적 접근은 회복 시기에 한 부분이 될 아동 애착의 발달력, 부모와 가까운 양육자들을 이해하는 것이 필요하다(Crenshaw, 2007; Dozier et al., 2011).

이러한 가족과 함께 작업하는 아동치료사는 무엇이 확실히 일어났는지(외상, 애도 또는 둘 다), 누가 가장 영향을 받았는지(아동, 부모, 다른 양육자) 그리고 치료적 반응과 기법을 어떻게 현명하게 선택할 것인지(외상에 기초한, 애도에 기초한, 직접적, 간접적, 아동중심, 부모중심, 아동-부모중심 등), 평가와 치료적 과정에 대한 기초적이고 지속적인 결정을 내리기가 매우 어렵다. Cohen, Mannarino와 Deblinger(2006)는 애도와 외상 작업을 번갈아서 하는 층을 이루는 치료과정을 제안하였다. Gil(2006, 2010)은 층을 이루는 접근이 아동의 욕구에 매우 적절히 대응하고 변화하는 욕구에 유연성 있게 반응해야 하는 상황에서 아동치료사에게 매우 요구된다고 하였다.

아동치료사는 아동기 애도와 외상에 대한 최근의 자료에 제시된 작업 지식과 평가와 치료 수단, 가장 효과적인 평가와 치료방법의 조합에 대하여 알아야 할 필요가 있다. 이 장에서는 아동발달에 대한 최근 연구, 애도에 대한 작업, 외상 회복, 애착 복구에 있어서 CTG의 적용 가능성에 대하여 처음으로 개관한다. 아동 정신건강 서비스를 받는 이러한 특별한 대상들에게 제공하는 도전과 기회를 설명하기 위하여 가족의 외상적 상실을 경험한 Gail과 그녀의 가족에 대하여 소개할 것이다. Gail의 사례는 외상과 결합된 애도를 경험한 아동, 가족과 함께 하는 치료적 작업의 한 정수다. 그녀의 사례는 모든 아동의 사례는 아니겠지만, 독자들은 Gail의 사례에 나타난 특별한 치료적 평가 초점과 기법에 대한 내러티브를 통하여 아동이 어떻게 애도, 외상, 회복을 경험하는지 광범위하게 이해하고 자세히 알 수 있을 것이다. 결과적으로 이후의 전문적 연구와 자기보호가 포함되며, 이러한 유형의 치료 작업에서 치료자가 지속적인 효과를 유지하는 것을 지원한다.

## CTG의 치료에 영향을 미치는 아동 연구의 경향

최근의 20년 동안 아동기 사별, 이상, 발달과 심리치료에 대한 연구와 임상적 관심이 급증하였다. 최근의 발견은 외상적 애도에 대한 평가와 치료에 특별히 적용 가능한 일반적인 주제가 있다는 것이다. CTG의 복잡성으로 인해 아동치료사가 회복과정의 변화 요인에 적용 가능한 접근 범위가 필요하다고 제안한다. Kazdin(2009)은 아동심리치료 자료가 풍부해졌지만 과정과 결과에 대한 우리의 실증적 이해는 아직 한계가 있다고 하였다. 설득력 있는 연구를 지지하기 위한 가장 좋은 연구와 실천 방법에 대한 논쟁은 계속되고 있지만, 연구 결과들은 아동기의 특별한 문제에 가장 효과적인 치료적 과정을 정확하게 결정하도록 하고 있다(Rebby, Files-Hall, & Schaefer, 2005; Steele, Elkin, & Roberts, 2008). 보다 명확한 결과가 나타날 때까지 아동치료사들은 최근의 임상적 연구 정보를 통하여 CTG를 실천하는 데 있어서 최고의 지침을 찾고 있다.

### 아동기 사별

『아동기 사별을 돕기: 실천가를 위한 핸드북(Helping Bereaved Children: A Handbook for Practitioners)』에서 Webb(2010)은 평가, 치료, 애도를 겪고 있는 특별한 아동들을 돕는 아동 정신건강 전문성을 훌륭하게 업데이트하는 기술에 대한 아동 애도 연구의 역사와 최신 경향을 개관하였다. 아동기 애도와 회복에 대한 최근의 모델들에서는 아동기 애도를 보다 초기에 이해하고, 이를 정신분석의 근대적 가정과 이전의 심리치료 이론으로 표현하고 있다. 이러한 모델들은 애도는 단계가 있다고 이해하고 있으며, 아동은 애도 작업을 위한 빈약한 능력을 가지고 있다고 가정한다. 그리고 애도 작업의 목표는 사랑하는 사람을 상실한 사별에 대해 자율성을 갖는 것이다.

보다 최근의 연구들을 살펴보면, Klass, Silverman과 Nickman(1996)이 요약한 바와 같이 아동기 애도와 발달에 대한 질적 연구가 이루어져 왔다. 이러한 연구들에 의하면, 애도 작업은 고인에 대한 기억들뿐만 아니라 생활 지원체계와 상호 의존적으로 되는 것을 목표로 한다. 이 모델에서는 "고인에 대한 표상을 유지하는 것은 비정상적인 것보다는 정상적이다"(p. 349). 치료적 개입은 아동이 고인과 유대를 만드는 데 반해서 그들의 삶의 공동체와 유대를 유지할 수 있도록 하는 데 초점을 맞춘다. 이러한 연결은 "신체적 가까움이 아니라 기억, 꿈, 내적 대화, 소중한 대상에 기초한다"(p. 350). 이 접근에서는 아동이 애도 작업을 할 수 있다고 가정하고, 슬픈 아동에 대해 보다 개방적이고 탐구적이며, 각 아동의 지각과 대처 방식에 가치를 둔다. 또한 아동, 가족, 지원체계를 만드는 강점에 기초한 접근을 지향한다.

Webb(2010)은 아동과의 임상적 작업을 통한 구체적인 정보가 가장 좋은 정보를 제공한다는 것에 특별히 주의를 기울이며(개인적 요인, 죽음과 관련된 요인, 가족/사회/종교/문화적 요인), 영역에 초점을 맞춘 사별 아동을 위한 몇몇의 위기 평가 축어록에서 3자 평가를 적용하고 있다. 독특한 평가도구들을 만들 것을 제안하고, 인터뷰 질문들의 예를 제공하였다. 개인적 요인은 연령 관련 요인들, 이전의 대처와 적응, 의료적 기록, 죽음 및 상실과 관련된 이전의 경험을 포함한다. 죽음과 관련된 요인들은 죽음의 유형, 고인과의 접촉과 죽음의 시기, 고인과의 관계, 애도에 대해 경험한 반응이다. 가족/사회/종교/문화적 요인은 애도에 대한 가족의 즉각적인 반응과 확대가족의 반응, 학교와 친구의 반응, 종교적 소속, 애도에 대한 가족의 전통, 믿음 또는 문화, 상실의 사회문화적 의미, 애도과정에 아동을 포함하는 문화적 기대다.

이전의 연구들에서는 애도과정을 단계적 모델로 명확히 한 반면(Webb, 2010), 최근의 연구들은 특히 아동에 대하여 반복적으로 변화하는 모델이며 이루어야 할 과업을 강조하고 있다. 아동 간의 다양한 변인이 있지만 애도과정에 대한 일반적인 이해는 아동과 가족을 위해서 경험을 정상화하는 데 도움을 준다. Worden(1996)이 제시한 애도과정의 4가지 일반적인 과업은, 첫째, 상실을 현실로 받아들이기, 둘째, 애도의 고통을 통과하기, 셋째, 사랑하는 사람 없이 삶에 적응하기, 넷째, 삶을 살아가며 사랑하는 사람에 대한 기억을 견디기다. 이는 그들이 경험하는 것을 더 잘 이해하도록 돕기 위하여 흔히 사용되었다. Wolfelt(1996)는 상실을 받아들이는 과정을 묘사하면서 죽음이 현실이라고 인식하기, 상실의 고통을 포용하기, 고인을 기억하기, 새로운 자기정체성을 발달시키기, 의미 찾기, 다른 사람들의 지지를 구하기라는 과업을 명확히 하였다.

평가는 사랑하는 사람을 상실한 결과로 나타나는 애도과정을 다루는 아동 정신건강 전문성을 준비하는 것뿐만 아니라 애도과정을 방해하는 아동의 외상 반응을 이해하기 위한 중요한 기초적 정보를 제공한다. 평가 단계에서 치료적 관계를 형성하고 앞으로 이루어질 도전적 작업에 대한 안전하고 신뢰할 수 있는 환경을 조성한다.

## 아동기 외상

외상 중심 인지행동치료(Trauma-Focused Cognitive-Behavioral Therapy: TF-CBT) 모델은 아동 학대와 외상 치료에 광범위하게 사용되고 연구되어 왔다(Cohen & Mannarino, 2011; Mannarino & Cohen, 2011). TF-CBT는 매뉴얼화되어 있고, 아동, 부모, 가족을 지원하는 외상에 민감한 인지행동 개입이다. TF-CBT를 정립하는 데 있어서 Cohen과 Mannarino(2011)는 CTG 치료를 위해서 초기의 모델에 독특한 애도 회복 요인을 더하면서 외상 애도 인지행동치료(Traumatic Grief Cognitive-Behavioral Therapy: TG-CBT) 모델을 제시하고 연구하였다. 초기의 TG-CBT에서는 CTG 아동 · 청소년의 징후를 효과적으로 줄이기 위하여 애도와 외상이 통합된 모델을 시도하였다.

놀이치료와 결합된 인지행동 접근은 정서적 표현, 지각의 변화, 새로운 위기관리 기술에 대한 보다 독특한 대안을 구조화하는 데 사용될 수 있다(Drewes, 2009; Knell, 2011). 외상 치료에 대한 인지행동 모델의 성공적인 묘사에도 불구하고 외상의 역동과 치료방법에 대한 이해에 있어서 인지적 관점과 함께 정서적 · 감각적 · 관계적 관점이 포함될 필요가 있다는 문헌들이 증가하고 있다(Gil, 2006, 2010; Malchiodi, 2008; Shelby, 2010; Shelby, Avina, & Warnick, 2010; Shelby & Felix, 2005; Steele & Malchiodi, 2012; Stein & Kendall, 2004). Steel과 Malchiodi(2012)는 『아동 · 청소년을 위한 외상에 대한 실천(Trauma-Informed Practices with Children and Adolescents)』이라는 최근의 책에서 "외상은 많은 아동과 청소년에게 인지적 개입만으로는 치료할 수 없는 감각적 과정이 두드러진 것"(p. xix)이라고 설명하며 보다 균형 있는 접근을 주장하였다. 외상 치료의 다른 중요한 면들처럼 외상의 통합과 아동의 탄력성을 형성하면서 그들은 포괄적인 평가를 통하여 자기조절의 중요성을 명확히 하였다. Sutton-Smith(2008)는 아동이 자신의 현실적 갈등을 통제한 개인적 반응의 첫 번째 결과로서 자연적인 놀이의 기원에 대하여 묘사하였고, 놀이는 아동기 동안 갈등을 조절하는 중요한 수단이라고 하였다. Gil(2006)은 외상에 대한 감각적 경험은 뇌의 우반구를 통하여 주로 가공되며, 감각적 · 경험적 요인들을 활용한 치료 전략을 강조하였다.

## 아동발달

신경발달과 신경생리학에 대한 이해와 공감에 초점을 맞춘 아동발달에 대한 최근의 연구가 증가하였다. Schore(2012)와 Siegel(2012)은 급증하는 연구들을 연대순으로 기록하였다. 이는 인간은 환경과 상호작용하기 때문에 뇌와 몸의 상호작용을 이해하는 새로운 도구들을 제공하는 생명공학과 이미징 기술이 발달하면서 가능하였다. 이러한 발견은 성장하는 아동의 애착과정을 깊이 이해할 수 있게 하였고, 외상과 상실이 정상발달을 어떻게 저해하는지와 강한 애착관계가 외상의 영향을 수정하는지에 대한 새로운 통찰을 가져왔다. 몇몇의 발견은 아동심리치료에 특별한 적용 가능성이 있다. Perry 등(Barfield, Dobson, Gaskill, & Perry, 2012; Perry, 2006; Perry & Handbrick, 2008)은 신경배열적 치료 모델을 발전시켰는데, 이 모델은 뇌간 전면부의 피질로 이동하는 뇌의 발달에 따라 치료적 개입을 제공하는 진보적인 과정을 묘사하고 있다. 초기의 치료

개입은 감각의 통합과 자기조절에 보다 기초하고 있으며, 이러한 개입은 고차원의 정서적 · 인지적 · 관계적 작업을 이끈다. 사랑하는 사람을 상실한 아동의 외상 징후와 관련된 애도 작업이 복잡할 때, 아동치료사는 아동이 차분해지고 자기조절를 하게 돕는 개입을 위해 보다 감각에 기초한 외상 징후에 대비할 필요가 있을 것이다.

인간의 뇌발달에 있어서 사회적 경험이 중요하다고 여겨져 왔다(Perry, Pollard, Blakley, Baker, & Vigilante, 1995). 이에 따르면 현재는 인지적 접근을 보다 엄격히 적용하는 것에 있어서 발달의 정서적 · 관계적 측면들을 강조한다. Siegel(2012)은 치료 모델들은 경험적 · 관계적인 것에 기초를 두어야 하며, 대인관계를 통하여 몸과 뇌의 통합을 촉진하는 것을 목표로 한다. 이러한 통합이 양육자와의 애착에서 처음 시작된 이후, Schore(2012)는 심리치료에 대해 "환자를 위해 치료자가 무엇을 하는가나 무엇을 말하는가로 정의되지 않는다(좌뇌 초점). 핵심적 메커니즘은 특히 정서적 스트레스 상황에서 환자와 어떻게 함께하는가다(우뇌 초점)."(p. 44)라고 주장한다. 사랑하는 사람을 상실했다는 애착의 위험과 외상에 의한 위기감의 통합은 뇌의 분열을 만들고, 이에 따라 CTG의 갈등-탈출-활동중단 반응을 이해할 수 있게 하였다. Siegel(2012)의 개인내적 신경생리학(interpersonal neurobiology: IPNB) 모델에서 아동치료사는 "뇌, 마음, 개인내적 관계의 내적 연계를 이해하려고 한다"(p. 3). IPNB의 이러한 발견은 외상 징후를 줄이는 치료적 관계의 영향을 구체적으로 이해하도록 하였으며, 관계에 기초한 심리치료의 영향은 아동의 부모나 다른 가까운 성인 양육자와의 관계를 증진한다. 인간의 내적 발달은 일반적으로 자연적인 놀이를 통하여 되새겨지는 아동기 경험과 관계의 상호작용을 반영한다.

## 아동심리치료

최근의 아동심리치료는 보다 광범위한 심리치료 영역과 거의 비슷하게 발달되었다. 결국 모델에 국한된 치료에서 보다 통합되고 처방적인 모델로 변화하였다(Drewes, 2011a, 2011b; Osofsky, 2004, 2011). 이러한 모델들은 치료적 관계를 형성하고 유지하는 질적인 면, 아동의 욕구를 평가하는 다양한 방법, 이러한 욕구를 아동심리치료에서 공통적으로 사용되는 치료적 메커니즘을 기초로 한 개입과 연결하는 것을 강조한다. 이러한 통합적 접근은 복잡한 CTG를 치료하는 데 있어서 유용하다.

Crenshaw(2007)는 신경생리학과 아동치료 관련 최근 연구를 개관하며 CTG를 위한 7개 단계의 IPNB 치료를 제안하였다. 이 모델은 안전을 구축하는 초기 단계에서 의미를 찾고 외상적 상실을 일관성 있게 이해하려고 하였다. Dozier 등(2011)은 애착과 생리행동에 대한 사전 연구를 통하여, 첫째, 아동의 문제성 있는 대처 전략에 대해 인식하기, 둘째, 보다 나은 대처 전략을 연습하기 위해 아동을 북돋우기, 셋째, 자신의 자녀와의 최근 관계 속에서 애착과 외상 문제를 극복하기, 넷째, 자녀가 보다 자기조절을 획득할 수 있도록 돕기를 위한 ABC 부모교육 모델을 발전시켰다.

Stein과 Kendall(2004)은 Herman(1997)의 성인을 위한 외상 모델을 바탕으로 최근의 신경발달 연구를 결합하여 아동기 외상을 돕기 위한 3단계 모델을 제안하였다. 첫 번째 안전과 안정 단계에서 치료자는 각성을 낮추기 위해 개입하는 징후들에 초점을 맞추고, 아동과 가족의 정서적 상태를 전환하여 회피적 행동을 줄이고 기능을 향상시킨다. 또한 자기효능감을 형성하는 방법을 통하여 아동과 가족의 외상경험을 재해석하는 기억 작업을 돕는다. 이미지 치유를 가르치는 데 인지적 기법이 사용될 것이다. 세 번째 단계에서는 사회적 기술을 다시 형성하는 기술과 일반적인 가치를 강조하기 위하여 치료자는 보다 나은 문제해결 기술을 갖도록 함으로써 가족, 지원체계와 적절한 연결과 관계를 맺는 발달적 기술을 지도한다. 이 모델에서 치료적 작업은 자기인식과 자기조절을 돕기 위한 경험적 · 표현적 치료를 포함한다.

# 아동이 경험하는 CTG에 대한 연구

## CTG의 복잡성과 놀이의 좋은점

최근 연구의 일반적인 맥락은 CTG 요소들을 이끄는 기법들에 기초한 놀이의 역할이다. 놀이에 기초한 기법은 TG-CBT의 핵심적 요인이다(Cohen & Mannarino, 2010; Mannarino & Cohen, 2011). 놀이는 타인과 관계를 맺고 삶의 도전에 반응하는 아동의 능력이 자연스럽게 발달하는 데 있어서 핵심적인 부분이며, 놀이는 이러한 도전에 대한 자기조절과 자기숙달을 촉진한다(Brown, 2009; Sutton-Smith, 2008). 놀이는 아동치료로 사용될 때 무작위적이고 불확실함을 내포하고 있으며, 성공적인 방법으로 관계하고 문제를 해결하는 것을 강화하는 기회를 제공하며, 이와 함께 아동의 개인적 대처기술을 확장한다. 다른 경험적이고 표현적인 치료들과 마찬가지로 놀이치료는 외상 회복을 위한 인지적·정서적·관계적 요인들을 결합하는 접근의 하나다(Steele & Malchiodi, 2012). 놀이치료에서 놀이는 자신과 환경에 대한 새로운 지각을 제공한다. 놀이에서 육체적 활동, 개인적 표현, 대인관계, 상징과 은유의 의미는 CTG의 치료적 환경에서 사용된다.

통합놀이치료(Integrative Play Therapy: IPT) 모델(Drewes, 2011a, 2011b)은 다양한 놀이치료 모델들이 공유하고 있는 치료적 메커니즘인 치료적 관계를 강화하는 놀이의 고유성, 놀이를 통한 치료적 개입의 적용에 초점을 맞추는 강점중심 모델이다. Schaefer(1993)는 모든 놀이치료 모델들에 일반적으로 제시된 14개의 변화 메커니즘을 명확히 하였으며, 최근의 개정판인 『놀이의 치료적 힘: 변화를 위한 20가지 핵심 요소(The Therapeutic Powers of Play: 20 Core Agents of Change)』에서 이를 20개로 확장하여 제시하였다(Schaefer & Drews, 2014). IPT는 애도와 외상이 함께 일어날 때, 특별한 이론적 모델의 윤곽보다는 아동의 즉각적 욕구에 의해 개입이 선택된 이후에 치료자가 심리치료 과정에서 빠르게 변화 방향을 제시하도록 한다(Gil, 2010). 치료자는 CTG를 유지하도록 하는 아동의 집중적 정서가 변화하는 데 필요한 아동의 능력이 보다 나아지도록 하기 위해서 직접적 접근의 이상도 이하도 아닌 접근을 선택한다(Gil, 2006, 2010; Shelby, 2010; Shelby & Felix, 2005; Webb, 2007, 2010). IPT에서 아동치료사는 Russ(2004)가 제시한 놀이의 자연스럽고 광범위한 4가지 기능, 즉 아동의 표현 수단 되기, 의사소통을 촉진하고 관계 형성하기, 통찰과 탐색을 가능하게 하기, 아동이 새로운 표현, 관계, 문제해결 양식들을 연습하기를 치료적 개입에서 수행할 수 있다.

## Gail의 CTG 여정

어느 여름 오후에 Gail(11세)과 그녀의 남동생 Matt(4세)는 가족과 친구들이 좋아하는 뒤뜰의 수영장에서 수영과 놀이를 하고 있었다. 엄마는 가까운 의자에 앉아 바라보면서 조금 있으면 집으로 와서 Gail의 남동생인 Sam과 Sam의 가장 친한 친구인 Russell(9세)과 축구를 할 아빠와 전화를 하고 있었다. 엄마는 수영장이 갑자기 조용해졌다는 것을 알게 됐다. 오른쪽을 보니 Gail이 오후의 뜨거운 태양 아래서 차가운 물을 즐기며 작은 발차기를 하며 수영장의 가운데 있었다. 왼쪽을 보니 Matt가 수영장 깊은 곳에서 움직임이 없었다. 엄마는 수영장으로 들어가서 Matt를 데리고 나온 후 살리기 위해 노력하였다. Gail은 엄마의 휴대폰으로 911에 전화한 후, 아빠에게 전화하였고, Matt와 함께 있는 엄마를 도우러 갔다.

집은 주요 도로와 떨어진 시골에 있었다. Gail과 엄마가 Matt를 돌보고 있는 동안 사이렌 소리가 가까이 왔다가 멀어지는 것을 들었다. 몇 분이 지난 후, 그들은 운전자가 뒷도로에서 필사적으로 집을 찾는 사이렌 소리가 앞뒤로 들리는 것을 들었다. 결국, 구급차가 흙먼지를 날리며 그들이 있는 길에 도착하는 것을 보았다. 아빠가 Sam과 Russell이 있는 집에 도착했을 때, 응급대원은 Matt를 구급차에 태우고 병원으로 가 버렸다.

Gail과 엄마는 그들과 차를 타고 병원으로 갔다. 그들이 응급실에 도착했을 때 병원 직원들은 그들을 가족진찰실로 보냈다. Russell의 부모님도 병원으로 왔다. 잠시 후 침울한 얼굴의 의사와 간호사가 가족진찰실로 와서 자신들이 할 수 있는 모든 것을 하였으나 Matt를 살릴 수 없었다고 하였다. Matt는 죽었다. Russell의 부모님은 아들을 집으로 데려갔고, Gail과 Sam은 그들의 부모님들과 Matt의 몸을 보고, 장례식 준비를 위한 서류 작업과 전화 통화를 위해 병원에 남겨졌다.

각각의 구성원들이 상실의 순간을 함께 나누었지만 Matt의 죽음이라는 사건은 그들의 삶과 독특한 경험 속에서 매우 다르게 남았다. 그들은 공통적으로 애도를 하였지만 시간이 지나면서 개인적 애도경험은 광범위하게 다양하였다. 각자 자신의 미래의 안녕에 중요한 영향을 미치는 경험을 가지며, 그들의 애도경험의 기복은 그들 각자에게 중요한 영향을 미쳤다. 이 장에서는 Matt의 죽음으로 몇 주 동안 고통의 신호를 보인 Matt의 누나인 Gail(11세)의 경험을 주로 묘사하였다.

집에서 Gail은 익사와 관련된 악몽에 시달렸고 종종 그림을 그렸다. 그녀는 바깥에서 수영장 가까이 있는 것을 피하였고, 집 안의 어디서든 수영장을 지켜보는 것을 반복하였다. 그녀는 Matt의 방을 피하였고, 집 안에서 그를 떠올릴 수 있는 것들에 괴로워하였다. 항상 좋은 학생이었지만 지금은 학교에서 분투하고 있다. 교사는 학습과 친구에 대한 정상적인 열정이 없다고 보고하였다. 그녀는 종종 교실의 상호작용에 대하여 주의 산만하고, 위나 머리가 아파서 보건실로 갔다. 에너지 수준도 낮고 식욕도 없었다. 때때로 그녀는 눈물과 화를 내는 짧은 폭발을 보이고, 그날 수영장에서 Matt를 지켜보지 못했다고 눈물을 흘리며 죄책감을 느끼는 말을 종종 하였다.

Gail은 가족, 친구, 학교 인력의 지원체계뿐만 아니라 목사와 스카우트 리더와 같은 성인의 도움을 받을 수 있는 행운이 있었다. 모든 사람이 최선의 노력을 하였지만 Gail의 고통은 더해졌고, 그녀의 부모님은 그녀를 아동 정신건강 전문가에게 의뢰하였다.

## Gail에 대한 IPT

Gail과의 회기는 보호를 제공하는 아동치료사의 기초적 훈련과 일치하는 가족치료와 놀이치료를 위해 설계된 치료실에서 이루어졌다. 치료실의 한 모퉁이는 거실 같은 작은 앉을 곳을 만들었고, 반대편에는 의자와 책상이 있는 작은 놀이치료 영역을 두었으며, 낮은 선반에는 다양한 장난감을 두었다. 이에 더해서 움직일 수 있는 모래상자 테이블과 피규어와 함께 감각과 발달에 기초한 장난감을 필요할 때 사용하도록 닫힌 보관함에 두었다. 장난감들은 Webb(2007)의 애도 작업 장난감 목록과 유사하고, 미술 기법, 인형놀이, 손인형놀이, 스토리텔링, 모래상자 놀이, 보드게임을 포함하였다.

Gail의 엄마는 끔찍한 상실을 경험한 이후에 다른 두 자녀를 돌보기 힘들 것 같아서 Matt의 죽음 이후 심리치료사를 몇 주간 만나고 있었다. Gail의 엄마는 치료자에게 집과 학교에서 보이는 Gail의 행동에 대하여 걱정하였고, Sam이 매우 잘하고 있어도 자신감이 없었다. 치료자는 엄마에게 Gail을 의뢰하도록 북돋웠다. Gail의 엄마는 첫 방문에서 두 부모와 아동이 함께 치료자를 만나도록 예약하였고, 그들의 걱정을 간단히 이야기하였다.

Gail의 엄마와 아빠는 Matt가 죽은 후 그들의 목사를 여러 번 만났기 때문에 그 끔찍한 날에 대하여 이야기하는 것이 새롭지는 않았다. 어쨌든 새로운 전문가를 만나서 Matt의 죽음과 관련한 가족과 자녀들에 대한 역사, 그들의 관점과 걱정(첫 번째는 Gail이며 두 번째는 Sam)에 대한 기본적인 이야기를 아주 사실적으로 한 것은 처음이었다. 그들은 아직도 그 경험에서 벗어나지 못하는 자신들의 모습과 의미 있는 감정의 오르내림을 알았지만 둘 다 직장과 일상생활로 돌아갈 수 있었다(그 시점에는 어떤 것도 일상의 반복이 아니었지만). 나중에 치료자는 그들이 겪은 경험을 일반화하고, 애도/외상이 이후에 어떻게 나타날 것이며 아동과 함께 할 치료적 접근에 대해 예상할 수 있도록 아동기 애도, 외상, 회복과정에 대한 기본적 핵심을 알려 주었다. Gail의 부모는 방의 놀이 영역과 어떤 장난감들에 관심을 보이면서 조용해지고 눈물을 흘렸다. 조용한 놀이 영역과 사용되지 않은 장난감들은 집에 있는 Matt의 조용한 방을 기억나게 하였다. 어떤 때는 회기를 마치기 전에 애도와 반영이 허용되었다. Gail과 작업하기 위하여 Gail과 Sam에게 도움이 된다면 Sam을 이후에 포함시킨다는 계획을 부모 중 1명과 합의하였다.

Gail은 첫 회기에 엄마와 함께 왔으며, 이후 몇 회기는 엄마와 아빠가 번갈아서 함께 왔다. Gail은 부모가 이미 나와 만났다는 것에 안심하였고, 장난감에 별로 호기심을 보이지 않았다. Matt의 죽음에 대해 직접적으로 얘기하고 싶어 하지 않았지만 부모님이 왜 여기에 오도록 하였는지와 치료자가 그녀의 관심, 능력, 친구와의 활동에 대해 알고자 하는 데 초점을 맞춘다는 것을 인식하고 있었다. Gail은 4인조 게임에 초점을 맞추어서 게임을 하자고 하였다. 놀이를 시작한 지 얼마 되지 않아서 '(언어적으로는 아니지만) Matt가 죽은 이후' 그녀는 '과잉'되고 '무기력한' 감정을 느낀다는 걱정을 보고하였다. 또한 Matt가 죽은 날의 거슬리는 기억들에 대하여 구체적으로 보고하였다. 치료자와 Gail은 '내 마음속의 그림'에 대하여 이야기하였는데, 언제 이 그림들이 나빠졌다가 나아졌다가 하는지 관찰한 것과 그것들을 멈추고 그녀의 기분이 보다 좋도록 하는 것에 대하여 이야기하였다. Gail은 그녀의 머리를 식히는 데 독서와 TV 보기와 같은 몇몇의 단순한 기법을 사용하여 왔으며, 이를 성공하기 위하여 Gail과 엄마가 집에서 시도하고 수행할 수 있는 아주 많은 간단한 기법이 묘사되었다. 첫 회기가 거의 끝나 갈 즈음에 Gail은 놀이 영역의 아주 큰 레고 콩에 주의를 기울였다. Gail은 레고는 Matt가 가장 좋아하는 장난감이며, 다음 회기에 무엇을 놀이해야 하는지 안다고 말하였다.

이후의 몇 회기 동안 Gail은 놀이방에 들어와서 매 회기에 새로운 장난감을 살펴보았다. 치료자는 애도과정과 외상 회복에 대한 심리교육을 추가적으로 제공하였다. Gail이 사용하고 있는(때로는 그녀 스스로, 때로는 엄마, 아빠가 촉진하는) 불안감소 기술을 검토하고 확대하였다. 그녀는 간단한 게임으로 회기를 시작하는 것을 좋아하였고, 레고에 관심을 가지게 되어 만들기를 시작하였다. 3회기 동안 아무 말 없이 주의 깊게 생각을 많이 하며 깊은 4면의 레고 구조물을 만들었다. 이 구조물을 세 번째 만들 때, 같은 음높이의 겨우 들릴 듯 말 듯한 소리로 느리게 '우~'라고 하였다. 치료자와 아빠는 이것이 하나의 신호음이라고 생각했지만 질문을 하는 것과 같은 것으로 놀이를 방해하지 않았고, 그녀는 심지어 자신이 소리를 내는지도 모르는 것 같았다. 마지막에 Gail은 치료자에게 자신이 다음에 올 때까지 레고 구조물을 맡겨 둘 수 있는지 물었고, 레고는 안전하게 보관되었다.

다음 주에 오자마자 Gail은 레고로 만든 4면의 구조물에 대하여 물어보았다. 그녀는 그것을 놀이 영역에서 떨어지게 놓고, 인형집을 꺼내서 정리한 후 그 상자를 인형집의 뒤뜰에 놓았다. 작은 인형과 자동차 피규어들을 많이 선택한 후, 그녀는 "내가 무엇이 일어났는지 보여 줄게요."라고 진지하게 말했다. 그런 후 Matt의 죽음과 관련된 전체 과정을 보여 주었다. Gil(2010)이 주장한 바와 같이, Gail은 외상적 경험을 결국 드러내는 데 장난감을 사용하는 자신만의 방법을 가지고 있었고, 이러한 방법을 통하여 자신의 외상적 증상을 헤쳐 나가며 살아가는 것이 가능하였다. 회기를 진행하면서 그녀는 (Matt의 죽음과 관련된 이야기의 부분들과 장례식과 관련된 사건들을 반복하면서) 정기적으로 짝을 지어서 하는 자기양육과 차분해지는 요인(예: 조용한 게임놀이, 아기 인형 돌보기, 농장에서 기르기 위해 잔뜩 많이 먹어서 배가 많이 부른 동물 모으기)들의 역할놀이에 보다 도전적이었다. 또는 긴장을 완화해 주는 에너지 있는 놀이(예: 리듬 게임, 공 전달 게임)를 하였다. 어떤 경우는 치료자가 그녀의 욕구를 알아채고 이러한 활동 중 하나 또는 다른 활동을 제안하기도 하고, 그녀가 집에서 어떤 놀이를 할 건지 선택하는 것을 통하여 자기조절를 보다 잘하도록 Gail 및 부모님과 대화하였다.

Gail은 좋다가 나쁘다가 하는 것을 예측할 수 있었다. 예상되는 바와 같이, 가족의 사건들은 때로는 상실과 외상 반응을 촉발시켰다. 휴일은 특별히 도전이 되었고, 치료자는 Matt를 잃었다는 것과 여전히 Matt가 그들과 함께 있다는 2가지를 인식할 수 있는 기회를 제공해 주는 (일반적으로 성인과 가족이 하는 의식인) 특별한 추모놀이를 하도록 작업하였다. 겨울이 왔을 때, 겨울용 수영장 덮개는 Gail이 자신의 집에서 Matt의 죽음을 기억하게 하는 유쾌하지 않은 것들이 없다고 느끼도록 도와주는 것 같았다. 봄이 되었을 때, Gail의 부모님은 수영장 덮개를 없애기 전에 대화 속에 상실과 외상에 대한 정보를 충분히 포함하였으며, 자신과 아이들이 새로운 수영 시즌을 준비하는 방법에 대하여 브레인스토밍하였다. 그들의 준비는 기대했던 것보다 일상의 스트레스를 줄였고, 결국 그들은 수영장 주변에서 따뜻한 계절의 일상으로 돌아갔다. 이후 Gail은 가끔씩 체크를 위해 방문하였고, 그녀와 부모님은 이후에 관심이 있으면 다시 오기로 하고 놀이치료를 끝마쳤다.

Gail과 부모님의 놀이치료 과정에는 직접적이고 비직접적인 IPT 모델의 요소들

(Shelby & Felix, 2005)이 모두 포함되었다. 이 접근에는 부모가 부모교육과 Gail의 놀이치료 회기들 둘 다에 포함된다. 발달적으로 Gail의 나이와 능력에 적합하다. Gail과 가족 세팅에 대한 평가는 작업하는 동안 가이드가 되었다. 치료자는 놀이치료와 가족치료, 상실과 외상의 적용에 대하여 특별히 훈련을 받았다. 마지막으로, 치료과정은 목표와 Gail의 발전으로 잘 정의된 것처럼 치료자의 프로토콜에 나타난 바와 같이 독단적이기보다 Gail이 자신의 회복을 관리할 수 있도록 그녀의 시간표를 따라갔다.

Gail을 보살피기 위해서 그녀의 관심과 회복과정의 타이밍을 따라가기 위한 노력을 포함한 많은 기법이 사용되었다. 상실의 진전을 돕기 위한 기법들을 더 알고 싶은 놀이치료사는 Fiorini와 Mullen(2000), Webb(2010)의 책을 참고하기 바란다. 외상 회복을 위한 기법은 Stien과 Kendall(2004), Steele과 Malchiodi(2012)에 제시되어 있다. 치료적 CTG에 치료적 놀이의 힘을 포함하기 위해서는 Schaefer와 Drewes(2014), Seymour(2009, 2014)를 보기 바란다.

## 아동치료사의 자기보호와 CTG

CTG를 경험한 아동에 대한 치료적 모델이 무엇이든지 효과적으로 치료하기를 원하는 아동치료사에게 새로운 경향의 치료적 접근을 함께 접목하는 것이 전문성의 발달을 위해 필요하다. 놀이치료나 미술치료 같은 독특한 접근을 훈련받은 아동치료사는 다른 표현적이고 경험적인 접근들을 배움으로써 도움을 받을 것이며, 치료적으로 보다 폭넓은 레퍼토리를 가질 것이다. CTG 아동과 작업하는 아동치료사는 개인적으로 많은 도전을 받기 때문에 아동기 대리외상을 줄이기 위해 좋은 개인적 · 전문적 보호를 지속적으로 받는 것이 필요하다(Gil, 2010). Ryan과 Cunningham(2007)은 아동치료사가 자신을 돌보는 10가지 전략을 제시하였다. 여기에는 지속적인 전문성 훈련, 슈퍼비전과 전문적 동료 지지, 클라이언트 유형의 조화, 집단 치료 모델 이용, 신체적 · 정서적 · 관계적 욕구에 대한 좋은 자기보호 실천이 포함된다.

CTG를 경험한 아동 내담자와 함께 작업하는 아동치료사는 도전과 보상을 둘 다 얻을 수 있다. 복합적인 증상, 광범위한 감정, 예측할 수 없는 감각은 아동과 치료자 모두에게 영향을 줄 것이다. 개인적 · 전문적 보호를 유지할 수 있는 아동치료사는 증가하고 있는 아동발달과 심리치료 자료들을 통하여 Gail과 같은 CTG 내담자에게 유익한 접근을 할 것이다.

## 참고문헌


Barfield, S., Dobson, C., Gaskill, R., & Perry, B. D. (2012). Neurosequential Model of Therapeutics in a therapeutic preschool: Implications for work with children with complex neuropsychiatric problems. *International Journal of Play Therapy*, *21*, 30-44.

Blaustein, M., & Kinniburgh, K. (2010). *Treating traumatic stress in children and adolescents: How to foster resilience through attachment, self-regulation, and competency*. New York: Guilford Press.

Brown, S. (2009). *Play: How it shapes the brain, opens the imagination, and invigorates the soul*. New York: Avery.

Cohen, J. A., & Mannarino, A. P. (2010). Bereavement and traumatic grief. In M. K. Dulcan (Ed.), *Textbook of child and adolescent psychiatry* (pp. 509-516). Washington, DC: American Psychiatric Association.

Cohen, J. A., Mannarino, A. P., & Deblinger, E. (2006). *Treating trauma and traumatic grief in children and adolescents*. New York: Guilford Press.

Copeland, W. E., Keeler, G., Angold, A., & Costello, E. J. (2007). Traumatic events and posttraumatic stress disorder in childhood. *Archives of General Psychiatry*, *64*, 577-584.

Crenshaw, D. A. (2007). An interpersonal neurobiological-informed treatment model for childhood traumatic grief. *Omega*, *54*, 319-335.

Dozier, M., Bick, J., & Bernard, K. (2011). Attachment-based treatment for young vulnerable children. In J. D. Osofsky (Ed.), *Clinical work with traumatized young children* (pp.

75-95). New York: Guilford Press.

Drewes, A. A. (Ed.). (2009). *Blending play therapy with cognitive behavioral therapy: Evidence-based and other effective treatments and techniques*. Hoboken, NJ: Wiley.

Drewes, A. A. (2011a). Integrative play therapy. In C. E. Schaefer (Ed.), *Foundations of play therapy* (2nd ed., pp. 349-364). Hoboken, NJ: Wiley.

Drewes, A. A. (2011b). Integrating play therapy theories into practice. In A. A. Drewes, S. C. Bratton, & C. E. Schaefer (Eds.), *Integrative play therapy* (pp. 21-35). Hoboken, NJ: Wiley.

Fiorini, J. J., & Mullen, J. A. (2006). *Counseling children and adolescents through grief and loss*. Champaign, IL: Research Press.

Gil, E. (2006). *Helping abused and traumatized children: Integrating directive and nondirective approaches*. New York: Guilford Press.

Gil, E. (Ed.). (2010). *Working with children to heal interpersonal trauma: The power of play*. New York: Guilford Press.

Herman, J. L. (1997). *Trauma and recovery: The aftermath of violence-from domestic abuse to political terror* (2nd ed.). New York: Basic Books.

Kazdin, A. E. (2009). Understanding how and why psychotherapy leads to change. *Psychotherapy Research*, *19*, 418-428.

Klass, D., Silverman, P. R., & Nickman, S. L. (1996). *Continuing bonds: New understandings of grief*. Washington, DC: Taylor & Francis.

Knell, S. M. (2011). Cognitive-behavioral play therapy. In C. E. Schaefer (Ed.), *Foundations of play therapy* (2nd ed., pp. 313-328). Hoboken, NJ: Wiley.

Malchiodi, C. A. (Ed.). (2008). *Creative interventions with traumatized children*. New York: Guilford Press.

Mannarino, A. P., & Cohen, J. A. (2011). Traumatic loss in children and adolescents. *Journal of Child and Adolescent Trauma*, *4*, 22-33.

Osofsky, J. D. (Ed.). (2004). *Young children and trauma: Intervention and treatment*. New York: Guilford Press.

Osofsky, J. D. (Ed.). (2011). *Clinical work with traumatized children*. New York: Guilford Press.

Perry, B. D. (2006). The Neurosequential Model of Therapeutics: Applying principles of neuroscience to clinical work with traumatized and maltreated children. In N. B. Webb (Ed.), *Working with traumatized youth in child welfare* (pp. 27-52). New

York: Guilford Press.

Perry, B. D., & Hanbrick, E. P. (2008). The Neurosequential Model of Therapeutics. *Reclaiming Children and Youth*, *17*, 38–43.

Perry, B. D., Pollard, R. A., Blakley, T. L., Baker, W. L., & Vigilante, D. (1995). Childhood trauma, the neurobiology of adaptation, and "use-dependent" development of the brain: How "states" become "traits." *Infant Mental Health Journal*, *16*, 271–291.

Reddy, L. A., Files-Hall, T. M., & Schaefer, C. E. (Eds.). (2005). *Empirically based play interventions for children*. Washington, DC: American Psychological Association.

Russ, S. W. (2004). *Play in child development and psychotherapy: Toward empirically supported practice*. Mahwah, NJ: Erlbaum.

Ryan, K., & Cunningham, M. (2007). Helping the helpers: Guidelines to prevent vicarious traumatization of play therapists working with traumatized children. In N. B. Webb (Ed.), *Play therapy with children in crisis: A casebook for practitioners* (3rd ed., pp. 443–460). New York: Guilford Press.

Schaefer, C. E. (Ed.). (1993). *The therapeutic powers of play*. Northvale, NJ: Aronson.

Schaefer, C. E., & Drewes (Eds.). (2014). *The therapeutic powers of play: 20 core agents of change* (2nd ed.). Hoboken, NJ: Wiley.

Schore, A. N. (2012). *The science of the art of psychotherapy*. New York: Norton.

Seymour, J. W. (2009). Resiliency-based approaches and the healing process in play therapy. In D. A. Crenshaw (Ed.), *Reverence in the healing process: Honoring strengths without trivializing suffering* (pp. 71–84). Lanham, MD: Aronson.

Seymour, J. W. (2014). Resiliency as a therapeutic power of play. In C. E. Schaefer & A. A. Drewes (Eds.), *The therapeutic powers of play: 20 core agents of change* (2nd ed., pp. 241–263). Hoboken, NJ: Wiley.

Shelby, J. S. (2010). Cognitive-behavioral therapy and play therapy for childhood trauma and loss. In N. B. Webb (Ed.), *Helping bereaved children: A handbook for practitioners* (3rd ed., pp. 263–277). New York: Guilford Press.

Shelby, J. S., Avina, C., & Warnick, H. (2010). Posttraumatic parenting: A parent-child dyadic treatment for young children's posttraumatic adjustment. In C. E. Schaefer (Ed.), *Play therapy for preschool children* (pp. 39–87). Washington, DC: American Psychological Association.

Shelby, J. S., & Felix, E. D. (2005). Posttraumatic play therapy: The need for an integrated model of directive and nondirective approaches. In L. A. Reddy, T. M. Files-Hall, & C.

E. Schaefer (Eds.), *Empirically based play interventions for children* (pp. 79–103). Washington, DC: American Psychological Association.

Siegel, D. J. (2012). *The developing mind: How relationships and the brain interact to shape who we are* (2nd ed.). New York: Guilford Press.

Steele, R. G., Elkin, T. D., & Roberts, M. C. (Eds.). (2008). *Handbook of evidence-based therapies for children and adolescents: Bridging science and practice*. New York: Springer.

Steele, W., & Malchiodi, C. A. (Eds.). (2012). *Trauma-informed practices with children and adolescents*. New York: Routledge.

Stien, P. T., & Kendall, J. (2004). *Psychological trauma and the developing brain: Neurologically based interventions for troubled children*. New York: Haworth Press.

Sutton-Smith, B. (2008). Play theory: A personal journey and new thoughts. *American Journal of Play, 1*, 82–125.

Webb, N. B. (Ed.). (2007). *Play therapy with children in crisis: A casebook for practitioners* (3rd ed.). New York: Guilford Press.

Webb, N. B. (Ed.). (2010). *Helping bereaved children: A handbook for practitioners* (3rd ed.). New York: Guilford Press.

Wolfelt, A. D. (1996). *Healing the bereaved child: Grief gardening, growth through grief, and other touchstones for caregivers*. Fort Collins, CO: Companion Press.

Worden, J. W. (1996). *Children and grief: When a parent dies*. New York: Guilford Press.

# 집을 잃은 아동의 손상된 애착 회복: 놀이치료를 통해 집 찾기

Jennifer N. Baggerly
Eric J. Green

> 그러나 어둠에 침투하기 위해서는 의식이 제공할 수 있는 모든 계발의 힘을 소환해야 한다.
>
> – Jung(1931/1969, p. 389)

"내 장난감들은 모두 우리가 살던 쓰레기장에 있어요." "새로 이사 온 이곳에는 친구가 없어요." "우리 아빠는 일자리를 찾으러 다른 도시로 떠나야 했어요." 이것은 자연재해나 인적 재해로 인해 집을 잃거나 이사를 가야 했던 아동들의 상실과 슬픔이 담긴 말들이다. 이러한 반응들은 어쩌면 일시적일 수도 있지만, 감당하기 어려운 슬픔이 되어 애착의 어려움을 가져올 수도 있다. 그렇다면 무엇이 그 결과를 결정하는 것일까? 어떤 사례에서는 그것이 능력 있고 공감적인 아동치료사일 수도 있다.

이 장에서는 미술치료와 놀이치료를 하는 정신건강 전문가들이 이러한 변화로 고통스러워하는 아동들을 치료하는 데 어떻게 기여하는지 살펴보고자 한다. 첫째, 집이 없거나 자연재해나 인적 재해로 인해 집을 잃은 아동들의 특징과 과제들을 살펴본다. 둘째, 집이 없는 아동들을 돕기 위해서 어떻게 놀이치료를 해야 하는지 논의한다. 마지막으로, 재해로 집을 잃은 아동들을 돕기 위해서 어떻게 Jung 이론에 기초한 미술치료를 해야 하는지 논의한다. 놀이치료와 미술치료는 아동들의 마음속에 새로운 '집'을 갖게 해 주어 현재 그리고 미래의 애착관계를 강화하도록 도울 수 있다.

## 특징과 과제

### 집이 없는 아동

집이 없는 아동들은 일정하게 규칙적으로 밤에 지낼 수 있는 적합한 주거지가 없다(National Coalition for the Homeless: NCH, 2009a). 집이 없다는 것은 부모가 도덕적으로 결함이 있어서가 아니라는 것을 이해하는 것이 중요하다. 한 가족이 집이 없는 이유는 매우 복잡할 수 있다. 빈곤, 비싼 집값, 낮은 임금, 생활보조금 중단, 비싼 의료비, 가정폭력, 정신질환 또는 중독이 있을 수 있다. 즉, "집이 없다는 것은 음식, 숙소 그리고 다른 기본적인 욕구들 중에서 선택을 해야 하는 복잡한 상황인 것이다"(NCH, 2009b, p. 7). 집이 없는 원인을 이해하게 되면 놀이치료사는 집이 없는 가족에 대해 공감을 더 잘하게 되고, 또한 아동들의 놀이 재연을 보면서 집이 없는 상황에까지 이르는 사건들을 더 잘 알 수 있다.

미국에서는 노숙인구 중에서 어린 아동들이 가장 빠르게 증가하고 있다(NCH, 2009a). 2007년에는 아동들이 노숙인구의 39%를 차지했다. 매년 미국에는 135만 명의 집이 없는 아동들이 있다. 이것은 대략 전체 인구의 1%다(NCH, 2009a). 집이 없는 아동의 평균 연령은 6세다(Institute for Children and Poverty: ICP, 2007).

### 재해

자연재해나 인적 재해로 인해 집을 잃은 아동들은 다음의 규준에 해당하는 사건을 경험한다. 첫째, 재산의 파괴, 부상 또는 인명 손실을 초래했다. 둘째, 처음과 끝이 명확했다. 셋째, 갑작스럽고 시간 제한적이었다. 넷째, 큰 무리의 사람들에게 해로운 영향을 미쳤다. 다섯째, 한 가족 이상에게 영향을 미친 공공의 사건이었다. 여섯째, 일상적인 경험에서 벗어난 영역이었다. 일곱째, 거의 모든 사람이 정신적인 외상을 경험하고 스트레스를 받았다(Rosenfeld, Caye, Ayalon, & Lahad, 2005). 세계보건기구의 재해역학연구에 따르면, 2010년 "총 385번의 자연재해로 인해 전 세계적으로 29만 7,000명 이상의 사람들이 죽었고, 217만 명 이상이 피해를 입었으며, 1,239억 달러의 경제적 손실을 입었다"(Guha-Sapir, Vos, Below, & Ponserre, 2010, p. 1). 2~17세의 미국 아동 2,030명을 대상으로 한 표본조사에서 Becker-Blease, Turner와 Finkelhor(2010)는 대략 14%가 평생 재해에 노출되며 4.1%가 지난해에 재해를 겪었다고 보고했다.

## 노숙과 재해가 아동에게 미치는 영향

집이 없거나 또는 자연재해나 인적 재해로 인해 집을 잃은 아동들은 신체적·정서적으로 안전감이 손상되는 경험을 하고, 이것은 많은 방법으로 그들에게 영향을 미칠 수 있다. 집이 없는 아동들의 경우 외상과 수많은 상실로 인해 신경발달이 저해될 수 있다(Kagan, 2004; Perry, 2001). 노숙은 조부모, 교사, 친구들과 같이 아동들의 중요한 관계에서 애착의 손상을 가져올 수 있다(NCH, 2009b). 애착의 손상은 또한 빈곤, 정신질환, 약물중독, 투옥 등의 이유로 부모가 더 이상 정서적으로나 신체적으로 아동을 돌보지 못할 때에도 일어날 수 있다(NCH, 2009b).

집이 없는 아동들은 또한 신체학대, 성학대, 방임 그리고 가정폭력과 같은 외상을 흔히 경험한다(NCH, 2009b). Buckner, Bassuk, Weinreb과 Brooks(1999)는 집이 없는 아동들이 가난하지만 집이 있는 아동들보다 자신의 이웃이나 학교에서 3배 더 많이 폭력을 목격하고, 알코올이나 약물 문제가 있는 엄마와 살며, 엄마가 체포된 적이 있다는 것을 발견했다. 또한 집이 없는 아동들은 가난하지만 집이 있는 아동들보다 2배 더 많이 위탁가정에 맡겨졌다. 777명의 집이 없는 부모들을 조사한 결과, 22%가 집이 없는 주원인이 가정폭력이라고 말했다(NCH, 2009b).

그렇다면 집이 없는 아동들의 정서발달과 심리발달이 부정적으로 영향받을 수 있다는 사실은 전혀 놀라운 것이 아니다. 집이 없는 아동들은 집이 있는 아동들에 비해 더 많이 우울증이나 불안을 경험한다(Buckner et al., 1999). 대략 47%의 집이 없는 아동들이 우울증이나 불안과 같은 임상적으로 중요한 내면의 문제를 겪고 있는 것으로 나타났다. 그에 반해 가난하지만 집이 있는 아동들은 21%만이 이러한 문제를 겪고 있었다(Buckner et al., 1999). 사회적으로도, 집이 없는 아동들은 한 번도 노숙을 해 보지 않았거나 또는 예전에 집이 없었던 아동들보다 사회적 지지와 대처행동이 부족한 것으로 나타났다(Menke, 2000).

또한 행동적으로도 집이 없는 아동들은 규범적인 샘플의 아동들보다 비행이나 공격적인 행동과 같이 외현적인 문제들을 더 많이 보였다(Buckner et al., 1999). 유아기 때 집이 없는 아동들은 그렇지 않은 아동들보다 더 많은 행동문제를 가지고 있는 것으로 나타났다(Koblinsky, Gordon, & Anderson, 2000). Youngblade와 Mulvihill(1998)은 유아기 아동들이 더 오랫동안 집 없이 지낼수록 사회적인 행동이 더 부정적이라는 것을 발견했다. 이러한 많은 행동문제는 노숙으로 인한 상실과 외상으로부터 비롯된 것이다. "걱정이 있는 아동은 학교에서 집중을 못하고 설명을 잘못 해석하기 쉽다. 그리고 가끔은 미성숙한 행동으로 퇴행하거나(어린 아동은 잠자리에 오줌을 쌀 수도 있다) 또는 자기파괴적인 대처행동을 보일 수 있다."(Perry, 2001, p. 36)

집이 없는 아동들은 인지발달 또한 영향을 받는다. Flores(2007)는 헤드스타트 프로그램에 참여한 집 없는 아동들이 대학의 어린이집에 다니는 또래들에 비해 시간에 대한 인습적인 지식을 덜 갖고 있다는 것을 발견했다. 집이 없는 아동들의 학업성취 문제도 보고되고 있다(Masten et al., 1997; Ziesemer, Marcoux, & Marwell, 1994). Rubin 등(1996)은 집이 없는 초등학교 아동들이 그렇지 않은 아동들에 비해 확연히 시험 성적이 저조하다고 보고했다. ICP(2007)에 따르면, 75%의 집이 없는 아동들이 읽기 영역에서 학년 수준에 미달하는 성적을 보였다.

집이 없는 아동들에 대한 이러한 신경, 사회, 정서, 심리, 행동, 인지적 영향은 그들의 발달적 성장을 저해하며, 정신건강 문제의 위험성을 높인다. 따라서 집이 없는 아동들의 발달적인 성장을 촉진하고 정신건강 문제를 해결하기 위해서는 정신건강의 개입이 필요하다.

# 집이 없는 아동과의 놀이치료

## 정의

아동중심 놀이치료(Child-Centered Play Therapy: CCPT)는 집이 없는 초등학교 아동들을 대상으로 긍정적인 결과를 이끌어 낸 정신건강 개입 중의 하나다(Baggerly, 2003, 2004; Beggerly & Borkowski, 2004). Landreth(2012)는 CCPT를 다음과 같이 정의한다.

> CCPT는 아동의 자연스러운 의사소통 방법인 놀이를 통해 완전히 자기(감정, 사고, 경험 그리고 행동)를 표현하고 탐색할 수 있도록, 선별된 놀이자료를 제공하고 안전한 관계의 발달을 촉진하는 놀이치료 절차에서 이루어지는 아동과 훈련된 치료자 간의 역동적인 대인관계다. 이를 통해 아동의 최적의 성장과 발달을 이룰 수 있다.

## 이론적 근거

CCPT의 효과는 Baggerly, Ray와 Bratton(2010)이 실시한 12개의 양적 통제집단 연구를 통해 잘 입증되고 있다. 또한 93개의 놀이치료와 부모-자녀 놀이치료 연구(Bratton, Ray, Rhine, & Jones, 2005)의 메타분석을 통해 인본주의적이고 비지시적인 놀이치료가 큰 치료효과(d=0.92)를 가져온다는 것을 확인했다. 집을 잃은 사람들을 대상으로 한 연구에서 CCPT는 집이 없는 아동들(Baggerly, 2004; Baggerly & Jenkins, 2009), 가정폭력에 노출된 아동들(Tyndall-Lind, Landreth, & Giordano, 2001), 난민이 된 아동들

(Schottelkorb, Doumas, & Garcia, 2012) 그리고 자연재해에 노출된 아동들(Shen, 2002)의 증상을 줄이는 데 효과적인 것으로 나타났다.

## 자기반성

집이 없는 아동과의 CCPT는 안전한 치료적 관계를 형성하는 것으로부터 시작한다. 이 관계의 핵심 조건들은 무조건적인 긍정적 존중, 공감, 진실성에 기반을 둔다(Landreth, 2012; Rogers, 1951). 이러한 핵심 조건들을 집이 없는 아동들에게 효과적으로 전달하기 위해서 놀이치료사는 꾸준히 자기반성을 해야 한다. 무조건적인 긍정적 존중과 관련해서 다음의 질문들을 던져 볼 수 있다. "과연 나는 경제적인 상황과 상관없이 진심으로 모든 사람이 존중받을 만한 가치가 있다고 믿는가? 심지어 약물남용으로 쫓겨난 부모라도? 내가 치료하는 이 아이가 오늘 밤 추운 데서 배고픔에 시달린다는 사실로 인해 나는 내 경제적 안정에 양심의 가책을 느끼는가?" 이러한 자기반성은 치료자에게 자신이 타인을 무시하는지 또는 양심의 가책을 느끼는지 생각해 보게 한다. 그리고 아동들을 따뜻한 마음으로 받아들이고 수용하는 데 걸림돌이 되는 '희생양을 비난하는' 태도를 버릴 수 있게 해 준다.

진실성(또는 어떠한 감정과 태도에도 열려 있는)은 치료자가 "자기에게 귀 기울이고, 두려움 없이 자신의 복잡한 감정과 경험들을 수용할 때 향상된다"(Rogers, 1951, p. 53). 집이 없는 아동들과 함께할 때 치료자들은 그들의 인종, 문화 그리고 사회경제적 수준과 관련된 자신의 감정과 경험들을 모니터할 필요가 있다(Sue & Sue, 2013). 대부분의 놀이치료사는 중산층의 백인이기 때문에(Ryan, 2002), 치료자들은 반드시 저항, 자기성찰, 인종차별 폐지 의식으로 이루어지는 백인의 정체성 발달단계를 거쳐야 한다(Sue & Sue, 2013). 이것은 자기탐색, 다양한 사람과의 우정, 지역사회의 변화에 참여함으로써 이루어질 수 있다(Sue & Sue, 2013). 진실성은 또한 놀이치료사가 자신이 생각하는 희망의 기반이 무엇인지 재평가할 때 강화될 수 있다. 그것은 경제적 이익에 기반을 두는 것일까, 아니면 믿음과 건강한 관계에 기반을 두는 것일까? 만약 희망이 돈으로 결정된다고 생각하는 치료자라면 가난하고 집이 없는 아동들에게 무심코 절망을 전달할 것이다. 반대로, 희망은 믿음과 건강한 관계에서 비롯된다고 생각하는 치료자라면 경제적 신분과 상관없이 믿음과 건강한 관계가 존재하는 모든 곳에서 희망을 전달할 것이다.

공감은 "그 순간에 내담자가 경험하는 감정과 개인적인 의미를 치료자가 파악하고 그것을 내담자에게 전달할 때 이루어진다"(Rogers & Stevens, 1967, p. 54). 집이 없는 아동들과 공감하기 위해서 2가지 질문에 대해 깊이 생각해 보는 것이 도움이 될 수 있다. '중산층이라는 것은 무엇을 의미하는가?' 그리고 '빈곤하게 사는 삶은 어떤 것일까?' 중산층과 빈곤한 삶의 차이점은, 첫째, 예를 들어 아픈 가족을 위해 약을 사야 할지, 아니면 다른 가족들을 위해 음식을 사야 할지를 선택해야 하는 것처럼 살기 위해서 매일 힘들게 발버둥 친다는 것이고(NCH, 2009b), 둘째, 도움을 주는 전문가들이 심판적이고 잘난 체한다고 생각해서 신뢰하지 않는다는 것이다(Sue & Sue, 2013). 빈곤의 가혹한 현실을 직면하고 아동들에게 미치는 영향을 최대한 줄이는 데 사회적 책임을 느끼는 치료자들은 집이 없는 어려움을 이해하기 시작하고 그러한 아동들과 공감할 수 있게 된다.

## 절차

비판적인 자기반성을 한 후에 CCPT의 표준 절차를 따를 것을 권한다. 첫째, 아동이 놀이 회기를 이끌게 한다. 둘째, 놀이행동을 따라간다. 셋째, 내용과 감정을 반영한다. 넷째, 책임을 돌린다. 다섯째, 격려하고 자존감을 발달시킨다. 여섯째, 이해를 촉진한다. 일곱째, 치료적 제한을 설정한다(Landreth, 2012). 집이 없거나 집을 잃은 아동들과 함께할 때 이러한 절차들은 Maslow의 욕구위계에서 가장 잘 묘사된다. 생리적 생존, 안전, 사랑과 소속감, 자존감 그리고 자아실현의 욕구다(Daniels, 1992; Maslow, 1968).

집이 없는 아동들의 생리적 생존 욕구는, 예를 들어 과일, 과자 그리고 주스와 같은 간식이나 쉴 수 있는 편안한 공간을 제공함으로써 충족된다. 그러한 아동들은 배고프고 피곤한 상태로 놀이실에 도착하기 때문에 이러한 욕구들이 충족되지 않는 한 의미 있는 놀이를 할 수 없을 것이다. 집이 없는 아동들의 안전 욕구는 놀이실 안에 안전하고 개인적인 치료 환경—아마도 그들이 가지고 있지 않은 이상적인 집—을 만들어 줌으로써 충족된다(Walsh & Buckley, 1994). 노숙자 쉼터나 학교 안의 조용한 곳에서 놀이치료를 하는 것 또한 아동들에게 안전감을 제공하고 교통수단의 문제도 해결해 줄 수 있다. 아동들에게 비밀보장이 된다는 것을 다음과 같이 구체적으로 설명해 주어야 한다. "이 시간은 비밀이고 너를 위한 개인적인 시간이야. 네가 만약 이 시간에 무엇을 하고 말했는지 다른 사람들에게 말하고 싶으면 해도 돼. 그런데 나는 너나 다른 사람들이 크게 해를 입는다고 생각하지 않는 한 말하지 않을 거야." 개인적인 공간과 사생활은 문 앞에 프라이버시 사인을 해 놓음으로써 강조될 수 있다.

또한 아동들에게 다음 범주에 해당하는 선별된 놀잇감을 제공함으로써 안전한 치료 환경을 만들 수 있다. 첫째는 실생활의 아이템들로, 예를 들어 구부릴 수 있는 인형 가족, 테이프로 방을 만든 종이상자, 젖병, 플라스틱 접시, 작은 자동차, 작은 비행기, 전화기가 있다. 둘째는 공격성을 표출하는 아이템들로, 예를 들어 수갑, 다트 총, 고무칼, 장난감 군인, 바람을 넣은 플라스틱 펀치 장난감이 있다. 셋째는 창의성을 표현하는 아이템들로, 예를 들어 플레이도, 아무것도 그려져 있지 않은 작은 가면, 종이, 크레용, 뭉툭한 가위가 있다(Landreth, 2012). 노숙자 쉼터나 학교의 제한된 예산 안에서 가장 저렴하게 이러한 놀잇감들을 구할 수 있는 방법은 벼룩시장, 중고품 할인상점, 달러스토어 또는 놀이치료 토트백(놀이치료 놀잇감 판매회사에서 구입 가능)이 있다. 그러나 만약 지원이 가능하다면 Landreth(2012)가 광범위하게 제시한 놀잇감 목록을 참고하는 것이 좋다.

집이 없는 아동들의 60% 이상이 흑인이나 히스패닉계 아이들이기 때문에(NCH, 2009b) 인종적으로 적절한 인형, 그림 그리고 장난감 음식을 놀이실에 추가해야 한다(Glover, 2001). 또한 놀이치료사들은 부모와의 논의를 통해 아동들의 문화적 배경, 신념 그리고 가치를 이해하고, 민족문학 작품을 읽거나 민족공동체 이벤트에 참여하도록 권고된다. 그러나 놀이치료사는 고정관념이나 과잉 문화화(즉, 빈곤이 아닌 민족성이라고 특징짓는 것)를 피하고 각 아동의 독특함을 존중해야 한다(Glover, 2001; Sue & Sue, 2013).

놀이 회기 내에서의 안전은 놀이치료사가 사람들과 놀잇감을 보호하기 위해서 적절히 그리고 일관되게 치료적 제한을 설정할 때 또한 이루어진다(Landreth, 2012). 아동들의 감정이나 의도를 인정하고, 제한에 대해 알리고, 대안을 제안하는 3단계의 'A-C-T' 과정을 통해 치료적 제한을 설정하는 것은 양육적이고 일관된 구조를 제공하여 아동들이 자신의 행동을 조절할 수 있도록 해 준다. 예를 들면, 다음과 같다.

Ricky: 그 돈을 나에게 줘. 필요해. (Andy에게서 돈을 뺏어 방의 다른 쪽으로 뛰어 간다.)

Andy: 널 잡을 거야. (다트 총을 충전하고 Ricky한테 총을 겨눈다.)

놀이치료사: Andy야, Ricky가 네 돈을 뺏어가서 화가 난 걸 잘 알아. 하지만 사람한테 총을 쏘는 건 아니야. 대신 보보 인형이 Ricky라고 생각하고 보보 인형을 쏘거나, Ricky에게 화가 났다고 말할 수 있어.

집이 없는 아동들의 사랑과 소속감 욕구는 Axline(1969)의 8개의 기본 원리를 일관되게 실행함으로써 충족된다(pp. 73-74).

① 따뜻하고 친밀한 관계 형성하기
② 아동을 있는 그대로 수용하기
③ 허용적인 관계 형성하기
④ 아동들의 감정 반영하기
⑤ 아동들의 문제해결 능력을 존중하기
⑥ 아동이 회기를 이끌도록 허용하기
⑦ 인내심을 가지고 과정 진행하기
⑧ 필요한 경우에만 제한 설정하기

이러한 원리들을 통해 놀이치료사는 사랑을 전달하고, 아동들에게 자신이 사회에서 중요한 사람이라는 고유의 가치를 재확인시켜 소속감을 느끼게 해 줄 수 있다. 만약 아동들이 집단놀이치료를 하게 된다면(Sweeney & Homeyer, 1999) 다른 집 없는 아동들과 소속감을 경험하게 되는데, 이것은 보편성이라는 추가적인 치료효과를 얻게 한다. 이러한 효과들은 노숙자 쉼터에 사는 6세의 Mark와 Darron의 다음 대화에서 확인할 수 있다.

Mark: 난 집세를 낼 돈을 벌기 위해서 일을 할 거야.
Darron: 응, 나도. 난 집에서 쫓겨나고 싶지 않아.
Mark: 난 은행가가 되어서 가족들을 위해 많은 돈을 벌 거야.
Darron: 나는 의사가 될 거야.
놀이치료사: 너희 둘 다 돈을 벌어서 가족을 지키고 싶구나.

이러한 집단 상호작용에서 두 남자아이는 서로 집을 잃는 데 대한 두려움을 공유하고, 각자 해결책을 찾도록 격려한다. 집이 없는 아동들에게서 자존감 욕구는 놀이치료사가 아동들에게 책임을 돌려 어려운 일을 해낼 수 있도록 격려하고, 성공했을 때 인정해 줌으로써 충족될 수 있다(Landreth, 2012). 예를 들어, Mark와 놀이치료사의 다음 대화를 살펴보자.

Mark: 이 볼링 핀들을 세울 수가 없어요. (얼굴을 찌푸린다.)
놀이치료사: 넌 힘들어도 포기하지 않고 계속 시도를 하는구나. (감정을 반영하고, 격려한다.)
Mark: 선생님이 해 봐요.
놀이치료사: Mark야, 네가 힘들다는 걸 알아. 그렇지만 계속 시도해 보자.
Mark: 이 줄은 다 세웠어요. (계속 시도한다.) 모두 다 세웠어요. (웃는다.)
놀이치료사: 혼자 해내서 자랑스럽겠구나!

이러한 상호작용을 통해 집이 없는 아동들은 희망이 없어 보이는 상황에서도 해결하는 방법을 배우게 되고, 미래에 있을 문제들을 극복하는 데 필요한 자존감을 발달시키게 된다.

Maslow가 말했듯이 아동들의 가장 높은 욕구는 "성장, 완전함 그리고 실현을 향한 기본적인 인간의 욕구다"(Corsini & Wedding, 2000, p. 469). 집이 없는 아동들의 자아실현은 일관된 놀이치료 절차, 예를 들어 아동들의 리드를 따르고, 비심판적인 태도를 취하고, 감정과 내용을 반영하고, 결정하도록 도와주고, 자존감을 향상시키고, 치료적 제한을 설정하고, 아동들의 놀이 의미를 확장하여 통찰력을 키우도록 함으로써 촉진된다(Landreth, 2012). 다음 대화에서 8세 남자아이의 자아실현 과정을 엿볼 수 있다.

Andy: 나는 수갑도 있고, 경찰관 배지, 자격증 그리고 신분증도 있어요. 경찰이 되기 위한 모든 것을 갖고 있어요.

놀이치료사: 너는 중요한 사람이 되기 위한 모든 것을 가지고 있구나.

Andy: 이제 당신은 날 체포할 수 없어요.

놀이치료사: 너는 안전해.

Andy: 나는 배터리 충전기를 쓸 거예요. 터보, 줌. (빙 돈 후 엉덩이에 손을 올린 채 선다.)

놀이치료사: 넌 이제 강해!

Andy: 난 이제 터보니까요. 내가 똑같이 보이고, 같은 옷을 입고 있어도 난 이제 달라요. 나는 엄청 강해요. 아무도 날 함부로 하지 못해요. 파우! (보보 인형을 주먹으로 쳐 쓰러뜨린다.)

놀이치료사: 넌 이제 달라졌어. 강하고 보호받는다고 느끼는구나.

놀이를 통해 Andy는 집이 없는 아동들이 흔히 보이는, 하찮고 무기력한 모습에서 중요하고 강인한 모습으로 자기개념을 변화시켰다. 안전하고, 지지적이고, 허용적이고, 치료적인 놀이치료 환경에서 Andy는 다른 사람에게 의존하지 않고 자기 자신에게 힘을 실어 주었다. 이상적으로 이러한 긍정적인 경험들을 자기개념에 통합하면서

Andy는 긍정적인 힘과 밝은 미래를 생각하며 자아실현을 향해 나아가게 될 것이다.

## 놀이 주제와 촉진적인 반응

집이 없는 아동들의 성장과 발달은 놀이치료사가 아동들의 놀이 의미를 확장하는 절차를 통해 크게 향상된다. 그들의 언어인 놀이와 놀잇감을 통해(Landreth, 2012), 갈등을 해결하고 충족되지 않은 욕구들을 보상받기 위해서 아동들은 상징적으로 공통의 경험들을 재연한다(Piaget, 1962). 이러한 과정을 촉진하기 위해서 놀이치료사들은 공통적인 놀이 주제를 파악해서 아동들의 놀이 의미를 확장하고, 이러한 주제들을 아동들의 경험과 관련짓고, 그들의 감정, 믿음, 욕구를 이해하고 있다는 것을 아동들에게 언어적으로 반영해 주어야 한다. 이 모든 것을 통해 아동들의 인식과 통찰력을 키울 수 있다. 집이 없는 아동들에게서 보이는 2가지 독특한 놀이 주제는 쫓겨나는 것과 '나는 부자'라는 것이다. 또한 집이 없는 아동들에게서 흔히 보이는 놀이 주제로는 힘과 권한, 공격성 그리고 보살핌과 같은 것들이 있다(Benedict et al., 1995; Holmberg, Benedict, & Hynan, 1998).

### 쫓겨남

집이 없는 아동들은 집에서 쫓겨난 경험을 자주 놀이에서 재연한다. 아동들이 놀잇감을 이용해서 쫓겨난 상황을 재연할 때 무력감, 분노, 혼란 그리고 상실감이 명백해진다. 이러한 주제는 7세 Tyronne의 놀이에서 잘 보인다. Tyronne은 노숙자 쉼터에서 지내고 있었고, 잦은 분노 표출과 낮은 자존감 때문에 엄마의 의뢰로 놀이치료를 하게 되었다. 초기 회기에서 Tyronne은 장난감 군인과 동물 가족들 사이에서 무질서하고 혼란스러운 싸움을 일으켰고, 종종 놀잇감들을 다 던지곤 했다. 그의 감정과 놀이 내용을 반영해 주는 치료적 반응에는 다음과 같은 것들이 있었다. "군인과 동물들이 너무 화가 나서 싸우고 있구나." "그들은 무엇을 해야 할지 혼란스러워하고 있구나."

10회기에서 Tyronne의 이야기는 다음과 같이 뚜렷한 장면으로 더 조직화되었다.

그는 조심스럽게 놀이집의 가구와 가족들을 배치했다. 사람들은 요리하고, 먹고, 자는 일상적인 일들을 하고 있었다. 갑자기 군인들이 집 안으로 들이닥쳐 가구를 부수고 사람들을 집 밖으로 쫓아냈다. 동물들은 사람들이 무사한지 와서 확인하고 가족들이 서로 만날 수 있도록 도와주었다. 그리고 동물들은 집을 다시 찾을 수 있도록 군인들과 싸웠다. 하지만 군인들이 승리했다. 놀이치료사는 Tyronne의 놀이 주제가 쫓겨나는 것이라는 걸 알아채고, 그것을 그의 경험과 관련짓고, 언어적으로 반영해 줌으로써(예: "군인들이 집 밖으로 쫓아내서 가족들이 무서워하고 있구나. 그게 어떤 것인지 너는 잘 알 거야." "동물들이 사람들을 도와주고 있구나. 네가 여기에서 도움을 받았던 것처럼 말이야.") Tyronne의 놀이 의미를 확장했다.

무질서하고 공격적이었던 이야기에서 구체적으로 쫓겨나는 상황으로 변한 Tyronne의 놀이 주제는 일반적인 적대감에서 특정의 상징화로 치료적인 진전이 있음을 보여준다(Hendricks, 1971; Moustakas, 1955). 놀이에서 Tyronne은 그의 가족이 쫓겨날 때 느낀 두려움과 좌절, 집주인(군인들)의 행동에 대한 적대감, 노숙자 쉼터 직원(동물들)에게 받은 보살핌 그리고 다시 집으로 돌아갈 수 없는 현실을 재현하는 것 같았다. 핵심 조건들과 더불어 치료적인 반응을 해 주자 Tyronne은 다음과 같이 변화하였다. 첫째, 누군가 알아주길 바랐던 억압된 정서와 믿음들을 깨닫고, 둘째, 외상적인 사건의 괴로운 기억을 재생하고, 셋째, 압도적인 경험을 통제하고 조절할 수 있게 되고, 넷째, 이러한 경험들을 자기구조로 통합하고, 다섯째, 전체적으로 더 조직화되어서 부적응적인 부조화의 상태에서 적응적인 조화의 상태로 변화하게 되었다(Landreth & Sweeney, 1997; Rogers, 1951).

### '나는 부자'

집이 없는 아동들의 또 다른 공통적인 놀이 주제는 '나는 부자'라는 것이다. 아동들은 장난감 돈을 세거나 공중에 던지며 "나는 부자야!"라고 외치곤 한다. 집이 없는 아동들은 자신의 가족이 돈이 없다는 것을 아주 잘 알고 있다. 예를 들어, 한 10세 여자아이는 "우리 가족은 집도 없고 돈도 없어서 나는 생일파티도 못하고 심지어 선물도 하나밖에 못 받았어요."라고 말했다. 집이 없는 아동들은, 예를 들어 "집세 낼 돈만 있었다면 괜찮았을 텐데." 또는 "로또만 당첨되면 걱정할 필요가 없을 텐데."와 같이 부모가 돈과 관련해서 한 말들을 자기 것으로 받아들인다. 현실에서 가지지 못한 것을 상상 속에서라도 가지기 위해서 아동들은 자신이 부자인 척 장난감 돈을 가지고 논다. '나는 부자'라는 주제의 의미를 확장하는 치료적인 반응에는 "그 많은 돈을 가져서 너는 행복하고 좋구나!" "집을 살 수 있게 돈이 많았으면 좋겠구나."가 있다.

그러나 집이 없는 아동들은 흔히 돈에 대해서 부적절한 인식을 드러내기도 한다. 어떤 아동들은 평범하지 않은 방법으로만 돈을 벌 수 있다고 믿는다. 예를 들어, 어떤 아동들은 일을 해서 돈을 버는 것이 아니라 공중으로 돈을 던져서 마치 하늘에서 마법처럼 떨어지는 장면을 연출한다. 다른 아동들은 탄산음료와 패스트푸드를 사기 위해서 마약을 파는 척한다. 게다가 집이 없는 어떤 아동들은 돈이 인간관계보다 더 가치 있고 믿을 만하다고 생각한다. 예를 들어, 놀이에서 어떤 아동들은 친구의 돈을 훔치기 위해서 친구를 속이거나 '죽이는 척'을 하기도 한다. 관계보다 돈의 가치를 더 중요하게 생각하게 된 것은 아마 기본적인 욕구도 채워 주지 못하고 살기 위해서 발버둥 치게 한, 신뢰할 수 없는 부모와 다른 친척들의 경험을 반영했기 때문일 것이다. 놀이치료사는, 예를 들어 "너무 배가 고파서 돈을 훔치기로 했구나." 또는 "돈을 빨리 벌 수 있는 방법을 아네. 아마도 어딘가에서 봤구나."와 같이 공감, 비심판적인 치료적 반응을 해 줌으로써 그것을 이해한다는 것을 전달해야 한다. 놀이치료사는 가족의 역동성, 돈 관리, 직업계획, 사회정의와 같은 복잡한 문제들을 부모, 교사, 지역사회 리더와 함께 의논해야 한다.

### 힘과 권한

집이 없는 아동들은 그렇지 않은 아동들에 비해 자신과 그들의 상황에 대해서 힘과 권한이 없다. 아동들은 노숙자 쉼터에서 살기 때문에 언제, 무엇을, 어디서 먹을지에 대한 선택권이 거의 없으며, 잠을 잘 때나 놀 때도 마찬가지다. 쉼터에서 아동은 보통 기숙사 같은 한 방에서 부모, 형제자매와 함께 지내기 때문에 자신의 공간과 사생활이

제한된다. 또한 집을 잃기 전부터 많은 아동은 약물, 성매매, 범죄가 만연한 곳에서 자신의 힘이나 권한이 부족하다는 것을 경험한다. 결과적으로 힘과 권한은 집이 없는 아동들이 흔히 보이는 놀이 주제다. 의미를 확장하는 치료적 반응은 다음 시나리오와 같이 아동들이 힘과 권한을 갖도록 도와준다.

Tray: 나는 대통령의 비밀요원이야.
David: 나는 공주의 경호원이야.
놀이치료사: 너희 둘 다 정말 중요한 사람이구나!
Tray: 나는 나쁜 사람들에게 총을 쏠 거야! 그들은 날 못 잡아!
David: 나도. 내가 먼저 그들을 잡을 거야!
놀이치료사: 너희 둘 다 이제 힘과 권한이 있구나!
Tray: 네, 우리 둘 다 책임을 지고 있어요!

이러한 놀이를 통해 집이 없는 아동들은 그들의 타고난 힘을 행사하고 자신들이 힘 있는 사람이라고 생각하게 된다. 따라서 비록 쉼터에서 그들의 현재 상황이 권한을 제한할지라도 아동들은 자기감을 강화하고 미래를 향해 희망을 찾게 될 것이다. 예를 들어, "숙제하기 전에 나갈래, 아니면 숙제한 후에 나갈래?"와 같이 아동들에게 가능한 한 많은 선택권을 주도록 부모와 교사들을 격려함으로써 아동들의 권한은 더욱 촉진될 수 있다.

### 공격성: 가해자/피해자/보호자 역할

집이 없는 아동들은 가정이나 지역사회에서 폭력을 많이 목격했기 때문에(NCH, 2009b) 공격성은 흔히 보이는 놀이 주제다. 아동들은 종종 가해자, 피해자 그리고 보호자의 역할을 하면서 폭력적인 장면을 재연한다. 이러한 종류의 놀이에서는 정서적으로 압도될 수 있기 때문에 놀이치료사가 불안해하지 않고 아동들에게 안전감을 제공해 주는 것이 중요하다. 놀이치료사가 아동들의 감정, 동기, 빠른 심장 박동이나 뭉친 근육 같은 생리적 반응들을 반영해 줄 때, 아동들은 생리적 반응들을 감정과 연관시키고 자기조절을 배우기 시작한다. 다음의 시나리오를 살펴보자.

Marty: 내 아내 건드리지 마. (주먹질을 하고 가방 위로 뛰어 올라간다.)
놀이치료사: 아내를 보호하고 있구나! 너는 화가 나고 근육들이 단단해졌어.
Marty: (가방을 몇 분 동안 주먹으로 친다.) 너 집 사라고 돈 주는 거야. 그런데 다음에 내가 널 볼 때, 넌 나한테 빚진 거야. (가방 위에 서서 점프한다.)
놀이치료사: 그를 돕고 있구나. 넌 터프하고 책임을 지고 있어.
Marty: (돈을 집는다.) 이 돈은 내 가족을 위한 거야. 내가 내 집에서 쫓겨날 것 같아? 말도 안 돼! (가방을 발로 차고 주먹으로 친다.)
놀이치료사: 넌 화가 났구나! 집에서 쫓겨나고 싶지 않아. 가족을 보살피고 싶어 해.

이러한 치료적인 반응을 통해서 아동들은 공격성의 감정(예: 화와 분노)과 공격성의 동기(예: 보호와 안전)를 구별하는 것을 배울 수 있다. 자신의 동기를 깨닫게 되면서, 아동들은 안전하게 보호받을 수 있는, 비폭력적인 다른 대안과 전략을 탐색할 수 있게 된다.

### 보살핌

보살핌은 집이 없는 아동들에게서 보이는 또 다른 공통적인 놀이 주제다. 음식이나 안전하고 편안한 침대에 대한 기본적인 욕구가 이러한 아동들에게서 일관되게 충족되지 않았기 때문에 그들은 종종 상징적으로 아기 인형을 먹이고, 음식을 요리하고, 침대를 정리하고, 치료하는 것과 같은 놀이활동을 통해서 이러한 욕구를 충족시킨다. 다음의 시나리오를 살펴보자.

Mary: 나는 아기에게 오트밀을 먹이고 있어요.
놀이치료사: 아기가 충분히 먹을 수 있도록 하는구나.
Mary: 여기 자면서 춥지 않게 담요가 있어요.
놀이치료사: 따뜻하게 하는 것이 중요하다는 것을 알고 있구나.

Mary: 의사한테 가서 진찰받을 시간이에요.

놀이치료사: 아기가 아프지 않게 신경 쓰고, 아기 돌보는 것을 아주 좋아하는구나.

이러한 놀이를 통해서 집이 없는 아동들은 보살핌에 대한 자신의 욕구를 충족시키고, 긍정적인 양육의 힘과 즐거움을 경험하며, 자신이 양육자가 되어서 그 가치를 자기구조로 통합한다. 그러나 종종 아동들은 잘못된 양육을 재연하기도 한다. 예를 들어, 우는 아기를 달래지 않고 때리는 척한다. 이러한 놀이를 통해서 아동들이 고통과 무력감을 투사할 때 "아기는 자신이 필요한 것을 받지 못할 때 무섭고 슬퍼."라고 치료적인 반응을 해 주는 것은 그들이 자신의 감정을 깨닫고 그들의 욕구가 타당하다는 것을 확인하도록 해 준다. 따라서 잘못된 양육의 경험을 그들이 무가치하다는 것으로 받아들이는 것이 아니라 보살핌에 대한 욕구를 그들이 가치 있다는 것으로 받아들이게 한다.

## 자연재해를 겪은 아동과의 연재그림

연재그림은 Jung의 개념을 기반으로 하는 치료적 접근이다. 이것은 아동에게 계속해서 그림을 그리게 함으로써 치료자가 아동의 내면세계를 들여다볼 수 있게 한다 (Green, 2007). 치료자와 아동 간에 치료적 관계와 신뢰가 형성된 후, 그림과 치료과정에서 문제들이 상징적으로 표현되고, 내적인 갈등의 해결이 일어난다(Allan, 2004; Green, 2007). 연재그림 기법은 치료자가 정기적으로 아동을 만나 말하는 동안 그림을 그리게 하는 것이다. Jung(1931/1969)은 중요한 위기의 시기에 아동들이 자기 내부로 향해서 무의식이 꿈이나 이미지로 나타난다고 믿었다. 그러한 꿈과 이미지는 치유에 대한 잠재력을 가지고 있다. 즉, 자기치유의 원형인 것이다. Green(2007)에 의하면 놀이치료사는 아동의 이미지를 분석하는 것이 아니라, 첫째, 거의 어떠한 지시도 없이 아동이 자유롭게 이미지를 만들도록 격려하고, 둘째, 아동이 이미지에 완전히 집중해서 자신이 가야 할 곳으로 이미지가 이끌 수 있도록 하고(자기치유), 셋째, 자아가 받아들일 수 있는 정도에서 상징의 의미를 아동의 외부 세계와 관련짓고 아동이 '전이 공간' 간의 연결다리를 만들도록 도와주는 것이다. 다시 말해서, 연재그림 자체가 손상된 애착관계를 회복시켜 주는 것은 아니다. 대신 아동들에게서 자기치유의 원형이 비심판적인 치료자와 동맹을 맺어 치유력을 갖게 되는 것이다(Green, 2007). 연재그림은 아동들의 외상경험과 관련되어 있고, 안정 애착을 손상시키는 감정들을 탐색하고 안전하게 표현하도록 한다.

Walsh와 Allan(1994)에 의하면 치료자는 아동과 연재그림 기법을 사용할 때 3가지의 다른 치료 스타일을 적용할 수 있다. 첫째, 지시적(치료자는 아동에게 외상과 관련된 특정한 이미지를 그리도록 한다), 둘째, 비지시적(치료자는 단순히 '무엇이든지 그리고 싶은 것'을 그리라고 한다), 셋째, 반지시적(치료자는 치유능력을 더 탐색하기 위해서 아동에게 지난번에 그렸던 특정한 상징을 다시 그리도록 간간이 요청한다) 치료 스타일이다. 치료자는 모호함을 용인할 뿐만 아니라 무조건적인 긍정적 존중, 신뢰, 진실성, 따뜻함, 공감을 수반하는 분위기를 제공함으로써 아동들이 보호받는 공간에서 자유롭게 그릴 수 있도록 해 주어야 한다. 연재그림을 그리고 그것의 상징을 확장하기 위해서 Allan(2004)은 아동에게 다음의 질문들 중 하나 또는 그 이상의 질문을 할 것을 권한다.

- "이 그림에 이야기가 있니?"
- "이 장면에서 무슨 일이 일어나고 있는지 말해 줄 수 있니?"
- "이 그림에 제목을 붙인다면 무엇이 좋을까?"
- "만약 네가 이 그림 안에 있다면 어떤 느낌일까?"
- "이 장면이 일어나기 전에 어떤 일이 있었니? 그다음에는 어떻게 되니?
- "이 그림을 그릴 때 무엇을 생각하고 어떤 느낌이었는지 말해 줄 수 있니?"
- "(그림에서 특정한 사물이나 상징을 가리키며) 이것이 너에게 무엇을 의미하니?"

그림을 진행하는(또는 설명하는) 동안, 치료자가 아동에게 하는 모든 언어적 · 비언어적 의사소통이 지지적이어서, 치료적인 관계에서는 좋고 나쁜 감정 둘 다 받아들여진다는 것을 아동이 깨달을 수 있도록 하는 것이 중요하다. 이러한 수용과 상호 간의 이해를 통해서 아동들은 자신의 감정이 아무리 극단적이라도 받아들여진다는 사실에 서서히 안정 애착을 형성하게 된다. 그 결과 그들은 상처받은 인간으로 받아들여지는 것이 아니라 완전한 개인으로 받아들여진다고 느끼게 된다.

## 사례: Keisha의 연재그림

Keisha는 7세 흑인 여자아이이다. 그녀와 가난한 싱글맘인 엄마는 깊은 남쪽의 낮은 지역에 위치한 다 허물어져 가는 섹션 8 주택에서 살았다. 강한 허리케인이 해안 가까이 몰아치자, 홍수가 집 앞문을 통해 거실까지 스며들어 왔다. 그들은 밤새 폭풍을 잘 넘기고 한시름 놓았다고 생각했다. 그러나 비바람은 다음날에도 계속해서 도시를 강타했다. 부두는 파손되었고, 다락방까지 홍수가 밀려 와서 물과 잔해로 완전히 집이 침수되었다. 이러한 엄청난 파괴 후에 Keisha는 무기한으로 집 없는 아이가 되었다.

폭풍이 지나고 며칠간 Keisha는 통제할 수 없는 울음과 공포를 보였다. 엄마의 말에 따르면, 그녀는 밤에 주기적으로 깨서 소리를 지르고, 임시대피소에 있던 다른 사람들을 깨우곤 했다. Keisha는 폭풍으로 인해 영구적으로 집을 잃어버린 상황에 잘 적응하지 못했고, 결국 상담을 받기 위해서 놀이치료사에게 의뢰되었다. Keisha는 그림 그리고 색칠하는 것을 좋아했다. 그래서 치료자는 조용히 앉아서 무엇이든지 그녀가 원하는 것을 그리게 했다. Keisha는 곧장 흰 백지와 잘 깎인 색연필이 있는 미술용품 쪽으로 다가갔다. 이러한 재료들과 종이, 풀, 물감과 같은 미술 재료들은 아동들이 자신의 삶에서 일어난 것들의 이미지를 자유롭게 만들고 두 사람의 치료적인 관계에서 편안하게 자신을 표현하도록 해 준다. Keisha가 그림을 그릴 때, 놀이치료사는 그녀의 예술적인 창작을 방해하지 않기 위해서 비교적 조용히 있었다. 놀이치료 회기에서 놀이치료사는 아동이 그림을 그리는 동안 말을 걸거나 메모를 하지 않는다. 대신 치료자는 아동을 관찰하고, 아동이 어떻게 그림에 접근하는지, 어떻게 인물을 배치하는지 그리고 아동의 그림에서 보이는 이미지, 상징, 주제의 유형이 어떠한지 관찰한다.

초기의 두 회기에서 Keisha는 장면 하나를 그리는 데 대략 15~25분이 걸렸다. 두 장면은 매우 흡사했다. 종이에는 어두운 물이 거의 가득 차 있었고, 물 안에는 죽은 물고기들로 뒤덮인 부서진 배가 있었다. 치료자는 만약 그녀가 이 그림 안에 있는 배에 타고 있다면 어떨지 물어보았다. 그녀는 "무서울 거예요. 왜냐하면 배가 가라앉아서 모두 다 죽었으니까요."라고 말했다. 연재그림 기법을 사용한 3회기에서 놀이치료사는 배에 탄 사람들이 구명보트를 찾거나, 아니면 어떻게든 자신을 구할 수 있는 방법이 없는지 Keisha에게 물어보았다. 그러자 그녀는 "네, 만약 해가 떠서 그들을 구해 주면요."라고 대답했다. 이 모든 섬뜩한 그림에서 놀이치료사는 그림 위에 밝게 비치는 해가 그려져 있는 것을 알아챘다. Keisha는 어떻게 태양이 치유의 원천이 될 수 있는지, 햇빛 아래서 축구공을 가지고 집 마당에서 놀던 때가 얼마나 그리운지 말했다.

| 그림 17-1 | 태양(Keisha가 그린 마지막 그림의 재창작)

5회기와 6회기에서 연재그림을 그린 후에 Keisha는 덜 섬뜩한 그림을 그리기 시작했다. 그녀는 보트를 육지 근처에 그리고 안전하다고 말했다. 아동들의 그림에서 태양은 치유하는 사람, 회복시키는 사람 또는 발달에 필요한 이해와 따뜻함을 주는 사람을 상징할 수 있다(Allan, 2004). 바다나 물은 생명을 유지시키는 4개의 요소 중 하나로 근원적인 물을 상징한다. 아동의 그림에서 물은 생명과 죽음을 상징하거나 아동의 초기 자아의 형체 없는 방대한 무의식이 되살아나는 것을 의미하기도 한다.

연재그림 기법을 사용한 마지막 회기들 중 하나에서 Keisha는 물가에 위치한 배를 그렸다. 또한 사람들도 그렸는데 모두 모래 위에서 미소를 짓고 있었다. 이 그림은 집을 잃은 삶에 적응하고 있는 그녀의 상태를 반영하는 것 같았다. 그녀의 마지막 연재그림은 밝은 노란색과 주황색의 만다라였다([그림 17-1] 참조). 그녀는 이 그림에서 태양이 행복하고 그녀도 또한 행복하다고 말했다. 옛날 집이 사라져서 새로운 집에 사는 것이 괜찮은지 물었을 때, 그녀는 "네, 괜찮을 거예요. 우린 새로운 집을 찾을 것이고, 모두 다 괜찮을 거예요."라고 대답했다. 치료가 종결될 때 감정조절의 어려움은 완전히 사라졌다. 그녀는 정기적으로 친구들과 같이 놀았고, 더 이상 악몽을 꾸지 않게 되었다.

## 결론

놀이치료는 아동들이 자신의 마음속에 '집'을 만들 수 있도록 도와주고, 그 집에 다른 사람들을 초대하는 용기까지 갖게 해 준다. 훈련된 성인과의 안전한 관계 안에서 이루어지는 민감하고 조심스럽게 계획된 개입을 통해서 외상을 입은 아동들은 집이 없거나 또는 재해로 인해 집을 잃은 상실과 유기의 감정을 정화하기 시작한다. 놀이치료사가 제공하는 안전한 공간을 통해 많은 아동은 세상에 대해서 희망과 놀라움을 다시 찾고, 주 양육자 그리고 그들을 돌보는 다른 사람들과 건강한 안정 애착을 발달시키기(또는 다시 발달시키기) 시작한다.

## 참고문헌

Allan, J. (2004). *Inscapes of the child's world: Jungian counseling in schools and clinics.* Dallas, TX: Spring.

Axline, V. M. (1969). *Play therapy.* New York: Ballantine Books.

Baggerly, J. N. (2003). Play therapy with homeless children: Perspectives and procedures. *International Journal of Play Therapy, 12*(2), 87-106.

Baggerly, J. N. (2004). The effects of child-centered group play therapy on self-concept, depression, and anxiety of children who are homeless. *International Journal of Play Therapy, 13*(2), 31-51.

Baggerly, J. N., & Borkowski, T. (2004). Applying the ASCA national model to elementary school students who are homeless: A case study. *Professional School Counselor, 8*(2), 116-123.

Baggerly, J. N., & Jenkins, W. (2009). The effectiveness of child-centered play therapy on developmental and diagnostic factors of children who are homeless. *International Journal of Play Therapy, 18*, 45-55.

Baggerly, J. N., Ray, D. C., & Bratton, S. C. (Eds.). (2010). *Child-centered play therapy research: The evidence base for effective practice.* Hoboken, NJ: Wiley.

Becker-Blease, K. A., Turner, H. A., & Finkelhor, D. (2010). Disasters, victimization, and children's mental health. *Child Development, 81*, 1040-1052.

Benedict, H. E., Chavez, D., Holmberg, J., McClain, J., McGee, W., Narcavage, C., …… Wooley, L. (1995). *Benedict play therapy theme codes.* Unpublished manuscript, Baylor University.

Bratton, S., Ray, D., Rhine, T., & Jones, L. (2005). The efficacy of play therapy with children: A meta-analytic review of the outcome research. *Professional Psychology: Research and Practice, 36*, 376-390.

Buckner, J. C., Bassuk, E. L., Weinreb, L. F., & Brooks, M. G. (1999). Homelessness and its relation to the mental health and behavior of low income school-age children. *Developmental Psychology, 35*, 246-257.

Corsini, R. J., & Wedding, D. (2000). *Current psychotherapies* (6th ed.). Itasca, IL: Peacock.

Daniels, J. (1992). Empowering homeless children through school counseling. *Elementary*

*School Guidance and Counseling, 27*, 104-112.

Flores, R. L. (2007). Effect of poverty on urban preschool children's understanding of conventional time concepts. *Early Child Development and Care, 177*, 121-132.

Glover, G. J. (2001). Cultural considerations in play therapy. In G. L. Landreth (Ed.), *Innovations in play therapy: Issues, process, and special populations* (pp. 31-41). New York: Brunner-Routledge.

Green, E. (2007). The crisis of family separation following traumatic mass destruction: Jungian analytical play therapy in the aftermath of Hurricane Katrina. In N. B. Webb (Ed.), *Play therapy with children in crisis: Individual, group, and family treatment* (3rd ed., pp. 368-388). New York: Guilford Press.

Guha-Sapir, D., Vos, F., Below, R., & Ponserre, S. (2010). *Annual disaster statistical review 2010: The numbers and trends*. Brussels: Centre for Research on the Epidemiology of Disasters. Retrieved from http://cred.be/sites/default/files/ADSR_2010.pdf

Hendricks, S. (1971). A descriptive analysis of the process of client-centered play therapy (Doctoral dissertation, North Texas State University, 1971). *Dissertation Abstracts International, 32*, 3689A.

Holmberg, J. R., Benedict, H. E., & Hynan, L. S. (1998). Gender differences in children's play therapy themes: Comparisons of children with a history of attachment disturbance or exposure to violence. *International Journal of Play Therapy, 7*(2), 67-92.

Institute for Children and Poverty (ICP). (2007). *Quickfacts*. Retrieved August 22, 2007, from www.icpny.org/index.asp?CID_7

Jung, C. (1969). The stages of life. In H. Read (Ed.) & R. F. C. Hull (Trans.), *The collected work of C. G. Jung, Vol. 8. The structure and dynamics of the psyche* (2nd ed., pp. 387-403). Princeton, NJ: Princeton University Press. (Original work published 1931)

Kagan, R. (2004). *Rebuilding attachments with traumatized children: Healing from losses, violence, abuse, and neglect*. New York: Haworth Press.

Koblinsky, S. A., Gordon, A. L., & Anderson, E. A. (2000). Changes in the social skills and behavior problems of homeless and housed children during the preschool year. *Early Education and Development, 11*, 321-338.

Landreth, G. L. (2012). *Play therapy: The art of the relationship* (3rd ed.). New York: Routledge.

Landreth, G. L., & Sweeney, D. S. (1997). Child-centered play therapy. In K. J. O'Connor &

L. M. Braverman (Eds.), *Play therapy: Theory and practice* (pp. 17-45). New York: Wiley.

Maslow, A. H. (1968). *Toward a psychology of being* (2nd ed.). Princeton, NJ: Van Nostrand.

Masten, A. S., Sesma, A., Si-Asar, R., Lawrence, C., Miliotis, D., & Dionne, J. A. (1997). Educational risks for children experiencing homelessness. *Journal of School Psychology, 35*, 27-46.

Menke, E. M. (2000). Comparison of the stressors and coping behaviors of homeless, previously homeless, and never homeless poor children. *Issues in Mental Health Nursing, 21*, 691-710.

Moustakas, C. (1955). Emotional adjustment and the play therapy process. *Journal of Genetic Psychology, 86*, 79-99.

National Coalition for the Homeless (NCH). (2009a). *How many people experience homelessness?* (NCH Fact Sheet No. 2). Retrieved from www.nationalhomeless.org/publications/facts/How_Many.pdf

National Coalition for the Homeless (NCH). (2009b). *Why are people homeless?* (NCH Fact Sheet No. 1). Retrieved from www.nationalhomeless.org/publications/facts/Why.pdf

Perry, B. (2001). Children and loss. *Academic Search Premier, 110*, 36.

Piaget, J. (1962). *Play, dreams, and imitation in childhood.* New York: Norton.

Rogers, C. (1951). *Client-centered therapy, its current practice, implications, and theory.* Boston: Houghton Mifflin.

Rogers, C., & Stevens, B. (1967). *Person to person: The problem of being human.* Lafayette, CA: Real People Press.

Rosenfeld, L. B., Caye, J. S., Ayalon, O., & Lahad, M. (2005). *When their world falls apart: Helping families and children manage the effects of disasters.* Washington, DC: NASW Press.

Rubin, D. H., Erickson, C. J., Agustin, M. S., Cleary, S. D., Allen, J. K., & Cohen, P. (1996). Cognitive and academic functioning of homeless children compared with housed children. *Pediatrics, 97*, 289-294.

Ryan, S. (2002). *Who are we?: Findings from the Association for Play Therapy membership survey.* Paper presented at the 19th Annual Association for Play Therapy International Conference, St. Louis, MO.

Schottelkorb, A. A., Doumas, D. M., & Garcia, R. (2012). Treatment for childhood refugee trauma: A randomized, controlled trial. *International Journal of Play Therapy, 21*(2), 57-73.

Shen, Y. J. (2002). Short-term group play therapy with Chinese earthquake victims: Effects on anxiety, depression and adjustment. *International Journal of Play Therapy, 11*, 43-64.

Sue, D., & Sue, D. (2013). *Counseling the culturally different. Theory and practice* (6th ed.). New York: Wiley.

Sweeney, D. S., & Homeyer, L. E. (1999). *The handbook of group play therapy: How to do it, how it works, whom it's best for.* San Francisco, CA: Jossey-Bass.

Tyndall-Lind, A., Landreth, G. L., & Giordano, M. A. (2001). Intensive group play therapy with child witnesses of domestic violence. *International Journal of Play Therapy, 10*(1), 53-83.

Walsh, D., & Allan, J. (1994). Jungian art counseling with the suicidal child. *Guidance and Counseling, 10*(1), 3-10.

Walsh, M. E., & Buckley, M. A. (1994). Children's experiences of homelessness: Implications for school counselors. *Elementary School Guidance and Counseling, 29*(1), 4-15.

Youngblade, L. M., & Mulvihill, B. A. (1998). Individual differences in homeless preschoolers' social behavior. *Journal of Applied Developmental Psychology, 19*, 593-614.

Ziesemer, C., Marcoux, L., & Marwell, B. (1994). Homeless children: Are they different from other low-income children? *Social Work, 39*, 658-668.

# 찾아보기

## 인명

## 내용

# 편저자 소개

**Cathy A. Malchiodi, PhD, ATR-BC, LPAT, LPCC**

미술치료사, 창의적 예술치료사, 정신보건 임상상담사뿐만 아니라 아동, 성인, 가족 미술치료 분야의 정평 있는 권위자다. 그녀는 미술치료와 관련해서 350회 이상의 발표를 하였으며, 『아동 미술심리 이해: 미술치료 핸드북 제2판(Understanding Children's Drawings: Handbook of Art Therapy, Second Edition)』과 『외상을 입은 아동에 대한 창의적 개입(Creative Interventions with Traumatized Children)』을 포함해서 수많은 논문과 저서를 출간해 오고 있다. Malchiodi 박사는 레슬리대학교의 교수이며 미국을 포함한 여러 나라의 초빙교수다. 또한 Trauma-Informed Practices and Expressive Arts Therapy Institute의 설립자이며, 수많은 지역사회, 국가, 국제기관에서 일하고, 특히 외상개입, 재난구조, 정신보건, 건강과 관련해서 미술치료를 하고 있다. Malchiodi 박사는 국제미술치료 서비스를 지원하는 비영리 조직인 Art Therapy Without Borders의 회장이고, 미국미술치료협회에서 처음으로 최고 영예인 Distinguished Service Award, Clinician Award, Honorary Life Member Award의 3개 상을 모두 받았으며, 워싱턴에 있는 Kennedy Center and Very Special Arts에서 명예상을 받았다.

**David A. Crenshaw, PhD, ABPP, RPT-S**

뉴욕의 Children's Home of Poughkeepsie의 임상관리자이며 존스홉킨스대학교의 연구원이다. Crenshaw 박사는 미국심리학회 산하 아동 및 청소년심리학회 분과의 특별회원이다. 그는 Lifetime Achievement Award를 받은 허드슨벨리심리학회와 뉴욕놀이치료협회의 회장을 역임했다. 그는 『국제놀이치료저널(International Journal of Play Therapy)』의 편집위원으로 있으며, 아동치료, 아동학대와 외상, 아동의 회복탄력성과 관련해서 수많은 논문과 저서를 출간해 오고 있다. Crenshaw 박사는 Astor Services for Children and Families의 공동의장이며, 시애틀 Courthouse Dogs Foundation의 자문위원으로 아동의 권리 증진을 위해 열정적으로 입법적 제안을 하고 있다. 그는 미국의 주나 전국 규모로 개최되는 놀이치료학회에서 많은 발표를 하고 있다.

# 기여자 소개

**Jennifer N. Baggerly, PhD**
노스텍사스대학교 상담휴먼서비스학과(텍사스주, 댈러스)

**Kira Boesch, BA**
뉴욕시립대학교 임상심리학과 박사 프로그램(뉴욕주, 뉴욕)

**Phyllis B. Booth, MA**
치료놀이협회(일리노이주, 에번스턴)

**David A. Crenshaw, PhD, ABPP, RPT-S**
포킵시 아동의 집(뉴욕주, 포킵시)

**Christina Devereaux, PhD**
뉴잉글랜드 안티오크대학교 응용심리학과 무용동작치료 및 상담 프로그램(뉴햄프셔주, 킨)

**Teresa Dias, BA**
레슬리대학교 표현치료학부 드라마치료 석사 프로그램(매사추세츠주, 케임브리지)

**Athena A. Drewes, PsyD**
Astor 아동가족서비스(뉴욕주, 라인벡)

**Richard L. Gaskill, EdD**
위치토주립대학교 상담, 교육 리더십, 교육 및 학교 심리학과(캔자스주, 위치토)

**Eliana Gil, PhD**
Gil 외상회복교육연구소(버지니아주, 페어팩스)

**Jessica Gorkin, MEd**
뉴욕시립대학교 임상심리학과 박사 프로그램(뉴욕주, 뉴욕)

**Eric J. Green, PhD**
노스텍사스대학교 상담휴먼서비스학과(텍사스주, 댈러스)

**Henry Kronengold, PhD**
뉴욕시립대학교 임상심리학과 박사 프로그램(뉴욕주, 뉴욕)

**Jennifer Lee, PhD**
컬럼비아 의학대학원, 뉴욕장로회병원(뉴욕주, 뉴욕)

**Sandra Lindaman, MA, MSW**
치료놀이협회(일리노이주, 에번스턴)

**Cathy A. Malchiodi, PhD, ATR-BC, LPAT, LPCC**
레슬리대학교 표현치료학부(매사추세츠주, 케임브리지), 외상실제 및 표현예술치료협회(켄터키주, 루이스빌)

**Christen Pendleton, EdS**
제임스메디슨대학교 대학원 임상 및 학교 심리학과 통합 프로그램(버지니아주, 해리슨버그)

**Bruce D. Perry, MD, PhD**
아동 외상 아카데미(텍사스주, 휴스턴), 노스웨스턴대학교 페인버그 의과대학 행동과학 및 정신의학과(일리노이주, 시카고)

**Jacqueline Z. Robarts, MA**
노르도프 로빈스 음악치료센터(영국, 런던)

**John W. Seymour, PhD**
미네소타주립대학교 상담학과(미네소타주, 맨카토)

**Cynthia C. Sniscak, LPC, RPT-S**
LLC 비치 스트리트 프로그램(펜실베이니아주, 칼라일)

**Anne Stewart, PhD**
제임스메디슨대학교 대학원 심리학과(버지니아주, 해리슨버그)

**Madeleine Terry, BA**
뉴욕시립대학교 임상심리학과 박사 프로그램(뉴욕주, 뉴욕)

**Glade L. Topham, PhD**
오클라호마주립대학교 인간발달 및 가족학과(오클라호마주, 털사)

**Steven Tuber, PhD**
뉴욕시립대학교 임상심리학과 박사 프로그램(뉴욕주, 뉴욕)

**Risë VanFleet, PhD**
가족지원 놀이치료센터 Playful Pooch 프로그램(펜실베이니아주, 볼링 스프링스)

**William F. Whelan, PsyD**
버지니아대학교 버지니아 아동가족애착센터(버지니아주, 샬러츠빌)

**Marlo L.-R. Winstead, MSW, LSCSW**
캔자스대학교 사회복지학과(캔자스주, 로런스), 미드아메리카 내저린대학교 놀이치료 프로그램(캔자스주, 올레이스), 치료놀이협회(일리노이주, 에번스턴), Enriching Families(플로리다주, 탤러해시)

# 역자 소개

(가나다순)


**김유진(Kim, Yujin)**

숙명여자대학교 아동복지학 박사(아동복지 전공)

국제 공인 치료놀이 치료사

현 경기과학기술대학교 사회복지과 교수

**류진아(Ryu, Jin-A)**

숙명여자대학교 아동복지학 박사(아동심리 전공)

동두천시다문화가족지원센터장 및 한국청소년상담복지개발원 상담조교수 역임

한국상담심리학회 상담심리사 1급(주 슈퍼바이저)

한국상담학회 전문상담사 1급(수련감독)

한국가족문화상담협회 가족상담전문가 수련감독

청소년상담사 1급

현 한국교통대학교 교육대학원 상담심리 전공 교수

한국가족문화상담협회 부회장

**신현정(Shin, Hyunjung)**

숙명여자대학교 문학 박사(아동심리치료 전공)

한국치료놀이학회장 역임

청소년상담사 1급

국제 공인 치료놀이 치료사/트레이너

국제 게슈탈트 놀이치료 승인 트레이너

현 연성대학교 사회복지학과 교수

**윤미원(Youn, Miwon)**
숙명여자대학교 아동복지학 박사(아동복지 전공)
국제 공인 치료놀이 치료사/슈퍼바이저/트레이너
국제놀이치료협회 인증 슈퍼바이저(RPT-S)
현 윤 치료놀이 상담센터 소장

**장미경(Jang, Mikyung)**
숙명여자대학교 아동복지학 박사(아동복지 전공)
스위스 C. G. Jung Institute 졸업 및 융분석가
국제분석심리학회(IAAP) 정회원
국제모래놀이치료학회(ISST), 캐나다모래놀이치료학회(CAST) 공인 모래놀이치료 슈퍼바이저/티칭멤버
남서울대학교 부설 아동가족상담센터장 역임
현 남서울대학교 아동복지학과 및 동 대학원 아동상담심리치료 전공 교수
대한아동복지학회 부회장
한국임상모래놀이치료학회장

**최명선(Choi, Myoungsun)**
숙명여자대학교 교육학 박사(상담 및 교육심리 전공)
미국 소피아대학교 인간중심표현예술치료사(PCEAT)
한국표현예술심리상담협회 예술심리치료전문가(EATR)/슈퍼바이저
현 명지대학교 사회교육대학원 예술심리치료학과 교수
명지통합치료연구센터 부센터장
위두심리상담연구소장
한국표현예술심리상담협회장

**홍은주(Hong, Eunjoo)**
숙명여자대학교 문학 박사(아동상담 전공)
스위스 C. G. Jung Institute 이수(winter intensive course)
한국임상모래놀이치료학회(KSST) 모래놀이치료사/슈퍼바이저
한국예술치료학회 예술치료전문가/슈퍼바이저
한국미술치료학회(KATR) 미술치료전문가/슈퍼바이저
한국아동학회 아동상담전문가/슈퍼바이저
한국발달심리학회 발달심리사
현 을지대학교 아동학부 교수 및 동 대학교 부설 을지아동발달지원센터장

애착문제 해결을 위한
# 창의적 예술치료와 놀이치료
Creative Arts and Play Therapy for Attachment Problems

2019년 5월 10일 1판 1쇄 인쇄
2019년 5월 20일 1판 1쇄 발행

엮은이 • Cathy A. Malchiodi · David A. Crenshaw
옮긴이 • 김유진 · 류진아 · 신현정 · 윤미원 · 장미경 · 최명선 · 홍은주
펴낸이 • 김진환
펴낸곳 • (주) 학지사
04031 서울특별시 마포구 양화로 15길 20 마인드월드빌딩
대표전화 • 02)330-5114 팩스 • 02)324-2345
등록번호 • 제313-2006-000265호

홈페이지 • http://www.hakjisa.co.kr
페이스북 • https://www.facebook.com/hakjisabook

ISBN 978-89-997-1921-9 93180

정가 20,000원



이 도서의 국립중앙도서관 출판시도서목록(CIP)은 서지정보유통지원시스템 홈페이지(http://seoji.nl.go.kr)와 국가자료공동목록시스템(http://www.nl.go.kr/kolisnet)에서 이용하실 수 있습니다.
(CIP 제어번호: CIP2019015052)